要加快培育世界一流科技期刊，建设具有国际影响力的科技文献和数据平台，发起高水平国际学术会议，鼓励重大基础研究成果率先在我国期刊、平台上发表和开发利用。

——摘自习近平《加强基础研究　实现高水平科技自立自强》

湖北省科学技术协会，成立于1958年12月，是湖北省科学技术工作者的群众组织，是中国共产党领导下的人民团体，是党和政府联系科学技术工作者的桥梁和纽带，是推动科学技术事业发展的重要社会力量。

　　值此湖北省科学技术期刊编辑学会成立四十周年之际，谨向关心和支持湖北省科技期刊出版工作的单位和部门以及一线科技期刊编辑工作者致敬！

BLUE BOOK
ON HUBEI SCIENTIFIC JOURNAL DEVELOPMENT

湖北省科技期刊发展

蓝皮书（2023）

湖北省科学技术协会　编

长江出版社
CHANGJIANG PRESS

图书在版编目（CIP）数据

湖北省科技期刊发展蓝皮书 . 2023 / 湖北省科学技术协会编 .
—武汉 ： 长江出版社，2023.8
ISBN 978-7-5492-9117-5

Ⅰ . ①湖… Ⅱ . ①湖… Ⅲ . ①科技期刊－编辑工作－研究报告－湖北－ 2023 Ⅳ . ① G237.5

中国国家版本馆 CIP 数据核字 (2023) 第 164874 号

湖北省科技期刊发展蓝皮书 . 2023
HUBEISHENGKEJIQIKANFAZHANLANPISHU.2023
湖北省科学技术协会　编

责任编辑： 高婕妤　张蔓　李春雷
装帧设计： 刘斯佳
出版发行： 长江出版社
电　　话： 027-82926557（总编室）　　　　027-82926806（市场营销部）
经　　销： 各地新华书店
印　　刷： 湖北金港彩印有限公司
规　　格： 787mm×1092mm　　**开本：** 16　　**印张：** 21　　**彩页：** 8　　**字数：** 522 千字
版　　次： 2023 年 8 月第 1 版　　　　　　　　　　　　　**印　　次：** 2023 年 9 月第 1 次
书　　号： ISBN 978-7-5492-9117-5
定　　价： 148.00 元

湖北省科学技术期刊编辑学会成立四十周年系列活动

（一）第一届楚天卓越科技期刊发展研讨会暨英文科技期刊建设高端论坛

（2023.3.28 上午场）　　　　　　　　（2023.3.28 下午场）

（二）中文科技期刊建设高端论坛　　　　　　　　　（三）建设科技强国　迫切需要科学家精神
　　　　　　　　　　　　　　　　　　　　　　　　——2022 年感动中国人物钱七虎院士公益讲座

（2023.4.26 上午场）　　　（2023.4.26 下午场）　　　　　　　（2023.6.11）

《湖北省科技期刊发展蓝皮书》（2023）

编 委 会

前　言

党的二十大报告提出，要深入实施科教兴国战略，强化现代化建设人才支撑。为此，一是办好人民满意的教育，二是完善科技创新体系，三是加快实施创新驱动发展战略，四是深入实施人才强国战略。科技期刊是科技人才成长的重要支撑平台，是科技创新的重要支撑力量。

湖北省科技期刊持续发展得益于湖北省得天独厚的自然资源、科教资源、人才资源，以及持续发力的期刊发展支持政策。湖北省无论是在科技期刊数量，还是在期刊影响力方面，均位居全国前列，是名副其实的科技期刊大省。

——期刊数量　截至2022年12月，湖北省现有国内外公开出版的科技期刊211种，其中，中文科技期刊（含中英文双语科技期刊）197种，英文科技期刊14种，科技期刊总数和中文科技期刊数量均位居全国第4，英文科技期刊数量位居全国第6。

——学科分布　在湖北省现有的211种科技期刊中，基础科学类有59种，占总数的27.96%；工程技术类有78种，占总数的36.97%；医药卫生类有62种，占总数的29.38%；其他类12种，占总数的5.69%。其中，基础科学类、工程技术类、医药卫生类的英文科技期刊分别为10种、1种、3种。

——期刊影响力　据2022年最新数据统计，湖北省科技期刊入围"中国科学引文数据库（CSCD）"来源期刊52种，其中英文科技期刊入围9种，入围期刊总数量和英文期刊均位居全国第5；入围《中国学术期刊国内引证报告》185种，位居全国第4。入围《中国学术期刊国际引证报告》中国最具国际影响力学术期刊（Top5%）6种和中国国际影响力优秀期刊（Top10%）9种，分别位居全国第4和第3；入围《科技期刊世界影响力指数(WJCI-2021)年报》70种，位居全国第5；入围国际重要学术数据库如

《科学引文索引（SCIE）》9种、《美国工程索引（EI）》12种、Scopus数据库33种，分别位居全国第7、第5和第5。

为了全面总结湖北省科技期刊近五年的发展情况，客观反映湖北省科技期刊在传承人类文明、荟萃科学发现、引领科技发展、服务社会大众中的重要作用，在《湖北省科技期刊发展蓝皮书（2018）》基础上，湖北省科学技术协会组织湖北省科技期刊界若干专家学者共同研究、编撰了《湖北省科技期刊发展蓝皮书（2023）》（简称《蓝皮书》）。

《蓝皮书》的数据主要来源于网络调查及访谈、湖北省期刊年检报表，《中文核心期刊要目总览》《中国学术期刊评价研究报告》《中国科技期刊引证报告（核心版）》《中国学术期刊国际引证报告》《中国学术期刊影响因子年报》《科技期刊世界影响力指数(WJCI)报告》，以及国内外重要学术文献数据库，如中国科学引文数据库(CSCD)、Web of Science、Scopus、EI等。《蓝皮书》编制过程中主要采用网络问卷调研、专家访谈、文献计量、数据比较、案例分析与归纳等方法。

《蓝皮书》主要包含5个部分，即期刊篇、人才篇、学会篇、一流科技期刊建设篇和附录。期刊篇分别梳理和总结了湖北省中文科技期刊和英文科技期刊的发展现状、特征及近5年来湖北省科技期刊在学术影响力、服务社会及科普宣传中的发展概况。人才篇概述了湖北省科技期刊编辑队伍规模、结构、学科布局以及湖北省科技期刊编辑队伍的学术研究现状。学会篇介绍了湖北省科技期刊编辑学会基层党建活动，以及服务会员、学科专家、地方科技发展和国家精准扶贫战略中的具体实践工作。一流科技期刊建设篇主要展示了湖北省科技期刊办刊人在一流科技期刊建设理论研究和实践探索中的重要成果；并在此基础上结合湖北省科技期刊发展实际，提出了2035湖北省一流科技期刊建设目标方案，形成了世界一流、国家一流和省一流科技期刊建议培育目录（第2版）；最后为湖北省科技期刊未来发展指明了方向，提出了诸多发展策略和建议。附录呈现了湖北省科技期刊基本信息、入围中国科技期刊卓越行动计划（2019—2023）的湖北科技期刊名单以及湖北科技期刊楚天卓越行动计划（2021—2025）资助名单。

《蓝皮书》数据翔实，资料丰富，力求从多维度揭示湖北省科技期刊发展和变化特征，其内容具有重要参考价值。

《蓝皮书》应列条目多，文献、资料的收集整理工作量大，加之各类数据来源不一，给数据的统一处理带来诸多不便，我们试图进行较为全面的梳理，尽可能保证各类数据统计准确无误。然而，因时间仓促和编者水平有限，书中难免存在疏漏或差错，敬请广大读者不吝赐教、批评指正！

在《蓝皮书》编撰过程中，承蒙湖北省委宣传部出版处、湖北省科学技术期刊编辑学会、中国知网以及湖北省各科技期刊出版单位的支持与帮助，从而保证了《蓝皮书》顺利出版，在此一并致以诚挚谢意。

周华文

2023年9月

CONTENTS

目　录

期 刊 篇

人 才 篇

学 会 篇

一流科技期刊建设篇

CONTENTS

期刊篇

QIKAN PIAN

篇首语

湖北省作为我国的科技期刊大省,在科教资源、自然资源、编辑人才队伍、期刊发展政策等方面均具有有利于科技期刊事业发展的潜在优势。2018 年,我们通过《湖北省科技期刊发展蓝皮书(2018 版)》对改革开放 40 年来湖北省科技期刊发展成就进行了全面梳理和总结,为湖北省科技期刊可持续发展提供了重要的数据参考和决策建议。2018—2022 年,是中国科技期刊事业的快速发展期,也是湖北省科技期刊事业的重要机遇期,我们采取了一系列兴刊举措,取得了一系列可喜成绩。为全面总结过去 5 年来湖北省科技期刊事业的发展成就,我们在本篇中系统呈现了湖北省科技期刊在 2018—2022 年的发展数据,并在此基础上系统思考"一流科技期刊"建设过程中的诸多细节,为 2035 年湖北省一流科技期刊建设未来规划和方案设计提供基础数据支撑。本篇共分 2 章,具体内容如下:

第一章以"湖北省中文科技期刊近 5 年的发展"为题,主要对湖北省中文科技期刊的整体出版、传播、服务、学术影响力和科普宣传等领域的发展概况及重要变化进行总结概述。

第二章以"湖北省英文科技期刊近 5 年的发展"为题,主要对湖北省英文科技期刊的整体出版、传播、服务、学术影响力及新刊创办等方面的发展变化进行系统总结归纳。

第一章　湖北省中文科技期刊近 5 年的发展①

第一章共分为六个部分。其中,第一部分基于湖北省科技期刊年检数据,展示湖北省中文科技期刊近 5 年的出版情况、发展趋势和存在问题,包括期刊的数量、覆盖学科和出版单位等;第二部分根据此前网络问卷调查数据,从传播途径和传播效果 2 个角度分析湖北中文科技期刊的传播情况,包括各类传播途径的覆盖率、传播周期、传播内容(格式版本、特征)及运营等;第三部分从近 5 年中文科技期刊在国内五大科技期刊评价体系中的评价结果表现、评价指标变化以及国际重要数据库收录及传播成效等视角来评估湖北省科技期刊的整体学术影响力及变化轨迹;第四部分结合案例介绍近 5 年湖北省中文科技期刊坚持“四个面向”、全面贯彻新发展理念、在服务经济社会发展中做出的积极探索和实践;第五部分基于问卷调查、网络资料搜集、实地走访调查与文献查阅等获取的相关信息,概述了近 5 年来湖北省中文科技期刊开展科普宣传工作的情况,包括载体建设、宣传形式与内容和未来科普宣传展望 3 个方面。第六部分对近 5 年湖北省中文科技期刊发展特征进行了归纳。

一、中文科技期刊的出版情况②

本节主要统计湖北省中文科技期刊的基本情况,以数据为基础,通过数据分析展示湖北省中文科技期刊出版的基本情况、趋势和发展脉络。通过统计湖北省中文科技期刊的数量、年度发文量、涉及学科领域、出版单位等基本情况,可以较为全面地了解湖北省学术研究和科技创新的发展状况,为制定相应的政策和投入提供参考。统计结果可以为不同学科领域的专家学者提供信息交流和合作的平台,促进学术研究和科技创新的交流和合作。通过分析发现存在的问题和不足,进而采取相应措施来推动湖北省中文科技期刊的发展,提高期刊质量和影响力。分析结果还可以为相关部门加强管理和决策提供依据。

(一)总体情况

1.期刊数量

基于湖北省新闻出版局 2022 年期刊年检数据,以国内统一出版物号(CN 号)中的学科

---

① 第一章策划与统稿人:杨锦莲,胡小洋。
② 本章第一部分撰稿人:骆瑾,赵兴雅,陈勇,王丽芳。

分类号为划分标准,选取湖北省中文科技期刊相关数据,并与《湖北省科技期刊发展蓝皮书(2018)》发布的湖北省中文科技期刊数据进行对比,截至2022年底,湖北省科技期刊共有211种,其中中文科技期刊196种,占比92.9％;英文科技期刊14种,占比6.6％;中英文科技期刊1种(《宝石和宝石学杂志(中英文)》),占比0.5％。具体数据见图1-1。

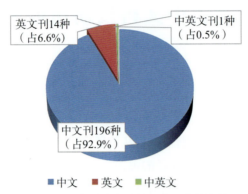

图 1-1　湖北省科技期刊的语种分布整体情况

196种中文科技期刊中,自然科学与工程类学术期刊最多,有180种;科普类期刊较少,仅有6种(《花木盆景》《长江蔬菜》《农村电工》《中国三峡》《汽车之旅》《渔业致富指南》);文理综合类有10种(《时代汽车》《长江工程职业技术学院学报》《武汉工程职业技术学院学报》《武汉船舶职业技术学院学报》《湖北工业大学学报》《武汉纺织大学学报》《武汉交通职业学院学报》《武汉体育学院学报》《科技进步与对策》《体育教育学刊》)。

2. 期刊信息变更

与2018年的期刊数据相比,《湖北畜牧兽医》《华南地质与矿产》《体育成人教育学刊》《信息通信》《湖北农机化》《武钢技术》《华南国防医学杂志》《水雷战与舰船防护》《钢铁研究》《服饰导刊》10种期刊分别更名为《中南农业科技》《华南地质》《体育教育学刊》《长江信息通信》《数字农业与智能农机》《电工钢》《联勤军事医学》《数字海洋与水下攻防》《武汉城市职业学院学报》《纺织工程学报》。停刊的有1种,为《火箭军指挥学院学报》。

当期刊的领域或范围发生了变化,需要更准确地反映其新的研究方向或重点时,更名可以反映其重新定位和重新定义的目标。通过选择更具吸引力和易于记忆的名称,可以吸引更多的读者和作者,从而提高其影响力和传播率,提高期刊的知名度和辨识度。更名也是期刊重塑品牌和重新定位的一种方式,通过选择一个更具吸引力和市场潜力的名称,可以吸引更多的读者和作者,并提高其在学术界的声誉和地位。

(二)载文量

统计结果显示,湖北省196种中文科技期刊2022年共发文63165篇,与2018年190种期刊数据(50145篇)相比(2018年只统计到了190种期刊的数据),因为统计的期刊数量增多,所以发文量增加了 13020 篇。数理科学和化学、农业、林业、综合性农业科学、工业技术总论、交通运输、综合性等几类期刊的发文量有所增加。其中交通运输发文量增加最多,增加了 8029 篇。自然科学总论、天文学、地球科学、生物科学、环境科学、安全科学、医药、卫生、综合性医药卫生、军事、经济、文化、科学、教育、体育发文量有所减少。具体见表 1-1。

表 1-1　　　　　　　　　　湖北省中文科技期刊分学科载文情况

学科		2022 年		2018 年	
		发文量/篇	占比/%	发文量/篇	占比/%
基础科学	N 自然科学总论	1414	2.24	2062	4.11
	O 数理科学和化学	2851	4.51	1261	2.51
	P 天文学、地球科学	1718	2.72	2121	4.23
	Q 生物科学	457	0.72	460	0.92
	S 农业、林业、综合性农业科学	8552	13.54	3897	7.77
技术科学	T 工业技术总论	17049	26.99	14926	29.77
	U 交通运输	10173	16.11	2144	4.28
	V 航空、宇宙飞船	0	0.00	0	0.00
	X 环境科学、安全科学	1316	2.08	1375	2.74
医药卫生	R 医药、卫生、综合性医药卫生	17323	27.43	19147	38.18
其他	E 军事	210	0.33	274	0.55
	F 经济	630	0.10	793	1.58
	G 文化、科学、教育、体育	901	1.43	1177	2.35
	Z 综合性期刊	571	0.90	508	1.01
合计		63165	100	50145	100

年发文量超过 1000 篇的期刊有 8 种:《中学数学》(半月刊)1061 篇,《中国水运》(旬刊)1500 篇,《通信电源技术》(半月刊)1524 篇,《数字农业与智能农机》1725 篇,《时代汽车》(半月刊)1761 篇,《绿色科技》(半月刊)2136 篇,《中外女性健康研究》(半月刊)2299 篇,《装备维修技术》(双月刊)6644 篇。

年度发文量低于 50 篇的有 4 种:《蛛形学报》27 篇,《专用汽车》34 篇,《华南地质》41 篇,《胶体与聚合物》49 篇。

为了更具体地分析个刊发文数据的变化,对获得的能够进行对比的 190 种中文科技期刊 2018 和 2022 年度发文量数据进行对比分析,得出期刊发文量的变化情况见表 1-2 和表 1-3,表中:A＝2022 年度发文量－2018 年度发文量;a＝(A/2018 年度发文量)×100%。

由表 1-2 和表 1-3 可知:有 128 种中文科技期刊(67.37%)出现不同程度的发文量减少。其中:减少量超过 500 篇的有 3 种,《中外女性健康研究》《长江信息通信》《亚太传统医药》,分别减少了 652 篇、817 篇和 1109 篇;减少幅度超过 60% 的有 3 种,《长江大学学报(自然科学版)《医学新知》《亚太传统医药》,减少幅度分别为 82.16％、75.57％和 64.89％。

表 1-2 190 种中文科技期刊发文量变化的区间统计

年度发文量变化A 区间/篇	刊数/种	占比/％	年度发文量变化A 区间/篇	刊数/种	占比/％
900 及以上	3	1.58	[−50,−10)	56	29.47
[100,900)	7	3.68	[−100,−50)	22	11.58
[50,100)	10	5.26	[−200,−100)	14	7.37
[10,50)	24	12.63	[−500,−200)	8	4.21
[0,10)	18	9.47	−500 以下	3	1.58
[−10,0)	25	13.16			

表 1-3 190 种中文科技期刊年发文量变化率区间统计

年发文量变化率a 区间	刊数/种	占比/％	年发文量变化率a 区间	刊数/种	占比/％
300 及以上	0	0.00	[−10,0)	44	23.16
[200,300)	3	1.58	[−30,−10)	62	32.63
[100,200)	5	2.63	[−50,−30)	18	9.47
[50,100)	5	2.63	[−80,−50)	5	2.63
[10,50)	28	14.74	−80 及以下	1	0.53
[0,10)	19	10.00			

　　一部分期刊主动减少发文量,追求少而精,以此来提升期刊的学术影响力。还有一部分期刊的发文量被动减少,原因有以下几点:一是期刊竞争加剧。许多研究人员会选择将他们的研究成果发表在英文期刊或高影响力期刊上,以提高他们的学术声誉和获得更多的基金支持,导致中文科技期刊的发文量减少。二是出版时滞过长。期刊的出版时滞过长,会影响作者的投稿意愿。三是受开放获取政策的影响。随着越来越多的国家和机构实施开放获取政策,研究人员会选择将他们的论文发表在开放获取期刊上,以便更多的人可以获取到他们的研究成果,导致传统期刊的发文量减少。四是学术界的需求变化。随着新学科和研究领域的出现,一些传统期刊可能无法满足当前研究人员的需求,从而导致发文量减少。中文科技期刊需要采取相应的措施,如缩短审稿时长、优化审稿流程、制定更好的开放获取政策等,以提高期刊的竞争力和吸引力。

　　有 62 种中文科技期刊(32.63％)发文量有增加的趋势。其中,增量达 900 篇以上的有 3 种,即《通信电源技术》《中国水运》《时代汽车》,分别增加 914 篇,1058 篇和 1291 篇。增加幅度超过 200％的有 3 种,即《中国水运》《粘接》《时代汽车》,增幅分别达到 239.37％、240.28％和 274.68％。

(三)出版周期

1. 刊期变化

湖北省中文科技期刊的刊期统计数据见表 1-4。2022 年双月刊(82 种,占 41.84%)和月刊(79 种,占 40.31%)的期刊数量较多;旬刊(3 种,《特别健康》《中华建设》《中国水运》)和半年刊(1 种,《蛛形学报》)的期刊数量较少。

表 1-4　　　　　　　　　　湖北省中文科技期刊的刊期统计

刊期	2022 年		2018 年	
	刊数/种	占比/%	刊数/种	占比/%
旬刊	3	1.53	1	0.53
半月刊	13	6.63	15	7.98
月刊	79	40.31	69	37.70
双月刊	82	41.84	86	45.74
季刊	18	9.18	17	9.04
半年刊	1	0.51	0	0.00
合计	196	100.00	188	100.00

与 2018 年的统计数据相比,2022 年湖北省科技期刊的刊期总体变化幅度不大。其中,半月刊、双月刊占比略有减少。

2. 出版时滞

出版时滞是衡量期刊时效性的重要指标,与期刊的影响因子和被引频次相关,也是评价科技期刊质量的主要指标之一。根据中国知网提供的 2022 年 171 种中文科技期刊平均出版时滞统计(表 1-5),出版时滞最短的是《肉类工业》,为 36.08 天,最长的是《华中建筑》,为 487.33 天,平均出版时滞中位数为 199.32 天,与 2018 年的平均出版时滞 183.40 天相比,有所增加。

表 1-5　　　　　　　　2022 年 171 种中文科技期刊平均出版时滞统计

出版时滞/天	刊数/种	占比/%	出版时滞/天	刊数/种	占比/%
(0,30)	0	0.00	[180,210)	28	16.37
[30,60)	5	2.92	[210,240)	18	10.53
[60,90)	12	7.02	[240,270)	14	8.19
[90,120)	14	8.19	[270,300)	13	7.60
[120,150)	13	7.60	[300,400)	25	14.62
[150,180)	21	12.28	400 及以上	8	4.68

《肉类工业》《公共卫生与预防医学》《湖北电力》《空天预警研究学报》《长江信息通信》这

5 种期刊的出版时滞在 60 天以内，出版速度非常之快。出版时滞短可以确保信息及时传播，帮助出版商在市场竞争中保持竞争力，促进知识的快速传播，更好地满足读者的需求，提升出版活力。

33 种中文科技期刊的期平均出版时滞超过 300 天，其中有 8 种超过 400 天。由此可知，湖北省还有部分中文科技期刊论文的发表时滞较长，研究成果未能得到及时报道，这无疑会影响作者的投稿积极性，对期刊的发展和学术水平的提高极为不利。因此，应努力缩短科技期刊的论文发表时滞，积极争取高质量的稿源，提高科技期刊的竞争力。

利用大数据平台、人工智能、编排校软件、即时通信工具等数字化手段可以大幅缩短出版时滞。人工智能辅助下的快速按篇数字出版模式将会极大地提高出版速度，缩短出版时滞，助力提升期刊影响力。

(四) 学科分布

科技期刊是开展科学研究交流的重要平台，科技期刊的学科分布在一定程度上可以体现人才培养方向、科技创新水平以及产业优势。根据湖北省科技期刊国内统一刊号（CN 号）中的学科分类号的信息统计，2022 年湖北省 196 种中文科技期刊分布在 13 个不同学科领域，其中医药、卫生领域的最多，有 58 种，占总数的 29.59%；其次为工业技术领域，有 57 种，占总数的 29.08%；期刊数大于 10 种的学科还包括交通运输、农业科学、自然科学总论以及数理科学和化学，分别有 15 种、13 种、12 种和 11 种，占比分别为 7.65%、6.63%、6.12% 和 5.61%。以上这 6 类期刊数量占湖北省中文科技期刊总数的 84.69%，呈现出明显的学科优势与产业竞争力。2022 年湖北省中英文科技期刊仅 1 种，为工业技术领域期刊。

湖北省中文科技期刊学科分布见表 1-6。由表 1-6 可知：与 2018 年比较，2022 年湖北省中文科技期刊学科分布变化较小。数理科学和化学领域、综合性期刊分别增加 1 种期刊，交通运输领域增加 2 种期刊；农业科学、工业技术、军事领域分别减少 1 种期刊。

表 1-6　　　　　　　　　湖北省中文科技期刊学科分布

类别	学科	2018 年		2022 年	
		刊数/种	占比/%	刊数/种	占比/%
基础科学类	N 自然科学总论	12	6.15	12	6.12
	O 数理科学和化学	10	5.13	11	5.61
	P 天文学、地球科学	8	4.10	8	4.08
	Q 生物科学	5	2.56	5	2.55
	S 农业科学	14	7.18	13	6.63
技术科学类	T 工业技术	58	29.74	57	29.08
	U 交通运输	13	6.67	15	7.65
	X 环境科学、安全科学	5	2.56	5	2.55
医药卫生类	R 医药、卫生	58	29.74	58	29.59

类别	学科	2018 年		2022 年	
		刊数/种	占比/%	刊数/种	占比/%
其他	E 军事	3	1.54	2	1.02
	F 经济	1	0.51	1	0.51
	G 文化、科学、教育、体育	4	2.05	4	2.04
	Z 综合性期刊	4	2.05	5	2.55
合计		195	100.00	196	100.00

(五)主办机构

主办机构是期刊出版的重要支持,对期刊的发展起到重要的引领和指导作用,对科技期刊主办机构进行分析,可以了解科技期刊的主办机构分布和集群化办刊发展概况。为方便统计,当期刊有多个主办机构时,对第一主办机构进行分析(以下数据均基于第一主办机构统计)。

1. 主办机构办刊数量

为体现湖北省科技期刊集群化建设成效,与 2018 年相比,除统计湖北省科技期刊主办机构地域分布外,对主办机构办刊数量也进行了统计。2022 年,湖北省 196 种中文科技期刊的主办机构共有 113 个,平均每个主办机构主办期刊 1.73 种;仅主办 1 种中文科技期刊的主办机构有 88 个,占所有中文科技期刊主办机构的 77.88%;主办 2 种中文科技期刊的主办机构有 14 个,占所有中文科技期刊主办机构的 12.39%;主办 3 种及以上中文科技期刊的主办机构有 11 个,占所有中文科技期刊主办机构的 9.73%。主办中英文期刊的机构 1 个,为中国地质大学(武汉),主办了 1 种中英文期刊。

2022 年,主办中文科技期刊数量排名前十的机构共 11 个(含并列),分别为:华中科技大学(25 种)、武汉大学(15 种)、武汉理工大学(9 种)、中国科学院(6 种)、中华医学会(6 种)、湖北大学(4 种)、东风汽车集团有限公司(3 种)、湖北省科技信息研究院(3 种)、湖北省农业科学院(3 种)、湖北中医药大学(3 种)、中国地质大学(武汉)(3 种)。湖北省主办中文科技期刊数量排名前十机构中有 6 个为高等院校,体现出较高的集群化程度。2022 年湖北省主办中文科技期刊数量排名前十机构见表 1-7。

表 1-7 　　　　　2022 年湖北省主办中文科技期刊数量排名前十机构

主办机构名称	刊数/种	占比/%	备注
华中科技大学	25	12.76	华中科技大学 8 种,同济医学院 9 种,同济医院 3 种,协和医院 5 种
武汉大学	15	7.65	武汉大学 10 种,武汉大学口腔医学院 1 种,武汉大学人民医院 3 种,中南医院 1 种

主办机构名称	刊数/种	占比/%	备注
武汉理工大学	9	4.59	
中国科学院	6	3.06	水生生物研究所1种,精密测量科学与技术创新研究院2种,岩土力学研究所1种,武汉植物园1种,资源环境科学与技术局1种
中华医学会	6	3.06	中华医学会4种,中华医学会武汉分会2种
湖北大学	4	2.04	
东风汽车集团有限公司	3	1.53	
湖北省科技信息研究院	3	1.53	
湖北省农业科学院	3	1.53	湖北省农业科学院2种,湖北省农业科学院畜牧兽医研究所1种
湖北中医药大学	3	1.53	
中国地质大学(武汉)	3	1.53	

对不同类别主办单位主办的期刊数量进行了统计,将主办单位分为6类:高等院校、企业、科研院所、行业协会与学会、医院和政府部门[①]。2022年,主办机构为高等院校的中文科技期刊最多,共76种,占比38.78%,是湖北省科技期刊的重要组成部分,体现出湖北科教大省的优势;其后依次为企业、科研院所和行业协会与学会主办的期刊,分别为38种(19.39%)、30种(15.31%)和27种(13.78%)。由高等院校、企业、科研院所和行业与学会主办的期刊数量占湖北省期刊总数的87.24%,是湖北省中文科技期刊办刊的主力军。2022年湖北省中文科技期刊主办机构类别分布见表1-8。

表1-8　　　　　　　　2022年湖北省中文科技期刊主办机构类别分布

主办机构类别	刊数/种	占比/%
高等院校	76	38.78
企业	38	19.39
科研院所	30	15.31
行业协会与学会	27	13.78
医院	14	7.14
政府部门	11	5.61
总计	196	100.00

①　分类依据参照:姚吟月,陈锋.江苏省科技期刊人才结构和办刊资源分析[J].中国科技期刊研究,2018,28(10):913-919.

2.主办机构地域分布

科技期刊的主办机构地域分布可以在一定程度上反映各地区的经济、文化与综合科教水平。196 种中文科技期刊中,有 176 种主办机构在武汉市,占比 89.80%;黄石市 5 种,占比 2.55%;宜昌市 4 种,占比 2.04%;荆州市 3 种,占比 1.53%;十堰市、襄阳市和恩施土家族苗族自治州各 2 种,占比均为 1.02%;咸宁市和潜江市各 1 种,占比均为 0.51%。1 种中英文期刊主办机构在武汉市。2022 年湖北省中文科技期刊主办机构地域分布见表1-9。

表 1-9 **2022 年湖北省中文科技期刊主办机构地域分布**

主办机构所在地	中文刊数/种	占比/%
武汉市	176	89.80
黄石市	5	2.55
宜昌市	4	2.04
荆州市	3	1.53
十堰市	2	1.02
襄阳市	2	1.02
恩施土家族苗族自治州	2	1.02
咸宁市	1	0.51
潜江市	1	0.51
合计	196	100.00

(六)经营效益[①]

本部分通过经营活动和经营收益 2 个角度对湖北中文科技期刊的总体经营情况进行分析,具体包括期刊发行、广告、新媒体等方面。由于湖北省中英文双语出版(中英混合模式和中英对照模式)的科技期刊数量有限,为便于统计,本节仍将此类期刊视为中文期刊,特此说明。

1.纸刊发行收入

根据 2021 年全国期刊核验数据(共 5041 种期刊),发行收入方面,湖北(6954.37 万元)居全国第 5 位;刊均发行收入方面,湖北(32.50 万元)居全国第 5 位[②]。214 种湖北科技期刊中,有 192 种中文科技期刊在 2021 年检数据中填报了"发行收入"项,其中 27 种没有发行收入,占 14.14%。统计显示,年发行收入在 10 万元以下的期刊有 100 种,年发行收入在 100 万元及以上的期刊有 7 种;发行方面表现突出(年发行收入在 1000 万元以上)的期刊有 1 种,即《农村电工》,见表 1-10。

---

① 期刊出版行业收入相关数据各统计口径不统一,本书的期刊经营数据来源于湖北省新闻出版局 2021 年检数据,限于年检填报人理解的差异,各刊数据可能存在统计不全面的情况,统计结果仅供参考。
② 数据来源:《中国科技期刊产业发展报告(2021)》P51。

表 1-10　　　　　　　　　　　2021 年湖北中文科技期刊发行收入

发行收入/万元	刊数/种	占比/%	发行收入/万元	刊数/种	占比/%
(0,5)	74	45.40	[40,50)	4	2.45
[5,10)	26	15.95	[50,100)	9	5.52
[10,15)	15	9.20	[100,200)	5	3.07
[15,20)	11	6.75	[200,1000)	1	0.61
[20,30)	12	7.36	1000 及以上	1	0.61
[30,40)	5	3.07	合计	163	100

注：未填报以及发行收入为 0 的期刊 29 种，均未在统计范围内。

2. 广告收入

根据 2021 年全国期刊核验数据（共 5041 种期刊），广告收入排名，湖北（4220.36 万元）居全国第 4 位；刊均广告收入排名，湖北（19.72 万元）居全国第 5 位[①]。

有 192 种湖北中文科技期刊填报了"广告经营方式"。统计显示，无广告或暂未开展广告业务的期刊 64 种，占 33.33%；采用自主经营广告的期刊 99 种，占 51.56%；采用"自主经营＋委托代理"的期刊 21 种，占 10.94%；采用委托代理广告的期刊 8 种，占 4.17%。

有 192 种湖北中文科技期刊在 2021 年检数据中填报了"广告收入"项，其中 87 种有广告收入，占 45.31%。统计显示，年广告收入在 10 万元以下的期刊 46 种，占拥有广告收入期刊的 52.87%；年广告收入在 100 万元及以上的期刊 9 种，占拥有广告收入期刊的 11.49%；年广告收入在 300 万元以上的期刊 1 种，即《中华建设》，见表 1-11。

表 1-11　　　　　　　　　　　2021 年湖北中文科技期刊广告收入

广告收入/万元	刊数/种	占比/%	广告收入/万元	刊数/种	占比/%
(0,10)	46	52.87	[50,100)	6	6.90
[10,20)	10	11.49	[100,200)	6	6.90
[20,30)	8	9.20	[200,300)	2	2.30
[30,40)	5	5.75	[300,500)	1	1.15
[40,50)	3	3.45	合计	87	100

注：未填报以及广告收入为 0 的期刊 105 种，均未在统计范围内。

3. 新媒体收入

根据 2021 年全国期刊核验数据（共 5041 种期刊），新媒体收入排名，湖北（258.37 万元）居全国第 5 位；刊均新媒体收入排名，湖北（1.21 万元）居全国第 7 位[②]。

---

① 数据来源：《中国科技期刊产业发展报告（2021）》P52。
② 数据来源：《中国科技期刊产业发展报告（2021）》P53。

有192种湖北中文科技期刊填报了"新媒体收入",其中16种有新媒体收入,占8.33%。统计显示,新媒体收入在2万元以下的期刊3种,占有新媒体投入期刊的18.75%;新媒体收入在10万元及以上的期刊5种,由低到高依次为《时代汽车》《特别健康》《中外女性健康研究》《中国水运》《长江蔬菜》,占拥有新媒体收入期刊的31.25%,见表1-12。

表1-12　　　　　　　　　2021年湖北中文科技期刊新媒体收入情况

新媒体收入/万元	刊数/种	占比/%	新媒体收入/万元	刊数/种	占比/%
(0,1)	2	12.5	[10,20)	2	12.5
[1,2)	1	6.25	[20,50)	2	12.5
[2,4)	4	25.0	[50,100)	1	6.25
[4,6)	2	12.5	100及以上	0	0
[6,10)	2	12.5	合计	16	100

注:未填报以及年新媒体收入为0的期刊176种,均未在统计范围内。

4.总体收入

根据2021年全国期刊核验数据(共5041种期刊),科技期刊总收入最多的区域为北京(32.09亿元),第二位是上海(46904.88万元),第三位是湖北(34622.72万元);刊均总收入居前三位的分别是北京(194.39万元)、湖北(161.79万元)、陕西(157.43万元)[1]。

有192种湖北中文期刊填报了"总收入"。统计显示,总收入在60万元以下的期刊79种,占拥有总收入期刊的41.80%;总收入100万元及以上的期刊64种,占拥有总收入期刊的33.86%;总收入1000万元以上的期刊2种,分别为《农村电工》和《中国三峡》,见表1-13。

表1-13　　　　　　　　　2021年湖北中文科技期刊总收入情况

总收入/万元	刊数/种	占比/%	总收入/万元	刊数/种	占比/%
(0,10)	3	1.59	[150,200)	12	6.35
[10,20)	13	6.88	[200,250)	6	3.17
[20,30)	16	8.47	[250,300)	4	2.12
[30,40)	14	7.41	[300,400)	7	3.70
[40,50)	20	10.58	[400,500)	6	3.17
[50,60)	13	6.88	[500,1000)	1	0.53
[60,80)	21	11.11	[1000,2000)	1	0.53
[80,100)	25	13.23	2000及以上	1	0.53
[100,150)	26	13.76	合计	189	100

注:未填报以及总收入为0的期刊3种,均未在统计范围内。

总体看,近年来湖北中文科技期刊的总体经营收益较高,但年总收入突破千万元的期刊

---

① 数据来源:《中国科技期刊产业发展报告(2021)》P50。

较少,且各刊新媒体收入普遍较少。在纸刊发行日渐萎缩的情况下,利用广告、新媒体等途径来扩宽经营渠道,增加期刊收入,是办刊人在今后一段时期内面临的机遇与挑战。

(七)发展态势

从出版统计数据看,湖北省中文科技期刊主要呈现以下发展态势。

①中文科技期刊总体发文量持续增长,反映了湖北省在科学研究和技术创新方面的活跃程度不断提升。67.37%的中文科技期刊发文量有不同程度减少,一方面中文科技期刊的生存空间确实受到了严重挤压,另一方面一些期刊也在主动压缩版面。

②中文科技期刊涵盖了广泛的研究领域,包括但不限于自然科学、工程技术、医学健康等,多样化的研究内容反映了湖北省在不同领域的科研力量和创新能力。为顺应时代发展趋势,更清晰地反映学科属性,有10种中文科技期刊试图通过更名来提高期刊的知名度和辨识度。

③湖北省医药、卫生,工业技术,交通运输,农业科学,自然科学总论以及数理科学和化学6类学科期刊的数量具有显著优势,呈现出明显的学科优势与产业竞争力。2022年与2018年中文科技期刊学科分布差别较小,体现出湖北省优势学科科技发展的持续性。从主办机构办刊数量情况来看,高等院校、企业、科研院所和行业与学会为湖北省中文科技期刊的主要办刊力量,其中高等院校期刊集群化程度较高。从主办机构类别分布来看,高等院校主办的中文科技期刊数量最多,体现出湖北省科教大省的优势。科技期刊主办机构集中在武汉市,这是由于武汉市是湖北省经济、文化与科教中心,拥有众多的高等院校和科研院所,为科技期刊的创办与发展提供了有利的环境。

④湖北省中文科技期刊总体经营收益较高,但总收入突破千万元的期刊较少,且各刊新媒体收入普遍偏少。需要实现期刊数字化产业链的盈利模式创新,通过内容开发与重构、新旧媒体融合、增值服务等路径进行创新,从而形成能够多元化经营并能够持续发展的商业模式,使传统媒介产生新的造血功能,实现经济效益的最大化。

二、中文科技期刊的传播情况[①]

近5年来,湖北中文期刊的传播情况发生了巨大变化。本节通过不同的传播途径、传播效果两个角度对湖北中文科技期刊的传播情况进行分析,具体包括各类传播途径的覆盖率、传播周期、传播内容(格式版本、特征)及运营等方面。

(一)纸质发行传播

促进传统出版和数字出版融合发展是国家对出版行业的指导意见,也是我国科技期刊出版的发展方向。在媒体融合的背景下,纸质期刊(以下简称"纸刊")的传播与发行与数年前相比发生了颠覆性变化,总体印刷发行数量呈萎缩趋势。

---

① 本章第二部分撰稿人:陈勇,王丽芳。

1. 发行量

根据国家新闻出版署 2021 年全国期刊年检数据,我国 55.11% 科技期刊的期发行量在 1500 册以下[①]。根据本编写组发放的网络问卷调查结果,有 174 种湖北中文科技期刊填报了"平均期发行量"(包括 4 种发行量在 20 册以下的期刊)。统计显示,120 种期刊发行量低于 1500 册,占比 68.97%,其中 25.86% 的期刊发行量位于 [500,1000) 区间;平均期发行量大于等于 2000 册的期刊有 39 种,占比 22.41%,见表 1-14。《中国水运》和《长江蔬菜》2 种期刊发行量最大,平均期发行量达 2 万册;可以看出,与 2017 年相比,2021 年湖北中文科技期刊平均期发行量降幅明显,与全国科技期刊发行量总体变化趋势一致。

表 1-14　　　　　　　　　　湖北省中文科技期刊的平均期发行量对比

平均期发行量/册	2021 年		2017 年	
	刊数	占比/%	刊数	占比/%
(0,500)	30	17.24	16	8.70
[500,1000)	45	25.86	34	18.48
[1000,1500)	45	25.86	29	15.76
[1500,2000)	15	8.62	27	14.67
[2000,3000)	20	11.49	34	18.48
[3000,5000)	15	8.62	28	15.22
[5000,10000)	2	1.15	8	4.35
1 万及以上	2	1.15	8	4.35
合计	174	100.00	184	100.00

2. 发行方式

目前,我国科技期刊发行方式主要有 4 种:邮局发行、自办发行、代理发行、网络发行,其中,邮局发行依然是当前大多数科技期刊的发行方式。有 192 种湖北省中文科技期刊填报了"发行方式"。统计显示,仅采用邮局发行的有 46 种,占 23.96%;采用自办发行的期刊有 30 种,占 15.63%;采用"邮发+自办发行"的期刊有 111 种,占 57.81%;开放获取和赠阅的期刊有 5 种,占 2.60%。

3. 各学科的纸刊发行情况

结合网络问卷调查结果,对湖北省中文科技期刊各学科纸刊发行情况进行分析,结果显示,平均期发行量在 1500 册及以上的期刊有 53 种,以工学类最多(26 种),占比 49.06%;其次为医学类(14 种),占比 26.42%(表 1-15)。发行量最大的《长江水运》为综合类期刊,而《长江蔬菜》为农学类科普期刊,发行量也很大。《水电能源科学》《土木工程与管理学报》《环

---

① 数据来源:《中国科技期刊发展蓝皮书(2021)》P23。

境科学与技术》3 种期刊平均期发行量不足 100 册,所印刷纸刊可能仅用于向新闻出版总署、中国版本图书馆、国家图书馆以及所在地省、自治区、直辖市新闻出版行政部门等缴送样刊。

表 1-15 2021 年湖北中文科技期刊各学科期刊平均期发行量

平均期发行量/册	学科分类						
	理学	工学	医学	农学	管理科学	综合	合计
(0,1500)	21	39	34	11	3	18	126
1500 及以上	3	26	14	5	1	4	53

(二)网站传播

1. 期刊官方网站

随着信息化建设水平的提高,期刊一般都会在其官方网站提供科技论文全文下载,部分期刊官网还会根据访问者的兴趣偏好进行个性化推送。但网站的年点击量存在较大差异,期刊本身的学术质量对网站的影响力起着决定性作用。

提交问卷的 174 种期刊中,139 种期刊创建了独立官网,79 种期刊填写了网站点击量,其中网站年点击量在 2 万次以下的期刊有 8 种,占填报期刊总数的 10.13%;网站点击量在 1000 万次及以上的期刊有 2 种,分别为《中国康复》(1250 万次)、《中外女性健康研究》(1460 万次),详见表 1-16。点击量最多的两种期刊均为医学类期刊,可能与该类期刊刊载内容包括医学康复和医学科普有关。

表 1-16 2021 年湖北中文科技期刊网站年点击量

点击量/次	刊数/种	占比/%	点击量/次	刊数/种	占比/%
(0,2 万)	8	10.13	[30 万,50 万)	7	8.86
[2 万,4 万)	8	10.13	[50 万,100 万)	10	12.66
[4 万,6 万)	5	6.33	[100 万,200 万)	4	5.06
[6 万,10 万)	9	11.39	[200 万,1000 万)	4	5.06
[10 万,15 万)	9	11.39	1000 万及以上	2	2.53
[15 万,20 万)	8	10.13			
[20 万,30 万)	5	6.33	合计	79	100

注:未填报以及网站点击量为 0 的期刊 113 种,均未在统计范围内。

2. 集群平台

集群化发展是当前国际科技期刊发展的主流态势,是延伸期刊品牌影响、开展数字化知识服务、获取市场竞争优势的现实需要,同时也是推动我国科技期刊高质量发展,做强做大我国科技期刊出版产业的必由之路[①]。湖北省是科教强省,在医学、生物学、法学、地质学、岩

[①] 数据来源:《中国科技期刊发展蓝皮书(2021)》P326。

土力学、光学、测绘、机械工程、材料科学等领域的学科优势明显,为期刊集群化发展奠定了基础。目前武汉大学、华中农业大学、中国地质大学(武汉)、中华医学会武汉分会期刊集群等高校及各级学会已开始探索布局和完善期刊集约化出版平台,具体情况如下:

(1)武汉大学科技期刊社群

武汉大学科技期刊社群的建设源于 2000 年武汉大学等四校合并。2010 年武汉大学期刊社拆分为自然科学学报编辑部和人文社会科学学报编辑部,其中自然科学学报编辑部被纳入科学技术发展研究院管理。2016 年武汉大学科技期刊中心(以下简称"期刊中心")成立。目前,武汉大学共有自然科学类学术期刊 21 种,其中期刊中心所属期刊 9 种,以武汉大学为第一主办单位的院系期刊 5 种,以武汉大学人民医院、中南医院、口腔医院等为第一主办单位的期刊 7 种。期刊中心担负着全校自然科学类科技期刊的归口管理、监督与指导,落实武汉大学作为主办单位的监管责任,及时发现和处理潜在的政治意识风险和学术质量风险,引导形成对外统一、标识清晰的主办与出版单位。期刊中心在内部管理上采取主任领导下的执行副主编负责制,以主编工作会议机制研究、决定和处理重要编辑出版事务。期刊中心与院系期刊编辑部实行编辑出版业务、财务各自独立,出版质量、培训研讨、对外报批等方面给予服务指导、共同参与的运行模式,实行人、财、物统一行政管理,在宣传、质检及发行方面进行集中业务管理。

①探索学者办刊新思路,聚焦"武大期刊"品牌内涵式发展。期刊中心以进一步扩大品牌影响力为目标,集中优势力量不断加强高质量稿源的征集和遴选。期刊中心推动各刊调整编委会,建立青年编委会,制订实施《学科副主编工作制实施办法》《客座主编工作制实施办法》,加强与主编、编委和高层次人才专家的联系。目前,期刊中心有 SCI 收录期刊 1 种,EI 收录期刊 2 种,CSCD 收录期刊 5 种,北大核心期刊 3 种,科技核心期刊 7 种,形成了武汉大学期刊品牌体系。

②推动期刊转型升级,加强出版集群平台建设。近 5 年来,期刊中心充分利用数字化出版领域的新技术、新方法,大力加强科技期刊数字出版和媒体融合建设。期刊中心积极推进方正学术出版云服务平台的使用,上游承接投审稿系统,再将在线编校与排版系统对接融合,形成期刊出版全流程数字化,提高了编辑工作效率,实现了稿件采集、三审、出版、发布全过程的数字化生产模式。期刊中心通过该平台对出版过程进行统一监管、数据收集分析,以及各种碎片化检索推广,提高了生产力,实现了期刊出版集群的数字化管理。

③完善集群化管理制度建设,深化运行流程与机制探索。期刊中心结合多年工作积累的经验,出台或修订了包括《武汉大学科技期刊中心管理制度汇编(2019 年)》《武汉大学自然科学学报编辑部岗位职责》《武汉大学自然科学学报编辑部各刊工作流程》等一系列涉及编辑出版业务工作规范、财务管理、激励政策以及考核培训的管理制度,积极引导各刊在期刊编辑过程中遵循规范程序与标准,严格编辑人员廉洁自律的行为操守,推动各刊以办刊质量为业绩考核目标,不断增强期刊编辑部的内在发展动力。

④加强期刊中心编辑队伍建设,提高编辑业务水平。期刊中心分期分批开展各层次岗

位培训和业务交流,积极推动执行副主编岗位培训、骨干编辑业务交流学习等相关制度,全面推进编辑技能的持续提升。定期开展质检工作,严控编校质量,把质量意识和能力嵌入青年编辑的工作。在推进多层次数字化期刊平台建立的同时,期刊中心及各刊官网、公众号的宣传推广,专家网络讲座开展,不断促进编辑对新技能的学习和运用,更好地服务于期刊的传播质量提升。青年编辑队伍建设初见成效,副编审于杰、编辑王晓醉先后获得 2020 年、2023 年中国科技期刊卓越行动计划选育高水平办刊人才—青年人才支持项目立项,努力实现"办好刊、接好力、做专业能力强的办刊人才"的目标。

今后一个时期,武汉大学科技期刊中心将继续积极探索期刊集群发展之路,借助武汉大学业已形成的学术影响力,坚持原始创新,树立"武大期刊"品牌,形成一批在国内外有影响的精品学术期刊,为建设双一流大学做出贡献。

（2）华中农业大学期刊中心

华中农业大学集群办刊的历史可追溯到 2001 年华中农业大学期刊社的组建。为便于期刊集中管理,2001 年该校成立期刊社,统一管理有正式刊号的 3 个期刊:《华中农业大学学报》《华中农业大学学报（社会科学版）》和《农村实用技术与信息》。2002 年创办《养殖与饲料》后,一个拥有 2 种学术期刊、2 种技术期刊的期刊集群初步确立。当时期刊社就提出集群办刊的思路,将这 4 种刊分成了 3 个不同的学术层次:《华中农业大学学报》创办于 1956 年,具有较长的办刊历史和较大的社会影响力,在农业学术期刊中排名前列,为中文核心期刊、教育部精品期刊,处于第一学术层次;《华中农业大学学报（社会科学版）》创办于 1981 年,1998 年获得正式刊号,该刊在农业高校学报社会科学版中排名前列,处于第二学术层次;《农村实用技术与信息》（创办于 1994 年）和《养殖与饲料》（创办于 2002 年）是分别以农业科普和养殖科技为报道重点的技术期刊,两刊发表文章以技术为主,注重实践,注重应用,处于第三学术层次。这 4 种期刊基本形成了内容覆盖农业各领域、学术层次清晰的期刊群。

2019 年,华中农业大学为适应大部制管理的需要,成立了华中农业大学期刊中心（以下简称"期刊中心"）,隶属于华中农业大学科学技术与发展研究院。期刊中心的成立恰逢我国科技期刊高质量发展的春天,学校办刊方向转向高质量办刊和创办高水平英文期刊。2021 年《华中农业大学学报》确立了围绕一流学科建设创建一流期刊的办刊思路,提出校准定位、突出特色,紧紧围绕交叉学科、新兴学科以及传统优势学科领域,开辟创新专题、专栏及专刊;探索改变学报出版模式,增强学报文化自信,多途径加强学报的宣传力度,如编辑部主动走出学校、走进学院和学科团队推介期刊,走进大学生课堂指导学术写作;抓住科技评价改革的契机,多方争取评价政策支持,如 2023 年学校认定《华中农业大学学报》部分文章为校期刊分级目录 C 级,争取院士、知名教授主动在学报发文,确保优质稿源稳定。《华中农业大学学报（社会科学版）》围绕百年未有之大变局产生的重大现实问题和重大理论需求,重新校准办刊定位。持续深化当代马克思主义中国化的规律研究,聚焦"三农"重大战略问题研究的学术发表,探索出坚持刊文内容学科领域集中,注重学术性、时代性和前瞻性结合,与青年学者共同成长,全方位媒体融合传播的办刊思路。在期刊中心的推动下,依托学校优势学科,3 年时间创办了 3 本英文期刊。2021 年 4 月,创办 *Animal Diseases*,2022 年 9 月,该刊入选"中国科技期刊卓越行动计划"高起点新刊;2022 年 9 月,创办 *Crop and Environment*;2023 年 6 月创办 *Horticulture Advances*。至此,一个学科专业明显、中英文结合的高水平学术期刊集群初步形成。目前,期刊中心管理的期刊达 7 种:《华中农业大学学报》《华中农业大学学报(社会科学版)》《养殖与饲料》《湖北风景园林》、*Animal Diseases*、*Crop and Environment*、*Horticulture Advances*。如果说当初期刊社的集群发展思路强调的是华中农业大学如何为中国三农发展提供全方位服务,那么,期刊中心的集群发展思路则凸显出华中农业大学学科特色、如何立足中国走向世界的学术气魄。

目前,华中农业大学期刊中心以提高学术质量为重点,共享办刊资源,在集群办刊的大平台上充分发挥多刊的协同作用:一是打通期刊间的编辑人员流动,一员可以身兼多种期刊的同类工作;二是建立稿源信息共享机制,根据学术层次对稿件进行分类安排;三是统一对人财物管理,统一对外宣传;四是实现编辑流程一体化。同时,鼓励各刊的个性化发展,形成各领风骚的专业化、特色化办刊风格。

(3)中国地质大学(武汉)期刊社

2010 年,中国地质大学(武汉)对《地球科学学刊(英文版)》《地球科学—中国地质大学学报(中文版)》《中国地质大学学报(社会科学版)》《地质科技情报》《安全与环境工程》《工程地球物理学报》《宝石和宝石学杂志》7 种期刊编辑部进行集约化科学管理,成立中国地质大学(武汉)期刊社(以下简称期刊社),以学校特色学科作为期刊的学术支撑,涵盖了地质学、矿产资源能源、地质工程、地球物理、水文地质与环境地质、地理信息系统与测绘、材料科学与化学、经济与管理等研究领域,打造一流学术期刊集群,提升期刊的品牌影响力,呈现出独特的"地大期刊现象"。

①创新期刊管理机制,扩大刊群优势。期刊社成立后,设立了办公室、数字出版室以及 7 个编辑部,对全社 28 名员工进行了专业化分工。办公室负责行政管理,检查考核编辑部主任的工作。依据办刊实际,制定了一系列管理制度。通过各项管理制度,把分散在各编辑部的人、物集中到期刊社平台统一管理和运行,节约了人力、物力等。同时期刊社将办刊经费下放到各编辑部,由各刊编辑部主任负责,极大地调动了各刊的积极性。

集约化、数字化是科技期刊转型优化升级的两翼。数字出版室统一推进信息化建设,实现资源共享。各期刊由主编、编委、编辑根据出版计划,做好选题策划、组稿、匿名评审、编辑、校对等业务工作,将期刊选题、策划、组稿融入学校的教学科研和学科建设;办公室的员工集中做好出版流程控制、发行、宣传与推介等工作,使专业编辑将更多的时间和精力回归到专业内容的加工等编辑业务,提高编审质量。合理的分工与合作,使办刊质量和社会效益稳步提升,各期刊摆脱了小、散、弱困境,形成集群优势,7 种期刊的出版流程得到优化。例如,在配置期刊采编系统,与网络数据库合作方谈判、签约的过程中,期刊社统一代表 7 种期刊与对方商谈,获得最大优惠。在宣传期刊时,以整体形式加以推广,既节约成本,又扩大了宣传效应。

期刊社紧紧依托中国地质大学（武汉），优化人才队伍结构，抓好主编和编委（包括审稿专家）队伍、编辑队伍、管理队伍3支队伍建设。各期刊在职编辑以中青年为主，具有博士学位者居多，编辑业务水平和专业学术水平较高。期刊社制定了员工进修培训制度，积极支持年轻编辑深造，支持编辑参加国内、国际专业学术会议，以此提高自身专业技能。鼓励编辑参与学术研究，近5年来，期刊社编辑先后承担多项国家级和省部级科研项目，公开发表论文数十篇。期刊社还坚持开门办刊，注重与同行交流。要求7个编辑部每年调研1～2家同类期刊，了解同行的发展状况和工作方法。

②差异化定位，形成专业期刊特色。期刊社采取了差异化定位、资源整合改革措施。如《地球科学》以反映地球科学领域最新的、高水平的基础地质、应用地质、资源与环境地质及地学工程技术研究成果为主要任务；《中国地质大学学报（社会科学版）》从多学科研究资源环境问题；《地质科技情报》改名为《地质科技通报》，着重展示地质科技前沿领域新进展、新动向、新成果、新技术，特别是国家重大科技攻关项目、自然科学基金项目成果；《安全与环境工程》主要反映安全与环境两大学科领域的最新教学和科研成果；《宝石和宝石学杂志（中英文版）》主要反映当代宝石学学科的研究方向与进展、珠宝检测技术、宝石资源、宝石优化处理、珠宝营销与贸易、宝石加工与制作、珠宝首饰评估、珠宝首饰艺术、珠宝首饰加工工艺、珠宝文化、珠宝教育等方面的成果；《工程地球物理学报》主要刊登工程、环境地球物理的新理论、新方法、新技术，如重磁、地震、电磁法、地质雷达、核磁共振等方法的应用新成果。

这种差异化定位使各期刊取得了立竿见影的进步，在地质、资源、安全、环境、珠宝等学术领域迅速脱颖而出，成为本专业卓有影响的品牌期刊。

目前，通过集约化管理，中国地质大学（武汉）期刊社不断发挥期刊服务学校"双一流"建设的作用，在科技期刊界影响力不断增强，展现了中国地质大学（武汉）服务科技强国建设的使命担当。

（4）中华医学会武汉分会期刊集群

中华医学会武汉分会（武汉医药卫生学会联合办公室）（以下简称"联合办"）主办、承办的5本医学学术期刊分别为《中国医院药学杂志》《中华小儿外科杂志》《中华器官移植杂志》《临床肾脏病杂志》和《腹部外科》杂志。其中《中国医院药学杂志》《中华小儿外科杂志》《中华器官移植杂志》均是中国科技期刊协会主管，分别由中国药学会和中华医学会主办、联合办承办，均为各自领域国内领先期刊。《临床肾脏病杂志》和《腹部外科》为联合办主办期刊，其中《临床肾脏病杂志》由湖北省科学技术协会主管、中华医学会武汉分会和湖北省微循环学会主办。《腹部外科》由武汉市卫生健康委主管、中华医学会武汉分会主办。5种期刊隶属不同主管、主办单位，联合办对5种期刊实行人财物统一行政管理，同时成立总编室对5种期刊质量进行统一管理。

①统一制度化管理。制度是使各项工作顺利有序进行的保障。除遵照承办单位统一行政人事财务制度和国家《期刊出版管理规定》等相关制度和办法的管理外，总编室牵头制定适应编辑部工作的内部管理制度，在单位和行业相关制度的大准则下制定的各生产环节相

关制度能得到有力执行。

②统一财务管理。5 种期刊财务工作由联合办财务科统一管理,统一编制预算,包括发行费、版面费、广告费的收取,稿费、专家审稿费、印刷费、人员工资、采编系统和网站管理等费用的支出。

③统一编辑业务培训及出版质量审读管理。联合办总编室督促各期刊的整体质量控制落实。定期组织期刊审读和评比,及时发现问题,提出改进措施,加强信息反馈,不断提高联合办主办承办期刊的整体水平。组织编辑人员参与医学期刊学术交流和编辑业务学术交流,培育队伍。定期组织内部编辑业务学习。

④统一学术期刊的规范化管理。新媒体环境下学术期刊的规范化发展,主要实现学术规范以及编排的规范,加强学术期刊信息化资源的建设与交流的进程。5 种期刊在保留各自编排特色的情况下,主要以中华医学会编排的规范标准为模板,加强编排质量的统一提升。

⑤建立在线稿件管理系统和集群化平台。5 种期刊使用在线投审稿系统十余年,其中《中华小儿外科杂志》《中华器官移植杂志》统一使用中华医学会杂志社远程稿件管理系统和中华医学期刊网统一官网平台,其余 3 种期刊均使用北京玛格泰特公司开发的采编系统和匹配的官网平台,在保留各刊特色的情况下规范了稿件的处理流程,建立了编、读、审三方面的沟通渠道,提高了工作效率。由于几种期刊的版权归属不同,如何建设和管理不同归属期刊的集群化平台是联合办一直在探索的问题,受三年疫情影响,这项工作有所延误,但如何打造独具特色的期刊品牌集群已经在规划中。

⑥生产管理过程数字化。从 2022 年开始,2 种期刊试行方正智能化排版平台和方正智能审校工具,1 种期刊已经启动 XML 一体化数字出版平台,酝酿全部期刊在 2024 年启动 XML 一体化数字出版平台,推动全流程在线业务处理,提升整体审编校出版能力,实现期刊的全周期管理。

⑦扩展网络传播途径。目前,期刊稿件的网络传播途径主要有第三方平台,如中国知网、万方数据、超星和中华医学期刊网等,其次是各刊官网和微信公众号,另外还有武汉医学会官网期刊频道。部分期刊优质稿件审理后在中国知网和中华医学期刊网实现优先发表。日常样刊出版后通过官网发布最新录用稿件,提供 HTML 全文浏览以及 PDF 全文下载服务,展示文章浏览、下载和引用等数据,各网站均支持移动端阅读。各刊给相应数据库提供全文或摘要,对优质文章进行深加工,通过微信公众号和邮件推送进行传播,扩大文章传播范围,提升期刊品牌影响力。

按照《湖北省科技期刊楚天卓越行动计划(2021—2025 年)》要求,建议湖北省期刊管理部门及各主办单位依据湖北省现有基础,以建设楚天科技论文在线开放平台为契机,积极探索集群化发展路径,对湖北省科研机构、高等院校等科研成果加以整合和利用,鼓励人才和资源流动,从而打破学术信息交流壁垒,快速高效地推动科研成果转化应用。

3. 开放获取

根据 2002 年发布的"布达佩斯开放获取计划"（Budapest Open Access Initiative，BOAI）中的定义，开放获取是指文献作者在互联网上公开发表自己的科学成果，允许社会公众自由获取、复制、传播或其他任何合法目的的利用，但不得侵犯作者保留的权利。随着互联网的发展，开放获取（OA）期刊的发展逐渐兴盛，依据经费来源及公开的时间及范围，又分为钻石 OA、金色 OA、绿色 OA 等类型。当下，开放获取期刊在传播范围、论文质量等方面的影响力已不可同日而语。我国已有一些英文新刊采取钻石 OA 模式，来提升自身的影响力，主要由"中国科技期刊卓越行动计划"等项目资助，或由主管主办单位出资与国际出版机构联合出版。

根据本次调研结果，有 59 种湖北中文期刊填报了"OA 出版类型"，其中，钻石 OA 类型的期刊 14 种，占填报期刊总数的 23.73%；金色 OA 类型的期刊 31 种，占填报期刊总数的 61.97%，见表 1-17。可以看出，湖北省中文科技期刊 OA 出版类型以金色 OA 为主，即由作者支付版面费，并通过互联网免费且永久地提供给读者下载阅读，这类期刊占比 52.54%；采取钻石 OA 的期刊占比 23.73%，例如《地球科学》等。由此看来，虽然已有各种形式的倡议和协定来确保 OA 模式的标准化，但在标准之内，期刊和出版机构依旧能开拓创新，探索出真正适合自己的学术出版方向和模式。

表 1-17 　　　　　　　　　　　　2021 年湖北中文科技期刊 OA 出版类型

OA 出版类型	含义	刊数/种	占比/%
钻石 OA	作者和读者双向免费。此类出版商通常需要外部来源资金，例如广告销售、学术机构、学术团体、慈善家或政府拨款	14	23.73
金色 OA	通常由作者支付 APC。期刊论文发表后，立即通过互联网将其最终版本免费且永久地提供给所有人获取	31	52.54
绿色 OA	作者在论文发表后将论文存储到机构或专业知识库（即作者自存档），延迟一段时间（一般为 6 到 12 个月）后再开放发布	8	13.56
其他		6	10.17
合计		59	100

注：此问卷题填报非 OA 出版的 115 种期刊未在统计范围内。

美国非营利性组织知识共享（Creative Commons）在 2002 年 12 月 16 日首次发布了 CC 协议。对于使用了 CC 协议的开放获取作品，使用者必须在遵守一定条约的前提下，才可以对作品进行获得、使用或传播等行为。使用者必须遵守的条约有以下 4 种：①署名（Attribution，BY），即传播时必须提到原作者；②非商业性使用（Noncommercial，NC），即不得将作品用于营利性目的；③禁止演绎（No Derivative Works，ND），即不得修改原作品，不得再创作；④相同方式共享（Share Alike，SA），即允许修改原作品，但必须使用与原作相同的 CC 协议进行再传播。作者可以随意选取这 4 种条约中的若干种进行组合，进而形成使用

者必须遵守的最终条约。CC 协议被众多开放获取期刊广泛地使用,最常用的协议形式是
"CC BY-NC-ND"(署名-非商业性使用-禁止演绎)。

有 50 种湖北中文期刊填报了"OA 知识共享许可协议类型",其中,CC BY-NC(署名-非
商业性使用)类型的期刊 19 种,占填报期刊总数的 38.0%;其次是 CC BY(署名)类型的期
刊 15 种,占填报期刊总数的 30.0%,见表 1-18。

表 1-18　　　　　　　　2021 年湖北中文科技期刊 OA 知识共享许可协议类型

OA 知识共享许可协议类型	含义	刊数/种	占比/%
CC BY	署名	15	30.0
CC BY-NC	署名-非商业性使用	19	38.0
CC-BY-SA	署名-相同方式共享	0	0
CC-BY-ND	署名-禁止演绎	1	2.0
CC BY-NC-ND	署名-非商业性使用-禁止演绎	8	16.0
CC BY-NC-SA	署名-非商业性使用-相同方式共享	7	14.0
合计		50	100

注:此问卷题填报非 OA 出版的 124 种期刊未在统计范围内。

(三)数据库传播

数据库搜索一直是各国学者们获取文献最主要的方式,虽然在学科间存在差异,但数据
库仍然是领先研究成果的传播渠道。进入国际、国内知名数据库是我国学术期刊办刊质量
与国际化水平的重要体现,是其积极参与国际竞争和"走出去"的关键,也有利于在读者群中
获得更高的影响力和更好的传播效果。

1. 国内传播

填写调查问卷且审查通过的 174 种湖北中文科技期刊全部填报了"与国内数据库合作
传播情况"。统计显示,与中国知网合作的期刊 164 种,占比为 94.25%(总数以 174 种计);
与万方数据合作的期刊 146 种,占比为 83.91%;与维普资讯网合作的期刊 131 种,占比为
75.29%;与超星公司合作的期刊 101 种,占比为 58.05%;与龙源期刊网合作的期刊 21 种,
占比为 12.07%;与其他国内数据库平台合作的期刊 24 种,占比为 13.79%。

2. 国际传播

国际数据库收录情况是评价自然科学及工程技术类学术期刊的一项重要指标,加入国
际数据库是科技成果传播和科技期刊影响力提升的重要途径。填写调查问卷且审查通过的
174 种湖北中文科技期刊全部填报了"被国外数据库收录情况"。统计显示,被 EI 收录的中
文期刊 8 种,占填报期刊总数的 4.60%;被 Scopus 收录的中文期刊 19 种,占 10.92%;填报
期刊总计被收录次数为 237(表 1-19),平均每种期刊被国外数据库收录 1.362 次。

表 1-19　　　　　　　　2021 年湖北中文科技期刊被国外数据库收录情况

国外数据库	刊数/种	占比/%	国外数据库	刊数/种	占比/%
SCI	0	0	PubMed	3	1.72
ESCI	1	0.57	CSA	14	8.05
EI	8	4.60	SA	8	4.60
Scopus	19	10.92	P＊A	7	4.02
DOAJ	6	3.45	其他	114	65.52
INSPEC	8	4.60			
JST	49	28.16	合计	237	

有 158 种湖北中文期刊填报了"与国际出版商平台合作情况"。统计显示，与 Elsevier 合作的期刊仅 1 种；没有期刊与 Springer Nature、John Wiley&Sons、Taylor&Francis Group、KeAi（科爱）合作；与其他国际出版商平台合作的期刊 15 种，占填报期刊总数的 9.49％。由此可见，湖北中文期刊与国际出版商平台合作比例较小，期待更多湖北中文期刊与国际出版商平台交流与合作。

（四）社交平台传播

学术期刊与互联网的联系越来越紧密，微信、微博、短视频网站等日益丰富的社交平台已经广泛应用于科技期刊的内容传播，它们不仅为科研人员提供学术信息和研究成果的分享和交流平台，也为人们获取学术资源提供多样化的途径[1]。努力构建全媒体传播矩阵，已经成为国内科技期刊从业者的共识。

1. 官方微信公众号

微信公众号是目前中文科技期刊普遍采用的传播平台。参加 2021 年检的 214 种湖北科技期刊中，有 192 种中文期刊填报了"官方微信公众号数量"；12 种期刊没有官方微信公众号，占 6.25％；91 种期刊未填报此项数据。统计显示，89 种拥有微信公众号的中文期刊中，85 种期刊拥有 1 个公众号，占 95.51％；3 种期刊拥有 2 个公众号；1 种期刊拥有 3 个及以上公众号。

根据编写组发放的网络调查问卷数据，有 26 种中文期刊填报了"官方微信公众号用户数"（用户数大于 0）。统计显示，公众号用户数在 5000（不含）以下的期刊 12 种，占填报期刊总数的 46.15％；公众号用户数在 10 万及以上的期刊仅有 1 种，即《长江蔬菜》，见表 1-20。

---

① 张晋朝，梁伊琪．我国开放获取期刊现状及发展分析——以 DOAJ 为例[J]．出版科学，2018，26(5):87-96。

表 1-20　　　　　　　　2021 年湖北中文科技期刊官方微信公众号用户数

公众号用户数	刊数/种	占比/%	公众号用户数	刊数/种	占比/%
(0,1000)	3	11.54	[3 万,5 万)	2	7.69
[1000,5000)	9	34.62	[5 万,10 万)	1	3.85
[5000,1 万)	6	23.08	10 万及以上	1	3.85
[1 万,2 万)	2	7.69			
[2 万,3 万)	2	7.69	合计	26	100

注:未填报及填报期刊公众号用户数为 0 的期刊 188 种,均未在统计范围内。

有 71 种期刊填报了"公众号篇均阅读量"(篇均阅读量大于 0)。统计显示,篇均阅读量在 500 次以下的期刊有 44 种,占填报期刊总数的 61.97%;篇均阅读量在 3000 次及以上的期刊有 2 种,即《花木盆景》《医学新知》,占填报期刊总数的 2.82%,见表 1-21。

表 1-21　　　　　　　　2021 年湖北中文科技期刊公众号篇均阅读量

篇均阅读量/次	刊数/种	占比/%	篇均阅读量/次	刊数/种	占比/%
(0,100)	9	12.68	[2000,3000)	1	1.41
[100,500)	35	49.30	3000 及以上	2	2.82
[500,1000)	15	21.13			
[1000,2000)	9	12.68	合计	71	100

注:填报期刊篇均阅读量为 0 的 10 种,未填报 111 种,均未在统计范围内。

2.官方微博账号

微博凭借其开放性、即时性、互动性等特点,吸引了一大批用户,是当前众多社交媒体中的头部平台,是科技期刊全媒体传播矩阵的重要组成部分,也是科技期刊进行内容快速分发、推动学术成果大众普及不可忽视的重要渠道。

参加 2021 年检的 214 种湖北科技期刊中,有 192 种中文期刊填报了"官方微博账号名",其中仅有 11 种期刊有官方微博账号,仅占 5.73%。统计显示,其中 10 种期刊有 1 个微博账号,1 种期刊有 2 个及以上微博账号。拥有官方微博账号的 11 种科技期刊中,官方微博粉丝数较多的账号有"中华建设"(5.6 万)、"红点视频"(6.4 万)、"中国水运杂志"(12.8 万),例如,中华建设官方微博除了发表建设方面专业类文章外,也会转发"央视新闻""人民日报"等官方微博热点话题相关内容。

3.其他社交平台

填写调查问卷且审查通过的 174 种湖北中文科技期刊中,4 种期刊在 B 站上进行传播,占 2.30%;20 种期刊在微信视频号上进行传播,占 11.49%;3 种期刊在小鹅通平台上进行传播,占 1.72%;1 种期刊在知网在线教学平台上进行传播,占 0.57%;5 种期刊在蔻享学术平台上进行传播,占 2.87%;2 种期刊在知领直播平台上进行传播,占 1.05%;2 种期刊在抖音平台上进行传播,占 1.05%;2 种期刊在其他社交平台上进行传播,占 1.05%;45 种期刊已加入开放科学计划(OSID),占 25.86%。

(五)网络首发和精准推送

网络首发平台开辟了优秀成果快速发表的"绿色通道",解决了文章发表周期过长的问题,学术论文的出版时滞大大缩短,更有利于抢占学术成果首发权,按照国家有关网络连续出版物管理规定,网络首发论文视为正式出版。而科技期刊精准推送服务不仅回应了从"用户寻找信息"到"信息寻找用户"的转变,而且有利于提高科技期刊用户满意度,提升科技期刊的学术影响力和市场占有率,进而促进科技传播的繁荣和发展,越来越多的学术期刊在探索数字出版的同时,也开始拓展传播渠道,期望实现论文相关信息的精准推送。

1. 网络首发

填写调查问卷且审查通过的 174 种湖北中文科技期刊中,164 种期刊与中国知网合作,106 种期刊选择中国知网进行优先数字出版或网络首发。网络首发录用即可上线,可以及早确认文章内容首发权,提升科研成果的时效性,延长文献传播周期,增加下载量。

中国知网统计数据显示,2022 年湖北中文科技期刊网络首发篇数大于 0 的共有 66 种,其中首发篇数在 50 以下的期刊有 31 种,占 46.27%;首发篇数在 400 及以上的期刊仅有 3 种,分别是《中国农村水利水电》《中国医院药学杂志》和《高电压技术》,见表 1-22。2022 年湖北中文科技期刊网络首发论文篇均下载频次一般在 [200,500) 区间,共有 47 种,占 71.21%;首发篇均下载频次在 1200 及以上的期刊仅有 3 种,分别为《长江流域资源与环境》《科技进步与对策》《护理学杂志》,见表 1-23。

表 1-22 **2022 年湖北中文科技期刊论文网络首发篇数**

首发篇数	刊数/种	占比/%	首发篇数	刊数/种	占比/%
(0,50)	31	46.27	[300,400)	2	3.03
[50,100)	12	18.18	[400,500)	3	4.55
[100,200)	16	24.24			
[200,300)	2	3.03	合计	66	100

表 1-23 **2022 年湖北中文科技期刊首发论文篇均下载频次**

篇均下载频次/次	刊数/种	占比/%	篇均下载频次/次	刊数/种	占比/%
(100,200)	8	12.12	[500,800)	5	7.58
[200,300)	19	28.79	[800,1200)	3	4.55
[300,400)	18	27.27	[1200,1500)	3	4.55
[400,500)	10	15.15	合计	66	100

2.精准推送

目前科技期刊内容推送中普遍存在内容形式固定、推送方式单调等问题,因此,加强科技期刊内容精准推送服务势在必行。中国科协在 2018 年开展了科技期刊精准推送服务的试点工作,对国内科技期刊的传播效果提出了更高要求。通过精准推送服务,可在一定程度上提高期刊的影响力。精准推送服务要在推送端掌握优质原创内容的基础上,多角度挖掘用户可能的关注点,了解用户需求,与自有素材整合重构,形成推送内容,选取最佳形式进行推送。精准推送实施后需持续关注推送效果,优化推送内容,提升用户体验;还需注意维护用户标签,扩充用户群体,增强用户黏性,培养用户的使用习惯,使精准推送服务持续优化,进入良性循环,进而提高期刊影响力。

填写调查问卷且审查通过的 174 种湖北中文科技期刊中,92 种期刊暂未提供精准推送服务,占 52.87%;69 种期刊自建了学术交流群(如学科微信群或 QQ 群),占 39.66%;47 种期刊提供了订阅者推送服务(Email Alert),占 27.01%;13 种期刊提供了 Aminer 推送服务,占 7.47%;7 种期刊提供了 TrendMD 推送服务,占 4.02%;6 种期刊提供了科睿唯安推送服务,占 3.45%;19 种期刊提供了其他精准推送服务,占 10.92%。

总体看,未提供精准推送服务的湖北中文科技期刊占比超过一半,这说明精准推送服务仍未引起湖北办刊人的足够重视,这可能与主办单位重视程度不够、人力财力有限、推广效果不佳等原因有关。实践证明,部分期刊试用精准推送服务后,推送文章访问量、下载量、引用量均有不同程度提升。因此,建议湖北中文科技期刊借鉴精准推送服务试点入选期刊,积极探索精准推送的实现方法,制定含内容重构、内容标签提取的内容预处理方法和对应的标签匹配规则,完善包括目次摘要、虚拟专辑、论文及相关学术资讯在内的多媒体组合形式的精准推送内容类型[①]。

科技期刊纸刊作为传统媒体,在专业内容的编辑出版方面发挥了重要的作用,但是传统纸刊出版受刊期及页码限制,出版时滞较长,影响作者优秀科研成果首发权的确认,也限制了其广泛、高效传播。在新媒体融合发展的大环境下,随着作者和读者的信息获取方式的改变,科技期刊的编辑出版和传播也正在发生颠覆性的变化。在科技期刊数字出版的基础上,网络首发、增强出版等方式,不仅最大限度地提升了科研成果的时效性,而且通过提供多种出版形式,满足了读者多样化的阅读需求。在湖北省中文科技期刊中,长江蔬菜杂志社等少数期刊出版单位较早开始新媒体探索,已搭建了较好的刊网微融合出版的平台,产生了高效的传播效应,创造了良好的社会效益和经济效益。大多数期刊积极开展网络首发及增强出版,在实现学术资源共享、助力协同创新、推动成果转化等方面发挥了积极的作用;大部分期刊开始积极布局新媒体传播,但受体制制约或经费限制,多由纸媒编辑兼职运作,缺乏新媒

① 王旻玥.科技期刊精准推送服务的实施及优化方法探索[J].黄冈师范学院学报,2021,41(6):89-92。

体建设的技术支持和专职的融合性人才，新媒体及社交媒体的传播力和影响力仍十分有限；少数期刊虽然开通了直播、短视频平台，但活跃度不高，缺乏持续性的优质内容输出。综上，在湖北省大力发展科技期刊的背景下，打造出版集群将为湖北省融合出版复合型人才的培养、高影响力传播平台的建设等带来新的发展机遇。

三、中文科技期刊的学术影响力分析①

科技期刊学术影响力是指科技期刊所传播的学术观点、思想、理论、方法、发现、发明等内容，以及期刊的品牌，引发其受众认知、关注和思考，增进其知识，取得其认同，甚至改变其相关领域的学术思维、观点和行为的能力②③，其不仅与期刊内容的学术质量有关，还与其内容的可传播性、传播途径、传播范围、传播速度和接收群体的综合素质密切相关。通过科学的方法对科技期刊的学术影响力进行综合评估分析，能够在一定程度上帮助办刊人掌握其过去一段时间内的有关期刊学术内容生产、传播、服务和品牌建设等方面的发展数据，为后续期刊质量建设提供指导。对湖北省科技期刊的出版传播数据进行系统梳理和分析，能在一定程度上获取不同阶段湖北省科技期刊学术影响力的基本情况，对过去一段时间内的学术影响力数据进行比较分析，以揭示湖北省科技期刊在过去一段时间内的发展成效，并从中总结经验、发现问题，探索未来的发展路径。

改革开放 45 年来，我国科技期刊事业快速发展，为准确把握科技期刊学术影响力的诸多发展细节，国内科技工作者进行了大量的理论研究和实践探索，提出了诸多创新性评价指标，形成了国内五大科技期刊评价体系，并探索通过国际重要数据库的收录及传播来提升中文科技期刊的国际学术影响力。因此，本节将从中文科技期刊在五大科技期刊评价体系中的评价结果表现、评价指标变化以及国际重要数据库收录及传播成效等方面来评估湖北省中文科技期刊的整体学术影响力表现，并借此系统描绘湖北省中文科技期刊的学术影响力变化轨迹，全面梳理和总结湖北省中文科技期刊在 2018—2022 年的发展成绩，明确不足、查摆问题，科学评估和探索未来发展方向。

（一）数据统计说明

本节统计的相关数据主要来源于中国科技论文统计源期刊（CSTPCD）、中国科学引文数据库来源期刊（CSCD）、《中文核心期刊要目总览》《中国学术期刊评价研究报告（RCCSE）》和中国知网（CNKI）（以下简称国内五大科技期刊评价体系）的评价体系成果。由于国内五大科技期刊评价体系的相关成果研制周期各不相同，以致本节获取的相关数据

---

① 本章第三部分撰稿人：占莉娟，胡小洋。

② 许莲华，肖雪山，林愉青. 论中国学术期刊提升国际影响力的有效途径[J]. 社会工作与管理，2019，19(2)：101-106。

③ 中国学术期刊（光盘版）电子杂志社.《中国学术期刊国际引证年报》2017 年编制说明[EB/OL]. http://piccache.cnki.net/kns/images2009/PjzxDownloads/2017Files/1.1 国际引证报告研制说明 2017 年. pdf. 2017-11-23.[2018-08-19]。

版别也存在些许差异。2018—2022 年国内五大科技期刊评价体系定期研制及发布结果信息见表 1-24。

表 1-24　　　　　　　国内五大科技期刊评价体系成果数据发布说明

主要研制机构	评价体系名称	首次启动时间	更新周期	2018—2022 年发布的期刊评价成果
中国科学技术信息研究所	中国科技论文统计源期刊(CSTPCD)	1987 年	1 年	分别推出过 5 版(2018、2019、2020、2021、2022 版)来源期刊名单
中国科学院文献情报中心	中国科学引文数据库来源期刊(CSCD)	1989 年	2 年	分别推出过 2019—2020、2021—2022 两版来源期刊名单
北京大学图书馆	中文核心期刊要目总览(简称"北大核心")	1992 年	2008 年及以前是 4 年，2011 年及以后是 3 年	分别推出过 2017 年版和 2020 年版中文核心期刊名单
武汉大学中国科学评价研究中心等	中国学术期刊评价研究报告(RCCSE)	2009 年	2 年	分别推出了 2 版(2017—2018 版和 2019—2020 版，即第 5 版和第 6 版)期刊评价报告
中国知网(旗下多家分支机构)、清华大学图书馆等	中国学术期刊影响因子年报	2009 年	1 年	分别推出过 5 版(2018、2019、2020、2021、2022 版)学科学术影响力指数榜单
	中国学术期刊国际引证年报	2012 年	1 年	分别推出过 5 版(2018、2019、2020、2021、2022 版)中国最具国际影响力学术期刊和中国国际影响力优秀学术期刊榜单
	科技期刊世界(学术)影响力指数报告(WAJCI、WJCI)	2018 年	1 年	分别推出过 WAJCI 报告(2018、2019 版)和 WJCI 报告(2020、2021、2022 版)

此外，相关国际重要数据库收录和传播的数据均来自各数据库的官网及其年报数据，具体统计细节将在后面相关部分逐一说明。本节执行的有关中文科技期刊(含 CN 号)的数据比较或排位过程均是在中国内地 31 个省级行政区域内完成，不包含中国香港、澳门和台湾省的内容，特此说明。

（二）在 CSTPCD/CSCD/北大核心/RCCSE 核心期刊评价体系中的学术影响力表现及其变化

CSTPCD、CSCD、北大核心和 RCCSE 评价体系在开展期刊评价工作时均会采用较高要求的期刊学术影响力评价标准对所有科技期刊进行逐一筛选，达到一定期刊学术影响力标准的科技期刊才会被收入核心期刊（含相关拓展核心期刊，下同）名单。因此，一本科技期刊被上述评价体系认定为核心期刊，说明其学术影响力在各自学科下均具有相对较高的水平。统计某个区域主办科技期刊在上述评价体系中的核心期刊收录情况能从整理上评估这个区域科技期刊的整体学术影响的相对水平。

表 1-25 展示了 2018—2022 年中国内地中文科技期刊入围 CSTPCD/CSCD/北大核心/RCCSE 核心期刊评价体系的地域分布情况。湖北省中文科技期刊入围最新版 CSTPCD、CSCD、北大核心和 RCCSE 核心期刊分别有 110、43、59 和 57 种，入选期刊数量分别占到各自评价体系中国内地 31 个省份入围数量排名的第 4、6、5、5 位。因此，在中文科技期刊的整体学术影响力上，湖北与陕西、四川和辽宁处于同一梯队，与北京、上海和江苏均有较为明显的差距，未来省际竞争继续保持相对激烈的状态。

与 5 年前相比，湖北省中文科技期刊入围 CSTPCD、CSCD、北大核心和 RCCSE 核心期刊数量和排位上表现出不同的变化。相比于 CSTPCD（2017 年版）中湖北省有 107 种中文科技期刊入围，CSTPCD（2022 年版）中的入围数量增至 110 种（整体排位不变），其中 5 年间移出核心期刊 2 种（分别为《钢铁研究》《中南民族大学学报（自然科学版）》），新增期刊 5 种（分别为《安全与环境工程》《工程地球物理学报》《光通信研究》《人民长江》和《世界桥梁》）；相比于 CSCD（2017—2018）中湖北省有 43 种中文科技期刊入围，CSCD（2021—2022 年版）中的入围数量保持不变（整体排位不变），其中 5 年间移出核心期刊 6 种（分别为《波谱学杂志》《临床放射学杂志》《临床心血管病杂志》《特种铸造及有色合金》《中华器官移植杂志》《中华实验外科杂志》），新增期刊 6 种（分别为《安全与环境工程》《测绘地理信息》《放射学实践》《华中师范大学学报（自然科学版）》《口腔医学研究》《临床耳鼻咽喉头颈外科杂志》）；相比于北大核心（2017 年版）中湖北省有 65 种中文科技期刊入围，北大核心（2020 年版）中的入围数量降至 59 种（排位保持不变），移出核心期刊 7 种（分别为《武汉理工大学学报》《三峡大学学报（自然科学版）》《中华器官移植杂志》《特殊钢》《材料保护》《光通信研究》《土木工程与管理学报》），新增核心期刊 1 种（为《中南民族大学学报（自然科学版）》）；相比于 RCCSE（2017 年版）中湖北省有 54 种中文科技期刊入围，RCCSE（2020 年版）中的入围数量增至 57 种（排位由第 6 位升至第 5 位），其中移出核心期刊 7 种（分别为《临床血液学杂志》《医学与社会》《石油机械》《武汉科技大学学报》《特殊钢》《石油天然气学报》《武汉工程大学学报》），新增核心期刊 10 种（分别为《植物科学学报》《淡水渔业》《口腔医学研究》《中国康复》《临床心血管病杂志》《中国中西医结合消化杂志》《大地测量与地球动力学》《测绘地理信息》《中南民族大学学报（自然科学版）》《湖北民族大学学报（自然科学版）》）。

表 1-25　2018—2022 年中国内地中文科技期刊入围 CSTPCD/CSCD/北大核心/RCCSE 核心期刊的地域分布统计

地区	CSTPCD				CSCD				北大核心				RCCSE 核心			
	2022 年版		2017 年版		2021—2022 年版		2017—2018 年版		2020 年版		2017 年版		2020 年版		2017 年版	
	数量	排序	数量	排序	数量	排序	数量	排序	数量	排序	数量	排序	数量	排序	数量	排序
北京	672	1	635	1	411	1	401	1	447	1	432	1	440	1	396	1
上海	149	2	150	2	80	2	86	2	87	2	92	2	67	3	75	3
江苏	119	3	117	3	67	3	65	3	84	3	85	3	77	2	79	2
湖北	110	4	107	4	43	6	43	6	59	5	65	5	57	5	54	6
陕西	93	5	88	5	49	4	52	4	67	4	68	4	67	3	64	4
四川	87	6	83	6	49	4	50	5	55	6	56	6	52	7	54	6
辽宁	81	7	82	7	40	7	40	7	52	7	55	7	54	6	58	5
天津	73	8	76	8	33	8	35	8	41	8	44	8	39	9	39	8
广东	71	9	65	9	32	9	32	9	39	9	35	9	46	8	37	9
湖南	58	10	59	10	20	11	20	15	31	11	32	11	32	12	31	12
黑龙江	53	11	50	11	19	14	21	11	34	10	33	10	36	10	37	9
山东	45	12	48	12	21	10	21	10	25	14	22	16	19	19	16	19
河南	44	13	41	16	14	17	13	18	29	12	29	12	36	10	32	11
浙江	44	13	42	14	20	11	22	10	24	16	26	14	28	15	23	15
安徽	42	15	42	14	13	18	15	17	20	17	20	17	21	18	23	15
河北	42	15	43	13	7	20	10	19	18	18	17	19	27	16	22	17
重庆	40	17	37	18	19	14	18	16	28	13	28	13	30	14	28	13
吉林	38	18	40	17	18	16	21	11	25	14	24	15	32	12	26	14
甘肃	32	19	29	19	20	11	21	11	20	17	20	17	22	17	20	18
山西	19	20	19	20	7	20	8	20	15	19	15	20	12	20	14	20
广西	17	21	15	21	4	24	4	24	10	21	10	21	9	22	10	21
福建	16	22	15	21	9	19	7	21	9	22	10	21	6	24	6	25
云南	13	23	15	21	5	22	6	22	7	23	9	23	10	21	10	21
贵州	13	23	14	24	3	25	3	25	4	26	4	27	5	26	4	26
江西	9	25	10	25	2	27	2	27	6	24	5	25	6	24	8	23
新疆	9	25	10	25	5	22	5	23	5	25	6	24	7	23	7	24
内蒙古	8	27	6	28	3	25	3	25	4	26	5	25	4	27	4	26
海南	6	28	7	27	1	29	2	27	2	28	2	28	5	26	2	28
青海	2	29	2	29	2	27	2	27	1	29	1	29	0	30	1	29

地区	CSTPCD				CSCD				北大核心				RCCSE 核心			
	2022 年版		2017 年版		2021—2022年版		2017—2018年版		2020 年版		2017 年版		2020 年版		2017 年版	
	数量	排序	数量	排序	数量	排序	数量	排序	数量	排序	数量	排序	数量	排序	数量	排序
宁夏	2	29	2	29	0	31	0	30	0	30	0	30	1	29	0	30
西藏	0	31	0	31	1	29	0	30	0	30	0	30	0	30	0	30

注：上述 4 种评价体系在评价周期和研制时间上均存在差异,本表仅统计 2018—2022 年靠近 2018 年和靠近 2022 年的两版评价结果数据,以尽可能体现 5 年间的整体学术影响力的变化,其中 RCCSE 核心只统计 A+、A 和 A—等级的核心期刊数量。

(三)在 CNKI 评价体系中的学术影响力表现及其变化

考虑到期刊的学术影响力主要产生于期刊内容的出版传播交流过程中,期刊内容传播的范围不一样,所体现的影响力范围也不同。中文科技期刊在努力做好国内传播工作的同时,也在积极加强国际传播实践。2012 年及以后,CNKI 评价体系在科技期刊国内和国际学术传播效果——学术影响力的评估方面进行了积极的探索。本小节将依托 CNKI 评价体系的相关数据来对湖北省中文科技期刊的国内学术影响力和国际学术影响力进行深度揭示。

1.国内学术影响力的整体表现及变化

(1)国内学术影响力指数的学科分区统计分析

以《中国学术期刊影响因子年报(2018 版)》和《中国学术期刊影响因子年报(2022 版)》中的学科学术影响力指数(CI)分区数据为统计源,统计中国内地 31 个省份中文科技期刊的学术影响力分区情况,结果见表 1-26。

在同一学科内,学术影响力指数 4 个分区的相对学术影响力依次为 Q1＞Q2＞Q3＞Q4,如《中国学术期刊影响因子年报(2022 版)》(简称"2022 版年报")学科学术影响力指数分区数据所示,2022 版年报收录湖北省中文科技期刊 174 种,收录数量排名第 4,在收录数量上与排名第 2 的上海(255 种)和排名第 3 的江苏(219 种)仍有不小的差距。从分区情况看,湖北省被收录的 174 种中文科技期刊中 Q1、Q2、Q3 和 Q4 区期刊分别有 42、53、49 和 30 种,占比分别为 24.14%、30.46%、28.16%和 17.24%,其中代表学术影响力相对较高的 Q1 和 Q2 区期刊占比达到 54.60%(超过全国平均值 50.00%),排在中国内地 31 个省份第 6 位,远超江苏的 49.77%和上海的 47.06%的占比,此外,湖北省 Q4 区期刊数量占比只有17.24%(低于全国平均水平 24.90%),也远低于上海(22.75%)和江苏(25.11%)的占比。因此,在 2022 版年报收录期刊中,湖北省中文科技期刊整体表现出相对较高的学术影响力。

与《中国学术期刊影响因子年报(2018 版)》(简称"2018 版年报")相比,2022 版年报收录湖北省中文科技期刊的数量增加了 2 种,且 Q1 区期刊增加了 4 种、Q2 区期刊增加了 3 种、Q3 区期刊减少了 4 种、Q4 区期刊减少了 1 种,Q1 和 Q2 区期刊占比(54.60%)也远超

2018 版年报的 51.16%，表现出收录期刊数量和收录期刊整体学术影响力的稳步提升。

表 1-26　　　　2018 年和 2022 年中国内地中文科技期刊在 CNKI 国内学术影响力
评价中的学科分区地域分布统计

地区	中国学术期刊影响因子年报（2022 版）								中国学术期刊影响因子年报（2018 版）							
	Q1	Q2	Q3	Q4	总数	总数排序	Q1+Q2区区占比	Q1+Q2区区占比排序	Q1	Q2	Q3	Q4	总数	总数排序	Q1+Q2区区占比	Q1+Q2区占比排序
北京	376	260	226	219	1081	1	58.83%	3	350	245	199	203	997	1	59.68%	2
上海	47	73	77	58	255	2	47.06%	14	49	75	80	60	264	2	46.97%	13
江苏	54	55	55	55	219	3	49.77%	10	55	50	55	59	219	3	50.23%	9
湖北	42	53	49	30	174	4	54.60%	6	38	50	53	31	172	4	51.16%	6
四川	36	52	37	38	163	5	53.99%	7	33	48	44	35	160	5	50.63%	7
辽宁	33	36	43	41	153	6	45.10%	16	44	35	39	39	157	6	50.32%	8
陕西	49	38	33	28	148	7	58.78%	4	51	34	33	28	146	7	58.22%	3
广东	26	37	35	49	147	8	42.86%	21	29	31	34	47	145	8	41.38%	18
黑龙江	23	34	36	39	132	9	43.18%	20	20	33	35	36	124	9	42.74%	16
天津	23	39	31	23	116	10	53.45%	8	26	37	26	31	120	10	52.50%	4
山东	19	29	35	26	109	11	44.04%	19	13	29	35	29	106	11	39.62%	20
湖南	25	28	35	20	108	12	49.07%	11	28	25	31	22	106	11	50.00%	11
河南	20	27	18	29	94	13	50.00%	9	17	24	23	25	89	14	46.07%	14
浙江	19	20	28	20	87	14	44.83%	17	15	25	24	28	92	13	43.48%	15
河北	18	21	26	22	87	14	44.83%	18	17	20	28	22	87	15	42.53%	17
安徽	14	21	20	28	83	16	42.17%	22	8	20	28	25	81	16	34.57%	22
吉林	17	26	14	18	75	17	57.33%	5	20	17	20	15	72	17	51.39%	5
山西	8	14	12	34	68	18	32.35%	23	8	12	14	32	66	18	30.30%	23
甘肃	16	13	14	18	61	19	47.54%	12	12	17	16	15	60	20	48.33%	12
重庆	25	16	11	8	60	20	68.33%	1	27	16	9	9	61	19	70.49%	1
总计	925	958	928	932	3743		50.31%		892	900	920	933	3645		49.16%	

注：此表仅列出了 2022 版年报收录期刊总数前 20 位的省份数据，Q1+Q2 区占比为各省份 Q1 和 Q2 区期刊数量之和与该省份被收录期刊总数的比值。

(2) 国内学术影响力指标变化分析

学术内容在学术交流过程中所留下的传播数据是表征该内容学术影响力的重要参考。文献计量学领域的常用指标如复合总被引频次、复合影响因子、复合即年指标、Web 即年下载率、总下载频次和可被引文献量等均是表征科技期刊学术影响力的重要指标。通过《中国学术期刊影响因子年报（2022 版）》的相关指标数据来审视湖北省中文科技期刊在具体指标大小和排位维度的学术影响力位置。

在 2022 版年报中，湖北省 174 种被收录的中文科技期刊的上述 6 项刊均指标中表现最好的是复合总被引频次指标，该指标达到 2914.11，在 31 个省份中排名第 4 位，但其比排名前 3 位的重庆、北京和海南分别要低 20.57%、16.99% 和 9.97%，而与排名第 5 至 7 位的辽宁、陕西和吉林的多出不到 200 次（表 1-27）。表现次之的是复合影响因子（1.12）和 Web 即年下载率指标（120.12），两项指标均在 31 个省份中排名第 5 位。其中，复合影响因子与排名第 1 位的北京（1.38）相差 18.84%，且与排名第 2 至 11 位的省份相差不大；Web 即年下载率与排名第 1 位的海南（153.20 次）相差 21.59%，而与排名第 2 至 15 的省份均相差不大。表现排在第 4 和第 5 位的是复合即年指标（0.17）和总下载频次指标（14.80 万次），其分别排在各自指标 31 个省份的第 7 名和第 8 名，其中复合即年指标与第 1 名北京的相差 26.09%，总下载频次与第 1 名海南的相差 30.09%。而表现处在最末位的是可被引文献量，湖北省被收录的 174 种期刊的可被引文献量只有 246.48 篇，在 31 个省份中排第 13 位，与排名前 3 位的山西（385.93 篇）、黑龙江（366.55 篇）和重庆（357.77 篇）分别相差 36.13%、32.76% 和 31.11% 之多。

表 1-27　　　中国内地中文科技期刊 2022 年的学术影响力指标及其排名统计

地区	复合总被引频次		复合影响因子		复合即年指标		Web 即年下载率		总下载频次		可被引文献量	
	刊均/次	排序	刊均	排序	刊均	排序	刊均	排序	刊均/万次	排序	刊均/篇	排序
重庆	3668.77	1	1.20	2	0.18	4	133.13	3	20.58	2	357.77	3
北京	3517.94	2	1.38	1	0.23	1	122.71	4	16.72	3	296.43	10
海南	3236.80	3	1.11	6	0.21	2	153.20	1	21.17	1	340.50	4
湖北	2914.11	4	1.12	5	0.17	7	120.12	5	14.80	8	246.48	13
辽宁	2775.79	5	1.06	11	0.17	7	119.33	7	13.64	10	202.13	22
陕西	2746.14	6	1.19	3	0.18	4	119.99	6	13.87	9	264.35	11
吉林	2725.07	7	1.17	7	0.19	3	133.76	2	15.58	6	307.13	9
黑龙江	2503.68	8	0.99	16	0.17	7	114.27	11	16.30	4	366.55	2
天津	2333.25	9	1.06	11	0.16	14	102.89	21	12.89	12	217.03	18
甘肃	2324.54	10	1.10	7	0.16	14	108.90	13	10.60	22	193.11	23
安徽	2302.61	11	0.86	23	0.12	23	96.33	22	15.66	5	318.55	7
江苏	2197.39	12	1.14	4	0.18	4	112.86	10	10.34	25	175.78	27
河北	2170.02	13	1.00	15	0.15	17	102.98	20	12.82	13	318.08	8
湖南	2120.19	14	1.09	9	0.17	7	116.06	9	11.68	16	216.75	19

地区	复合总被引频次		复合影响因子		复合即年指标		Web即年下载率		总下载频次		可被引文献量	
	刊均/次	排序	刊均	排序	刊均	排序	刊均	排序	刊均/万次	排序	刊均/篇	排序
四川	2091.89	15	1.02	14	0.17	7	116.57	8	11.56	17	192.96	24
广东	2078.84	16	0.97	18	0.14	21	103.20	19	12.81	14	323.71	5
河南	2078.60	17	1.07	10	0.17	7	108.31	14	11.56	18	236.64	15
贵州	1886.46	18	0.90	22	0.15	17	107.93	17	10.78	20	189.96	25
内蒙古	1863.45	19	0.70	26	0.12	23	83.35	27	12.98	11	254.10	12
上海	1861.57	20	0.99	16	0.15	17	103.35	18	10.37	24	173.88	28
山西	1797.71	21	0.66	27	0.09	27	89.42	25	15.23	7	385.93	1
山东	1787.20	22	0.94	19	0.13	22	107.94	16	11.11	19	220.44	17
云南	1775.40	23	0.91	21	0.15	17	108.03	15	11.78	15	209.69	21
浙江	1678.17	24	1.03	13	0.16	14	115.14	10	9.62	26	173.49	29
广西	1477.29	25	0.73	24	0.10	25	83.98	26	10.43	23	232.18	16
新疆	1412.41	26	0.93	20	0.17	7	93.33	24	7.27	29	158.11	30
江西	1204.49	27	0.62	28	0.08	28	77.75	28	10.70	21	323.22	6
福建	1051.39	28	0.71	25	0.10	25	94.50	23	9.00	27	212.65	20
宁夏	889.30	29	0.40	31	0.05	30	64.00	29	7.80	28	238.80	14
青海	629.62	30	0.56	29	0.08	28	57.54	31	3.68	31	82.54	31
西藏	366.00	31	0.48	30	0.05	30	62.40	30	4.35	30	188.00	26

相比于2022年湖北省中文科技期刊在中国内地31个省份的指标排位表现,湖北省被《中国学术期刊影响因子年报》收录的中文科技期刊在2018—2022年的指标变化在整体上相对出色。除了可被引文献量指标在5年来表现出14.29%的负增长(从2018年的287.59篇到2022年的246.48篇)外,其他5项指标均表现出正增长的态势(表1-28)。其中Web即年下载率5年来增长253.09%,表现最佳;其次是复合即年指标,5年来增长112.50%;再就是总下载频次和复合影响因子指标,5年来分别增长70.31%和64.71%,而复合总被引频次5年来只增长8.44%,可能与湖北省可被引文献量的持续下滑有一定关系。

表 1-28　　　湖北省中文科技期刊 2018—2022 年学术影响力指标刊均值及其变化

学术影响力指标	2018 年	2019 年	2020 年	2021 年	2022 年	5 年增长率
可被引文献量/篇	287.59	288.45	287.40	275.02	246.48	−14.29%
复合总被引频次/次	2687.23	2545.49	2447.02	2382.37	2914.11	8.44%
复合影响因子	0.68	0.77	0.82	0.92	1.12	64.71%
复合即年指标	0.08	0.09	0.13	0.17	0.17	112.50%
Web 即年下载率	34.02	43.33	71.61	89.17	120.12	253.09%
总下载频次/万次	8.69	9.73	12.30	12.65	14.80	70.31%

注：5 年增长率是 2022 年的刊均指标值相对于 2018 年刊均指标值的增长率。

2. 国际学术影响力的整体表现及变化

(1) 国际学术影响力的学科分区统计

①中国学术期刊国际学术影响力指数的分区统计。《中国学术期刊国际学术影响力年报》不仅给出了国内学术期刊的国际传播指标，同时也给出了中国最具国际影响力期刊榜单（Top5%榜单）和中国国际影响力优秀期刊榜单（Top10%榜单①），科技期刊的两份榜单分别设置了 175 种期刊（包含中文科技期刊和英文科技期刊）。相对于英文科技期刊，中文科技期刊在国际上的传播相对困难，因此，一些中文科技期刊能在激烈的国际传播竞争中跻身这两份榜单之列，足以说明它们在国际学术影响力上具有足够高的水平。一个地域拥有更多的这类中文科技期刊，说明这个地域中文科技期刊的整体国际学术影响力较高。表 1-29 展示了 2018—2022 年 CNKI 国际学术影响力 Top5% 和 Top10%榜单中的中文科技期刊地域统计结果。从 2018—2022 年中国内地中文科技期刊入围榜单的整体数据看，近 5 年的入围总数已从 2018 年的 161 种下滑到 2022 年的 106 种，中文科技期刊入围数量占比从 2018 年的 46.00%下滑至 2022 年的 30.29%；最具国际影响力中文科技期刊和国际影响力优秀中文科技期刊也分别从 2018 年的 39 种和 122 种下降到 2022 年的 20 种和 86 种，两个榜单中文科技期刊的占比分别由 2018 年的 22.29%和 69.71%下降至 2022 年的 11.43%和49.14%。这些数据充分说明，相对于英文科技期刊，当前中文科技期刊的国际学术影响力的提升效果已被国内快速崛起的英文科技期刊赶超。

就湖北省而言，从中文科技期刊入围榜单的数据变化来看，虽然整体数量已从 2018 年的 6 种下降至 2022 年的 4 种，其中最具国际影响力科技期刊榜单和国际影响力优秀科技期刊榜单分别从 2018 年的 3 种和 3 种下滑至 2022 年的 2 种和 2 种（其中《岩石力学与工程学报》《岩土力学》入围 Top5%榜单，《地球科学》《高电压技术》入围 Top10%榜单），但是2018—2022 年湖北省整体入围数量的 31 省份排位均在第 3 至 6 位，值得提及的是 2022 年

---

①　不含 Top5%的榜单。

中国内地只有 17 个省份有中文科技期刊入围两榜名单,湖北省入围的中文科技期刊总数排在北京(64 种)、江苏(6 种)和上海(6 种)之后,与吉林和辽宁并列第 4 位,其中入围最具国际影响力中文科技期刊的数量仅排在北京之后,排在江苏、山西和云南(各自仅有 1 种入围)之前,且包括上海、四川在内的其他 26 个省份均无中文科技期刊入围中国最具国际影响力科技期刊。由此可见,面对国内英文科技期刊的强势崛起,湖北省依旧有一些中文科技期刊能在国际学术舞台上发出耀眼的光芒。

表 1-29　　　　2018—2022 年 CNKI 国际学术影响力 Top5％ 和 Top10％榜单中中文科技期刊数量的地域分布统计

地区	2018年				2019年				2020年				2021年				2022年			
	A	B	合计	排序	A	B	合计	排序	A	B	合计	排序	A	B	合计	排序	A	B	合计	排序
北京	26	66	92	1	26	61	87	1	23	57	80	1	18	51	69	1	15	49	64	1
江苏	2	10	12	2	3	8	11	2	2	8	10	2	2	6	8	2	1	5	6	2
上海	2	7	9	3	2	5	7	3	2	4	6	3	3	3	6	3	0	6	6	2
吉林	1	5	6	4	1	5	6	4	0	5	5	4	0	5	5	4	0	4	4	4
湖北	3	3	6	4	3	2	5	6	3	3	6	3	2	2	4	5	2	2	4	4
辽宁	3	3	6	4	2	4	6	4	2	2	4	6	1	3	4	5	0	4	4	4
甘肃	0	5	5	7	0	4	4	7	0	4	4	7	0	3	3	7	0	3	3	7
天津	0	5	5	7	0	3	3	9	0	3	3	10	0	3	3	7	0	2	2	8
四川	0	4	4	9	0	3	3	9	1	2	3	10	0	3	3	7	0	2	2	8
广东	0	4	4	9	0	4	4	7	0	4	4	6	0	2	2	11	0	1	1	13
湖南	0	2	2	11	0	2	2	12	0	2	2	12	0	2	2	8	0	2	2	8
陕西	1	1	2	11	1	1	2	15	0	1	1	17	0	2	2	11	0	2	2	8
山西	1	1	2	11	1	1	2	12	1	1	2	12	0	2	2	11	1	1	2	8
山东	0	2	2	11	0	3	3	9	0	4	4	6	0	1	1	15	0	1	1	13
重庆	0	1	1	15	0	2	2	12	0	1	1	14	0	2	2	11	0	1	1	13
河南	0	1	1	15	1	0	1	15	0	1	1	14	0	1	1	15	0	0	0	18
云南	0	1	1	15	0	0	0	18	0	0	0	17	0	0	0	18	0	1	1	13
黑龙江	0	1	1	15	0	0	0	18	0	0	0	17	0	0	0	18	0	0	0	18
浙江	0	0	0	19	0	0	0	18	0	0	0	17	0	0	0	18	0	1	1	13
合计	39	122	161		39	109	148		34	102	136		27	93	120		20	86	106	

注:A 为中国最具国际影响力科技期刊(Top5％期刊),B 为中国国际影响力优秀科技期刊(Top10％中不含 Top5％的期刊);此表只显示 19 个省份的数据,其他未显示省份 2018—2022 年的数据均为 0。

②科技期刊世界影响力指数分区统计分析。在推进世界一流科技期刊建设的征程中，努力提升中国科技期刊综合实力是我们的首要任务,但同时也要不断增强我国在世界科技期刊评价实践中的话语影响力,在这一形势下,CNKI等机构于2018年开始启动了世界科技期刊影响力评价工作,相继推出了《科技期刊世界学术影响力指数报告》(*World Academic Journal Clout Index*,WAJCI)和《科技期刊世界影响力指数报告》(*World Journal Clout Index*,WJCI)。WAJCI和WJCI评价体系能够从引证视角科学反映各国科技期刊在世界高水平科技期刊队伍中的相对位置,特别是在公平呈现中文高水平科技期刊的国际影响力中具有十分重要的意义。

考虑到WJCI体系对科技期刊的国际影响力评估更加全面,本部分就以《科技期刊世界影响力指数报告(2020)》(简称"WJCI-2020")和《科技期刊世界影响力指数报告(2022)》(简称"WJCI-2022")为数据统计源,以部分揭示中国内地中文科技期刊国际影响力在2018—2022年的变化。表1-30展示了中国内地中文科技期刊入围WJCI-2020和WJCI-2022的学科分区及地域分布统计情况。从中国内地中文科技期刊（有CN号）的整体入围情况看,WJCI-2020版收录了1163种,WJCI-2022版收录了1259种,整体增加了96种高水平中文科技期刊;此外,从整体分区情况看,相对于WJCI-2020,WJCI-2022版的Q1区中文科技期刊数增加了100种,Q2区增加了35种,Q1和Q2区期刊整体增加了135种,由此Q1+Q2区期刊占比也由WJCI-2020的27.60%快速增加至WJCI-2022的36.22%,表明中国内地中文科技期刊的国际影响力提升明显。

从湖北省中文科技期刊的入围数量及分区表现看,2018—2022年,湖北省中文科技期刊的入围数量稳中有增,分区情况相对稳定。相对于WJCI-2020版,WJCI-2022版的入围中文科技期刊数量已增加至58种,整体增加5种（其中Q2区增加1种,Q4区增加4种）,整体入围数量在中国内地31个省份中排位情况与在WJCI-2020中的一样,均排在第6位,与四川和辽宁属于同一梯队,与陕西有一定差距,与上海和江苏差距较大。从分区占比来看,WJCI-2022版的Q1分区、Q2分区和Q1+Q2分区的期刊占比分别为6.90%、25.86%和32.76%,其中,Q1分区和Q1+Q2分区的期刊占比分别低于中国内地31省份的平均水平（14.77%和36.22%）。由此可知,湖北省中文科技期刊入围WJCI的数量有所增加,但其在国际学术影响力前25%的期刊阵营中的数量相对偏少。

表1-30　中国内地中文科技期刊入围WJCI-2020和WJCI-2022的学科分区及地域分布统计

地区	WJCI-2022								WJCI-2020							
	Q1	Q2	Q3	Q4	合计	排序	Q1占比	Q2占比	Q1	Q2	Q3	Q4	合计	排序	Q1占比	Q2占比
北京	72	95	128	170	465	1	15.48%	20.43%	51	104	144	140	439	1	11.62%	23.69%
上海	14	21	25	36	96	2	14.58%	21.88%	4	11	25	50	90	2	4.44%	12.22%
江苏	13	22	23	28	86	3	15.12%	25.58%	6	17	17	40	80	3	7.50%	21.25%

续表

地区	WJCI-2022								WJCI-2020							
	Q1	Q2	Q3	Q4	合计	排序	Q1占比	Q2占比	Q1	Q2	Q3	Q4	合计	排序	Q1占比	Q2占比
陕西	13	15	18	22	68	4	19.12%	22.06%	2	11	28	21	62	4	3.23%	17.74%
四川	5	14	19	21	59	5	8.47%	23.73%	4	4	20	27	55	5	7.27%	7.27%
湖北	4	15	17	22	58	6	6.90%	25.86%	4	14	17	18	53	6	7.55%	26.42%
辽宁	6	9	17	19	51	7	11.76%	17.65%	3	9	17	20	49	7	6.12%	18.37%
天津	8	10	10	15	43	8	18.60%	23.26%	2	5	17	17	41	8	4.88%	12.20%
广东	7	7	11	16	41	9	17.07%	17.07%	1	8	12	15	36	9	2.78%	22.22%
黑龙江	4	6	8	11	29	10	13.79%	20.69%	2	4	12	9	27	10	7.41%	14.81%
湖南	4	4	9	12	29	11	13.79%	13.79%	0	8	9	10	27	11	0.00%	29.63%
山东	5	7	9	6	27	12	18.52%	25.93%	1	1	14	8	24	12	4.17%	4.17%
浙江	1	8	14	3	26	13	3.85%	30.77%	1	4	12	6	23	13	4.35%	17.39%
重庆	6	4	6	10	26	14	23.08%	15.38%	1	4	7	9	21	15	4.76%	19.05%
河南	3	8	5	7	23	15	13.04%	34.78%	2	4	6	7	19	17	10.53%	21.05%
吉林	3	4	9	5	21	16	14.29%	19.05%	1	4	11	5	21	16	4.76%	19.05%
安徽	0	4	9	7	20	17	0.00%	20.00%	0	2	9	8	19	16	0.00%	10.53%
甘肃	3	3	8	6	20	18	15.00%	15.00%	0	10	5	3	18	18	0.00%	55.56%
河北	0	2	8	5	15	19	0.00%	13.33%	1	3	5	5	14	19	7.14%	21.43%
山西	4	2	2	1	9	20	44.44%	22.22%	0	0	4	4	8	20	0.00%	0.00%
合计	186	270	366	437	1259		14.77%	21.45%	86	235	409	433	1163		7.39%	20.21%

注：本表仅统计在中国内地创办且具有 CN 号的中文科技期刊，仅显示 WJCI-2022 入围期刊总数前 20 的省份。

（2）国际学术影响力指标变化分析

相比于 2022 年湖北省中文科技期刊在中国内地 31 个省份的国际学术影响力学科分区统计及整体排位表现，湖北省被《中国学术期刊国际引证报告（2018—2022）》收录的中文科技期刊在 2018—2022 年的整体国际影响力指标表现出明显的进步状态。表现最好的学术影响力指标是国际即年指标，虽然该指标的绝对值相对偏小，但 5 年间已从 2018 年的 0.005 增长至 2022 年的 0.022，增长率高达 340.00%；表现次之的是国际他引影响因子指标，从 2018 年的 0.042 增长到 2022 年的 0.075，5 年增长率达到 78.57%；表现排在第 3 位的是国际 5 年影响因子指标，由 2018 年的 0.045 增长至 2022 年的 0.073，5 年增长率达到 62.22%；最后，4 项指标中增长相对较缓的是国际他引总被引频次，但该指标也由 2018 年的 167.13 次增长至 2022 年的 244.98 次，5 年增长率也达到 46.58%（表 1-31）。从 5 年的刊均指标变化看，湖北省中文科技期刊的国际影响力均在有序提升中，但刊均指标的各项数据均处于比较低的水平,未来需要继续在整体上提升中文科技期刊的学术质量,加强传播力度并提高效率,努力提高湖北省中文科技期刊的国际学术影响力。

表 1-31　湖北省中文科技期刊 2018—2022 年的国际学术影响力指标刊均值及其变化

学术影响力指标	2018 年	2019 年	2020 年	2021 年	2022 年	5 年增长率
国际他引总被引频次/次	167.13	188.13	188.32	222.45	244.98	46.58%
国际他引影响因子	0.042	0.043	0.048	0.060	0.075	78.57%
国际 5 年影响因子	0.045	0.049	0.055	0.064	0.073	62.22%
国际即年指标	0.005	0.007	0.006	0.014	0.022	340.00%

注:5 年增长率是 2022 年的指标刊均值相对于 2018 年指标刊均值的增长率。

(四)在国际重要数据库收录和相关评价中的学术影响力表现及其变化

1. EI Compendex 数据库收录情况统计

表 1-32 展示了最新版 EI Compendex 数据库收录中国内地中文科技期刊(含 CN 号)的地域分布统计,结果显示中国内地有 170 种中文科技期刊入围最新名单,其中湖北省中文科技期刊入围 8 种,收录数量上与四川省一起排在中国内地 31 个省份的第 5 位,入围的中文科技期刊分别为《武汉大学学报(信息科学版)》《华中科技大学学报(自然科学版)》《岩石力学与工程学报》《高电压技术》《地球科学》《岩土力学》《桥梁建设》《中国机械工程》,与 2018 年的统计数据相比,《中国机械工程》为重新入选期刊,说明湖北省创办的这些工程类中文科技期刊具有较高的国际学术影响力。

表 1-32　最新版 EI Compendex 数据库收录中国内地中文科技期刊(含 CN 号)的地域分布统计

地区	数量	省份	数量
北京	83	广东	3
江苏	12	山西	2
上海	9	浙江	2
陕西	9	山东	2
湖北	8	重庆	2
四川	8	河北	1
辽宁	6	安徽	1
吉林	6	河南	1
天津	5	甘肃	1
湖南	5	总计	170
黑龙江	4		

注:根据 2023 年 1 月 EI Compendex 官网发布的数据统计。

2. Scopus 数据库收录情况及 CiteScore 指数分析

截至 2023 年 5 月，Scopus 共计收录 968 种中国内地含有 CN 号的期刊，其中中文期刊（含中英文期刊）646 种，英文期刊 322 种。表 1-33 展示 646 种中文期刊中处于活跃状态（Active）的有 539 种，其中湖北省处于活跃状态的中文科技期刊有 19 种（收录的期刊处于活跃状态的数量排在中国内地 31 个省份第 7 位），与 2018 年统计的 14 种相比，新版本中剔除湖北省中文科技期刊 1 种，新增活跃状态的中文科技期刊 6 种（增幅达 42.86%），2018—2022 年新增收录的 6 种中文科技期刊分别是《水生生物学报》《中华小儿外科杂志》《肿瘤防治研究》《中国舰船研究》《长江流域资源与环境》《临床耳鼻咽喉头颈外科杂志》。

表 1-33　Scopus 数据库最新收录中国内地中文科技期刊(含 CN 号)的地域分布统计

地区	Active 期刊	Inactive 期刊	省份	Active 期刊	Inactive 期刊
北京	241	34	重庆	9	2
上海	41	10	河北	7	2
江苏	38	6	山西	6	1
四川	24	4	安徽	5	1
陕西	23	6	山东	4	2
天津	21	5	新疆	2	0
湖北	19	7	福建	1	1
辽宁	18	3	海南	1	0
广东	14	4	江西	1	0
浙江	13	0	内蒙古	1	0
吉林	11	2	青海	1	0
河南	10	2	贵州	0	1
黑龙江	10	2	云南	0	2
甘肃	9	3	总计	539	107
湖南	9	7			

注：统计根据 2023 年 3 月 Scopus 官网发布的数据。

Scopus 每年不仅发布多次期刊收录名单，还于每年 6 月初发布新一轮 CiteScore 值和学科分区结果。图 1-2 展示了湖北省 19 种被 Scopus 收录的中文科技期刊（活跃状态）在 2018—2022 年的 CiteScore 值变化曲线。数据显示 2018—2022 年 94.74% 的中文科技期刊的 CiteScore 值整体处于增长趋势，相对于 2018 年的 CiteScore 值（1.00），2022 年的 CiteScore 值（1.4263）增长 42.63%，特别是《岩石力学与工程学报》《岩土力学》《桥梁建设》《武汉大学学报（信息科学版）》《中国机械工程》等科技期刊增长最为明显，5 年增长率均在 100.00%（含）以上，说明湖北省这些被收录的中文科技期刊的国际学术影响力处于快速提升状态。

此外，从 CiteScore 值的学科分区变化数据还可以进一步描绘出被收录期刊在不同年份的国际学术影响力进阶轨迹，2018—2022 年湖北省被 Scopus 收录的 19 种中文科技期刊 CiteScore 值的学科分区统计结果（表 1-34）显示，2018 年被收录的 14 种（其中有 1 种期刊于 2020 年被标记为 Inactive 期刊）中文科技期刊中有 2 种期刊位列 Q2 分区，4 种期刊位列 Q3 分区，Q2 分区期刊占比 14.29%，而 2022 年被收录的 19 种中文科技期刊中，有 6 种期刊进入 Q2 分区，有 2 种期刊进入 Q3 分区，Q2 分区期刊占比达到 31.58%，5 年来提质晋档期刊（CiteScore 值学科分区升级期刊）有 6 种，提质晋档率达到 31.58%，这些中文科技期刊在与大量同学科的英文科技期刊同台竞技中均获得了不错的国际学术影响力表现，为更多湖北中文科技期刊进军国际学术交流中心提振了信心。

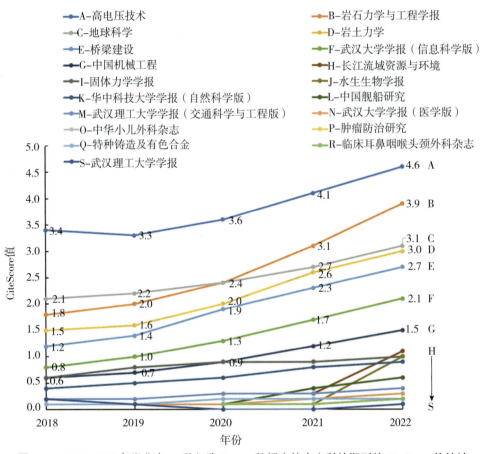

图 1-2　2018—2022 年湖北省 19 种入选 Scopus 数据库的中文科技期刊的 CiteScore 值统计

表 1-34　2018—2022 年湖北省被 Scopus 收录的 19 种中文科技期刊 CiteScore 值的学科分区统计

期刊名称	2018 年	2019 年	2020 年	2021 年	2022 年
地球科学	Q2	Q2	Q2	Q2	Q2
高电压技术	Q2	Q2	Q2	Q2	Q2

续表

期刊名称	2018 年	2019 年	2020 年	2021 年	2022 年
岩石力学与工程学报	Q3	Q3	Q2	Q2	Q2
岩土力学	Q3	Q3	Q3	Q2	Q2
武汉大学学报(信息科学版)	Q3	Q3	Q3	Q3	Q2
桥梁建设	Q3	Q3	Q3	Q3	Q2
中国机械工程	Q4	Q4	Q4	Q3	Q3
长江流域资源与环境			Q4	Q4	Q3
武汉理工大学学报	Q4	Q4	Q4	Q4	Q4
华中科技大学学报(自然科学版)	Q4	Q4	Q4	Q4	Q4
固体力学学报	Q4	Q4	Q4	Q4	Q4
武汉大学学报(医学版)	Q4	Q4	Q4	Q4	Q4
特种铸造及有色合金	Q4	Q4	Q4	Q4	Q4
武汉理工大学学报(交通科学与工程版)	Q4	Q4	Q4	Q4	Q4
中华小儿外科杂志			Q4	Q4	Q4
肿瘤防治研究			Q4	Q4	Q4
中国舰船研究			Q4	Q4	Q4
临床耳鼻咽喉头颈外科杂志			Q4	Q4	Q4
水生生物学报				Q4	Q4

中文科技期刊是中国科技期刊的主要组成部分,是中国推进世界一流科技期刊建设的重要力量。中文科技期刊质量和影响力构建工作是中国完成世界一流科技期刊建设目标的最核心任务。湖北省是中文科技期刊大省,是一流中文科技期刊培育的重要阵地。在国内,湖北省拥有中国内地 31 个省份数量排名第 4 至 6 位的核心期刊队伍,像《中国机械工程》《桥梁建设》《武汉大学学报(信息科学版)》《护理学杂志》《华中科技大学学报(自然科学版)》《华中农业大学学报》《中国舰船研究》等一大批中文强刊长期位居于国内各大期刊学术影响力评价体系榜单之巅;在国际,湖北省也同样拥有一批敢于与国际一流英文科技期刊同台竞技的弄潮团,如《地球科学》《岩石力学与工程学报》《岩土力学》《高电压技术》等一批中文顶刊也能在数以万计的国际期刊舞台上争得各学科的 Q1 分区的战绩。总之,湖北中文科技期刊有近双百体量的规模、有第 3 至 6 位的整体学术影响力、有顶流强刊的领衔,是一支具备多层次发展能力的中文期刊队伍。虽然当前湖北省中文科技期刊在期刊整体质量和影响力提升、发文量增长、出版周期缩短、新技术实践、集群化建设、集团化发展和服务能力拓展等方面还有不少努力空间,但是未来,湖北省培育多层次发展的一流中文科技期刊之路前景广阔。中文科技期刊的影响力崛起在未来相当长一段时间内还将继续面临国际外文科技期刊军团的冲击和打压,任务艰巨,任重道远,但是湖北科技期刊界必须坚定信心,正视挑战和困难,勇于担当,积极推进科技期刊出版体制改革,努力紧跟期刊服务国家和地方经济社会发

展重大战略和需求的方向,百倍坚定中华文化和中文语言表达的自信力,大胆探索等质同效的科研成果评价方案落地开花,有序推动编辑出版集群化和传播运营集团化多元开放协同发展道路建设,加快实现湖北从中文科技期刊大省向中文科技期刊强省跨越,为中国的世界一流科技期刊建设贡献湖北的中文科技期刊力量。

四、中文科技期刊服务经济社会发展概述①

党的十八大报告明确提出"科技创新是提高社会生产力和综合国力的战略支撑,必须摆在国家发展全局的核心位置"。强调要坚持走中国特色自主创新道路、实施创新驱动发展战略。党的十九大以来,以习近平同志为核心的党中央坚持把科技创新摆在国家发展全局的核心位置,充分发挥科技创新的引领带动作用,全面部署科技创新体制改革,加快构建和完善科技创新体系,大力实施人才强国战略,扩大科技领域开放合作。党的二十大报告指出,实现高水平科技自立自强,以中国式现代化全面推进中华民族伟大复兴。深入实施科教兴国战略、人才强国战略、创新驱动发展战略,坚持科技是第一生产力、人才是第一资源、创新是第一动力,开辟发展新领域新赛道,不断塑造发展新动能新优势。以习近平同志为核心的党中央以前所未有的力度强化国家战略科技力量,我国科技事业实现跨越式发展。科技事业的繁荣发展为科技期刊服务经济社会提供了广阔的发展空间和丰富的内在需求。2016年5月30日,习近平总书记在两院院士大会上强调,"广大科技工作者要把论文写在祖国的大地上,把科技成果应用在实现现代化的伟大事业中"。自2018年以来,中共中央办公厅、国务院办公厅以及教育部、科技部出台了一系列完善科技评价体系的政策文件。2020年3月,教育部和科技部联合印发了《关于规范高等学校SCI论文相关指标使用 树立正确评价导向的若干意见》,提出治理当前科研评价中存在的SCI论文相关指标片面、过度、扭曲使用等现象,建立健全分类评价体系、完善学术同行评价。科技评价体系逐步完善为科技期刊服务经济社会发展提供了良好机遇。

随着科技事业的繁荣发展和科技评价体系的不断完善,科技期刊发展空间更加广阔,为科技创新和经济社会的繁荣发展提供了有力支撑。2020年9月11日,习近平总书记在北京主持召开科学家座谈会发表重要讲话中强调,"希望广大科学家和科技工作者肩负起历史责任,坚持面向世界科技前沿、面向经济主战场、面向国家重大需求、面向人民生命健康,不断向科学技术广度和深度进军"。习近平总书记对科技创新工作"四个面向"的重要部署,不仅为我国"十四五"时期以及更长一个时期推动创新驱动发展、加快科技创新步伐指明了方向,也是作为科技创新事业重要载体、科技创新精神重要传播渠道的广大科技期刊更好服务经济社会发展的行动指南。

近年来,湖北省科技期刊乘科技事业强劲发展的东风,深入贯彻国家和湖北省的科技创新战略,抓住科技期刊发展的良好机遇,立足湖北,辐射全国,放眼世界,以"四个面向"为指

---

① 本章第四部分撰稿人:曾群,陈福时。

引,全面贯彻新发展理念,为科技强国建设以及湖北建设全国构建新发展格局先行区贡献科技期刊力量,谱写新篇,在服务经济社会发展中做了积极探索,取得了显著成效。受篇幅所限,本章仅能陈述部分科技期刊的生动实践。

(一)面向世界科技前沿,服务科技高水平自立自强

面向世界科技前沿,我国不断强化顶层设计和系统布局,前瞻性基础研究、引领性原创成果实现重大突破,取得了一系列重大原创成果,建设了一批"国之重器"。科技创新正以前所未有的速度和规模深入推进,我国科技工作者敢于走别人没有走过的路,勇于挑战最前沿的科学问题,不断在攻坚克难中追求卓越,取得了一批原创性重大科技成果。其中,以遥感学科为代表的信息技术、以桥梁建造为代表的建筑业、以光电智能为代表的光纤电子产业以及特高压技术等都在国际相关领域中处于领先地位。学术期刊是开展学术研究交流的重要平台,是传播思想文化的重要阵地,是促进理论创新和科技进步的重要力量。对学术期刊而言,创新是永恒的主题,是永远的追求,是其与生俱来的媒介品质。湖北省科技期刊立足于中国大地,面向世界科技前沿,积极传播最新科技创新成果,服务于中国高水平科技自立自强。

在近年来公布的多个世界大学学科排名中,武汉大学遥感学科位列世界第一,遥感学科已经成为国际公认的快速发展新兴学科,武汉大学遥感学科进入世界一流学科行列,并引领世界遥感学科发展。《武汉大学学报(信息科学版)》依托武汉大学测绘遥感学科优势,作为最具影响力的测绘遥感专业中文学术期刊之一,刊发了一批具有独创性的重大突破成果,如北斗卫星导航系统、资源三号卫星、全月一张图等。近年来,连续刊登了李德仁院士和李熙教授研究团队夜光遥感领域相关研究成果、"珞珈一号"科学试验卫星研究成果。刊发了多篇遥感应用监测方面的最新研究成果,这些研究成果已成功应用到"智慧城市"、国土空间开发监测等方面,并推广到美国、德国、澳大利亚等发达国家和加纳、孟加拉国等发展中国家。

桥梁是一个国家科技水平和综合国力的重要体现。随着国家经济发展和技术水平的提高,如今不论是桥梁数量,还是桥梁技术,中国桥梁的"金字招牌"已享誉世界,一大批世界级桥梁翻山、越江、跨海,让无数天堑变为通途,也向世界展示着"中国建造"的非凡实力。21世纪以来,中国桥梁以每年3万余座的速度递增,目前桥梁总数(公路、铁路总计)超过100万座,中国已成为世界第一桥梁大国。中国建成了一大批世界级的重要桥梁工程,在世界跨径排名前10位的悬索桥、斜拉桥、拱桥中,中国桥梁均占据绝对优势。作为我国桥梁行业领军期刊,《桥梁建设》围绕海洋长大桥梁建造技术、艰险山区桥梁建造技术、桥梁工业化智能建造、桥梁智能运维等行业重大技术需求,从桥梁规划、设计、科研、施工、监理全过程,到材料、工艺、检测、加固、管养、维护全方位进行系统策划组稿,刊登了一批能彰显时代精神、具有创新技术、影响深远的重大桥梁工程的论文,为交通强国建设贡献力量。所刊载桥梁工程中诸多桥梁获得国际大奖或世界之最。如世界最大跨度公铁两用斜拉桥、世界首座"三塔四跨"悬索桥、世界最大跨度单塔单跨钢箱梁悬索桥等。该刊密切关注桥梁科技发展动态,围

绕重大决策部署、重大热点问题组稿,刊登的论文涵盖了不同时期我国桥梁行业代表工程,全面反映了我国桥梁工程领域的发展及取得的科研成果。《世界桥梁》面向世界科技前沿,注重报道重大桥梁工程关键技术与前沿信息,力求全面、准确地反映当今世界桥梁建设水平。这两种湖北省重要的桥梁类学术期刊围绕中国桥梁建设发展的需求,同时关注世界最新桥梁工程进展和前沿技术,组织和筛选高水平论文刊发,在记载和传承桥梁工程领域重要科研成果、引领学科发展、传播桥梁资讯、普及桥梁知识、搭建交流平台等方面发挥了重要作用。

基础研究所要解决的是科学技术的基础理论问题,是科技创新的源头和根本动力,我国的光电产业、人工智能、量子信息、集成电路、工程建设等基础研究都处于世界前沿领域。《华中科技大学学报(自然科学版)》聚焦人工智能、图像处理、光电技术、信息技术等新兴龙头学科,紧跟机器人学、云计算等新兴学科,出版了"智能控制与智能机器人研究与应用""智能机器人""理论计算机科学"等专辑和"智能优化与调度"等专栏。策划了图像处理、神经网络、支持向量机、无线传感器网络、遗传算法、路径规划、多目标优化、机器人、无人机、故障诊断、目标检测等系列数字专刊,全方位集中展示前沿、热点研究领域的最新进展,推动前沿技术研发。另外,该刊还依托武汉光谷在激光加工技术、信息技术、软件能力等方面的重要科技资源,精心组织大批光电研究论文,推动激光产业向纵深方向发展;充分发挥武汉光电国家研究中心、华中科技大学精密重力测量国家重大科技基础设施、国家脉冲强磁场科学中心三大国家级研究平台优势;依托学校优势学科积极组织发表有关文章,产生了良好的社会效益和经济效益,极大地促进了科技进步和成果转化。"华中数控""高效低耗流化床燃煤工业设备关键技术及应用"等许多研究成果以该学报为媒介,直接或间接地转化为生产力,开发出高科技产品。《岩石力学与工程学报》着眼于我国岩石力学与工程领域的基础研究,以反映该领域的新成就、新理论、新方法、新经验和新动向,促进我国岩石力学学科发展和岩石工程实践水平的迅速提高为宗旨,以"陈宗基讲座"的形式,承办大型学术会议,举办我国岩石力学与工程学科高端论坛,邀请我国岩石力学与工程学科知名专家和岩土工程专业领域的学科带头人,主讲内容为反映该专业领域的热点前沿问题,展现我国岩石力学理论研究和工程实践的研究成果,促进和引领学科发展。当前,"陈宗基讲座"高端论坛已具备相当规模和影响力,在凝练学科精髓、探寻学科研究方法、展望学科发展方向和引领学科向国际领先水平迈进等方面发挥了积极而深远的影响,成为展示我国岩土工程最新研究成果的重要平台及《岩石力学与工程学报》与岩土工程学术界交流的重要窗口。

特高压交流输电关键技术、成套设备及工程应用、"特高压±800千伏直流输电工程"等获国家科学技术进步特等奖的系列研究成果,无不彰显出我国电工领域研究成果显著。《高电压技术》作为深耕特高压输电方向的专业特色期刊,是报道该方向最早、最全面、最及时的期刊,期刊与特高压输电事业共同发展,助力能源转型。该刊联合各大重点高校和科研院所,策划推出了"国家重点研发计划"等一系列专题;关注特高压技术发展,跟踪我国特高压输电、智能电网等先进技术,报道一批具有自主知识产权、达到国际领先水平的研究成果。

（二）面向经济主战场,服务科技与经济深度融合

面向经济主战场,科技创新为经济发展汇聚强大势能。当前,传统产业不断优化升级,数字经济、平台经济、共享经济蓬勃兴起,新产业、新业态、新模式纷纷涌现,各类创新主体的积极性、创造性得到最大限度激发。源源不断的科技创新,为产业转型升级攒足了后劲。随着关键核心技术攻关不断取得突破,多个领域实现从无到有、从有到优的跨越。企业活力持续迸发,经济效益明显提升,一批优秀企业、大国重器成为"国家名片"。各具特色、优势互补的战略性新兴产业集群不断发展壮大,欣欣向荣;工业领域转型升级势能加快积聚,技术创新动能不断增强,蒸蒸日上。为实时传播社会经济研究方面的最新成果,湖北省诸多科技期刊结合刊物实际,开辟专刊、专栏,以各种专题的形式报道社会热点和前沿问题的最新研究成果,服务于经济主战场。

湖北省农业类、医学类科技期刊在农业经济发展和地方产业发展中发挥了不可或缺的平台作用。《华中农业大学学报》依托农业微生物、油菜、柑橘等研究领域优势,聚焦资源与环境、农业工程、食品、智慧农业等新兴交叉学科,推出了环境微生物、土壤微生物群落结构与功能研究、共生固氮生物技术、稻虾共作、光化学污染控制技术、植物病虫害绿色防控、柑橘储藏与加工技术、柑橘产业研究、油菜产业研究、马铃薯产业研究、道地药材产业研究、水稻产业研究、茶叶产业研究、植物微肥与高效农业技术等专题或专刊,推动绿色农业、智慧农业和高效农业发展。《湖北农业科学》主动适应国家政策、产业要求、市场需求,贴近"三农"实际,勇于创新,近年来增设了农产品质量安全、硒谷论坛、乡村振兴等栏目,在理论层面推进乡村振兴研究,在实践层面对产业兴旺、生态文明、乡村治理、农村金融、基层党建、社会保障等方面进行指导,为湖北省乃至全国乡村振兴助力。积极跟踪科研项目,及时获取基层科技需求信息,服务企业和科研单位成果转化。连续多年与湖北省联合发布产业信息预警,指导产业发展。《中国油料作物学报》策划了油菜多功能利用栏目,发表了彩花油菜、饲料油菜、油蔬两用油菜等系列论文,为挖掘油菜产业的附加值、提高油菜种植收益开辟了一条可行出路。同时,在产业经济专题中通过系列文章证实油菜观光对农户种植收益的促进作用,并探索了"农旅融合"提升油菜种植收益的路径,对实现农业增效、农民增收具有重要参考价值。《长江蔬菜》围绕蔬菜产业前沿发展趋势,开辟了硕园采风、设施蔬菜机械化、专家坐诊、农业创客、法律在线、问鼎苏菜等全新栏目,内容延伸到整个蔬菜产业链,并与企业联合开办栏目,开设亚非致富经、土壤肥料、营销百科等栏目,服务"三农",助推产业发展。《湖北林业科技》设置实用技术、林木良种专栏,宣传和推介了油茶新品种"长林 53 号"、核桃新品种"楚林保魁"、甜柿良种"阳丰"、桂花优良品种"金满圆"、茶花良种"娃丽娜深"、山桐子良种"鄂选1 号"、杉木新品种"鄂杉 1 号"、紫薇新品种"红妆"、油橄榄"鄂植 8 号"、杨树良种"江汉"等国家和湖北省审定的林木良种,以图文并茂的形式向全省林业专业技术人员推介,报道了以湖北省地方标准为体系的成熟实用技术。《亚太传统医药》开辟了中医药与经济社会发展栏目,联合李时珍故里蕲春县有关单位出版了《蕲艾产业技术创新成果汇编》《蕲艾质量标准体

系》等专著,助力艾都蕲春创新与蕲艾产业发展。

湖北诸多科技期刊除论文刊载外,通过主办论坛搭建产学研交流合作平台,在提升期刊学术影响力和行业竞争力的同时,促进科技与经济融合,助力科技成果转化。《科技进步与对策》紧跟国家发展战略及经济社会发展需求,适时推出"基于科学的产业创新""数字创新""双碳科技支撑"等专栏,连续两期刊出"绿色创新"专刊。自 2009 年以来,举办了十二届科技进步论坛。论坛主题紧密围绕经济社会发展需求及主办地特色产业发展,聚焦科技与经济深度融合,服务创新驱动发展战略。论坛已逐步打造成为科技创新领域学术盛会,品牌效应凸显。科技进步与对策杂志社深入开展课题研究,积极承担国家及省部级课题。所承担的国家发改委的项目成果——《经济新常态下长江中游城市群产业协同发展及结构提升研究》获湖北发展研究奖二等奖。此外,编撰年度《湖北省科技发展报告》《科技战略决策参考》等,做实决策咨询服务。《岩石力学与工程学报》围绕"以科技成果为载体、期刊推广为渠道、搭建综合技术服务平台为方向"的期刊科技转化发展战略,通过期刊载文导向来构建产学研的交流平台,重点报道岩土工程行业具有代表性的新技术和发展方向,以扩大期刊的读者覆盖面和影响力。充分利用数字化平台便捷高效的特点,通过官方网站、微信公众号、QQ 群和微信群等渠道推出优秀科研成果,使之尽早应用于生产实践,提高科技成果转化率,从而产生巨大的经济效益。《中国机械工程》主动跟踪机械工程领域的最新动向,报道重大学术进展、传播重大科技成果,促进科研创新、科技落地及科技成果转化,助力湖北经济社会发展。《科技创业月刊》面向"政产学研金服用"各类创新创业主体,先后开设了"创新创业论坛""创业与经济发展""大创计划""产业创新发展""数智创业""创业金融"等贴合科技经济融合的热点栏目。

湖北省地处中国中部、长江中游地区,无论从地形上还是在经济发展中都处于承接东西、连贯南北的重要枢纽。其区域经济、社会发展关系着国家总体区域分异。湖北省科技期刊依托中部区位、地域特色、学科建设,以"长江经济带研究""武汉城市圈研究""水资源与水环境研究""生物多样性保护""旅游高质量发展研究"众多专栏或专刊的形式,紧扣区域社会经济发展的热点问题,组稿约稿,为湖北省、长江流域乃至全国的区域经济发展提供决策依据。《华中师范大学学报(自然科学版)》聚焦长江经济带、生态文明、区域创新、高质量发展等选题,邀约长江学者、国家高层次人才计划获得者撰写稿件,出版"长江经济带研究""生态文明研究""区域创新研究""旅游高质量发展"等多个专刊。《人民长江》推出了众多关于长江流域发展方面的专栏专辑。

(三)面向国家重大需求,服务国家战略稳步推进

面向国家重大需求,一批刻有中国印记的高质量成果竞相涌现。我国科技事业发生了历史性、整体性、格局性重大改变,成功进入创新型国家行列,中国在全球创新版图中的地位和作用发生新的变化。《2022 年全球创新指数》显示,2022 年中国创新能力综合排名前进至第 11 位,与 2012 年相比跃升 23 位。各类重大工程亮出中国名片,如"坐着高铁看中国"成

为老百姓享受美好生活的真实写照,填海造岛、海底穿针等创下多个世界奇迹的港珠澳大桥,正在助力粤港澳大湾区高质量发展。中国发展之速度,源于科技积累的厚度。中国发展之高度,取决于关键核心技术突破。近年来,湖北省科技期刊界密切关注国家重要战略部署,以重大事件、重大时间节点、重要题材为契机,主动策划、组织相关理论和实践文章,积极推出重要建设项目、重要战略部署方面的最新成果,服务于国家重大战略的总体布局。其中以水利水电类期刊、工程建设类期刊以及软件行业类期刊表现最为突出。

湖北省水利水电类期刊密切关注长江,以长江经济带、三峡工程建设、南水北调等重点建设项目为契机,以多种多样的形式展现建设过程中的最新研发成果。《人民长江》围绕"长江经济带"国家战略、水旱灾害防御、长江大保护、水环境保护等国家重大需求课题,服务国家水利改革发展和长江治理与保护需要,聚焦国家长江经济带发展、生态文明建设等重大战略需求,设置长江经济带、流域规划与江湖治理、水环境与水生态等特色栏目,全面报道长江流域保护与发展、水生态文明建设等重大科技成果。在长江流域发生特大洪水和超历史高温干旱之际,策划出版《2020年长江流域洪水防御》和《2022年长江流域干旱研究》专刊和专栏,总结灾害发生原因和抗灾成效与不足,提出应对气候变化的防灾减灾手段,为长江流域解决关键问题贡献了积极力量。《长江科学院院报》刊登一大批国家自然科学基金、国家科技支撑计划、湖北省自然科学基金支持论文,在服务国家水利科技发展及学术传播方面做出重要贡献;多篇论文所反映的科研成果荣获国家级科技进步奖和省部级科技奖、发明专利、实用新型专利等,被成功应用于水利水电工程设计与施工,为推动水利科技进步、服务于国民经济建设做出重要贡献。《水利水电快报》面向国家重大需求,报道国家"一带一路"倡议关注的重大科研创新和技术实践成果。重点关注国家172项重点水利工程,出版《巴基斯坦卡洛特水电站论文专辑Ⅰ&Ⅱ》《贵州夹岩水利枢纽工程建设论文专辑Ⅰ&Ⅱ》;围绕水利部"智慧水利"决策部署,出版《数字孪生与水科技创新论坛论文专辑》;围绕中国澜湄水资源合作最新科研成果,推出"澜湄水资源合作"专栏,内容时效性强、关注度高,刊物质量和综合影响力得到显著提升。

以学术质量建设为根本,以服务我国重大工程建设为导向,近几年,《岩石力学与工程学报》密切追踪我国重大工程如川藏铁路等重大岩土工程科学问题和岩土工程学科热点及交叉学科发展动态,以首发的形式刊载热点研究成果和未来研究动态,全面展示当前岩土工程学科国际前沿的重大理论创新和技术革新,发挥期刊的学术导向作用。据不完全统计,"十三五"期间,发表白鹤滩、溪洛渡、川藏铁路等重大工程论文80余篇,从地质附存环境、岩体灾变类型与机理、岩体稳定性评价、工程灾变防治对策等全方位报道这些重大工程理论研究以及工程问题的防治技术方面所取得的进展。

软件业的自主创新关系着中国软件业的自主知识产权和国际话语权。《软件导刊》紧盯国际国内软件业最新研究成果,组织策划"工业软件创新助力制造强国建设"选题,出版"工业软件自主创新"专刊,开设"CTO专访"特色专栏;举办首届工业软件创新发展论坛暨《软件导刊》创刊20周年大会,聚焦工业软件核心技术攻关,打造具有特色的工业软件学术论坛品牌，为持续助力制造强国和数字中国建设贡献了学术传播平台的应有之力。

（四）面向人民生命健康，服务人民生活品质提升

心系人民身心健康，释放科技红利，是科学研究和科技工作者的根本目标和奋斗方向。人民生命健康，关乎人民幸福生活。"四个面向"中，面向人民生命健康是科技创新始终如一的奋斗目标，科研战线深知科技供给的"成色"对百姓幸福感起着决定性作用。

党的十八大以来，面向人民生命健康，科技创新铸就"健康坚盾"，为抗击新冠疫情、消除疟疾、防控多种传染病提供强有力的科技支撑；科技创新勇于"亮剑"，为对战肿瘤、慢性病等危及人民健康的重大疾病提供强有力的"武器"；医学科技大步向前，引领信息技术、人工智能与生命科学深度融合，共绘健康中国蓝图。面向人民生命健康，医药类科技期刊作为科技期刊中的重要力量，具有一定的特殊性，与人民健康紧密相关，肩负着重大社会责任。湖北省医学类期刊表现突出：《医药导报》关注医药前沿，选题策划了大量安全用药方面的科技前沿文章，并跟踪报道了多项国家重大专项，在助力我国医药产业成果转化方面做了大量工作，如"化学药物晶型研究""名贵中药深度研究""中药汤剂煎煮质量控制专栏""纳米药物专栏"等。在突发公共卫生事件中，主动扛起医药类科技期刊的社会责任，为有效控制疫情、讲好中国抗疫故事、守护人民健康付出了努力。在精准扶贫、医药科普知识宣传（如全国残疾预防日活动、老幼用药科普知识宣传）等方面，做出了突出贡献。《亚太传统医药》在抗击新冠疫情期间，及时开办了中医药抗疫专栏，帮助科研人员、医护人员和社会公众实时了解防治新型冠状病毒的科研动态和重要进展，助力疫情防控。

除了人民身体健康以外，食品安全、生命财产安全方面也是人民生活品质提升的重要保障。湖北省其他科技期刊在面向食品安全、粮食安全、信息传播、科技普及、社会公益等面向公众方面也做出了突出贡献。《中国油料作物学报》牢记人民生活健康需求，推介有价值的科研成果，高度重视生物毒素类，特别是黄曲霉毒素相关文章，充分利用专家资源开展科普知识宣传，牵头撰写了科普图书《健康生活油中来》，先后在武昌、婺源、恩施和宜昌等地开展形式多样的科普宣传活动，为保障民众油脂营养与健康发挥了积极作用。《华中农业大学学报》专门出版了面向人民生命健康的多个专题，如双水双绿、光化学大气污染控制技术、植物病虫害绿色防控、养殖业高质量发展、畜禽养殖废弃物资源化利用、科学施肥与绿色食品、乡村活力与生态宜居、环境食品与健康、渔业资源与生态环境保护、牛重要传染病防控研究等，并特约张启发院士稿件"保证食品安全、促进营养健康：黑米主食化未来可期"。《人民长江》围绕水旱灾害防御、长江大保护、水环境保护等事关人民生命健康与财产安全的课题，策划出版了相关专刊和专栏。

组织和参加公益活动历来是湖北省科技期刊的传统。以湖北省科学技术期刊编辑学会为代表的团体公益活动多次受到湖北省科协和相关职能部门的肯定。众多科技期刊更是发挥自身刊物特色，利用专业知识和技能以多种多样的形式参加公益活动，服务于人民生活品质提升。《长江科学院院报》积极参与乡村振兴，组织刊发公益报道和公益广告，鼓励更多的

人参与长江治理与保护工作,为公益事业贡献力量。《华中师范大学学报(自然科学版)》发挥学术平台的传播功能,探索学术扶持助力学科建设新思路,积极支持边远地区高校和研究机构的学科建设和学术成果传播,积极协助学校开展对帮扶地区的乡村振兴工作。《长江蔬菜》积极推动和引导蔬菜产业发展,参加大型科技"三下乡"活动和科技赶集活动 10 场次,发放科技书籍、科技杂志近 2 万册,累计向贫困区免费发放种子、肥料等生产资料价值 800 万元,助力产业发展和乡村振兴。

近年来,湖北省科技期刊乘科技创新事业繁荣发展之东风,抓住世界一流科技期刊建设的机遇,以"四个面向"为行动指南,为科技创新和经济社会的繁荣发展提供有力支撑,以科技创新助力"中国式现代化"新发展格局,为湖北加快建成支点、走在前列、科技强省建设积极贡献力量。实时传播遥感技术、光电材料、电力前沿、桥梁建设、筑坝技术(长江水利)、岩土工程、农业资源、医药卫生等方面的最新研究成果,紧抓新型技术成果的首发权;以专刊、专栏的形式或者各种专题报告的形式,关注社会热点问题,刊发大量关于长江经济带、武汉城市圈等区域理论和实践研究成果,为湖北省乃至全国的社会经济建设提供决策依据,并在助力医药、机械、农业、制造等产业发展,促进科技成果转化方面做出了巨大贡献;聚焦长江经济带、生态文明、区域创新、高质量发展、"三农"问题等国家重要战略部署,以重大事件、重大时间节点、重要题材为契机,主动策划、组织相关理论文章,推出区域发展、环境生态、科技发展等方面的最新成果,为改革开放和社会主义现代化建设服务,以适应国家重大需求;结合各自期刊特色和专长,以文化传播、知识普及或社会公益活动等多种形式提供人民生命健康、食品粮食安全等方面的保障。科技强国建设离不开一流科技期刊的支撑。全面建设社会主义现代化国家新征程中,我国科技事业站在了新的历史起点上。科技期刊需立足新时代、勇立时代潮头,把握时代主旋律,弘扬科学、创新、探索的办刊精神,坚持面向世界科技前沿、面向经济主战场、面向国家重大需求、面向人民生命健康,以建设世界一流科技期刊为目标,不断提高期刊的核心竞争力和学术影响力,努力为科技创新和发展做出更大的贡献!

五、中文科技期刊开展科普宣传工作概况[①]

近 5 年来,湖北省中文科技期刊认真贯彻落实《中华人民共和国科学技术普及法》《全民科学素质行动计划纲要》和《湖北省科学技术普及条例》等一系列相关法律法规或文件,在承担繁重的编辑出版工作任务的同时,或以纸媒期刊、期刊网站、期刊微信公众号等载体主动开展科学普及与传播工作,或以科技活动周、科普日、"三下乡"活动等为契机,充分发挥各自的学科优势、专业优势、人才优势,以资料发送、光盘播放、技术咨询、知识讲座、专家义诊等形式,积极参与政府、社团、行业协会或学会等组织的科学普及宣传活动,获得各级政府和广大受众好评。对近 5 年来湖北省中文科技期刊开展科普宣传工作的情况,基于前期问卷调

---

① 本章第五部分撰稿人:王银平,谢裕。

查、网络资料搜集、实地走访调查与文献查阅等获取的相关信息，从宣传载体建设、宣传形式与内容以及科普宣传工作展望 3 个方面概述如下。

（一）科普宣传载体建设

设计调查问卷时，对湖北省科技期刊拥有的科普宣传载体分为平台类、设施类、器材类和软件类 4 种类型，再细分为 10 小类。问卷调查结果显示：湖北省共有 103 种科技期刊（占比 53.93%）建立了一种（类）或多种（类）科普宣传平台或科普宣传设施等（表1-35）。

表 1-35 　　　　　　　　　　　湖北省科技期刊科普宣传载体分类

分类	科普宣传载体	刊数	占比/%	备注
平台类	科普类网站	14	7.33	
	科普类微信	30	15.71	
	科普类抖音	2	1.05	
	科普类微博	2	1.05	
	非科普类平台	60	31.41	如学术网站或学术类新媒体平台，只偶尔发布科普内容
设施类	科普活动室或基地	16	8.38	
	科普阅览室	10	5.24	
	科普画廊或宣传栏	11	5.76	
器材类	健身器材	2	1.05	主要供公众实地参观临时使用
软件类	科普公益实验项目或课程	5	2.62	

从表 1-35 中可见：①科普宣传平台类载体主要有网站、微信、微博、抖音等 4 种，其中，建有微信平台的科技期刊占比最高，达到 15.71%，而使用微博、抖音平台进行科普宣传的科技期刊占比最低，均为 1.05%，分别仅有 2 种期刊；另外，超过 30% 的科技期刊（共 60 种）会通过学术网站或学术类新媒体等非科普类平台载体偶尔发布科普内容。②科普宣传设施类载体主要有科普活动室或基地、科普阅览室、科普画廊或宣传栏等 3 类，其中，拥有科普活动室或基地的科技期刊（16 种）占比相对较高，为 8.38%，而建成了科普阅览室、科普画廊或宣传栏的科技期刊占比彼此不相上下，分别为 5.24% 和 5.76%。③科普宣传器材类载体仅指供期刊编辑人员或对外接待科普参观的市民、小学生等社会公众使用的健身器材（房），全省只有 2 种科技期刊专门购置或配备了健身器材。④科普宣传软件类载体指期刊自立的科普宣传公益实验项目或课程，其中全省有 5 种科技期刊拥有此类载体，占比为 2.62%。另外，由问卷调查结果可知，全省有 88 种科技期刊尚未建立或建成任何科普宣传载体。

（二）科普宣传形式与内容

设计调查问卷时，对湖北省科技期刊科普宣传形式分为期刊主导类、社会参与类及不确定类 3 种类型，再细分为 7 小类。问卷调查结果表明，湖北省科技期刊在科普宣传实践中采用或尝试的形式多种多样(表1-36),除尚未涉足科普宣传的71种期刊(占比37.17%)之外,以属于期刊主导类的期刊栏目或版面形式进行科普宣传的期刊数量最多(65种),期刊新媒体平台形式次之(60种),第三是属于社会参与类的科普知识讲座形式(41种)。

表 1-36 　　　　　　　　　　湖北省科技期刊科普宣传形式分类

分类	科普宣传形式	刊数	期刊占比/%	备注
期刊主导类	期刊栏目或版面	65	34.03	
	期刊新媒体平台	60	31.41	
社会参与类	科普展览	15	7.85	线上或线下
	科普知识讲座	41	21.47	线上或线下
	科普培训学习	31	16.23	线上或线下
	接待科普参观	11	5.76	
不确定类	其他活动	13	6.81	

1. 期刊主导类科普宣传

期刊主导类科普宣传是指科技期刊根据读者群或特定受众对知识、技术、市场、健康等信息的需求而自主策划、自主选题、主导实施的一类科普宣传,其形式主要有2种,即期刊栏目或版面、期刊新媒体平台。相对而言,采用栏目或版面开展科普宣传的期刊数量占比(34.03%)略高于新媒体平台占比(31.41%)。

基于上述2种形式的科普宣传内容,后续跟踪调查结果或期刊反馈材料显示,各刊因期刊类别、办刊宗旨和专业方向等不同而异彩纷呈。如华中农业大学主办的《养殖与饲料》杂志,近年来就非常注重通过栏目或版面宣传和普及实用科技,该刊常设"饲料营养""养殖生产""疾病防控"栏目,征集并刊登相关实用科技推广稿件,年均发稿200多篇;《高电压技术》编辑部则充分利用自身新媒体平台,依托微信订阅号和视频号不定期发布各类科普信息,如通过"电创"栏目详细介绍最新科研成果及其运用效果,或通过"走进国家重点实验室"栏目向受众揭示电力行业重点实验室的奥秘,或通过"走进科技攻关团队"栏目让更多人了解科研工作者如何攻破一个个"卡脖子"技术,或通过"国家重大工程"栏目让公众了解我国电力行业的领先优势,以此增强民族自豪感和自信心。此类数字化科普稿件仅在2022年就累计获得近5万次阅读量。

2. 社会参与类科普宣传

社会参与类科普宣传是指科技期刊依托各种社会力量提供的机会、场地、平台等外界环境条件相机参与的一类科普宣传,其形式主要包括科普展览、科普知识讲座、科普培训学习、接待科普参观。就这4种形式而言,通过科普知识讲座形式开展科普宣传的期刊数量占比最高,达到21.47%,其次是科普培训学习形式(占比16.23%),第三是科普展览形式(占比7.85%),这3种形式均可线上或线下进行,而通过对外开放接待社会公众参观形式开展科普宣传的期刊数量占比相对最低,仅 5.76%。

基于上述 4 种形式推出的科普宣传内容,与国家或各级政府及其相关职能部门举办的各类科普活动主题密切相关。跟踪调查结果或期刊反馈材料显示,不少科技期刊都非常重视社会公益类科普活动,他们贴近活动主题,积极参与科普宣传,彰显自家期刊致力科普宣传的优势,展示自身科普服务的特色。如《医药导报》编辑部,多年来积极参加由湖北省科协牵头举办的湖北省全国科普日活动启动仪式暨主场活动,利用专家资源,向公众宣传常见病和慢性病防治与合理用药医学科普知识。也有期刊通过线上或线下举办科普知识讲座,让听众或观众受益,如《服饰导刊》编辑部,他们制作各种颇具特色的科普讲座小视频,在该刊科普公众号“纺道服途”上发布,较好地传播了中国古代纺织文化。还有期刊通过组织线上或线下科普培训学习,积极承担社会责任,如《湖北农业科学》编辑部,在 2018 年《中共中央国务院关于实施乡村振兴战略的意见》发布后,受湖北省委农村工作领导小组办公室委托,编辑部组织从事相关研究的专家教授编写出版了《2018 年开启新时代乡村振兴新征程》《新时代“三农”工作总抓手》2 部图书,图书作为全省县(市、区)委书记实施乡村振兴战略研讨班培训教材,发行达 60000 余册。至于“接待科普参观”,问卷调查结果虽然显示有 11 家科技期刊曾通过对外开放接待社会公众参观,但具体内容不详。

3. 不确定类科普宣传

不确定类科普宣传是指调查问卷中尚未纳入期刊主导类科普宣传和社会参与类科普宣传范畴的一种尚待归类的科普宣传,其宣传形式包括创办学术交流或信息发布论坛、组织编写科普图书、制作科普电教片、参与组织筹备培训班、组织线下社区科普宣传和解答等。

问卷调查结果显示,有 13 家(占比 6.81%)科技期刊曾采用非期刊主导类和社会参与类科普宣传形式展开科普宣传工作。有的期刊采用的科普宣传形式不仅新颖独特,且非常实用,效果显著。如《养殖与饲料》编辑部,就特别注重科普宣传工作形式与内容创新,他们 2018 年创办的“中国规模猪场智造论坛”(简称“论坛”),每年举办一次,截至 2022 年已连续成功举办五届。论坛先后邀请汪懋华、傅廷栋、陈焕春、罗锡文、张改平、印遇龙、赵春江、姚斌等中国工程院院士亲临会场指导并作特邀报告;同时,每届论坛还邀请了国内众多知名专家和企业家与会,并安排他们作专题报告。据不完全统计,每届论坛参会的线上或线下一线产业人员均超 2000 人。

(三)科普宣传工作展望

参加此次问卷调查的湖北省科技期刊均属学术类、技术类或综合指导类,无一家是科普类期刊。期刊类型不同,其主办单位和出版单位对科普宣传工作的认识、理解与重视程度难免有差别。对于学术类科技期刊而言,他们通常会把主要工作精力和时间都集中在如何提高期刊学术质量及其学术影响力、核心竞争力和各项计量学评价指标上。而对技术类和综合指导类科技期刊而言,在当前同类期刊竞争日趋激烈的办刊环境下,他们既重视期刊的品牌效应,也注重争创精品期刊。相对而言,技术类和综合指导类科技期刊比学术类科技期刊更有条件开展科普宣传工作。但总体上，当前科技期刊在科普功能方面存在不足却是一个不争的事实①。如，此次问卷调查结果显示，受人员、资金、场地、设施等条件所限，全省尚有46.07%的科技期刊无任何科普宣传载体、37.17%的科技期刊从未涉足过科普宣传工作，造成湖北省科技期刊科普宣传力度与科技期刊快速发展节奏严重不同步。归纳此次问卷调查结果所反映出来的问题，对未来湖北省科技期刊加强科普宣传工作展望如下：

1. 科技期刊加强科普宣传工作势在必行

《中华人民共和国科学技术普及法》第三章"社会责任"指出，科普是全社会的共同任务，期刊应当开设科普专栏或专版。该法是为加强科学技术普及工作、提高公民科学文化素质而制定的，适用于国家和社会普及科学技术知识、传播科学思想和弘扬科学精神的一切社会行为，作为刊发与传播科学技术最新研究进展与成果的科技期刊责无旁贷。同时，随着科学技术的高速发展，公众对科普的需求与我国科普能力依然薄弱的矛盾日益尖锐②，国家必然会加大对与科普相关的政策法规的贯彻执行力度，科技期刊也必然要承担更多科普工作责任与义务，这使得科技期刊加强科普宣传工作势在必行。

科技期刊加强科普宣传工作，涉及很多方面，包括制度、人员、经费、设施、稿源、服务理念等因素。从湖北省的情况看，当前可从两个方面进行谋划：一方面，树立弘扬科普精神、传播科学知识、惠及社会公众的服务理念，将其与科技期刊质量提升和品牌建设结合起来，实现科技期刊社会效益和经济效益最大化；另一方面，期刊编辑部尤其是期刊负责人要有狠抓科普宣传工作的紧迫感和自觉性，考虑逐步将科普宣传纳入期刊发展规划与编辑部年度工作计划和考核内容。

2. 科技期刊强化科普宣传功能有利无弊

科技期刊强化科普宣传功能不仅不会妨碍其发展，还会有利于其发展③：一是科技期刊增加科普内容并借助现代传播手段对外扩散，不仅是科技期刊普及科学知识、为提高全社会科学素养和国家文化软实力贡献力量的主要途径，也是科技期刊摆脱内容太专、读者面太窄办刊困境的有效举措；二是科技期刊积极组织或参与科普工作，可以吸引大众媒体的采用和链接，从而产生影响广泛的新闻效应，达到塑造期刊良好形象、经营期刊优质品牌的目的；三是对科技期刊从专业角度提供的最新科研成果，将其以大众喜闻乐见的文本或视频样式作科普式点评与介绍，是在现代传播技术支持下扩大自身影响、培育潜在读者的新举措；四是科技期刊适当开设若干栏目或以一定数量的版面发表介绍新成果、新发现、新观点、新技术、新方法等科普文章，有助于在科技期刊与大众传媒之间建立合作双赢的纽带，引导大众传媒记者关注或发掘科技新闻并予以报道，从而促使科技期刊产生更大价值。因此，科技期刊面

---

① 吴彬，徐天士，丁敏娇. 科技期刊增强科普功能建设面临的问题与路径思考[J]. 编辑学报，2019，31（5）：556-559。

② 张海东，孙继华. 学术期刊尝试传播科普内容的思考[J]. 编辑学报，2013，25（6）：528-530。

③ 王丽，詹洪春. 学术期刊强化新闻报道和科普作用的意义[J]. 编辑学报，2013，25（2）：112-114。

向相关专业人员和普通读者不断强化科普宣传功能有利无弊。

3.科技期刊专业编辑成为科普通刻不容缓

10多年前,就有编辑提出了专业编辑科普化的概念[①],认为其核心是科技期刊专业编辑要能灵活地运用科普表现方法传播专业知识。专业编辑科普化作为一种编辑技能层面上的概念,将其说成专业编辑科普通可能更容易被编辑理解和践行。所谓专业编辑科普通,是指科技期刊专业编辑在编辑出版活动中充分利用所掌握的出版理论、专业知识和现代信息传播技术,践行面向公众弘扬科学精神、普及科学知识的一种新的业务技能要求,其核心是科技期刊专业编辑要善于学习、掌握、应用能够增强期刊科普性的各种知识与技术方法。

未来,专业编辑科普通的程度或水平必将成为各类科技期刊形成竞争优势的一个焦点,谁能抢先赢得这一优势,谁就能获得新一轮发展先机。另外,科技期刊专业编辑一旦成为科普通,无疑能创造赢取未来潜在受众的相对优势,并在提升期刊影响力和品牌知名度的同时获得专业技术人员和社会公众更广泛、更有力的支持。因此,科技期刊专业编辑成为名副其实的科普通已刻不容缓。

科技期刊专业编辑要想成为真正的科普通,必须有强烈的主观愿望,并付出客观努力。首先,不囿于自身学术编辑或专业编辑的职业身份,要有早日成为科普通的责任感和荣誉感,并在办刊实践中尽快改变心智模式。其次,努力学习掌握各种与科普内容相关的文章样式的写作技巧,如展望、综述、讲评、导语、编者按等,激发读者阅读科普文章的兴趣。第三,擅长科普选题策划,重要的科普选题策划需要期刊编辑查阅大量参考资料进行提炼总结,找到适合读者理解的角度,并用通俗易懂的语言撰写成科普文章[②]。第四,善于运用新媒体技术传播科普信息,如期刊网站版块、个人微博、抖音小视频等新媒体,加强与普通读者、观众或听众沟通,让科普内容深入人心。

4.国家针对科技期刊有望出台更多旨在加强科普宣传的政策

科技期刊在开展科普宣传工作时往往需要多方力量支持才得以持续推进,国家政策支持无疑是保障科技期刊重视并加强科普宣传工作的决定性推力。2016年习近平总书记在全国科技创新大会、两院院士大会、中国科协第九次全国代表大会上指出,科技创新、科学普及是实现创新发展的两翼,要把科学普及放在与科技创新同等重要的位置。随着国家将科普定位上升到国家战略以及《"十四五"国家科学技术普及发展规划》发布,国家或相关部门必将面向科技期刊出台更多加强科普宣传的政策或规定。

现在欣喜地看到,国内有些地方在评定专业技术人员职称时,已将科普文章纳入职称晋升体系,改变了国内一直以来在职称晋升方面要求被评人发表一定数量的学术论文或在指定的学术期刊上发表论文的现状。科技期刊主动融入和服务国家发展战略,助力高质量经

---

① 王甲东,周昆,王莹,等.论科普编辑专业化与专业编辑科普化[J].编辑学报,2008,20(2):98-100.
② 代妮.医学期刊应践行"互联网＋精准健康科普"的社会责任[J].编辑学报,2022,34(2):149-152.

济发展,满足最广泛的读者对科学知识的需求,将科普文章或著作纳入科技工作者的绩效统计之列,引导学术研究更加"接地气",已成为众多科技期刊出版界有识之士的共识。由此可以预见的是,未来政策上会允许科技期刊中的科普内容页码不占科技期刊的报批页码,科技期刊得以增加更多科普文章版面,不断强化科技期刊的科普功能,提升科技期刊的科普能力。总之,国家政策的支持能够让科技期刊更加重视科普宣传工作,也会让各行各领域专业人员意识到向公众进行知识科普的社会责任。

近5年来,湖北省中文科技期刊在开展科普宣传工作中取得的成绩是有目共睹的,科普宣传载体建设日臻完善,科普宣传形式多种多样,科普宣传内容更加丰富,科普宣传的社会效益和经济效益越来越明显,展现了中文科技期刊在科普宣传工作中不可替代的重要作用和独特优势,从而获得了各级政府和广大受众的好评。然而,此次问卷调查结果也显示,全省尚有88家科技期刊并未建立或建成任何科普宣传载体,71家期刊(占比37.17%)尚未涉足科普宣传,这与当前各级政府及社会公众对科普宣传工作的需求相比仍然存在较大差距。湖北省中文科技期刊在开展科普宣传工作中的短板显而易见,科普宣传载体功能有待挖掘,科普宣传形式化倾向较为明显,科普宣传内容与国家经济社会发展和社会公众的需求贴近不够,诸如此类的问题,都需要中文科技期刊决策者和编辑人员在今后工作实践中认真思考研究并设法加以解决。

六、中文科技期刊发展特征

湖北省中文科技期刊经过5年的发展,无论是在自身品牌建设、学术质量和影响力提升还是在促进学科发展、学术交流、信息传播和服务经济社会能力建设方面,均取得长足进步,并总体显现出如下5个特征:

(一)依托学科资源优势,一流期刊建设卓有成效

中文科技期刊是中国科技期刊的主要组成部分,是2035年如期实现中国科技期刊综合实力进入世界第一方阵、推进世界一流科技期刊建设的重要力量。湖北省作为中文科技期刊大省,是一流中文科技期刊建设与培育的重要阵地。得益于在地球科学、微生物学、植物学与动物学、机械工程、计算机科学等领域研究规模与影响力的长期领先地位,湖北省诞生了《地球科学》《岩石力学与工程学报》《岩土力学》《中国机械工程》《护理学杂志》《武汉大学学报(信息科学版)》《华中农业大学学报》等在对应领域具有国际影响力的高水平科技期刊;同时,依托自身雄厚的科教资源和科研实力,湖北省科技期刊在SCI、EI、CSCD等国内外科技期刊评价体系中同样表现优异,入围数量与比例在中国内地各省份排序第3至6位,是一支具备多层次发展能力的中文期刊队伍。

(二)打造新媒体全平台,学术传播能力显著增强

湖北省期刊界主动把握全媒体时代发展形势,积极推进媒体融合发展,打造全媒体平

台,已取得初步成效。据调研数据,湖北省80％的科技期刊探索纸质媒体与互联网、手机终端、电子期刊和社交媒体等多种方式传播,实现单篇论文二维码延伸阅读、HTML全文阅读等,满足手机等移动终端阅读需求,增强读者在不同场景下的阅读体验,结合OA出版、精准推送等,传播效率得以显著提升。

数字化出版和融媒体平台建设加快了期刊集群化发展进程。集群化发展是提升期刊品牌影响力、开展数字化知识服务、增强市场竞争优势的现实需要。媒体融合发展逐步改变了科技知识的呈现形态和传播方式,使得科技期刊传播从单一媒体向多媒体、跨媒体转变,有助于优化整合期刊内外部资源配置,为期刊集群化发展提供了强劲的发展动力。武汉大学、华中农业大学、中国地质大学、中华医学会武汉分会等高校及科研机构积极探索期刊集群化发展。针对全媒体建设过程中管理体制、内容生产和平台建设等问题,通过组织制度创新、出版流程优化、优质内容再生产、涵盖微信微博等社交媒体全媒体矩阵的构建等一体化运作,依托各自的专业优势,走出各具特色的科技期刊集群化发展道路。

进入国内外知名数据库是学术期刊办刊质量与国际化水平的重要体现。湖北省所有中文科技期刊选择与国内知名数据库合作,其中,与中国知网的合作最为普遍,占比94.25％,其次为维普、超星等数据库。

(三)内容呈全球化传播,期刊国际影响持续扩大

实现2035年我国科技期刊综合实力进入世界第一方阵的目标,占据国内科技期刊总数88.38％的中文科技期刊的全球化传播和国际影响力提升是关键。湖北作为科技期刊大省在此方面做出了积极的探索,取得了一定的成效。截至2022年12月31日,湖北省197种中文科技期刊中(含中英文双语出版科技期刊),与国外出版平台合作出版的16种,中英文双语国际出版6种,被国际重要数据库收录229刊次,其中被ESCI收录1种,被DOAJ收录6种,被EI收录8种,被INSPEC收录8种,被Scopus收录且处于活跃状态的有19种,被JST收录49种。82种期刊提供了精准推送服务,其中13种期刊提供了Aminer全球推送服务,7种提供了TrendMD全球推送服务,6种期刊提供了科睿唯安全球推送服务。国际化出版传播助力湖北中文科技期刊国际影响力提升,据《科技期刊世界影响力指数报告(2022年版)》《中国学术期刊国际引证年报(2022年版)》相关数据,湖北省中文科技期刊WJCI值和国际他引影响因子、总被引频次、5年影响因子、即年指标总体上呈现较快增长态势。

(四)贯彻"四个面向"精神,期刊服务功能更加多元

湖北科技期刊界始终坚持以习近平新时代中国特色社会主义思想为指导,将"四个面向"作为科技期刊服务经济社会发展的根本遵循和行动指南,通过策划专刊、开设专栏、举办论坛、开展课题研究等举措,充分发挥学科优势,利用平台和专家资源,跟踪科技前沿动态,及时报道最新的科技成果和研究成果,推动科技创新发展。面向世界科技前沿,以高校学报、工程技术类期刊为主体,跟踪和引领前沿科技动态,推动技术进步,提升我国在全球科技创新领域的影响力,为我国高水平科技自立自强贡献力量;面向经济主战场,以农业类、综合

类科技期刊为主导,支撑"三农"发展及产业提档升级,促进科技成果转化,服务科技与经济深度融合;面向国家重大战略,服务国家战略总体布局,聚焦创新驱动、乡村振兴、长江经济带发展、生态文明及高质量发展;面向人民健康,医学类、医药类科技期刊助力疫情防控和健康水平提升,农业类、食品类期刊关注食品安全,助力人民生活品质保障。湖北科技期刊围绕办刊宗旨,突出办刊特色,面向不同的领域和需求,服务功能日益多元,积极服务经济社会发展。

(五)践行期刊社会责任,科普宣传不断丰富深化

《中华人民共和国科学技术普及法》第三章"社会责任"指出,科普是全社会的共同任务,期刊应当开设科普专栏或专版。该法是为加强科学技术普及工作、提高公民科学文化素质、推动经济发展和社会进步而制定的,适用于国家和社会普及科学技术知识、倡导科学方法、传播科学思想和弘扬科学精神的一切社会活动,作为刊发与传播科学技术最新研究进展与成果的科技期刊责无旁贷。近5年来,湖北省中文科技期刊结合专业特色深入开展科普宣传,取得积极成效:根据读者群或特定受众对知识信息的需求积极策划选题,开展科普宣传;依托社会力量提供的场地、平台积极参与相关科普宣传;举办学术交流或信息发布论坛、编写科普图书、制作科普电教片、组织培训班、开展社区科普宣传等。各中文科技期刊在不断丰富科普宣传形式上下功夫,在不断深化科普宣传内容上动脑筋,在不断加强科普宣传载体建设上求突破,在不断提高科普宣传社会效益和经济效益上见实效,全省科技期刊多功能科普服务格局基本形成,面向政府部门和社会公众的科普服务方式和途径不断优化,科普服务水平和能力明显提升。

第二章　湖北省英文科技期刊近 5 年的发展①

自世界第一本英文科技期刊创办以来，英文科技期刊发展了近 360 年，已经成为当前国际学术成果发表的主要载体和平台。中国内地现有国内外公开出版的英文科技期刊 435 种②（截至 2022 年 12 月底），是非英语语系国家和地区中创办英文科技期刊比较多的国家和地区之一。英文科技期刊在促进国际学术交流、国际舞台上展示我国科研成果、提高我国科技界在国际上的话语权等方面发挥重要作用。加快英文科技期刊建设是我国加速科技期刊话语权建设的必然要求。2035 年，我国科技期刊综合实力要入围世界第一方阵国家和地区队伍，我国英文科技期刊的规模要突破 1000 种以上，面对这一艰巨的任务，在国家相关部门的科学引导下，各省市都在发力英文科技期刊建设工作。湖北省英文科技期刊的创办工作起步相对较晚，但在 1979 年正式出版自己的第一本英文科技新刊 *Acta Academiae Medicinae Wuhan*（现名为 *Current Medical Science*）②以后，湖北省便陆续创办了多种英文科技期刊，截至 2023 年 6 月，湖北省现有英文科技期刊 20 种，总体数量上位于中国内地 31 个省市第 3 位（仅次于北京和上海），其中面向国内外公开出版发行（同时拥有 CN 和 ISSN 号）的英文科技期刊 14 种，另有 6 种为近两年创办的高起点英文科技期刊（暂只有 ISSN 号，且有 3 种期刊已入围中国科技期刊卓越行动计划（2019—2023）高起点新刊资助项目）。2018 年，我们在《湖北省科技期刊发展蓝皮书（2018 年版）》中全面梳理了改革开放 40 年来我省英文科技期刊的发展脉络和主要成绩。过去 5 年是我国英文科技期刊高速发展和加速成长的重要时期，为科学全面梳理和总结我省英文科技期刊在过去 5 年间的发展成绩，我们在这一章中进行了评述。

本章第一、二部分对 2018 年以前创办并已取得 CN 号的 13 种英文科技期刊的发展状况、国际学术影响力及其服务能力实践进行分析；第三部分对另外 7 种近 5 年新创办的英文科技期刊进行办刊分析；第四部分对湖北英文科技期刊的当前发展特征进行总结分析，并对其未来发展提出若干可行性建议。表 2-1 展示了湖北省正在出版的 20 种英文科技期刊的基本信息。

---

① 本章撰稿人：陈银洲，王琳，胡小洋。

② 任胜利，杨洁，宁笔，等．2022 年我国英文科技期刊发展回顾［J］．科技与出版，2023（3）：50-57．DOI：10.16510/j. cnki. kjycb. 20230316.004。

表 2-1 湖北省英文科技期刊创办时间、出版周期、学科分布及所属系列

期刊中英文名对照	CN 号	ISSN 号	创办时间	刊期	学科	所属系列
当代医学科学（英文版） （*Current Medical Science*）	42-1678/R	1672-0733	1979	双月	综合性医学	
武汉理工大学学报-材料科学版（英文） （*Journal of Wuhan University of Technology-Materials Science Edition*）	42-1680/TB	1000-2413	1986	双月	材料科学	
固体力学学报（英文版） （*Acta Mechanica Solida Sinica*）	42-1121/O3	0894-9166	1988	双月	力学	
地球科学学刊（英文版） （*Journal of Earth Science*）	42-1788/P	1674-487X	1990	双月	地球物理	
武汉大学学报（自然科学英文版） （*Wuhan University Journal of Natural Science*）	42-1405/N	1007-1202	1996	双月	综合科技	
地球空间信息科学学报（英文版） （*Geo-Spatial Information Science*）	42-1610/P	1009-5020	1998	季刊	遥感科学与技术	高校系列
肿瘤学与转化医学（英文） （*Oncology and Translational Medicine*）	42-1865/R	2095-9621	2002	双月	肿瘤学	
创新光学健康科学杂志（英文） （*Journal of Innovative Optical Health Sciences*）	42-1910/R	1793-5458	2008	双月	医学	
动物疾病（英文） （*Animal Diseases*）	—	2731-0442	2021	季刊	生物工程	
细胞洞察（英文） （*Cell Insight*）	—	2772-8927	2022	双月	生物工程	
交叉学科材料（英文） （*Interdisciplinary Materials*）	—	2767-441X	2022	季刊	材料科学	
作物与环境（英文） （*Crop and Environment*）	—	2773-126X	2022	季刊	环境工程	
园艺进展（英文） （*Horticulture Advances*）	—	2948-1104	2023	季刊	植物	

续表

期刊中英文名对照	CN 号	ISSN 号	创办时间	刊期	学科	所属系列
数学物理学报（英文版） （*Acta Mathematica Scientia*）	42-1227/O	0252-9602	1981	双月	数学	中国科学院系列
中国病毒学（英文） （*Virologica Sinica*）	42-1760/Q	1674-0769	2007	双月	生物	
岩石力学与岩土工程学报（英文版） （*Journal of Rock Mechanics and Geotechnical Engineering*）	42-1801/O3	1674-7755	2009	双月	土木建筑工程	
磁共振快报（英文） （*Magnetic Resonance Letters*）	42-1917/O4	2097-0048	2021	季刊	谱学	
水生生物与安全（英文） （*Water Biology and Security*）	—	2772-7351	2022	季刊	生物工程	
大地测量与地球动力学（英文版） （*Geodesy and Geodynamics*）	42-1806/P	1674-9847	2010	双月	地球物理	其他院所系列
中国油料作物学报（英文） （*Oil Crop Science*）	42-1861/S	2096-2428	2016	季刊	农学	

注：数据来源于 2022 年期刊年检资料及调研资料。

一、英文科技期刊的基本情况

（一）创刊时间及出版周期

从创刊时间看，最早的湖北省英文科技期刊是《当代医学科学》［原《武汉医学院学报（英德文版）》］，1979 年由我国著名的医学专家裘法祖院士倡导创办，并担任第一任主编，创刊名为 *Acta Academiae Medicinae Wuhan*，年刊；1981 年开始立卷，刊名不变，半年刊；1982—1985 年，季刊；1985 年更名为 *Journal of Tongji Medical University*，季刊；2002 年更名为 *Journal of Huazhong University of Science and Technology：Medical Sciences*，季刊；2004 年改为双月刊；2018 年更名为《当代医学科学（英文版）》，双月刊。1980—1989 年创办 3 种，1990—1999 年创办 3 种，2000—2009 年创办 3 种，2010—2017 年创办 2 种，2018—2023 年创办 9 种。从刊期看，以双月刊为主，有 12 种，占 60%；8 种为季刊，占 40%（表 2-1）。首本英文科技期刊创办（1979 年）之后 30 年，即 1979—2008 年，湖北省创办了 10 种英文刊，再之后的十几年又创办 10 种，说明在我国科技软实力大幅增加和对外进一步开放的大形势下，我省英文科技期刊呈现快速增长的态势。

(二)主管、主办及出版单位分布

湖北省英文科技期刊的主管单位、主办单位及地址见表2-2。从中可见,主管单位以中华人民共和国教育部为主,有13种期刊,占65%;其次是中国科学院,有5种期刊,占25%;中国农业科学院油料作物研究所1种;中国地震局1种。同时,湖北省所有英文期刊均与国际出版机构合作出版,合作机构主要是Springer Nature、KeAi、Elsevier等。从单位分布看,除了高校凭借其丰富的科技人才资源、科研实力、稿件来源地等,成为湖北省英文科技期刊的主要主办单位以外,中国科学院也具有极强的科研实力和科技人才资源,主办了极有影响力的英文科技期刊。由于主办英文科技期刊对人才条件、经费支持的要求相对较高,其他院所较少主办英文科技期刊。

表 2-2　　　　　　　　　湖北省英文科技期刊的主管单位和主办单位及地址

期刊名称	主办单位及地址	主管单位
岩石力学与岩土工程学报(英文版)	中国科学院武汉岩土力学研究所 (武昌小洪山2号,430071)	中国 科学院
数学物理学报(英文版)	中国科学院精密测量科学与技术创新研究院 (武昌小洪山2号,430071)	
中国病毒学(英文)	中国科学院武汉病毒研究所 (武昌小洪山2号,430071)	
磁共振快报(英文)	中国科学院武汉精密测量科学与技术创新研究院(武昌小洪山2号,430071)	
水生生物与安全(英文)	中国科学院水生生物研究所 (东湖南路7号,430072)	
肿瘤学与转化医学(英文)	华中科技大学附属同济医院 (汉口解放大道1095号,430030)	教育部
当代医学科学(英文版)	华中科技大学 (汉口航空侧路13号,430030)	
武汉理工大学学报-材料科学版(英文)	武汉理工大学 (武昌马房山,430070)	
交叉学科材料(英文)		
地球空间信息科学学报(英文版)	武汉大学 (武昌珞珈山,430070)	
武汉大学学报(自然科学英文版)		
细胞洞察(英文)		
地球科学学刊(英文版)	中国地质大学(武汉) (武昌鲁磨路388号,430074)	
创新光学健康科学杂志(英文)	华中科技大学 (武昌珞喻路1037号,430074)	
固体力学学报(英文版)		

期刊名称	主办单位及地址	主管单位
动物疾病(英文)	华中农业大学 (南湖狮子山特 1 号,430070)	教育部
作物与环境(英文)		
园艺进展(英文)		
中国油料作物学报(英文)	中国农业科学院油料作物研究所 (武昌徐东二路 2 号,430062)	中国农业科学院
大地测量与地球动力学(英文版)	中国地震局武汉地震研究所 (武昌洪山侧路 40 号,430071)	中国地震局

(三)编辑人员结构

科技期刊编辑人员在科技期刊发展中占有极为重要的地位,编辑人员在履行办刊宗旨、维护期刊学术地位、保证编辑出版质量、扩大期刊影响等方面都发挥着重要作用。我国期刊管理部门高度重视编辑人才队伍建设,在编辑人才的准入方面实施了职业资格制度,在管理方面实施了责任编辑登记注册制度,大大提升了编辑人才队伍的整体素质。从统计数据(表 2-3)来看,湖北省英文科技期刊编辑部中编辑人员最多的期刊《固体力学学报(英文版)》为 11 人,最少的期刊《武汉大学学报(自然科学英文版)》和《中国油料作物学报(英文)》均为 2 人,湖北省英文科技期刊编辑人数的平均值为每刊 5 人。在人员构成中主要为在编人员,占 71.8%,编辑人员比较固定,有利于期刊稳定发展。编辑人员以硕士及以上学历为主,占 90.1%;本科学历占 4.2%;大专以下人员占 5.7%,主要为编辑部辅助人员。从职称来看,以正高、副高、中级均匀分布,分别占 29.0%、29.0%、31.9%,初级职称占 10.1%。整体来看,湖北省英文期刊编辑人员构成及整体素质均较高,基本适应英文期刊发展的需要。

表 2-3　　　　　湖北省 13 种英文科技期刊编辑人员基本情况

期刊名称	总人数	在编	聘用	硕士及以上	本科	大专	正高	副高	中级	初级
当代医学科学(英文版)	5	4	1	4	1	0	0	1	3	1
武汉理工大学学报-材料科学版(英文)	4	4	0	4	0	0	3	1	0	0
数学物理学报(英文版)	8	4	4	7	1	0	5	2	1	0
固体力学学报(英文版)	11	4	7	11	0	0	7	2	2	0
中国病毒学(英文)	5	3	2	4	0	1	0	2	3	0
地球科学学刊(英文版)	6	5	1	5	0	1	1	2	2	1
地球空间信息科学学报(英文版)	3	3	0	3	0	0	1	1	1	0
岩石力学与岩土工程学报(英文版)	6	4	2	6	0	0	1	1	4	1

期刊名称	总人数	在编	聘用	硕士及以上	本科	大专	正高	副高	中级	初级
武汉大学学报(自然科学英文版)	2	2	0	2	0	0	0	1	1	0
肿瘤学与转化医学(英文)	4	4	0	2	1	1	0	1	2	1
大地测量与地球动力学(英文版)	5	5	0	5	0	0	0	1	3	1
中国油料作物学报(英文)	2	2	0	2	0	0	0	2	0	0
创新光学健康科学杂志(英文)	6	4	2	6	0	0	2	2	2	0

注:数据来源于网络调查和英文期刊单刊访谈。

(四)学科分布统计

从学科分布来看,湖北省英文版科技期刊中聚焦生物工程、地球科学期刊相对较多,同时涵盖力学、数学、材料科学、土木建筑工程等多种优势学科(表 2-1)。值得一提的是,湖北省在地球科学类和材料科学类各有 2 种英文科技期刊,均为湖北省强势学科,与湖北省科学研究规模与影响均居全国第 3 位的科研实力相一致。

(五)发文量

期刊发表论文数一方面反映期刊的容量,另一方面也间接反映期刊的稿源情况,是科技期刊扩大影响力和做大做强的基础。表 2-4 展示了湖北省英文科技期刊 2017—2022 年每年发表的论文数、2018—2022 年发表论文的平均数、2022 年相对于 2017 年论文的增长情况。5 年发文量均值最大的是《武汉理工大学学报-材料科学版(英文)》,2017—2022 年 13 种英文科技期刊发表论文数各有差异,整体上发文量不多,且总体上在 5 年时间内保持稳中有升的态势。《地球空间信息科学学报(英文版)》和《中国病毒学(英文)》发文量增长较快,主要是因为这两种期刊新进 SCI 后稿件增加、受到突发事件影响、5 年前发文量基数较低。有的期刊 2022 年相对于 2017 年发文量有所下降,主要原因是:①为了自身质量,采用了更长篇幅的论文;②人事评价体系或科技评价体系多看重国外期刊所刊发的论文,导致稿源相对流失;③为了保证质量,增加了退稿率。通常讲,一种刊物的影响力既取决于其"质",又取决于其"量",为了进一步提升湖北省英文科技期刊的影响力,其发文量还有进一步提升空间。

表 2-4   湖北省英文科技期刊 2017—2022 年的年发表论文数对比

期刊名称	2017 年发文量/篇	2018 年发文量/篇	2019 年发文量/篇	2020 年发文量/篇	2021 年发文量/篇	2022 年发文量/篇	2018—2022 年发文量均值/篇	2022 年相比 2017 年发文量增长百分数/%
武汉理工大学学报-材料科学版(英文)	230	228	214	150	158	169	183.8	−26.5

续表

期刊名称	2017年发文量/篇	2018年发文量/篇	2019年发文量/篇	2020年发文量/篇	2021年发文量/篇	2022年发文量/篇	2018—2022年发文量均值/篇	2022年相比2017年发文量增长百分数/%
当代医学科学(英文版)	152	151	147	162	157	152	153.8	0
数学物理学报(英文版)	125	123	123	125	115	143	125.8	14.4
岩石力学与岩土工程学报(英文版)	105	101	105	111	117	155	117.8	47.6
地球科学学刊(英文版)	101	114	104	106	119	137	116	35.6
中国病毒学(英文)	71	73	80	111	191	120	115	69.01
固体力学学报(英文版)	56	58	59	60	77	91	69	62.5
武汉大学学报(自然科学英文版)	79	74	73	70	61	63	68.2	−24.1
创新光学健康科学杂志(英文)		56	61	50	62	71	60	—
大地测量与地球动力学(英文版)	60	62	57	49	46	59	54.6	−1.7
肿瘤学与转化医学(英文)	50	52	54	49	48	47	50	−6.0
地球空间信息科学学报(英文版)	34	32	28	34	53	94	48.2	176.5
中国油料作物学报(英文版)	27	27	29	34	29	28	29.4	3.7

(六)与海外出版集团合作状况

如前所述,我国英文科技期刊总体上呈现出办刊人员少、机构设置不太完备、竞争力与欧美知名期刊相比相对较弱、不具备集团化出版条件等特征,因此我国英文科技期刊需要借助于国际大型出版平台来展示其显示度和扩大其在国际上的影响力,即通常说的"借船出海"(与海外知名出版集团合作出版发行),这是我国英文科技期刊在成长过程中必须要经历的阶段。湖北省所有英文期刊均与国际出版机构合作出版(表2-5),合作最多的国外出版机构是 Springer Nature,有 6 种期刊;其次是北京科爱森蓝文化传播有限公司(KeAi)和 Elsevier,与之各有 2 种期刊合作出版;另分别与 Wolters Kluwer Lippincott、World Scientific、Taylor & Francis 各有 1 种期刊合作出版,与全国英文学术期刊的国际合作机构分布基本一致。

目前中国内地英文科技期刊主要依托国外出版机构在海外发行与传播,以扩大传播范围和提升影响力,特别是新创办的英文刊,均采用这种"借船出海"的方式来提升其国际影响力。虽然"借船出海"是其扩大国际影响力的较为有效的办法,但由于"借船"存在数据外泄、特殊情况下被"卡脖子"等风险,并向国外平台交费出版,外国对我国"卡脖子"歪招也对科技数据安全和自由传播阅读带来不利影响,因此,我国英文科技期刊与日益壮大的国内大型科技出版集团的合作将有利于英文科技的数据安全和增强文化软实力,从而实现其安全传播。与国内大型科技出版集团合作出版成为未来国内英文科技期刊的发展方向,湖北英文科技期刊参与者各方应通过各种力量壮大和发展自己的国际期刊传播平台。

表 2-5　　　　　　　　　湖北省英文科技期刊合作的国际机构

期刊中文名称	国际合作方
当代医学科学(英文版)	Springer Nature
武汉理工大学学报-材料科学版(英文)	Springer Nature
固体力学学报(英文版)	Springer Nature
中国病毒学(英文)	Springer Nature
地球科学学刊(英文版)	Springer Nature
武汉大学学报(自然科学英文版)	Springer Nature
数学物理学报(英文版)	Elsevier
岩石力学与岩土工程学报(英文版)	Elsevier
大地测量与地球动力学(英文版)	KeAi
中国油料作物学报(英文)	KeAi
肿瘤学与转化医学(英文)	Wolters Kluwer Lippincott
创新光学健康科学杂志(英文)	World Scientific
地球空间信息科学学报(英文版)	Taylor & Francis

(七)开放获取情况

开放科学有利于促进学术交流、减少资源浪费,因此推进开放科学已成为多方共识。国际开放获取(Open Acess,OA)已经形成一定规模。我国是科技出版大国,一直以来积极支持 OA 出版模式。对于中国科技期刊来说,OA 出版不仅是挑战,也是追赶国际期刊的历史机遇。我国政府、学界、出版界表达了对推进 OA 的积极态度。多数期刊利用自建网站进行 OA 出版,但缺乏相关实践经验,因此,多数国内论文发表在国外 OA 平台上,国内 OA 期刊也主要借助国外平台 OA 出版。加入 OA 出版或者索引平台能提高 OA 论文的可见度。因此,国内也急需 OA 出版大平台和国内 OA 期刊、论文的索引、查找定位技术,整合国内的 OA 论文以提升其在国际学术出版界的影响力。表 2-6 列出了湖北省英文科技期刊 OA 状况,说明湖北英文科技期刊在积极探索和参与 OA 出版,努力提升英文期刊的影响力。

表 2-6   **湖北省英文科技期刊 OA 状况**

期刊名称	OA 出版类型	金色 OA 比例/%
岩石力学与岩土工程学报（英文版）	金色 OA	97.90
数学物理学报（英文版）	订阅型期刊	—
大地测量与地球动力学（英文版）	订阅型期刊	—
中国病毒学（英文）	订阅型期刊	6.33
肿瘤学与转化医学（英文）	—	—
当代医学科学（英文版）	订阅型期刊	—
武汉理工大学学报-材料科学版（英文）	订阅型期刊	—
地球空间信息科学学报（英文版）	金色 OA	95.16
武汉大学学报（自然科学英文版）	—	—
固体力学学报（英文版）	订阅型期刊	8.81
地球科学学刊（英文版）	订阅型期刊	1.82
创新光学健康科学杂志（英文）	金色 OA	94.80
中国油料作物学报（英文）	金色 OA	100.00

二、英文科技期刊国际学术影响力及其服务能力建设

作为科学研究成果发布和学术交流的重要载体，学术期刊代表一个国家科技、经济、文化和社会发展的综合实力，其出版内容和国际影响力关乎国家的创新能力、学术核心竞争力以及国际话语权。创办英文期刊的目的是让中国科研成果走出去，参与国际交流，扩大国际影响力。为了提升英文科技期刊国际影响力与核心竞争力，中国科协联合财政部、教育部、国家新闻出版广电局、中国科学院、中国工程院等部门于 2018—2022 年组织多期"中国科技期刊国际影响力提升计划"，已取得了可喜的成绩。湖北省有 10 种英文科技期刊获得资助，占全省英文期刊总数的 50.0%；其中，《岩石力学与岩土工程学报（英文版）》获得中国科协卓越计划的"领军期刊"项目资助，《地球科学学刊（英文版）》获得"重点期刊"项目资助，另有 4 种英文科技期刊获得"梯队期刊"项目资助、4 种获得"高起点新刊"项目资助。

湖北省英文科技期刊的国际影响力分析主要采用权威数据库发布的期刊引证指标、收录情况、第三方引证报告来进行综合分析。本章采用最为普遍的科睿唯安公布的 JCR 指标、EI 数据库指标体系和国际影响力指标 CI 值来分析湖北省英文科技期刊的国际影响和地位。其中，SCI 的 JCR 指标是目前人才评价和科技评价的重要指标，而国内引证报告采用中国知网、清华大学图书馆、中国科学文献计量评价中心联合发布的《中国学术期刊国际引证年报》。对湖北省英文科技期刊国际影响力分析主要基于上述 3 个体系的评价结果。

(一)国际学术影响力分析

1.SCI 数据库收录期刊分析

美国《科学引文索引》(Science Citation Index,简称 SCI)是国际上重要学术文献的引文数据库。目前,SCI 是国际上公认的最具权威的科技文献检索数据库。JCR 由科睿唯安信息服务有限公司(Clarivate Analytics)每年 6 月中下旬发布,每次发布均得到国际范围的广泛关注。由于学科影响力的差异和期刊种数的差异,是否被 SCI 收录对跨学科期刊不宜类比,倡导不"唯 SCI"。尽管如此,是否被 SCI 收录目前仍然是衡量一种期刊传播力和影响力甚至学术影响的重要因素。

根据 2023 年 6 月 28 日发布的 JCR(SCI-2022)统计结果表明,SCI-2022 收录湖北省科技期刊 9 种:《武汉理工大学学报-材料科学版(英文)》《岩石力学与岩土工程学报(英文版)》《中国病毒学(英文)》《当代医学科学(英文版)》《地球科学学刊(英文版)》《地球空间信息科学学报(英文版)》《数学物理学报(英文版)》《固体力学学报(英文版)》《创新光学健康科学杂志(英文)》。与国内其他省份相比(表 2-7),仅次于北京、上海、浙江、四川,居全国第 5 位,超越了辽宁和江苏省的数量(5 年前收录数并列);与 2017 年相比,湖北省新增收录《地球空间信息科学学报(英文版)》和《创新光学健康科学杂志(英文版)》2 种英文科技期刊,增幅为 28.6%。

表 2-7　　2022 年 12 月 31 日被 SCI 收录中国内地英文科技期刊(CN 号)的地域分布

地区	入选期刊数量	地区	入选期刊数量
北京	117	湖南	3
上海	26	安徽	3
浙江	12	黑龙江	3
四川	12	福建	3
湖北	9	陕西	2
辽宁	8	河南	2
江苏	8	天津	2
重庆	6	云南	1
吉林	4	河北	1
广东	4	海南	1
山东	3	新疆	1

SCI 数据表明,湖北省英文科技期刊的国际影响力逐年增大。在编辑部人员没有明显增加的情况下,湖北英文版科技期刊办刊人不断进取、甘作人梯,通过自己的努力取得了较好的成绩。

（1）JCR 影响因子分析

JCR（*Journal Citation Report*）公布的期刊引证数据是目前国际上应用最为普遍的期刊评价体系，其中期刊的影响因子（Impact Factor，IF）和总被引频次（Total Cited Frequency，TC）是最主要的指标。据 2023 年 6 月 28 日发布的数据，截至 2022 年 12 月，湖北省英文科技期刊有 9 种被 SCI 收录，发展势头比较好（表 2-8）。2018—2022 影响因子年均增幅最大的为《岩石力学与岩土工程学报（英文版）》，年均增幅为 39.51%；其次为《武汉理工大学学报-材料科学版（英文）》，增幅为 32.89%。同时，《岩石力学与岩土工程学报（英文版）》是目前湖北省 SCI 期刊中影响因子绝对值最高的，且增幅较大，显示其显著的影响力和成长性。由于学科影响力的差异和期刊种数的差异，影响因子对跨学科期刊不宜类比；但总体上讲，影响因子目前仍然是表征一种科技期刊国际影响力的重要因素。

表 2-8　　　　　入选 SCI 的湖北英文期刊的影响因子（2018—2022 年）及年均增长率

期刊名称	2018 年	2019 年	2020 年	2021 年	2022 年	年均增长率/%
岩石力学与岩土工程学报（英文版）	—	2.83	4.34	5.92	7.30	39.51
武汉理工大学学报-材料科学版（英文）	0.61	0.64	0.96	1.27	1.60	32.89
地球科学学刊（英文版）	1.30	2.21	2.91	2.43	3.30	30.77
当代医学科学（英文版）	0.96	1.27	2.14	2.64	2.40	30.16
创新光学健康科学杂志（英文）	1.06	1.66	1.77	2.40	2.50	27.26
中国病毒学（英文）	2.47	3.24	4.33	6.95	5.50	24.59
地球空间信息科学学报（英文版）	—	—	4.29	4.28	6.00	13.31
固体力学学报（英文版）	1.51	2.01	2.16	2.19	2.20	9.18
数学物理学报（英文版）	0.99	0.92	1.26	1.09	1.00	0.16

（2）JCR 被引频次分析

JCR 总被引频次（Total Cited Frequency，TC）是科技期刊国际影响力的另一个最主要的指标。据 2023 年 6 月 28 日发布的数据，截至 2022 年 12 月，湖北省英文科技期刊有 9 种被 SCI 收录，被引频次逐年增长，发展势头比较好（表 2-9）。2018—2022 年被引频次年增长率最大的为《当代医学科学（英文版）》，增幅为 154.73%；其次为《中国病毒学（英文）》，增幅为 61.30%。《岩石力学与岩土工程学报（英文版）》是目前湖北省 SCI 期刊中被引频次最高的，且增幅明显，显示其显著的影响力和成长性。《武汉理工大学学报-材料科学版（英文）》的被引频次也处于较高水平，显示其较强的影响力。由于学科影响力的差异和期刊种数的差异，被引频次在跨学科期刊也不宜类比，需辩证看待被引频次的作用。

表 2-9　　　　　　　　入选 SCI 的湖北英文期刊的被引频次(2018—2022 年)及年均增长率

期刊名称	2018 年	2019 年	2020 年	2021 年	2022 年	年均增长率/%
当代医学科学(英文版)	—	206	354	640	1481	154.73
中国病毒学(英文)	602	863	1850	2400	2447	61.30
岩石力学与岩土工程学报(英文版)	—	2323	3915	5192	6622	46.27
地球科学学刊(英文版)	898	1207	1535	2218	2729	40.78
地球空间信息科学学报(英文版)	—	—	905	1092	1499	21.88
创新光学健康科学杂志(英文)	468	608	720	837	972	21.54
武汉理工大学学报-材料科学版(英文)	2089	2387	3053	3436	3807	16.45
数学物理学报(英文版)	1234	1353	1746	1799	1873	10.36
固体力学学报(英文版)	1110	1218	1500	1642	1648	9.69

(3)JCR 分区分析

JCR 分区是我国近期对科技期刊评价的另一个新型的指标,用以比较期刊在本专业的影响力。根据 2023 年 6 月 28 日发布的数据,截至 2022 年 12 月,跻身 Q1 区的湖北省英文科技期刊有 3 种(表 2-10),分别是《岩石力学与岩土工程学报(英文版)》《中国病毒学(英文)》《地球空间信息科学学报(英文版)》;另有 6 种期刊提升了分区。从多个指标来看,《岩石力学与岩土工程学报(英文版)》是目前湖北省影响力和成长性最为显著的期刊,《地球空间信息科学学报(英文版)》自进入 SCI 收录后快速进入 Q1 区,其办刊和发展比较成功。然而,由于学科影响力的差异和期刊种数的差异,比如,包括国际著名期刊《自然》《科学》在内的材料科学类 SCI 收录的期刊种数较多,国际上有 300 多种,同时该专业云集了国际知名的期刊且每年新增材料科学类期刊增长也较快,这个专业的升区难度就相对较大。因此,虽然 JCR 分区是本行业的类比,但由于各专业的期刊种数不在一个数量级,升区难易程度还是有所差别。总体上讲,JCR 分区相对能够反映出该刊在本行业的状况,因此英文科技期刊不但要进入 SCI 的 JCR,而且要提高分区等级,从而进一步提高该期刊的国际影响力。但 JCR 分区只是从一个方面反映出期刊在本专业的影响情况,不能绝对地用分区来评价一种期刊或者期刊中的论文。

表 2-10　　　　　　　入选 SCI(2018—2022 年)的湖北英文期刊分区情况

期刊名称	2018 年	2019 年	2020 年	2021 年	2022 年
岩石力学与岩土工程学报(英文版)	—	Q2	Q1	Q1	Q1
中国病毒学(英文)	Q3	Q2	Q2	Q2	Q1
地球空间信息科学学报(英文版)	—	—	Q2	Q2	Q1
地球科学学刊(英文版)	Q3	Q2	Q2	Q3	Q2

期刊名称	2018 年	2019 年	2020 年	2021 年	2022 年
数学物理学报(英文版)	Q2	Q2	Q2	Q2	Q2
创新光学健康科学杂志(英文)	Q4	Q3	Q3	Q3	Q3
当代医学科学(英文版)	Q4	Q4	Q4	Q4	Q3
固体力学学报(英文版)	Q3	Q3	Q3	Q3	Q3
武汉理工大学学报-材料科学版(英文)	Q4	Q4	Q4	Q4	Q4

2. EI 数据库收录期刊分析

EI 是美国《工程索引》(*The Engineering Index*)的简称,现已成为荷兰 Elsevier 公司旗下重要的国际性工程类权威数据库。该数据库于 1992 年开始收录中国期刊,2022 年 1 月发布的名单正式收录中国出版的科技期刊共计 274 种。湖北省被 EI 收录的英文科技期刊有《武汉理工大学学报-材料科学版(英文)》《固体力学学报(英文版)》《大地测量与地球动力学(英文版)》《地球空间信息科学学报(英文版)》。与 2017 年相比,新增收录 2 种英文科技期刊,即《大地测量与地球动力学(英文版)》和《地球空间信息科学学报(英文版)》。对中国内地被 EI 收录的英文期刊数统计表明(表 2-11),湖北省英文科技期刊被 EI 收录的英文期刊数居全国第 4 位。

科技期刊被 EI 收录能够提高该刊在国际影响力,提高刊物论文的国际显示度和认可度,在我国科技评价和人才评价中受到相当高的重视,因此,被 EI 收录的期刊能在很大程度上吸引优秀科技论文,从而为提高期刊的质量打下良好的基础。湖北省被 EI 收录的英文科技期刊数量排行全国第 4 位,与湖北省科研实力和地位相一致。

表 2-11　　　　2022 年 EI 收录中国内地英文科技期刊(CN 号)的地区分布统计

排名	地区	入选期刊数量
1	北京	59
2	上海	8
3	江苏	7
4	湖北	4
5	四川	3
5	辽宁	3
5	天津	3
5	广东	3
9	陕西	2
9	吉林	2
9	湖南	2

续表

排名	地区	入选期刊数量
9	浙江	2
9	黑龙江	2
9	重庆	2
15	山西	1
15	江西	1
15	甘肃	1

3. CNKI 国际影响力指数分析

国际影响力品牌学术期刊(以下简称"Top 期刊")采用了更为科学的遴选方法,即以 WoS 的统计源(包括 SCI、SSCI、A&HCI 数据库及论文集)为基础,综合考虑计算国际他引总被引频次、国际他引影响因子、期刊影响力指数(CI)等指标,在满足"国际他引总被引频次和国际他引影响因子排名均位于前 20%"的条件下,按 CI 排序遴选影响力指数 CI 值排名位居 Top5% 以内的期刊为中国最具国际影响力学术期刊,Top5%~10% 的为中国国际影响力优秀学术期刊。从 2012 年开始发布《中国学术期刊国际引证年报》,每年筛选出中国最具国际影响力学术期刊和中国国际影响力优秀学术期刊。至 2022 年,湖北省 3 种英文科技期刊入选中国最具国际影响力学术期刊,6 种入选中国国际影响力优秀学术期刊(表 2-12),与浙江省同列第 4 位(表 2-13)。

由多单位联合给出的我国科技期刊的国际影响力指数是我国重要的学术评价指标。科技期刊评价体系中,提倡逐步淡化西方评价指标,而重视国内的评价指标,以增强国家文化软实力的话语权,为提升国家文化自信增加自己的素材,因此,由中国科研机构和知网等联合制订的国际影响力指数将越来越受到国内科技管理者和学者的重视。湖北省入选中国最具国际影响力学术期刊和中国国际影响力优秀学术期刊的英文科技期刊基本展示了其学术影响力,可以作为我国科技期刊对外开放的重要平台。

表 2-12 2022 年湖北英文期刊入选中国最具国际影响力学术期刊和中国国际影响力优秀学术期刊名录

期刊名称	类别
岩石力学与岩土工程学报(英文版)	★★
中国病毒学(英文)	★★
武汉理工大学学报-材料科学版(英文)	★★
地球空间信息科学学报(英文版)	★
固体力学学报(英文版)	★
地球科学学刊(英文版)	★
创新光学健康科学杂志(英文)	★

期刊名称	类别
大地测量与地球动力学(英文版)	★
当代医学科学(英文版)	★

注：★★中国最具国际影响力学术期刊（Top5％）；★中国国际影响力优秀学术期刊（Top10％）。

表 2-13　　　　　　2022 年中国英文科技期刊 Top5％和 Top10％的地域分布统计

排序	省份	Top5％期刊数	Top10％期刊数	合计
1	北京	77	40	117
2	上海	18	4	22
3	四川	7	3	10
4	浙江	6	3	9
4	湖北	3	6	9
6	江苏	4	3	7
7	吉林	4	0	4
7	辽宁	4	0	4
9	重庆	2	1	3
9	黑龙江	1	2	3
9	天津	1	2	3
12	湖南	2	0	2
12	陕西	2	0	2
12	云南	1	1	2
12	安徽	0	2	2
12	山东	0	2	2
17	河南	1	0	1
17	贵州	0	1	1
17	新疆	0	1	1
合计		133	71	204

4.其他数据库收录分析

除了 SCI 和 EI 数据库外，还有一些重要的国际数据库也体现科技期刊的影响力。如《当代医学科学(英文版)》被 Medline 收录，《数学物理学报(英文版)》被《美国数学评论》收录，《大地测量与地球动力学(英文版)》和《岩石力学与岩土工程学报(英文版)》被 GeoBase 收录，《中国病毒学(英文)》《中国油料作物学报(英文)》《磁共振快报(英文)》等被 Scopus 收录，《武汉理工大学学报-材料科学版(英文)》被《化学文摘》(CA)收录，等等，表明湖北英文科技期刊除了被 SCI 和 EI 等权威数据库收录外，还在专业数据库和国际期刊舞台上占据一席之地,既为湖北科技期刊和科技传播提供了较高的平台,也为湖北省的科技发展做出了相应的贡献。

(二)服务能力建设

湖北省英文科技期刊虽然数量不多,但整体上具有较高的国际影响力,且在服务国家科技创新、社会发展和国际学术交流等方面发挥着自己的作用。

《岩石力学与岩土工程学报(英文版)》作为中国最具国际影响力学术期刊和领军期刊之一,更关注来自中国和发达国家的高水平论文,发表了诸多国际知名科研项目的成果,如二氧化碳及酸气回注地质力学问题、CCS 地质力学与岩土工程、Decovalex 项目、UNSAT-WASTE、国际软岩会议、细观岩石力学、工程地质与岩石动力学、岩土力学数值分析和 Brown 教授论坛等。针对参与三峡工程,南水北调工程,锦屏、白鹤滩和向家坝水电站,核废料地质处置,环境岩土工程,深部矿山开采,深部工程硬岩力学等国家重大科研项目,增强了国际交流。《武汉理工大学学报-材料科学版(英文)》作为被 SCI、EI 双收录期刊,促进了该学科的国际交流。根据学科发展和社会经济发展方向,重点将绿色建筑材料、废弃建筑垃圾回收利用、轻质高强建筑材料、新能源材料的研究和利用、纳米材料研究等未来材料研究方向作为重点报道和刊发内容,既有利于绿水青山、节能降费的社会经济大方向,又向国际展示中国在减碳节能方面的成就,有利于国际材料科学的交流和合作。《中国油料作物学报(英文)》以国际编委为桥梁,推动了油料作物研究成果的国际化交流,促进了我国油料作物学科发展,提升了我国油料科研的国际影响力和显示度。随着脂质健康逐渐引起消费者的广泛关注,功能性特种油料开始进入人们的视野,亚麻籽油因富含对婴幼儿发育和人体健康极为有益的 α-亚麻酸而受到消费者喜爱。为此,该刊组织专题稿件,详细报道了我国亚麻主产区西北地区亚麻品种特性,不同栽培与施肥措施对油用亚麻的影响专题,服务了三农产业化工作。《大地测量与地球动力学(英文版)》通过出版专辑、追踪国际会议、寻找科研热点课题来提升其国际影响力。期刊聘请了两位国际上享有知名声誉的科学家担任副主编,负责专辑组织和国际推广工作,促进了国际交流。《肿瘤学与转化医学(英文)》积极与国家相关重点实验室进行不定期沟通,力求编委会力量的国际化,强化编委会的学术引领作用,探索与国际专业出版机构的合作与交流,加强与国内外各专业学会协会等的交流与合作。《数学物理学报》刊登数理学科中具有创造性的科研成果,力争代表学科国际水平,为基础学科建设提供发表平台,促进了我国基础学科的国际交流。《地球科学学刊(英文版)》着眼学科前沿、关注交叉与融合,坚持跟踪学科和技术前沿,聚焦国家重大战略需求,聚焦学科发展需要,围绕国家战略性关键金属矿产和能源矿产方面组织专辑。期刊组织了"能源地质专辑""川藏铁路应急灾害与防控专辑""数字地球科学与矿产勘探专辑""后碰撞岩浆作用专辑""国际牙形石专辑"等,在引领学术研究、服务科技创新中发挥着独特的作用。《中国病毒学(英文)》服务学科、服务科学家,根据学科发展新形势,及时拓展该刊范围。新冠疫情突发及反复,及时提供专业知识报道,组织出版了四期"新冠病毒"专刊,助力科研成果的高效发布,为全球科技抗疫提供支持。期刊针对国内外新发突发病毒，组发专刊专题；针对重要科研项目或学术交流活动，组发专刊专题。《地球空间信息科学学报（英文版）》为中国科学家在地球空间信息科学领域的斐然成果提供展示舞台，近年来集中报道了如中国高分专项系列卫星、资源系列卫星、珞珈系列卫星等国产卫星重大成果等。《当代医学科学（英文版）》坚持依靠专家、服务专家，面对突发的新冠疫情，迅速调整专栏计划，向战斗在抗疫一线的医药卫生人员约稿，及时报告最新发现，助力疫情防控。

三、新创办英文科技期刊发展概况

尽可能多地创办英文科技期刊，是实现"建设世界一流科技期刊"目标的重要途径。近年来，国家高度重视高起点英文科技期刊创办工作，陆续出台了一系列促进科技期刊高质量发展的政策文件，其中不乏新创科技期刊建设的有关内容。2019 年中国科协、中宣部、教育部、科技部四部门联合印发的《关于深化改革培育世界一流科技期刊的意见》提到，要"前瞻布局一批新兴交叉和战略前沿领域新刊""加强新刊创办引导"。2021 年中宣部、教育部和科技部联合印发的《关于推动学术期刊繁荣发展的意见》也提到"支持根据学科发展和建设需要创办新刊""支持学术期刊根据学科发展和学术交流需要创办外文或双语学术期刊"。这些政策举措为新刊的创办和发展提供了强大支持。下面对湖北省新创办英文科技期刊的情况进行分析。

（一）创刊数量

2018 年以来，湖北省新创办英文期刊共 7 种（指期刊编辑部所在地为湖北省，且已正式上线运行的新刊），具体期刊名称、主办主管单位等相关基本信息详见表 2-14。

表 2-14　　　　　　　　2018—2022 年湖北省新创办英文科技期刊

期刊名称	创刊年份	国内刊号	刊期	数据库收录	主办单位	主管单位
动物疾病（英文）	2021	—	季刊	DOAJ，Scopus	华中农业大学	教育部
磁共振快报（英文）	2021	CN42-1917/O4	季刊	DOAJ，Scopus	中国科学院精密测量科学与技术创新研究院	中国科学院
水生生物与安全（英文）	2022	—	季刊	DOAJ，Scopus	中国科学院水生生物研究所	中国科学院
细胞洞察（英文）	2022	—	双月刊	DOAJ，PubMed	武汉大学	教育部
作物与环境（英文）	2022	—	季刊	—	华中农业大学	教育部
交叉科学材料（英文）	2022	—	季刊	DOAJ	武汉理工大学	教育部
园艺进展（英文）	2023	—	季刊	—	华中农业大学	教育部

为更好地分析湖北省英文科技期刊的创办情况，基于中国科技期刊"影响力提升计划"和"卓越行动计划"中的高起点新刊项目获批期刊名录，间接统计了 2018 年以来全国范围内

新创办英文科技期刊的情况(表 2-15)。2018—2022 年共有 160 种英文新刊获批中国科协的高起点新刊项目。按主办区域(主办单位所在省份)分析可知,北京新创办英文期刊数量排名第一,多达 77 种,绝对优势领先于排名第二的上海(21 种);江苏、浙江和陕西三省位于第 3 至 5 名,每省获批英文新刊 6 至 8 种;而湖北省则与重庆、四川、广东和山东这几个省份相同,各获批英文新刊 5 种。由此可见湖北省在英文新刊创办方面位于全国第 6 至 10 名范围。

表 2-15　　　　　　　2018—2022 年我国获批高起点新刊项目所在地区分析

序号	地区	高起点新刊数量
1	北京	77
2	上海	21
3	江苏	8
4	浙江	6
5	陕西	6
6	重庆	5
7	四川	5
8	山东	5
9	湖北	5
10	广东	5
11	天津	4
12	辽宁	3
13	吉林	2
14	黑龙江	2
15	安徽	2
16	云南	1
17	新疆	1
18	湖南	1
19	海南	1
	总计	160

(二)刊名分析

英文新刊刊名是吸引读者和作者眼球的重要信息,也是期刊品牌的重要体现。新刊刊名应具有原创性、独特性、可区分性,并且具有延续性。有关资料报道,JCR 收录的 2012—2021 年创办的英文科技期刊中,刊名单词数量为 2 至 5 个的科技期刊数量占总数的77.1%。据统计,2018 年以来湖北省新创办的 7 种英文期刊中,刊名为 2 个单词的有 4 种,刊名为 3 个单词的有 2 种,4 个单词的 1 种,没有 4 个以上单词的刊名,比较符合国际科技期刊发展潮流。湖北省英文新刊刊名的共性特征是单词数量少,简洁、识别度高,便于记忆,通过几个简短词汇聚焦目标领域和目标群体。精心规划新刊刊名将对这几本湖北英文新刊的未来产生正向的影响。

（三）主办单位

按主办单位性质进行分析,2018—2022 年全国高起点新刊项目数据统计显示:高校是我国创办英文科技期刊的主力军,占比约 51%,基本占据了半壁江山;其次是学/协会和科研院所,占比分别约 19% 和 15%。由"提升计划"到"卓越计划"的占比变化可知,近几年高校创办新刊热潮不减、持续发力,占比继续提升;同时,出版集团在新刊创办方面也开始崭露头角,占比近几年显著提升。详见表 2-16。而湖北省新刊概况分析可知,2018—2022 年湖北省高校作为主办单位创办英文新刊 5 种,科研院所作为主办单位有 2 种,学/协会、出版集团及企业等其他单位创办新刊 0 种,可见湖北省近几年主要由高校和科研院所积极创办新刊,主办单位性质多样化不够明显。

表 2-16　　　2018—2022 年我国获批高起点新刊项目所属主办单位分布

主办单位性质	高起点新刊数量	占比/%
高校	82	51.25
学/协会	30	18.75
科研院所	24	15.00
出版集团	15	9.38
其他	7	4.38
企业	2	1.25

进一步基于全国数据统计显示,2018—2022 年获批高起点新刊项目 4 种及以上的主办单位有 8 家。规模化创办新刊最多的单位是中华医学会,达 12 种;第二是中国科技出版传媒股份有限公司 10 种;其后是 6 所高校,均呈现规模化创办新刊态势。详见表 2-17。而湖北省期刊主办单位中,华中农业大学近几年聚焦优势特色学科领域、围绕一流学科建设和特色鲜明世界一流大学目标,寻求国内高水平期刊空白点布局新刊,通过"组织队伍、论证选题、匹配资源、比选平台、构建体系、优化流程、制订标准、统一服务"的步骤来统筹推进、集群发展,2021 年以来已经创办英文新刊 3 种,并计划未来几年内会继续依托优势学科方向创办多本 OA 新刊,构建英文新刊集群。华中农业大学有望作为湖北省典型代表迈进全国规模化创刊单位的第一梯队。

表 2-17　　　　　　　2018 年以来规模化新创办科技期刊机构

国内规模化创刊单位代表	创办数量/种
中华医学会	12
中国科技出版传媒股份有限公司	10
上海交通大学	7
清华大学	6

国内规模化创刊单位代表	创办数量/种
北京理工大学	5
山东大学	5
浙江大学	4
同济大学	4

（四）出版模式

湖北省新创办英文科技期刊的出版情况（表 2-18）统计分析显示，7 种新刊均为开放获取（OA）期刊，论文版权更为明晰，其中 1 种期刊唯一遵循 CC BY-NC-ND 协议，其余 6 种期刊可选择性地遵循 CC BY 协议。OA 费用方面，7 种期刊均暂时由主办单位承担 OA 费用，说明目前湖北省新刊在经济效益方面尚未进入良性运营发展阶段。统计显示，7 种湖北省新创办的英文期刊中，有 2 种以联合编辑部模式运行，以单刊编辑部模式运行的期刊有 3 种，另有 2 种期刊是学院办刊，期刊社托管。湖北省英文新刊合作的出版公司方面比较多样化，2 种与 KeAi 公司合作，2 种与 Elsevier 合作，另外与 Wiley、BMC 和 Springer 公司合作各 1 种。但这些新刊和出版公司的主要合作内容高度相似，均为由合作出版公司负责期刊的数字化生产、出版及海外传播；所使用的稿件处理平台也较为统一，均为国际主流投审稿系统，7 种为 Editorial Manager，1 种为 ScholarOne。湖北省新刊目前主要的传播、宣推模式非常集中和相似，多为网站、微信公众号、Twitter、B 站等融媒体平台，Email 推送，会议宣传和营销等，还有部分期刊尝试了 TrendMD 跨平台推送体系、EurekAlert 新闻发布以及实地走访交流等方式进行期刊优质内容的传播推广，同样取得了较好的效果。

由此可见，近些年来，随着我国越来越多的英文新刊涌现，新刊创办实践经验越来越丰富，英文新刊的出版模式也越来越程序化、趋同化，这也可成为湖北省后续筹办英文新刊时提供出版合作模式方面的范式参考。

表 2-18　　　　　　　2018—2022 年湖北省新创办英文科技期刊的出版情况

期刊名称	合作出版公司及主要合作内容	版权归属，是否 OA 以及哪种协议（CC BY 或 CC BY-NC-ND 等）	稿件处理平台	期刊运行模式（单刊编辑部、联合编辑部、学院办刊期刊社托管）	常用传播宣推模式
动物疾病（英文）	BMC，负责期刊的数字化生产、出版及海外传播	OA，协议：CC BY；费用：暂由主办单位承担	Editorial Manager	单刊编辑部	1. 期刊网站和微信公众号推文 2. 邮件推送 3. Twitter 和 Facebook 推送（准备中）

期刊名称	合作出版公司及主要合作内容	版权归属,是否OA以及哪种协议(CC BY或CC BY-NC-ND等)	稿件处理平台	期刊运行模式(单刊编辑部、联合编辑部、学院办刊期刊社托管)	常用传播宣推模式
磁共振快报（英文）	KeAi,负责期刊的数字化生产及海外传播	OA,协议:CC BY-NC-ND;费用:暂由主办单位承担	Editorial Manager	联合编辑部（与《波谱学杂志》为同一编辑部）	1. 网站、微信公众号Twitter 和 Facebook等融媒体平台传播途径 2.Email 推送 3. EurekAlert 新闻发布 4. 会议宣传和营销
水生生物与安全（英文）	KeAi,负责期刊的数字化生产及海外传播	OA,协议:CC BY-NC-ND 或CC BY 二选一;OA 费用:主办单位承担	Editorial Manager	单刊编辑部	1. 网站、微信公众号、Twitter 等融媒体平台传播途径 2.Elsevier 全年市场推广服务 3. EurekAlert 新闻发布 4. Email 推送 5. 会议宣传和营销
细胞洞察（英文）	Elsevier,负责数字化生产及海外传播	OA,协议:CC BY-NC-ND 或CC BY 二选一;OA 费用:暂时由主办单位承担	Editorial Manager	联合编辑部	1. 网站、微信公众号等融媒体传播途径 2.Elsevier 全年市场推广服务,在其 Twitter、B站等平台发布推送 3. TrendMD 跨平台推送体系 4.Email 推送 5. 会议宣传和营销
作物与环境（英文）	Elsevier,负责期刊的数字化出版、生产及海外传播	OA,协议:CC BY 或 CC BY-NC-ND 二选一;费用:暂由主办单位承担	Editorial Manager	学院办刊,期刊社托管	1. 网站、微信公众号等融媒体传播途径 2.Elsevier 全年市场推广服务 3.Email 精准推送 4. 会议宣传和营销

续表

期刊名称	合作出版公司及主要合作内容	版权归属,是否OA以及哪种协议(CC BY或CC BY-NC-ND等)	稿件处理平台	期刊运行模式(单刊编辑部、联合编辑部、学院办刊期刊社托管)	常用传播宣推模式
交叉科学材料(英文)	Wiley,负责期刊的数字化生产及海外传播	OA,协议:CC BY;费用:暂由主办单位承担	ScholarOne	单刊编辑部	1. 期刊官方微信公众号推送宣传 2. 微信交流群发布信息
园艺进展(英文)	Springer,负责期刊的数字化出版、生产及海外传播	OA,协议:CC BY;费用:暂由主办单位承担	Editorial Manager	学院办刊,期刊社托管	1. 网站、微信公众号等融媒体传播途径 2. Springer Nature 全年市场推广服务 3. Email 推送 4. 会议宣传和营销

(五)学科分布

《高起点新刊申报指南》要求:"在传统优势、新兴交叉、战略前沿、关键共性技术领域创办高起点英文科技期刊。以补短板、填空白和促进优质出版资源集聚为原则,重点支持优先建设领域创办新刊。"该指南基于我国科技期刊发展的国家战略层面考量,将"4 个面向"领域和"3 个定位"特征放到了重要位置予以强调。湖北省 2018 年以来新创办英文期刊的学科布局见表 2-19。统计显示,7 种期刊中,面向"关键共性技术领域"和"新兴交叉领域"各有 1种,其余 5 种都是主要面向"传统优势"领域。同时,这 5 种中有 2 种期刊还在"战略前沿"领域有所涉及。从学科布局定位特征来看,7 种英文新刊中,有 4 种是以"强优势"作为主要的学科定位创刊,另有 2 种期刊"填空白",分别作为中国第一本高水平动物疾病类期刊和中国第一本磁共振学科领域英文学术期刊,在学科布局上创造了国内乃至国际第一。整体而言,湖北省新创办英文期刊的学科布局特征中以面向"传统优势"学科,定位于服务学科、加强学科优势的期刊占比较大,这也可能与湖北省"双一流"高校和高水平科研院所在传统学科领域有深厚积累,多个学科在全国乃至国际上具有较大的影响力密切相关。

表 2-19　　　　　　　　　湖北省 2018 年以来新创办英文期刊的学科布局

期刊名称	学科布局面向领域(传统优势、新兴交叉、战略前沿、关键共性技术)	学科布局定位特征(填空白、补短板、强优势)
动物疾病(英文)	传统优势	填空白:中国第一本高水平动物疾病类期刊

续表

期刊名称	学科布局面向领域（传统优势、新兴交叉、战略前沿、关键共性技术）	学科布局定位特征（填空白、补短板、强优势）
磁共振快报（英文）	关键共性技术	填空白：中国第一本磁共振学科领域英文学术期刊；国际磁共振领域的 JCR 期刊中第一本快报类的期刊
水生生物与安全（英文）	传统优势、战略前沿	强优势：中国科学家相关方向发文占比领先全球；国内论文产出与国产英文期刊比例严重失衡，急需高水平英文期刊来支持中国科学家发声
细胞洞察（英文）	传统优势、战略前沿	强优势：中国科学家相关方向发文数量和质量处于全球先进水平；全球生物医学相关领域 SCI 期刊国内期刊仅仅占 2% 至 3%；国内论文产出与国内期刊发展严重不平衡，传统优势学科需要更多我国自己的高质量期刊
作物与环境（英文）	传统优势	补短板：当前全球粮食系统十分脆弱，粮食安全及环境保护比以往任何时候都重要，也更加受到人们的关注，作物与环境相关领域的研究恰逢其时
交叉科学材料（英文）	新兴交叉	强优势：顺应国家自然科学家基金委员会成立交叉科学局的战略布局，促进材料交叉学科重大科学问题的探索和解决
园艺进展（英文）	传统优势	强优势：华中农业大学园艺学科是国家双一流学科，在国际上具有重要影响力

（六）办刊团队

湖北省新创办英文期刊的办刊团队（表 2-20）统计分析显示，7 种新刊中，主编都是期刊覆盖学科领域的著名专家，其中院士任主编的有 6 种。有 3 种期刊采用了双主编模式，其中 1 种为双院士主编；另有 2 种采用了 3 主编模式。这 5 种多主编期刊中有 3 种聘请了外籍主编，这对新创期刊调动海外学术资源来促进期刊快速发展是一种有效方式。专职编辑方面，湖北省专职从事英文新刊编辑出版的人员共计 13 人，每刊人数为 1～3 人。值得注意的是，7 种新刊的专职编辑全部为研究生学历，博士学位占比 60%；绝大多数的英文新刊编辑具有期刊所在学科领域专业背景，其余为新闻宣传或英语专业背景。编委团队方面，6 种新刊的编委会学术水平高，组织构成多样，编委总人数为 50～80 人的期刊居多；编委团队的国际化程度较高，国际编委的比例一般在 40%～60%。稿件处理流程中的编委参与度情况显示，7 种期刊的初审判断和终审决定均由主编或主编团队完成，编委成员全流程参与稿件送审、复审等环节,另外还有 2 种期刊,主编参与了校对环节,进行终校定稿。由此可见,7 种新刊的稿件处理流程中编委参与度高,均为深度参与且覆盖全流程。编委团队对于期刊发展方向和学术质量的把握发挥着关键作用,这是湖北省新刊的共识,同时也非常符合湖北省英文新刊从创刊初期就构建良好学术基础,高举高打、高开高走的鲜明特征。

表 2-20   湖北省新创办英文期刊的办刊团队

期刊名称	编委团队(总人数、组织构成、海外编委占比、院士编委人数)	专职编辑团队(人数、学历、专业背景)	稿件处理编委参与度
动物疾病(英文)	88 人(主编 2 人,副主编 8 人,一般编委 55 人,科学编委 18 人,顾问 5 人),海外编委 45%,5 个院士,学科高被引专家 14 人	1 人(博士,学科专业背景)	专职编辑和科学编辑初审;科学编辑和主编团队处理稿件,邀请同行评议等,并初步决定是否录用稿件;编委参与审稿;主编终审;执行主编和专职编辑校对
磁共振快报(英文)	65 人(主编 1 人,顾问编委 5 人,副主编 5 人,资深编委 22 人,编委 32 人),海外编委 17%,院士编委 6 人	3 人(博士 2,学科专业背景;硕士 1,英文专业背景)	专职编辑初审—主编初审—编委送审—编委初步决定—专职编辑终审—主编决定
水生生物与安全(英文)	82 人(主编 2 人,副主编 1 人,一般编委 79 人),海外编委 40 人,占比 49%;院士编委 6 人	2 人(硕士 1+博士 1;1 位为学科专业背景,1 位为新闻宣传和英文专业背景)	专职编辑审核—主编/副主编初审—主编/副主编送审和复审—主编/副主编终审决定
细胞洞察(英文)	47 人(主编 1 人,副主编 4 人,一般编委 42 人),海外编委 29 人,占比 62%;院士编委 5 人	3 人(硕士 1+博士 2;均为理科专业背景)	主编对所有稿件进行初审和终审,执行主编和副主编进行稿件送审和初评
作物与环境(英文)	54 人(主编 3 人,一般编委 51 人),海外编委 60%	1 人(博士,学科专业背景)	主编初审—同行评议—主编决定—作者返修—执行编辑审核—主编审核—出版
交叉科学材料(英文)	顾问编委 88 人(主编 2 人,副主编 8 人,一般编委 78 人),海外编委 30 人,占比 34%,院士编委 43 人,学术编委 95 人	2 人(博士,学科专业背景)	专职编辑一审—主编/副主编初审—学术编委送审/复审—主编/副主编终审

续表

期刊名称	编委团队（总人数、组织构成、海外编委占比、院士编委人数）	专职编辑团队（人数、学历、专业背景）	稿件处理编委参与度
园艺进展（英文）	60人（主编3人，编委会成员32人，科学编辑25人），海外编委17人，49%；院士编委2人	1人（硕士，学科专业背景）	主编初审—专职编辑形式审查—科学编辑送审—专职编辑和科学编辑参与审稿—主编决定 生产校对环节中主编进行终校

（七）办刊优势和举措

湖北省7种新创办英文期刊均有明显的办刊资源优势（表2-21）。除了必要的人力、场地支持外，所有新刊的主办单位均给予较为充足的专项办刊经费，可见主办单位的经费支持是创办新刊的必要条件。同时，有些主办单位还特别给予政策上的倾斜，例如：将新刊纳入职称评定认可期刊或等同SCI期刊，对参与新刊工作的编委给予工作量认定，以及对在新刊发表论文的作者给予科研经费上的奖励。主编是期刊的灵魂，作为期刊所在领域内的高影响力领军专家，在多数湖北省新刊发展初期，主编都亲力亲为大力宣传期刊，积极组、约稿件。除此之外，有2种湖北省英文新刊的主编均牵头了"高等学校学科创新引智计划"（"111计划"），在该项目的持续支持下，所创办的期刊与多家国际学术机构建立了合作关系，为国际化稿源提供支撑。另有一种期刊的外籍主编组建了海外编辑部，加速推进期刊国际化。

表2-21　湖北省新创办英文期刊的办刊优势和特色举措

期刊名称	主办单位支持力度	主编/编委的特殊贡献	特色举措或亮点业绩
动物疾病（英文）	经费支持，编委工作量认定，发文等同SCI等政策支持	组建海外编辑部，推进期刊国际化	1.动态调整，组建和优化科学编辑和实习编辑团队，强化编委和编辑队伍建设，编委活跃度高；2.举办"动物疾病与健康国际研讨会"，打造以期刊为核心的国际学术交流平台
磁共振快报（英文）	主办单位法定代表人担任主编，有充足的专项办刊经费	主编专用邮箱定期与学者问候互动并精准约稿	1.与本领域学会、协会学术组织紧密联系，成为学/协会官方支持期刊或相关基金项目研究成果发表的推荐期刊；2.设立编委突出贡献奖和优秀审稿人奖，年度评选并颁发，调动专家积极性；3.利用前沿热点专题或本领域特殊事件或高水平国际学术会议多渠道组织多期学术专辑

期刊名称	主办单位支持力度	主编/编委的特殊贡献	特色举措或亮点业绩
水生生物与安全（英文）	院士、副所长分别担任主编、副主编，充足的办刊专项经费支持	国内外主编积极约稿和贡献稿件，编委在参会中为期刊做特定宣传	1. 邀请英语母语专家开展英文润色；2. 参加高水平国际学术会议，开展期刊宣传
细胞洞察（英文）	多单位联合主办，共同提供办刊所需的人员和经费保障 主办单位给予在该刊发表论文的作者科研经费上的奖励，并将该刊纳为职称评定认可期刊，极大提升本校学者的投稿热情，为期刊创办初期的稿源质量提供了保障	在主编牵头的"高等学校学科创新引智计划"（"111计划"）的持续支持下，期刊与多家国际学术机构建立了合作关系，为国际化稿源提供支撑	1. 利用编委力量全球邀稿征稿，刊发院士、杰青等高水平人才的优质稿件多篇；2. 邀请客座主编进行特刊征稿
作物与环境（英文）	经费支持	在主编牵头的"高等学校学科创新引智计划"（"111计划"）的持续支持下，期刊与多家国际学术机构建立了合作关系，为国际化稿源提供支撑	邀请全球顶尖科学家包括世界粮食奖获得者 Gurdev Khush 博士、国际农业磋商组织科学委员会前主席 Kenneth Cassman 博士等为期刊投稿，汇聚国际优质稿件
交叉科学材料（英文）	双院士担任主编（双主编），充足的办刊专项经费支持	主编及编委团队积极约稿和贡献稿件，编委团队成员参加会议，大力宣传期刊，期刊主办会议编委作为召集人积极邀请知名专家学者参会交流	入选卓越期刊计划高起点新刊项目；主办国际高端研讨会；主办主题系列论坛并组织出版主题专刊；主办国际系列讲座等
园艺进展（英文）	经费支持	暂无	与华中农业大学多个英文期刊协作，集群式发展

据调研统计，湖北省英文新刊创办初期，办刊核心共性举措集中在以下三个方面：①通过组建和优化科学编辑/实习编辑团队或通过设立颁发优秀编委/审稿人奖等措施来调动专家积极性。②充分利用海外合作伙伴、领域内学/协会或高水平国际研讨会等这样的优质渠道资源，扩大期刊在海内外学术圈的影响力，促进期刊快速发展。③多渠道组织特别专辑，

抢抓优质稿源,刊发多篇院士、杰青等高水平人才乃至全球顶尖科学家的文章。另外,值得一提的是,华中农业大学近两年创办的 3 种新刊已逐步呈现协作共赢、互促互进的集群化发展的特色路径。

本节讨论了湖北省 2018 年以来新创办英文期刊在起步阶段的共性办刊模式和个性发展措施,可为湖北省今后英文新刊的创办和发展提供策略参考。

四、英文科技期刊发展特征与建议

(一)当前发展特征

湖北省 20 种英文科技期刊,数量虽然不多,但办刊各有特点,有的期刊已经跻身于国内国际知名期刊,在国际影响力方面发挥了极为重要的作用。湖北省英文科技期刊的主要特征有:

①学科支撑强。湖北省 20 种英文科技期刊均依托高校或者中国科学院等具有较强专业实力的机构,具有显著的学科支撑。不管是人才建设和储备还是稿件的支撑和审稿,均得到主办单位的支持。

②国内外影响力较强。湖北省 9 种英文期刊被 SCI 收录,2018—2022 年 SCI 数据库显示,湖北省 SCI 收录期刊引用指标增长速度大大超过 SCI 全部收录期刊的平均值,也超过中国 SCI 收录期刊的平均值,国际影响力稳步快速提升。在两届中国国际影响力提升计划中,湖北省 7 刊次获得资助;9 种期刊被评为中国最具国际影响力学术期刊或中国国际影响力优秀学术期刊。总体上讲,湖北省英文科技期刊的国际影响力较强。

③新创办期刊起点高、发展快。从近 5 年各项评价数据看,新创办的英文版科技期刊均是进步最快的期刊,因此应继续关注和支持新创办英文期刊,进一步提升其学术质量和国际影响力,从而打造成国际知名学术期刊;同时应认真总结这些新创办期刊发展快的经验,一方面激发创办历史较长的英文期刊以寻求发展新起点,另一方面为其他新创办期刊树立榜样和提供成功经验,以不断提高英文科技期刊的质量和影响力。

④出版模式以国际合作出版为主。湖北省 20 种英文科技期刊均与国外出版机构合作出版,这对新创办的期刊快速扩大国际影响力具有一定的作用。然而,随着国际地缘政治的变化,西方发达国家对中国科技遏制力度的不可预测性增加,科技期刊作为科技文化的载体、国家软实力的一部分,受到西方发达国家的干扰或者无理打压的可能性在增加。湖北省可以未雨绸缪,打造自己的科技出版集团,在集团化期刊方面走在前列,从而实现期刊的国际化发展。

⑤期刊发展潜力大。湖北省目前仅有 20 种英文科技期刊,占湖北省科技期刊的9.57%。而全国英文科技期刊约占科技期刊总数的 9.6%,湖北省英文期刊数量的比例仅与全国均值相当,这对于湖北这一科教大省而言显然不够。因此湖北省应依托境内的高等院校及科研院所的强势学科和优势学科,鼓励创办英文科技期刊,打造一批具有国际影响力

的英文学术期刊,从而在更多的领域内具有更大的影响力和话语权。

⑥办刊规模偏小的格局没有显著改善。湖北省英文科技期刊从其办刊人员数量、刊期、发行量、经费投入、国际影响等诸多因素看,仍然与国际大刊存在较大差距,办刊规模偏小,集团化和国际化转型还在探索阶段而没有明显提升。为了进一步提升湖北省英文科技期刊的整体实力,仍然需要政府在人员和经费投入、政策激励等方面给予扶持。

(二)未来发展建议

根据本章的分析可知,湖北省英文科技期刊办刊人苦练内功、甘于奉献,积极"为他人作嫁衣",在 5 年内取得了显著成绩,期刊影响力显著提升。湖北省英文科技期刊已经具备了良好的办刊基础和条件,具有一批甘于奉献的办好英文科技期刊的人才队伍。《关于深化改革 培育世界一流科技期刊的意见》明确指出:要对标世界科技期刊发展前沿,直面存在问题、确立改革目标、明确建设任务,大胆实践,示范引导,探索世界一流期刊建设的有效模式和路径。英文科技期刊在其发展过程中,面临各种压力与挑战,但压力也是动力。湖北省在地球空间科学、光电子科学、材料科学、生物与医学等诸多学科具有领先优势,因此利用好湖北省的优势学科和科技平台,发展相应的英文科技期刊,不断探索新刊建设的方法和路径,在优势学科领域实现突破,全面推进,实现快速发展,从而进一步打造学术影响力达到世界一流水平的科技期刊。

为此,建议湖北省从如下方面进一步加强英文科技期刊建设:

①适度增加英文学术期刊数量,优化期刊种类结构,相关主管部门加强期刊管理的顶层设计方案。

②加强对非法英文学术期刊的摸底和动态监控,统一管理标准。目前有的单位采用"先市场后学术"的办法,绕过国家监管部门,先注册国际刊号,却在国内征稿和发行,这是一种"打擦边球"的做法,需加强统一监管。

③以中国科技期刊卓越行动计划高起点新刊项目为契机,加快英文期刊发展进程。

④打造有全球竞争力的出版集团和平台,自己"造船出海",从而保证科技数据的安全可靠。

⑤加强期刊人才建设,将科技期刊人才作为科技人员加以政策鼓励和支持,增强科技期刊从业人员的获得感和幸福感。

⑥加强国内学术共同体的建设,建立国内期刊评价机制,弱化对外在国际评价体系的过度依赖。

⑦利用现代传播手段,加强湖北省科技期刊的国际传播,进一步增强湖北省期刊的整体实力。

人才篇

RENCAI PIAN

篇首语

在深入实施创新驱动发展,加快建设科技强国,实现高水平科技自立自强战略目标下,我国科技期刊开启了高质量发展的历史新征程,逐步向世界一流期刊迈进。科技期刊编辑是出版流程的执行者,也是期刊发展的关键力量。以习近平同志为核心的党中央高度重视出版传媒领域的人才队伍建设,中共中央办公厅、国务院办公厅于2020年9月印发的《关于加快推进媒体深度融合发展的意见》明确指出,要大力培养全媒体人才,提高主流媒体人才吸引力和竞争力。因此编辑队伍的建设是一个期刊发展的核心和主导部分,更是科技期刊融合发展、完成建设一流科技期刊目标的第一资源。

为探索湖北省编辑人才资源的优化配置和高素质编辑人才的培养路径,我们将在本篇总结呈现这些年来湖北省科技期刊编辑队伍建设现状,编辑学术研究水平和编辑人才发展趋势。本篇共分2章,即第三章和第四章,具体内容如下:

第三章以"湖北省科技期刊编辑人才队伍建设"为题,系统梳理了湖北省科技期刊编辑队伍的人才规模、组成结构、职称、年龄及相关荣誉等内容,同时与上一个五年相关数据进行了比较研究。

第四章以"2008—2022年湖北省科技期刊编辑发表编辑学论文分析"为题,通过不同维度的统计数据结果来呈现湖北省科技期刊编辑出版相关学术研究的整体质量、水平以及在国内的影响力,包括发表编辑学论文数量分析、署名机构和作者分析、被引情况分析、学术发展态势分析,同时还深入思考如何实现高素质编辑人才培养与高质量科技期刊发展互促共进、构建湖北省科技期刊良好出版生态,并提出对策建议。

第三章 湖北省科技期刊编辑人才队伍建设①

党的二十大报告指出，科技是第一生产力、人才是第一资源、创新是第一动力。千秋基业，人才为先。习近平总书记多次强调"实施人才强国战略"。科技期刊是建设基础研究高水平支撑平台的重要方面，是国家科技创新发展的重要源泉，其人才队伍建设状况对科技期刊长远的发展具有十分重要的意义。因此，2022年10月，编写组设计的调查问卷中，专门对全省科技期刊编辑单位的人才状况进行了调查，回收有效问卷191份。此外，在湖北省新闻出版局的支持下，获得2022年度统计年报有关编辑单位人员基本情况的完整统计数据205份。本章主要根据问卷数据和统计年报数据统计分析湖北省科技期刊编辑人员现状，并与《湖北省科技期刊发展蓝皮书(2018)》(简称"2018版蓝皮书")中相关人才数据进行比对。

一、人才队伍概况

（一）各期刊编辑总人数

相比"2018版蓝皮书"数据，全省科技期刊数量从207种增加到了211种。整体看，科技期刊出版周期仍以双月刊和月刊为主。表3-1给出湖北省科技期刊编辑人数分布。从中可见，刊物数量增加、出版周期变化在一定程度上会影响期刊编辑部人数配置。

表 3-1 　　　　　　　　　　湖北省科技期刊编辑部总人数分布

刊期	总刊数/种	有数据刊数/种	总人数/人							
			1～3	4～6	7～10	11～15	16～20	21～30	31～40	41～50
半年刊	1	1	1	0	0	0	0	0	0	0
季刊	21	21	4	15	2	0	0	0	0	0
双月刊	94	91	11	54	22	4	0	0	0	0
月刊	78	75	7	24	36	7	1	0	0	0
半月刊	14	14	0	2	6	3	2	0	0	0
旬刊	3	3	0	0	2	0	0	0	1	0
其他刊	0	0	0	0	0	0	0	0	0	0
合计	211	205	23	95	68	14	3	1	1	0

---

① 撰稿人：喻菁。

整体人员数量分布情况与 2018 版蓝皮书基本一致。91 种双月刊,有 54 种配置为 4～6 人,数量最多;75 种月刊,有 60 种(24＋36)配置为 4～10 人。配置 4～6 人的期刊始终保持在 100 种左右(2018 版蓝皮书数据为 106 种,2023 版蓝皮书数据为 95 种),数量最多,基本都是月刊、双月刊和季刊;其次为 7～10 人,从 2018 版的 45 种增加到了 68 种,增幅十分明显;配置 1～3 人的期刊仍然为 20 余种,位居第三;配置 11～15 人的期刊从 12 种增加到 14 种;配置超过 15 人的科技期刊从 6 种变为 5 种。

(二)编辑部人员分工组成

随着科技期刊与媒体融合的深化发展,除了传统的确保按照刊期完成编校和出版任务之外,出版后借助各类媒体进行广泛、深入、精准的传播变得愈发重要。同时,围绕科技期刊在科技强国战略中需要履行的使命,必须提高对所属科技领域发展前沿方向的识别、判断能力,并落实到专题策划、组织等创造性活动的开展之中,因此各编辑部也正在逐步加强学术研究型编辑的培养。此外,融合出版概念的提出(注:融合出版是将出版业务与新兴技术和管理创新融为一体的新型出版形态),对科技期刊编辑部在新兴技术的应用和管理创新上都带来了不小的挑战。以上发展和变革,必然会逐步影响编辑部的生产过程、队伍建设,通过人力资源使用和职责分工的数据能够有所反映。

因此,本章将广告和发行人员并入经营人员进行统计,将行政后勤人员改为管理人员进行统计(表 3-2),将采编人员细分为学科编辑、编务和编校 3 种岗位(表 3-3)。

表 3-2　　　　　　　　　湖北省科技期刊编辑各岗位人员配置状况

占比(R)/%	刊数/种			
	管理	采编人员	新媒体	经营
$R=0$	35	0	95	100
$0<R\leqslant10$	33	0	55	58
$10<R\leqslant20$	73	1	34	29
$20<R\leqslant30$	26	1	4	4
$30<R\leqslant40$	18	2	2	0
$40<R\leqslant50$	5	16	1	0
$50<R\leqslant60$	0	25	0	0
$60<R\leqslant70$	0	38	0	0
$70<R\leqslant80$	1	46	0	0
$80<R\leqslant90$	0	31	0	0
$90<R<100$	0	4	0	0
$R=100$	0	27	0	0

表 3-3 湖北省科技期刊采编人员岗位分工状况

占比(R)/%	采编人员/人		
	学科编辑	编务	编校
$R=0$	5	40	45
$0<R\leqslant10$	2	71	12
$10<R\leqslant20$	20	64	45
$20<R\leqslant30$	32	13	34
$30<R\leqslant40$	48	3	28
$40<R\leqslant50$	38	0	20
$50<R\leqslant60$	7	0	5
$60<R\leqslant70$	17	0	1
$70<R\leqslant80$	12	0	1
$80<R\leqslant90$	0	0	0
$90<R<100$	0	0	0
$R=100$	10	0	0

从整体岗位配置来看,湖北省有 27 种(其 R 指数＝100%)科技期刊全部为采编人员(含学科编辑、编务、编校),没有科技期刊(其 R 指数＝0%)采编人员配置为零。绝大多数科技期刊采编人员配比超过 50%(其 R 指数＞50%)。采编任务在科技期刊的各项办刊工作中仍为重中之重。

根据 191 份有效调查问卷数据统计结果,湖北省科技期刊采编人员分工中,学科编辑配比最重,有 10 种科技期刊学科编辑配比为 100%(其 R 指数＝100%),有 151 种期刊配置了编务人员(其 R 指数＞0%),146 种期刊配置了编校人员(其 R 指数＞0%)。

配置新媒体人员的科技期刊数量增加较为明显:2018 年统计年报中只有 51 种期刊配备了新媒体人员,而 2023 版的调查问卷数据显示,已经有 96 种期刊(其 R 指数＞0%)都开始投入人力资源开展新媒体工作。

管理(行政服务)人员比例有所增加,大部分期刊管理服务人员配比在 10%～20% (10%＜R≤20%)。这也与当前新媒体对科技传播的影响,以及更加注重期刊高质量发展,强化科学管理的趋势相符合。

广告和发行人员均属于经营人员,整体投入在期刊编辑单位中的绝大部分(187 种)都处于 20% 以下(其 R 指数≤20%)。

(三)期刊编辑人员学历结构

对从调查问卷和统计年报获取的数据进行分析发现,相比 2018 年,湖北省科技期刊编辑单位从业人员的学历有了大幅提升。全部员工具有硕士及以上学历的期刊比 2018 年的 27 种有明显增加。

表 3-4 和表 3-5 分别给出统计年报 205 种有具体数据的科技期刊人员学历结构分布。从中看到,全部员工具有硕士及以上学历(其 R 指数＝100％)的期刊达到了 32 种,其中《数字制造科学》和《武汉大学学报(理学版)》等期刊(2～4 人规模)全部为博士学历。135 种期刊没有大专及以下学历(其 R 指数＝0％)员工,相较于"2018 年版蓝皮书"统计的 118 种增加了 17 种。

表 3-4　　　　　　　　　　　湖北省科技期刊各编辑部人员学历情况分析

占比(R)/%	刊数/种		
	硕士及以上	本科	大专及以下
$R＝0$	7	44	135
$0＜R\leqslant10$	5	2	11
$10＜R\leqslant20$	14	29	35
$20＜R\leqslant30$	9	28	14
$30＜R\leqslant40$	18	34	6
$40＜R\leqslant50$	28	27	4
$50＜R\leqslant60$	17	12	0
$60＜R\leqslant70$	21	11	0
$70＜R\leqslant80$	37	8	0
$80＜R\leqslant90$	17	8	0
$90＜R＜100$	0	1	0
$R＝100$	32	1	0

表 3-5　　　　　　　　　　湖北省科技期刊各编辑部人员硕士及以上学历情况分析

占比(R)/%	刊数/种	
	博士	硕士
$R＝0$	73	20
$0＜R\leqslant10$	7	8
$10＜R\leqslant20$	37	33
$20＜R\leqslant30$	18	21
$30＜R\leqslant40$	29	43
$40＜R\leqslant50$	13	33
$50＜R\leqslant60$	8	17
$60＜R\leqslant70$	10	9
$70＜R\leqslant80$	5	15
$80＜R\leqslant90$	0	2
$90＜R＜100$	2	0
$R＝100$	3	4

（四）各期刊编辑人员职称情况

此次调查问卷和统计年报两种途径获取的数据（表3-6）均显示湖北省科技期刊中，《武汉大学学报（理学版）》全部为正高级职称（其 R 指数＝100％）。调查问卷中有5份期刊编辑全部为副高级职称（其 R 指数＝100％），分别为《纺织工程学报》《植物科学学报》《湖北工业职业技术学院学报》《炼钢》和《石油机械》。除《石油机械》为6人配置之外，其余几种期刊均只有2～3人，尤为精干。统计年报中2份全部为副高级职称（其 R 指数＝100％）的期刊为《中国油料作物学报（英文版）》和《江汉石油职工大学学报》。

表3-6 基于问卷调查和年报统计的湖北省科技期刊各编辑部人员职称情况分析

占比(R)/%	刊数/种							
	正高		副高		中级		初级及以下	
	问卷	年报	问卷	年报	问卷	年报	问卷	年报
$R=0$	78	48	37	40	18	30	85	72
$0<R\leqslant10$	7	13	3	4	1	5	4	7
$10<R\leqslant20$	43	53	37	48	28	42	40	46
$20<R\leqslant30$	17	22	29	39	22	26	16	21
$30<R\leqslant40$	25	35	39	40	54	47	28	30
$40<R\leqslant50$	10	20	19	15	33	27	11	18
$50<R\leqslant60$	1	4	10	7	11	14	4	3
$60<R\leqslant70$	5	7	4	4	14	12	1	1
$70<R\leqslant80$	4	1	5	6	6	0	1	1
$80<R\leqslant90$	0	1	1	1	0	1	1	1
$90<R<100$	0	0	0	0	0	0	0	1
$R=100$	1	1	5	2	4	1	0	4

由于问卷和统计年报填报的时间先后有别，人员流动和职称难免发生变动，问卷聚焦在全职编辑的调查且有效数据为191份，统计年报填写时有些单位会把兼职主编（部分为院士或主办单位领导）纳入统计范畴且有职称详情的数据为205份，这些都导致了两份数据在作比例呈现时产生了一定的差异，但并不影响整体的分布趋势。与2018版蓝皮书数据分布情况也基本一致，没有正高级职称和没有初级及以下职称的编辑部数量相对略多，期刊编辑人员职称多分布在中级和副高级，呈正常的纺锤体分布。

（五）期刊编辑人员年龄结构

为了解科技期刊未来发展的中坚力量储备情况，2023版蓝皮书调查问卷专门针对各编辑部青年编辑的数量进行了调查。有19种期刊（其 R 指数＝100％）的编辑人员全部都在45岁以下，100种期刊（其 R 指数＞50％）的青年编辑占比超50％。有效问卷统计的191种期刊全职编辑总人数为 1050 人,其中 45 岁及以下的青年编辑总人数为 605 人。整体而言,湖北省科技期刊发展的青年力量储备态势良好。具体数据见表 3-7。

表 3-7　　　　　　　　　　湖北省科技期刊全职编辑年龄结构分析

占比(R)/%	刊数/种		
	45 岁以下	45~60 岁	60 岁以上
$R=0$	7	24	148
$0<R\leqslant10$	0	5	3
$10<R\leqslant20$	7	22	23
$20<R\leqslant30$	13	24	2
$30<R\leqslant40$	38	40	11
$40<R\leqslant50$	26	24	3
$50<R\leqslant60$	14	14	0
$60<R\leqslant70$	28	19	0
$70<R\leqslant80$	27	12	0
$80<R\leqslant90$	9	2	0
$90<R<100$	3	0	0
$R=100$	19	5	0

为给湖北省科技期刊 600 多位青年编辑搭建更好的交流成长平台,鼓励青年编辑加强学习、提升水平、提高显示度,湖北省科技期刊编辑学会于 2019 年专门组建成立青年编辑工作委员会(由编辑学会副理事长、《中国舰船研究》执行副主编喻菁博士担任主任委员),针对青年编辑的特点和特长,办讲座、开论坛、组织调研,促进了省内外科技期刊青年编辑互相交流。并且,湖北省科技期刊编辑学会还专门设立优秀青年编辑奖,2021 年武汉大学科技期刊中心曹启花、《波谱学杂志》王琳、《软件导刊》何丽、《长江大学学报(自然科学版)》洪云飞、《华中农业大学学报》赵琳琳、《长江科学院院报》黄玲、《医药导报》谢裕、《中国油料作物学报》王丽芳、《临床内科杂志》张敏和《地质科技通报》刘江霞等 10 名青年编辑首次获此殊荣。

此外,湖北青年编辑们也开始走出湖北踊跃参加各项活动,且崭露头角。如《中国舰船研究》胡文莉、武汉大学科技期刊中心王晓醉,在中国科技期刊编辑学会举办的全国青年编辑大赛中获得二等奖。再如,湖北大学学报编辑部胡小洋、武汉大学科技期刊中心曹启花、《中国机械工程》陈勇、《科技进步与对策》陈晓峰等青年编辑,多次应邀在省外举办的全国性期刊学术活动中作大会报告,并受邀参与多个国家级科技期刊研究项目,充分展示了湖北省科技期刊青年编辑们的风采和实力。

(六)期刊兼职人员情况

科技期刊主办单位对人力资源配置的模式存在差异,以及为了体现对刊物的重视,其为科技期刊配置的主编不少都是办刊单位的院士、重要领导或专家。通过问卷调查的统计数据（表3-8）也发现,有半数以上(106种)的期刊主编为兼职(其 R 指数＞0％)。中国科学院各研究所、高等院校是院士云集之地,主办单位在科技期刊运营管理上,都会充分调动院士的积极性,邀请他们担任杂志主编。例如,《岩石力学与岩土工程学报(英文版)》主编为冯厦庭院士,《地球空间信息科学学报(英文版)》主编为两院院士李德仁教授,《细胞洞察(英文)》主编为舒红兵院士,《肿瘤学与转化医学(英文)》主编为陈孝平院士,《动物疾病(英文)》主编为陈焕春院士,《地球科学》《地球科学学刊(英文版)》和《安全与环境工程》主编均为王焰新院士。在高校学报中,华中科技大学、武汉大学等高校学报的自然科学版、理学版、工学版、信息科学版等也都是院士在兼任主编。

表3-8　　　　　　　　　　湖北省科技期刊兼职人员分布

占比(R)/％	刊数/种				
	主编	副主编	学科编辑	兼职学生	其他兼职人员
$R=0$	85	114	143	173	166
$0<R\leqslant10$	17	8	1	2	3
$10<R\leqslant20$	22	8	5	6	5
$20<R\leqslant30$	8	5	2	1	2
$30<R\leqslant40$	13	10	6	3	4
$40<R\leqslant50$	21	16	7	3	2
$50<R\leqslant60$	0	2	4	0	0
$60<R\leqslant70$	3	6	5	0	1
$70<R\leqslant80$	0	7	6	1	0
$80<R\leqslant90$	0	7	4	0	0
$90<R<100$	0	4	2	0	0
$R=100$	22	4	6	1	8

同时,为加强对科技期刊发展的管理,便于期刊主办单位向期刊投入更多的统筹资源,有77种期刊设置兼职副主编(其 R 指数＞0％),占191种有效数据期刊的40.3％。

本次调查还发现,大部分期刊都有兼职人员,只有60种期刊兼职人数为0。很多期刊已开始探索兼职学科编辑、兼职学生的综合人力资源开发方式。48种期刊有兼职学科编辑(其 R 指数＞0％),18种期刊有兼职学生(其 R 指数＞0％)。其中《现代工程科技》拥有300人的兼职学科编辑队伍,《中华小儿外科杂志》和《动物疾病(英文)》的兼职人员总数也超过了100人,均以兼职学科编辑或兼职学生为主。而《数学物理学报》《水生生物与安全》《磁共振快报》和《岩石力学与岩土工程学报(英文版)》等的兼职人员也都超过了50人,远多于期刊全职人员(2~7人)数量,且绝大多数都是兼职学科编辑。

全职编辑与兼职学科编辑(学生)的综合用人方式,不仅能够弥补期刊全职人员人手不足,还能在学科领域形成非常良好的知识、能力和资源互补,无疑是加快科技期刊向着更加专业化发展的一种新的模式。

二、获奖情况

近年来,国家、地方行政部门,各级期刊学(协)会/研究会都在围绕促进编辑队伍建设发展,组织了形式多样的评先评优工作。湖北省科技期刊编辑学会更是长年坚持优秀期刊、优秀编辑个人、先进集体等评选,促进科技期刊集体和个人在学术提升、科技传播、科普宣传,乃至助力国家脱贫攻坚工程方面,做出最大的贡献,涌现出了大量的先进集体和个人,《高电压技术》等期刊在国家级奖项的竞争中也取得了不俗的成绩。对各期刊 2018 年 1 月至 2022 年 7 月所获国家、地方行政主管部门,以及国家、地方学(协)会/研究会颁发的集体和个人奖项调查问卷统计分析结果见表 3-9。

表 3-9　　　　　　　　　　　湖北省科技期刊集体和个人获奖情况

获奖数量/项	刊数/种							
	集体奖项				个人奖项			
	行政主管部门		学(协)会/研究会		行政主管部门		学(协)会/研究会	
	国家	地方	国家	地方	国家	地方	国家	地方
0	176	146	128	97	179	147	148	78
1～3	13	42	53	72	11	39	37	92
4～6	2	3	8	17	1	4	4	14
7～10	0	0	1	4	0	0	2	6
11～15	0	0	1	1	0	1	0	1

湖北省有 15 种科技期刊、18 人次获得过国家行政主管部门颁发的奖项,其中 2 种科技期刊(《粘接》和《医药导报》)获得国家行政主管部门的集体奖为 4～6 项;45 种期刊、78 人次获得过地方行政主管部门颁发的奖项,其中 3 种期刊(《特种铸造及有色合金》《湖北电力》和《地球科学》)获得地方行政主管部门的集体奖为 4～6 项。在国家学(协)会/研究会举办的优秀期刊集体和个人评选中,湖北省 63 种科技期刊、85 人次获奖。湖北省科学技术协会持续十余年依托"科技创新源泉工程"评选优秀科技期刊和优秀编辑,以及湖北省科技期刊编辑学会等开展的各项评先评优工作,都为湖北科技期刊的人才培养和遴选奠定了坚实基础。

第四章 2008—2022 年湖北省科技期刊编辑发表编辑学论文分析①

科技期刊编辑的编辑出版学术研究能力与编辑业务能力相辅相成，新时代背景下的科技期刊编辑，积极开展编辑出版相关学术研究，正逐步向"学者型"转变，从而助力于编辑业务水平的提高。分析湖北省编辑学论文发表情况能够较好地反映科技期刊编辑学术研究及人才建设情况。编写组对 2008—2022 年来湖北省科技期刊编辑发表编辑学论文的情况进行统计分析，以期通过统计的数据结果来呈现湖北省科技期刊编辑出版相关学术研究的整体质量、水平以及在国内的影响力。基于中国知网 CNKI 文献数据库，采用专业检索方式，限定主题词为"期刊"，去除"社科"和"人文类"相关内容，限定作者单位为湖北省完整科技期刊名录中的期刊编辑部/期刊社或所在主办单位期刊部，同时限定检索学科范围为"出版/图书情报与数字图书馆/计算机软件及计算机应用/新闻与传媒/科学研究管理"，限定发表年份为 2008—2022 年。将初步检索出的论文数据导出并进行人工清洗之后，经各编辑部核查补充后形成最终检索数据用于统计分析。这里需要说明的是，本章统计和分析的是湖北省科技期刊编辑发表编辑学中文论文的情况，而少数编辑发表的学科专业类论文，以及国外期刊上发表的编辑学英文论文均没有统计在内。

一、论文数量分析

根据上述检索及调研结果，检索到近 15 年来湖北省科技期刊编辑发表编辑论文共计 1395 篇，年均发表论文篇数 93 篇。从年度发表论文数量变化趋势上（图 4-1）可见，2012—2014 年这三年是湖北省编辑学术论文发表高峰期，年均发表篇数均超过 110 篇。若其他检索条件不变，将发表期刊限定为"核心期刊"，则检索到近 15 年来湖北省科技期刊编辑在核心期刊上发表编辑学论文共计 426 篇，年均发表核心论文篇数 28.4 篇，占论文总量的 18.99%～48.94%。从 2018 年开始，湖北省发表编辑学核心期刊论文数量逐年明显减少，其占比从 37%左右大幅下降至 19%左右。

---

① 撰稿人：王琳。

图 4-1 湖北省科技期刊编辑发表编辑学论文数量年度变化分析图

二、发文机构与作者分析

湖北省近 15 年发表编辑学论文数量较多的科技期刊出版机构与作者统计结果见表 4-1。其他检索条件不变,发表期刊限定为核心期刊,则发表编辑学核心论文数量较多的单位与作者统计结果同见表 4-2。

以主办单位作为作者署名机构来看,期刊编辑学论文发文数量位列前茅的机构有武汉大学、华中科技大学、中国地质大学(武汉)、武汉理工大学以及武汉体育学院和江汉大学;以单刊编辑部为作者署名机构来看,发表论文数量较多的有《中国舰船研究》《中国机械工程》《岩石力学与岩土工程学报》《岩石力学和工程学报》《高电压技术》以及《科技进步与对策》等编辑部。近 15 年发表编辑学论文数量大于 15 篇的湖北省编辑同仁有 14 人,发表核心论文数量大于 15 篇的有 4 人,最多的是中国地质大学(武汉)期刊社的王淑华,发文数 27 篇。可见湖北省在科技期刊编辑出版研究领域较为活跃的单位和编辑多来自全省科研基础较好、实力雄厚的办刊机构,如有期刊集群的高校或是一流期刊编辑部。这表明湖北省科技期刊出版机构的编辑学论文产出数量与所运营期刊的影响力呈一定正相关。

表 4-1   近 15 年编辑学论文发文数量较多的湖北省科技期刊出版机构统计

以主办单位作为作者署名机构			
发文数量位列前五的单位	篇数	核心期刊发文数量位列前五的单位	篇数
武汉大学	112	武汉大学	58
华中科技大学	95	华中科技大学	47
中国地质大学(武汉)	78	中国地质大学(武汉)	47
武汉理工大学	54	武汉理工大学	28
江汉大学	48	武汉体育学院	25
以单刊编辑部为作者署名机构			
发文数量位列前三的编辑部	篇数	核心期刊发文数量位列前三的编辑部	篇数
中国机械工程/中国舰船研究(并列)	31	岩石力学与岩土工程学报	25
高电压技术	30	中国舰船研究	10
岩石力学与岩土工程学报	29	岩石力学与工程学报/科技进步与对策(并列)	9

表 4-2   近 15 年编辑学论文发文量排名前 21 位的湖北省科技期刊编辑(基于相同姓名和署名单位)

发表论文数量排名前列的作者	篇数	发表核心论文数量排名前列的作者	篇数
王淑华 中国地质大学(武汉)	27	王淑华 中国地质大学(武汉)	26
胡小洋 湖北大学	22	胡小洋 湖北大学	20
刘钊 中南民族大学	22	林松清 中科院武汉岩土力学研究所	19
林松清 中科院武汉岩土力学研究所	22	佘诗刚 中科院武汉岩土力学研究所	17
郭伟 湖北工业大学	19	李爱群 武汉体育学院	15
边书京 华中农业大学	19	占莉娟 武汉理工大学	15
佘诗刚 中科院武汉岩土力学研究所	18	肖骏 中国地质大学(武汉)	13
占莉娟 武汉理工大学	18	姚戈 中国地质大学(武汉)	12
王丽芳 中国农业科学院油料作物研究所	18	汪晓 华中科技大学	10
李爱群 武汉体育学院	17	曹启花 武汉大学	9
肖唐华 中国农业科学院油料作物研究所	17	王菊香 华中科技大学	8
郭学兰 中国农业科学院油料作物研究所	16	谢晓红 中国地质大学(武汉)	8
李朝前 武钢研究院	16	石鹤 华中科技大学同济医学院	8
吴克力 中国农业科学院油料作物研究所	16	史冠中 中国地质大学(武汉)	8
陈晓峰 湖北省科技信息研究院	15	陈晓峰 湖北省科技信息研究院	7
王银平 武汉暴雨研究所	15	黄鹂 长江大学	7
曹启花 武汉大学	14	李根 中国地质大学(武汉)	7
潘峰 湖北省农业科学院	14	宋春燕 华中科技大学	7
汪晓 华中科技大学附属同济医院	13	王琳 中科院精密测量科学与技术创新研究院	7
肖骏 中国地质大学(武汉)	13	王昕 华中科技大学	7
姚戈 中国地质大学(武汉)	13	颜巧元 华中科技大学	7

三、被引情况分析

近15年来湖北省科技期刊编辑发表编辑学论文共1395篇,按照被引频次排名(被引频次数据均为2023年7月18日中国知网上查询获得,下同),前50篇(含并列,实际共55篇)定义为Top50高被引论文。Top50高被引论文合计被引用了1619次,平均约29次/篇,单篇被引频次最高为56次,被引频次不低于40次的论文有10篇,被引频次不低于25次的论文有33篇(表4-3)。Top50论文中有26篇发表在《编辑学报》上,有18篇发表在《中国科技期刊研究》上,两者共占论文总数的80%,这表明期刊权威性与论文影响力具有高度相关性,高质量学术期刊对高水平论文具有强大的吸引力和聚集作用。

表4-3　　　　2008—2022年湖北省高被引编辑学论文(被引频次大于等于25)

序号	论文题名	论文作者	刊发期刊	刊发日期(年/月/日)	被引频次
1	论科技期刊编辑培养优秀作者群的策略与措施	吴红艳;刘义兰;王菊香;宋春燕;韩燕红	编辑学报	2016/12/25	56
2	媒体融合精准知识服务助推学术期刊供给侧改革	陈晓峰;云昭洁;万贤贤	中国科技期刊研究	2017/9/15	53
3	大数据时代DOI的应用意义与中国科技期刊应用现状	姚戈;王淑华;王亨君	编辑学报	2014/2/25	50
4	试论科技期刊编辑人才梯队建设与对策	林松清;佘诗刚	中国科技期刊研究	2012/5/15	48
5	发挥科技期刊编委的作用与相应对策	林松清;张海峰	编辑学报	2011/10/25	47
6	360度绩效考核法在高校科技期刊编辑考核中的应用	刘江霞	中国科技期刊研究	2014/1/25	46
7	论科技学术期刊编辑的专业素质	罗景;胡忠;赵漫红;张从新	编辑学报	2008/8/25	46
8	科技期刊审稿人的审稿动因分析	占莉娟	中国科技期刊研究	2015/4/15	42
9	微信公众平台在学术期刊中的传播模式研究	余朝晖	科技与出版	2015/6/8	41
10	基于移动应用的学术期刊知识服务模式与策略	王妍;陈银洲	中国科技期刊研究	2017/10/15	40

序号	论文题名	论文作者	刊发期刊	刊发日期（年/月/日）	被引频次
11	知识类短视频对科技期刊的启示——以"中科院之声"系列短视频为例	王晓醉;王颖	科技与出版	2019/11/8	39
12	基于新媒体技术和思维的学术期刊影响力提升理论研究	胡小洋;游俊;熊显长;江津;陈道德	编辑学报	2018/2/25	38
13	科技期刊编辑的社会责任及其实现	肖唐华;吴克力;王丽芳;郭学兰	编辑学报	2010/4/25	38
14	中国科技期刊国际影响力提升计划实施效果与分析	余诗刚;马峥;许晓阳	中国科技期刊研究	2018/4/15	34
15	区块链在学术出版领域的创新应用及展望	陈晓峰;云昭洁	情报工程	2017/4/15	34
16	刍议媒体融合视域下学术期刊的出版传播——共享·多元·开放·互动·交融	刘钊	编辑学报	2017/12/25	32
17	期刊稿件采编系统的发展现状及展望	曾婷	江汉大学学报（自然科学版）	2012/8/12	30
18	我国学术期刊文献计量评价体系的客观性与评价结果的准确性探讨	李爱群;黄玉舫;邱均平	中国科技期刊研究	2009/7/15	30
19	我国英文科技期刊国际影响力提升的战略与对策	何满潮;余诗刚;林松清;李琦	编辑学报	2018/8/25	29
20	比较视角下的中国学术期刊发展问题研究	胡小洋;邱均平	中国科技期刊研究	2015/1/15	29
21	6种编辑出版类核心期刊栏目设置分析	刘江霞	中国科技期刊研究	2014/7/15	29
22	提高科技期刊影响因子和总被引频次的探索与实践	肖唐华;吴克力;王丽芳;郭学兰	中国科技期刊研究	2011/11/15	28
23	开放服务:学术期刊知识服务转型发展的突破路径	王妍;李冉;陈银洲	中国科技期刊研究	2018/11/15	27

序号	论文题名	论文作者	刊发期刊	刊发日期（年/月/日）	被引频次
24	科技期刊审稿专家拒审、拖延审稿原因分析及应对办法	胡晓梅	编辑学报	2019/4/24	26
25	特色栏目策划助推精品科技期刊发展	付少兰；黄玲	编辑学报	2017/4/25	26
26	微信在学术期刊影响力提升中的应用	喻菁；廖荣涛	编辑学报	2014/12/25	26
27	媒体融合背景下科技期刊学术传播方阵的构建与探索	陈勇；郭伟	编辑学报	2019/4/24	25
28	学术论文的网络首发：愿景·瓶颈·应对策略	占莉娟；胡小洋	编辑学报	2018/6/25	25
29	农业科普期刊微信公众号用户黏性的影响因素及其测量	金会平；鲁满新	中国科技期刊研究	2017/6/15	25
30	学术期刊微信公众平台定位及其意义——从学术期刊与微信公众平台差异的视角分析	肖骏；谢晓红；王淑华	编辑学报	2017/6/25	25
31	科技期刊论文参考文献核查与校对方法	宋春燕；王菊香	编辑学报	2012/6/25	25
32	科技期刊编辑的社会价值及其实现	刘建超	编辑学报	2011/4/25	25
33	科技期刊数字化建设的现状及对策	王相飞	湖北社会科学	2008/7/10	25

　　湖北省高被引 Top50 论文中，按照第一作者统计，发表 Top50 论文数量最多的是陈晓峰，共计有 6 篇；发表 Top50 论文 3 篇的作者有 3 位，发表 Top50 论文 2 篇及以上的作者有 10 位（表 4-4），若将这些作者定义为湖北省高被引作者，高被引作者发表论文合计 27 篇，占 Top50 论文的 50％；被引频次共 848 次，占 Top50 论文总被引频次的 52.4％。

表 4-4 湖北省编辑学论文高被引作者

作者姓名	发表 Top50 论文数量	总被引频次	作者姓名	发表 Top50 论文数量	总被引频次
陈晓峰	6	174	姚戈	2	74
林松清	3	115	胡小洋	2	67
占莉娟	3	91	肖唐华	2	66
肖俊	3	67	王妍	2	64
刘江霞	2	75	刘钊	2	55

与全国数据（类似检索策略，相同的检索主题词）比较来看，全国高被引 TOP200 论文（被引频次大于等于 40 次）中，来自湖北省科技期刊编辑的占比约 5％。值得一提的是，以近 5 年的数据来看，全国高被引 TOP200 论文（被引频次大于等于 18 次）中，来自湖北省科技期刊编辑的论文占比提升至约 9％，且以年轻作者居多（表 4-5），这说明近些年湖北省期刊青年编辑的高被引论文增多并在全国的影响力有所增大。

表 4-5 近 5 年湖北省编辑学研究高被引论文

序号	论文题名	论文作者	刊发期刊	刊发日期（年/月/日）	被引频次
1	知识类短视频对科技期刊的启示——以"中科院之声"系列短视频为例	王晓醉；王颖	科技与出版	2019/11/8	39
2	基于新媒体技术和思维的学术期刊影响力提升理论研究	胡小洋；游俊；熊显长；江津；陈道德	编辑学报	2018/2/25	38
3	中国科技期刊国际影响力提升计划实施效果与分析	佘诗刚；马峥；许晓阳	中国科技期刊研究	2018/4/15	34
4	我国英文科技期刊国际影响力提升的战略与对策	何满潮；佘诗刚；林松清；李琦	编辑学报	2018/8/25	29
5	开放服务：学术期刊知识服务转型发展的突破路径	王妍；李冉；陈银洲	中国科技期刊研究	2018/11/15	27
6	科技期刊审稿专家拒审、拖延审稿原因分析及应对办法	胡晓梅	编辑学报	2019/4/24	26
7	媒体融合背景下科技期刊学术传播方阵的构建与探索	陈勇；郭伟	编辑学报	2019/4/24	25
8	学术论文的网络首发：愿景·瓶颈·应对策略	占莉娟；胡小洋	编辑学报	2018/6/25	25

续表

序号	论文题名	论文作者	刊发期刊	刊发日期（年/月/日）	被引频次
9	青年编委会:突破传统编委会困境的有效之策	占莉娟;张带荣	中国科技期刊研究	2018/10/15	24
10	开放科学背景下区块链在科技期刊中的应用	陈晓峰;蔡敬羽;刘永坚	中国传媒科技	2019/2/15	23
11	媒体融合下高校学报的微信公众号与网络运营现状和优化建议	刘钊	中国科技期刊研究	2019/6/15	23
12	基于现代纸书模式的科技期刊数字化转型研究	陈晓峰;刘永坚;施其明;刘琦	科技与出版	2018/8/8	23
13	期刊编辑防范学术不端能力培养的必要性与策略	肖骏	编辑学报	2018/2/25	22
14	中文科技期刊国际化的现状与出路	李媛	出版广角	2019/3/15	21
15	群审稿——一种专家主动审稿模式的探索	郭伟	编辑学报	2018/6/25	21
16	大数据时代编委会结构优化及作用提升	单超;王淑华;胡悦;李根;姚戈	编辑学报	2019/6/25	20
17	科技期刊同行评议中审稿人激励措施研究	陈晓峰;蔡敬羽;刘永坚	中国科技期刊研究	2019/11/15	20
18	学术期刊在科研诚信建设中的作用与实施路径	孙娟;何丽;宋勇刚;张春强;	中国科技期刊研究	2021/2/15	19
19	"互联网＋"时代科技期刊青年编辑利用新技术快速学习成长的方法	李庚;魏玉芳	编辑学报	2018/12/25	18
20	轻量化的现代期刊转型平台——OSID 的逻辑、功能及发展趋势	施其明;周文斌;陈晓峰;刘琦	中国传媒科技	2019/1/15	18

四、研究主题态势分析

为了更清晰地了解湖北省近年来在科技期刊编辑出版领域学术研究的发展态势,本小节以 5 年为一节点,分三个考察周期对编辑学研究态势做进一步统计分析。

（一）湖北省科技期刊编辑近 15 年编辑学论文发表期刊分析

湖北省科技期刊编辑在 2008—2012 年、2013—2017 年以及 2018—2022 年三个 5 年期间，分别发表编辑学论文 434 篇、522 篇和 439 篇，其出版期刊分布见图 4-2 至图 4-4。从中看到，2008—2012 年，湖北省编辑论文主要发表在《中国科技期刊研究》和《编辑学报》两本核心刊物上，占比高达将近 80%。2013—2017 年，湖北省编辑论文发表期刊的分布更加多元化，编辑出版领域主流期刊和地方高校学报的占比较为均衡，发表在《中国科技期刊研究》和《编辑学报》两本核心刊物上的论文占比约为 30%。2018—2022 年，地方高校学报（非核心）论文占比明显偏高，近 70%，而《中国科技期刊研究》和《编辑学报》这两本代表性核心期刊的占比缩减至 20%。

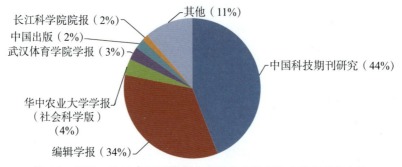

图 4-2 2008—2012 年不同期刊上湖北省编辑学论文发表篇数占比

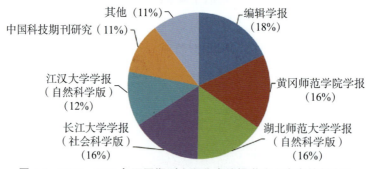

图 4-3 2013—2017 年不同期刊上湖北省编辑学论文发表篇数占比

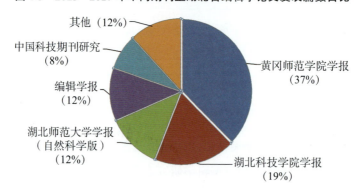

图 4-4 2018—2022 年不同期刊上湖北省编辑学论文发表篇数占比

(二)湖北省近 15 年发表编辑学论文研究内容分析

统计编辑学论文的研究主题词分布情况,并排除其中高频次出现的编辑出版、期刊编辑、科技期刊、学术期刊这些无法准确表现论文主题的泛意关键词,通过发表论文的高频主题词,对近 15 年湖北省科技期刊编辑出版学术研究内容进行分析。可以看到研究方向较为全面,从"高校学报"/"地方期刊"到"医学期刊"/"农业期刊";从"同行评议"到"编辑加工",从"媒体融合"到"大数据时代",从"科技论文统计"到"学术不端",从"期刊影响力提升"到"应对策略"等,广泛涉猎科技期刊编辑出版的各个元素和环节。

2008—2012 年、2013—2017 年以及 2018—2022 年三个 5 年期间,全国和湖北省科技期刊编辑学论文的研究内容主题词统计云图见图 4-5 至图 4-7。结果显示,湖北省开展科技期刊编辑出版领域学术研究的整体发展趋势与全国数据较为一致,且从研究方向上看,湖北省领域一直处于科技期刊编辑出版研究前沿。例如,2013—2017 年,湖北省编辑论文研究内容主题词已高频出现"提升策略""媒体融合""新媒体"等关键词,这些主题词也是后续 5 年中期刊编辑出版领域的全国范围研究热点,说明湖北省编辑当时已敏锐捕捉到期刊出版的研究前沿热点,并开展相关研究,引领了近些年来国内编辑出版研究方向。而近 5 年(2018—2022 年)的统计数据显示,湖北省编辑论文研究内容高频主题词中开始出现"世界一流期刊""'双一流'建设""知识服务"等,进一步显示湖北省在科技期刊编辑出版领域所开展的学术研究与时俱进,紧跟热点,研究选题上处于全国领先水平。

图 4-5　2008—2012 年湖北省(左)和全国(右)科技期刊编辑学论文的研究内容主题词统计云图

图 4-6　2013—2017 年湖北省(左)和全国(右)科技期刊编辑学论文的研究内容主题词统计云图

图 4-7　2018—2022 年湖北省（左）和全国（右）科技期刊编辑学论文的研究内容主题词统计云图

五、思考与展望

分析湖北省近 15 年科技期刊编辑发表编辑学论文概况，可从一个侧面反映湖北省编辑学研究水平和湖北省科技期刊编辑人才发展态势，其态势呈现以下基本特点。

①湖北省编辑学论文发文量近些年大幅下滑且发表在专业核心期刊的论文占比明显减少。究其原因，这可能与近些年来科技期刊出版工作内容涵盖更广而编辑个人精力有限、论文成果认定和人才晋升机制激励不足等因素有关，对此应引起高度重视。为此，建议依靠湖北省编辑学会、期刊协会等组织优势进一步加强省内区域科技期刊的学术交流。例如，可根据编辑不同的研究兴趣方向成立研究小组定期组织业务学习、交流研究心得，也可加大对编辑领域课题的扶持力度，以及开展编辑学论文写作培训班等，采取这些方式引导青年编辑开展编辑学研究，鼓励他们踊跃发表论文，从而以编辑学研究带动科技期刊发展。

②有期刊集群的高校是湖北省编辑学论文产出的主要机构且单刊编辑部发文数量与所运营期刊的影响力呈一定正相关。办刊实践证明，科研基础较好的办刊机构都非常重视对科技期刊的研究和分析，重视编辑人才培养，因而能够形成浓厚的学术氛围，更有利于汇聚编辑人才。良好的学习型编辑部的氛围对青年编辑的成长至关重要，而编辑的业务研究水平提升，运用到实际工作中能够促进期刊进一步发展。

③湖北省科技期刊编辑出版学术研究内容十分丰富。其内容既涉及编辑出版理论基础，又包含与时代问题和社会未来发展联系紧密的新问题。统计分析结果显示，湖北省编辑中的高产/高被引作者在研究选题上多聚焦于个人关注的领域，纵向深入并横向合作、延伸拓展，已逐步形成研究领域倾向性和个人特色研究方向，如期刊评价、提升策略、新媒体等。

④湖北省编辑出版学研究成果积淀深厚且传承与创新并重。20 世纪末，原《华中理工大学学报》主编钱文霖在"科技编辑方法论"方面的研究造诣颇深，曾引领全国，影响期刊界很多年；而近些年，湖北省越来越多的青年编辑开始深度思考编辑出版专业和行业的技术革新与转型之路。从统计数据看，全国高被引论文中，出自湖北省科技期刊编辑的论文占比在近 5 年显著提升，且以年轻作者居多，说明新时代下湖北省一批年轻的编辑出版领域的复合

型人才成长起来,抓住一流期刊建设、新媒体技术数字出版转型的契机,紧跟出版领域前沿热点开展学术研究,成为高被引学者,并使湖北省科技期刊编辑学研究成果在全国的显示度和影响力逐步增大。

总之,湖北省科技期刊编辑人才成长与编辑学研究齐头并进,从而为加快推进湖北省科技期刊出版高质量发展注入强劲动力。

学 会 篇

XUEHUI PIAN

科技社团是党和政府团结联系广大科技工作者的桥梁与纽带,是国家创新体系的重要组成部分,也是建设科技强国的重要力量。

湖北省科技期刊高质量可持续发展,除了与各期刊编辑出版单位自身努力有关之外,也离不开社会团体组织的指导、激励和支持。湖北省期刊界的行业社团组织有学会、协会和研究会等,其中湖北省科技期刊编辑学会,作为湖北省科技期刊编辑出版行业重要社团组织,用心为会员单位营造编辑学术研究和信息交流氛围,构建了一个良好服务平台,积极主动引导会员单位发挥党建引领作用,激励会员单位加强人才队伍建设,组织会员单位履行科学普及、扶贫攻坚等社会责任,凝聚编辑智慧,为湖北省科技发展贡献出力量。

学会篇对学会近 5 年(2019—2023 年)的工作进行全面的总结呈现,共分 2 章,即第五章和第六章,具体内容如下:

第五章以"打造一流社团 开展一流社会服务——湖北省科学技术期刊编辑学会近 5 年工作回顾"为题,从十个方面全面梳理和总结了学会近 5 年来的会员服务和社会服务工作。

第六章以"'创新源泉工程'优秀科技期刊评选工作"为题,重点总结了学会在湖北省科学技术协会的领导下,开展的期刊发展引领项目推进情况及实施效果分析,并给出优秀项目发展案例分享。

第五章　打造一流社团　开展一流社会服务

——湖北省科学技术期刊编辑学会近 5 年工作回顾①

习近平总书记在党的二十大报告中指出："把各方面的优秀人才集聚到党和人民的事业中来，引导广大人才爱党报国、敬业奉献、服务人民"。习近平总书记的指示，是办好湖北省科学技术期刊编辑学会（以下简称"学会"）的根本遵循。科技社团的成员都是优秀的科技人才，科技人才的作用和活力要靠科技社团去激发和推动。学会在党支部的领导下，以党建工作为引领，通过学术活动与培训工作、科普宣传工作、信息站点调查工作、"助力长江保护与经济发展"课题研究、编辑出版《湖北省科技期刊发展蓝皮书》、扶贫攻坚和"乡村振兴"等活动，将科技工作者凝聚到党和人民的事业中来，充分发挥科技工作者的敬业奉献和爱国爱党的执着信念去服务社会，成就自身。

一、党建工作

（一）以党建为引领，为湖北省科技期刊发展导航

1. 2019 年新年岁首，党支部召开扩大会议，组织大家学习习主席 2019 年新年贺词

党支部副书记施华同志说，习主席 2019 年新年贺词中的每一句话都感人至深，发人深省，催人奋进。我们一定要以新年贺词作为 2019 年的奋斗目标、工作动力，共同奋斗在各自的岗位上。我们都是追梦人，我们都要努力奔跑。

紧接着，学会的各个部门，诸如学术部、培训部、组织部、对外服务部、调查站点组、媒体融合组、外文期刊协作组、青委会等一起行动起来，学习习主席 2019 年新年贺词。大家表示，要认真学习领会习主席新年贺词，立足本职工作岗位，努力为湖北科技期刊高质量发展做出贡献。

2. 锤炼坚强党性，弘扬长征精神

2019 年 5 月下旬，学会党支部开展了"重走长征路，牢记烈士牺牲与奋斗"主题党日活动。

习主席教导我们："一切向前走，都不能忘记走过的路，走得再远，走到再光辉的未来，也

---

① 撰稿人：卢先蓉。

不能忘记走过的过去,不能忘记为什么出发。"长征是一次理想信念的伟大远征,也是一次不断战胜艰险、夺取胜利的远征。"长征万里险,最险夹金山,鸟儿飞不过,人畜不敢攀。"而经历了生死考验的红军战士,三次翻越夹金山。多少红军战士长眠雪山,用不朽的身躯铸就了今日的辉煌。

站在夹金山下,大家仰望高耸入云的夹金山,深深地感到英雄的伟大与崇高。大家认为,今天的我们锤炼党性,就要像红军战士一样,做一个忠于党和人民的优秀党员。

3. 开展学习习近平主席 2021 年新年贺词主题党日活动

2021 年 1 月 8 日,学会党支部暨第八届理事会第四次常务理事会,开展了学习习近平主席 2021 年新年贺词主题党日活动。

为使学习收到圆满的效果,我们采取了学习、交流、思考三结合的办法,确保通过扎实的学习,人人都有收获,个个认识水平都能得到提高。

参会者每人手持一本红色封面上印有"习近平主席 2021 年新年贺词"的书(注释、金句都印在贺词后面)。会议第一程序是宣读贺词。大家一边聆听,一边逐字逐句对照阅读。第二个程序是学习交流。阮剑等九位同志在会上谈了学习新年贺词后的心得体会。会议的第三个程序是思考。要求每位参会者当即写一份学习新年贺词的感想,而且必须当场交卷,作为党建工作考核依据。大家认真撰文,按时交卷。

会员贺文同志在文中如是说:"作为华夏民族的一分子,我们应该做的就是按照习主席的要求,在自己的岗位上努力奋斗。相信每个人的奋斗,定能成就全民族的奋斗,汇聚成强大的力量,勇往直前,为我们的子孙后代创造出更加灿烂的辉煌。"

4. 党的盛典,人民的节日——为庆祝中国共产党成立 100 周年,学会办了三件大事

(1)将评先工作开展成一次有序的主题党日活动

2021 年,学会评先活动恰逢我党 100 年华诞。因此,评先的每个环节都与党建工作深度融合。要求每一申报者的申报材料中,必须提交一首(篇)歌颂党的诗歌或散文,表达申报者不忘党恩,对党的忠诚与挚爱。然后,从中选拔出优秀作品来。一则,用来刊登在庆祝中国共产党成立百年华诞的专辑上;二则,作者可在 6 月下旬学会召开的庆祝大会上表演自己的作品。总之,旨在通过这个活动对党员和群众进行一次生动活泼且终生难忘的主题党日教育活动。

(2)出版专辑,世代传承

为了表达中华儿女衷心祝福母亲生日的心愿,学会决定出版"庆祝中国共产党成立 100 周年专辑",拟在 2021 年 6 月 25 日召开的"庆祝中国共产党成立 100 周年盛典"上发放,旨在为节日增光添彩,表达中华儿女永远跟党走的决心。

（3）百年盛会,歌舞颂扬

中国共产党,我们心中的太阳

2021 年 6 月 25 日

期盼已久的这一天,

终于到来了。

身穿节日盛装的会员,

纷纷赶往会场。

准备了半年的节目,

今日献给党。

谁能心情不激荡?

你朗诵,爱党敬业献青春;

我歌唱,党是永远不落的红太阳;

你表演,北京的金山上;

我朗诵,今日中国,吾辈当自强。

让我们尽情地欢呼,

让我们尽情地歌唱,

恭祝我们的母亲,

万寿无疆! 万寿无疆!

5. 红色江山我们守——学会隆重举办"报国讲坛"主题党日活动

2022 年 7 月 25 日,为了纪念中国工农红军长征胜利 86 周年,学会党支部隆重举办"报国讲堂"主题党日活动。

会议开始,全体起立,大家高举五星红旗,齐声歌唱《没有共产党就没有新中国》这首家喻户晓、传唱不衰的革命歌曲,见证着我党的奋斗历程,承载着共同的价值追求,滋养着我们的心灵。

首先,学会党支部书记邱观建理事长讲话。他说,我们在此举办"报国讲坛",目的在于传承红色基因,发扬长征精神。习总书记指出,长征精神就是把全国人民和中华民族的根本利益看得高于一切,坚定革命理想和信念,为了救国救民,不怕任何艰难险阻,不惜付出一切牺牲的精神,就是紧紧依靠人民群众,同人民群众生死相依、患难与共、艰苦奋斗的精神。

长征是党和红军给我们子孙后代留下的宝贵精神财富,我们要牢牢记住牺牲在长征途中的十多万红军英烈,牢记自 1921 年至 1949 年新中国建立期间牺牲的 370 多万共产党员英烈。他们只播种,从未想过收获。他们都是具有深刻历史自觉的人。向英烈学习,英烈打下了江山,我们一定要守住江山,并以此告慰毛主席和所有的英烈。在会上,卢先蓉同志满怀激情地朗诵了毛主席诗词《诉衷肠》:"当年忠贞为国愁,何曾怕断头? 如今天下红遍,江山靠谁守? 业未就,身躯倦,鬓已秋;你我之辈,忍将夙愿,付与东流?"

接着，《长江科学院院报》编辑部的编友集体朗诵了《红色江山我们守》："吾辈报国跟党走，风雨誓同舟。百年变局重构，江山我们守。听党话，爱国家，捍疆土。我的朋友，前辈夙愿，铭刻心头。"

许多编友纷纷登台演讲。老红军的后代，年过七旬的资深编辑于华东编审，不仅登台演讲、朗诵，表达自己对党的深情，而且还将其七岁的小外孙带来接受革命传统教育，并让他登台朗诵了歌颂党的诗歌。通过几代人的共同努力，精彩的报国讲坛高潮迭起。最后，还有五个小朋友参加演出，他们都是编辑的孩子，是红色江山未来的守护者。他们的表演使"讲坛"充满了欢笑与掌声，使长辈看到了未来，看到了希望。有一个小朋友学着大人，举起小拳头向党宣誓：请党相信，红色江山我们守！

6.建设科技强国，迫切需要科学家精神

2023年6月11日，学会特邀请了"八一勋章"获得者、感动中国人物钱七虎院士作题为"建设科技强国，迫切需要科学家精神"的励志报告。

钱院士说，他出生在烽火连天的抗日战争年代，那时，生活在日本侵略者铁蹄下的中国人民，过着水深火热的生活。哪个中国人对日本鬼子不是怀着刻骨铭心的深仇大恨。在那苦难的年代，钱老幼时丧父。父亲临终时，语重心长地对他说："你长大后，一定要好好为国家干一番事业。"自幼在一片焦土上长大的钱院士，目睹疮痍满目的祖国，心中无比悲愤。他立志在逆境中奋斗，学好本领，报效祖国。他是这样自我要求，也是这样用生命的分分秒秒去践行的。听了钱院士的励志报告，编友们纷纷表示，要以钱院士为榜样，学好本领，报效祖国。

中国知网湖北分公司在线教学平台，对此进行了线上直播，线上有近万人观看学习。钱院士的报告，让人入耳入脑入心，感动了社会，教育了人民。为此，学会秘书长卢先蓉同志写了一首"致敬，钱七虎院士"的诗歌，向钱院士表示崇高的敬意。

致敬，钱七虎院士

虎步龙行气宇昂，虎啸龙吟世无双。奋斗不休一甲子，铸盾永远在路上。

武器更新无止境，豺狼来了有猎枪。对待敌人必须狠，子弹时时要上膛。

远见卓识唯钱老，创办期刊为国强。亲力亲为当主编，刊物越办越漂亮。

"岩石力学"英文版，稳居世界前三强。钱老由衷感欣慰，不负人民不负党。

无怨无悔是追求，奋斗终生是理想。人民英雄人民敬，授予最高科技奖。

代表人民代表党，习总亲自颁奖章。奖金资助困难生，培养未来国栋梁。

不忘家乡养育恩，捐赠巨款建学堂。武汉疫情蒙灾时，不惜百万尽倾囊。

为国为民甘奉献，岂惜热血一满腔。感动多少中国人，热泪盈眶泪两行。

模范党员人敬仰，堪称学习好榜样。我们同你齐奔跑，永生永世追随党。

(二)以党建为引领，同心同德抗疫情，为湖北省科技期刊发展铸魂

疫情，是个意外的灾难。灾难不由我们选择，道路却由我们开辟。疫情期间，学会在第八届理事会党支部的领导下,组建了"党支部群"。群主是理事长、党支部书记邱观建。学会党支部通过这个群,及时将以习近平为核心的党中央指示精神和疫情期间的各种政策传达给会员,用以习近平为核心的党中央精神统一思想、凝聚人心、鼓舞斗志。学会党支部通过这个群,充分发挥了战斗堡垒作用。党支部在群里发出号令,要求每个共产党员在抗疫期间必须发挥先锋模范作用,大家积极响应。

学会党支部副书记、中国水运报刊社社长施华同志在整个抗疫期间,吃住都在办公室,坚持做到人在阵地在,组织全体员工网上办公,编辑出版报刊,取得了可喜的成绩。武汉大学科技期刊中心在时任党支部书记阮剑同志的带领下,第一时间投入战斗,在办公室、在街道社区、在电脑前,他们加班加点,用自己的业务专长和辛勤汗水,为打赢疫情防控阻击战贡献力量。学会副理事长、长江蔬菜杂志社党支部书记吴三红,在疫情期间长期下沉社区做志愿者;该杂志社副社长张丽琴长期下沉到蔬菜种植基地及蔬菜种植大户基地,与菜农一起研究蔬菜新品种,抓春耕不误农时,为确保城市居民蔬菜供应做出了贡献。

《护理学杂志》主编、共产党员刘义兰坚持战斗在抗疫一线。2020年"5·12"国际护士节,世界卫生组织分享了她的抗疫经历。许多媒体纷纷报道了她带领4000多名护士勇斗新冠病毒的感人事迹。

《交通企业管理》编辑部的党员和群众牢记使命,一直坚持居家办公,并配合社区开展防疫工作,作为志愿者服务,受到了武昌区防治新冠病毒指挥部的表扬。在复工复产中,编辑部积极谋划,与全国各地交通企业事业单位联系,报道他们迎难而上、坚韧逆行、勇往直前的英雄事迹。此举不仅鼓舞了受表扬者,而且在全国交通企事业单位产生了积极的推动作用。

在党的领导下,全国人民咬紧牙关,终于爬过了这个坡,迈过了这道坎,新冠疫情肆虐终于成了记忆。这些记忆已成了历史。历史是人民创造的。在创造这段历史时,学会党支部和群众表现得非常出色。以上所提及的党员只是他们中的代表。

通过战胜新冠疫情,我们清楚地认识到,自觉地在思想政治上行动上同党中央保持一致,则无往不胜。

学会党支部忠实地对学会全面加强了党的领导,将全体党员和会员紧密地团结在党中央周围。学会秘书处忠实执行党支部的决议,自觉接受理事会的领导,紧密地团结全体会员,全心全意为会员服务。全会上下同心同德,在各项工作中取得了显著成绩。

二、学术活动

开展学术活动是学术团体的立会之本、创新之源、发展之道。

(一)2019 年学术活动集锦

2019 年,为庆祝新中国成立 70 周年,学术部办了四件事。

一是编辑出版《湖北省科技期刊研究》论文专辑第 26 集,征集学术论文 80 多篇。

二是评选"创新杯"优秀学术论文。评选出一等优秀学术论文 1 篇,二等优秀学术论文

3 篇,优秀学术论文 21 篇。

三是评选出武汉大学科技期刊中心等 4 个"学术研究先进集体"。

四是召开第 26 届学术年会。由学术部专家推选出 13 位"创新杯"优秀论文作者在会上发言。他们都是青年编辑,虽然从业时间不长,但由于有高度认真负责的钻研精神,在编辑工作中找到了处理论文常见容易出现疏漏问题的对策,提高了编校质量。

(二)2020 年学术活动集锦

2020 年是个特殊的年头。由于疫情的严重影响,许多活动受到了制约。即便如此,一贯重视学术活动的学会会员,对学会的学术活动仍然充满了期待。学会不负众望,克服困难,开展了如下学术活动。

一是编辑出版《湖北省科技期刊研究》论文专辑第 27 集。尚在疫情期间,学会学术部果断地做出决定:纵有千难万险,也要出版编辑专辑。出乎意料的惊喜是,竟然征得稿件 89 篇。

二是疫情期间,人心浮动,要严把专辑审稿关。对每篇稿件都要做到四审:一审政治观点;二审学术观点;三审整体布局;四审遣词造句、标点符号。要确保出版物的质量。

三是评选"抗疫杯"优秀学术论文。

为确保评审结果的公正,做到了三点:①采取封闭式审稿;②将每篇文章的评委给分相加,得出总分;③总分由高到低排序,评选出一等优秀学术论文 1 篇,二等优秀学术论文 3 篇,优秀学术论文 35 篇。

(三)2021 年学术活动集锦

一是编辑出版《湖北省科技期刊研究》论文专辑第 28 集。

二是评选"五连冠"优秀论文作者。"五连冠"优秀论文作者,五年评选一次。要求入围者连续五年中每年都有论文获奖,其中必须有 1 篇论文获二等奖及以上奖项。2021 年评上"五连冠"优秀论文作者的有刘钊、王银平 2 位编友。

三是评选"学术研究先进集体"。2021 年评选出《中南民族大学学报》等 5 个"学术研究先进集体"。

四是评选"登峰杯"优秀学术论文。其中一等优秀学术论文 1 篇,二等优秀学术论文 3 篇,优秀学术论文 35 篇。

(四)2022 年学术活动集锦

一是征集学术论文。在"新冠"肆虐 3 年的 2022 年,学会会员撰写学术论文的热情依然很高。在广大会员的支持下,2022 年征集论文 91 篇。

二是编辑出版《湖北省科技期刊研究》论文专辑第 29 集。

三是评选出"博学杯"一等优秀学术论文 2 篇,二等优秀学术论文 5 篇,优秀学术论文 25 篇。

四是遴选出"五连冠"优秀论文作者 1 位,他是《中国机械工程》杂志的陈勇。

（五）2023 年学术活动集锦

1. 路虽远，行则可至；事虽难，做则必成——学会举办第一届楚天卓越期刊发展研讨会暨英文科技期刊建设高端论坛

2023 年 3 月 28 日，学会在中国地质大学（武汉）成功举办了第一届楚天卓越期刊发展研讨会暨英文科技期刊建设高端论坛。

本次论坛分开幕式与学术报告两大部分。在开幕式上，中国地质大学（武汉）刘勇胜副校长热情致辞，湖北省科协学会部陈国祥部长代表省科协在会上致辞，并对学术会议的召开表示热烈祝贺。

论坛开幕式后，学术报告开始。学术报告分三部分：一是特邀报告；二是一流英文科技期刊建设与创新系列学术报告；三是科技期刊国际化发展与提升之路探索。

会上，扎扎实实的 20 个学术报告，其内容之全面，每个报告间其内在逻辑联系之紧密，学者对问题的论述与剖析之深刻，听众之专注，会场秩序之井然，可以说是前所未有的。本次论坛借助中国知网的传播力，线上分享的人达千余，遍及海内外。就连出差路过武汉的兄弟省市编友，也纷纷要求参加会议。

2. 培养造就高素质人才是国家和民族长远发展之大计——学会举办中文科技期刊高端学术论坛

2023 年 4 月 26 日，学会在华中农业大学举办了中文科技期刊高端学术论坛。湖北省近 300 位科技期刊编辑云集华农。论坛开幕式由范敬群主任主持，华中农业大学党委副书记、副校长姚江林在会上热情致辞。

论坛分特邀报告、重点报告、系列报告三部分。23 个学术报告，大体上涵盖了六个方面的内容：办刊宗旨、刊物转型、成果转化、刊物质量、媒体融合、人才培养。报告者各抒己见，精彩纷呈，新意迭出，听者大有振聋发聩之感。一位编友满怀激情地说："这个学术会议开得太好了，让我耳目一新，受益匪浅。"

三、人才培养

遵照习近平总书记的指示，为了培养科技期刊编辑的专业能力、专业精神，增强其适应新时代特色社会主义发展要求的能力，学会于 2021 年、2022 年、2023 年分别举办了五期编辑业务培训班，每期学员 150 人左右。

学会办培训班，坚持"一体两翼"的原则，一是培养编辑优秀的政治品质；二是培养编辑过硬的业务能力。培训班的第一堂课是政治理论课，主讲人是武汉理工大学党史理论专家、学会理事长邱观建教授。2021 年，邱观建书记以"百年党史，苦难与辉煌"为题，分四个时期讲党史，一讲就是几个小时，学员始终以饱满的政治热情听课。

2022 年、2023 年，邱书记在讲党课时强调指出：全面深入学习贯彻党的二十大精神，全党开展中国特色社会主义主题教育，了解世界大势，认清复杂形势，明确目标任务，自觉责任

担当,是每个有良知中国人的初心与使命。邱书记讲党课结合实际,深入浅出,使学员对党的二十大精神有了深刻的理解,对复杂的国际形势有了清醒的认识,对自己的工作目标有了更加坚定的追求。

专业课的设置,以考虑学员的需求为主。由于每年都有新编辑加入,因此,课程设有办刊的基本理念、知识、方法。课程的安排更重要的是必须考虑编辑整体素质的提高,诸如怎样提高期刊的学术水平、编校质量,以及英文摘要的写作方法。如何防止学术不端行为的产生,也是必须安排的内容。

鉴于湖北省科技期刊人才辈出,优秀者众,故首先从学会优秀科技期刊的优秀办刊者中选拔讲课老师,要求他们要讲出深度与创新点。为了扩大编辑的视野,邀请了中国高校科技期刊研究会名誉理事长颜帅,作了题为"国际化科技期刊创办与运作"的学术报告。还有幸请到了全国著名编辑学者、《编辑学报》主编陈浩元讲课,陈主编主要讲了科技期刊编辑如何认真贯彻国家标准。他强调指出,科技期刊编辑必须增强文化自信,务必纠正崇洋媚外的错误观点,更不能以"与国际惯例接轨"为遁词,拒不执行国家标准。

学员对培训班给予了极高的评价,一致认为,学会主办培训班是全心全意为会员服务,不以营利为目的。

四、评优评先

湖北省科协历任领导都非常重视湖北省的科技期刊。自 2013 年始,在湖北省科协"科技创新源泉工程"这个大课题里,设了一个重要的子课题,即开展湖北省优秀科技期刊评选工作。这项工作的开展,不仅在湖北省科技期刊界产生了很大的影响,而且在全国各省科技期刊界也引起了强烈的震动。

学会受湖北省科协的信任与委托,自 2015 年便开展了这项工作。自 2019 年至 2023 年,这项工作在不断创新发展。

①每年出版一本湖北省优秀科技期刊先进事迹介绍专辑,供同行学习,促进大家共同进步,同时,也便于与兄弟学会交流。

②评优看进步,鼓励进步。诸如基础比较薄弱,但走势一直朝上的期刊,不气馁,一次次地申报,虽然没有评上,但一次比一次有进步,刊物越办越好。对这样的刊物多予鼓励。

③设"三连冠"优秀科技期刊奖。

每隔 3 年申报一次,连续申报 3 次,次次入围,方可获"三连冠"优秀科技期刊光荣称号。这需要十年的功夫,谓之久久为功。设此项目旨在对经久不衰的刊物给予奖励。

评刊的目的,是为了促进湖北省科技期刊整体办刊水平不断得到提高。尤其要使起点低、基础比较薄弱的刊物有追求进步的勇气和信心,坚信通过努力,是可以进入先进刊物行列的;使优秀科技期刊保持领先水平,越办越出色,永远领跑。如此,即达到了评刊之目的。

五、青委会工作

学会青年编辑委员会（以下简称"青委会"）是在党和国家提出"培育世界一流科技期刊"的大背景下应运而生的。青委会担负着为现在和未来培育一流科技期刊青年编辑的重任，搭建为青年编辑展示才能与风采的平台。海阔凭鱼跃，天高任鸟飞。学会有志成为一流科技期刊编辑的青年人，都可以借助这个平台迅速成长。

青委会成立后，受到了第八届理事会的重视，得到了各刊社（编辑部）领导的大力支持，受到了广大青年编辑的热诚欢迎。青委会成立后，首先制定了《湖北省科学技术期刊编辑学会青年编辑奖评选条例》，根据这个条例，首次评选出 20 名青年编辑奖获得者。此外，青委会还做了大量深受青年编辑欢迎的工作。

2021 年，在疫情形势下，青委会根据青年编辑的需求，创新线上活动的方式，开展了各项活动。

①举办青年编辑沙龙。青委会在线上成功举办了"探索学术社区，建设一流期刊"学术沙龙活动。学习了同行专家的先进经验，活跃了办刊思路，坚定了青年编辑建设一流科技期刊的决心。

②接受学会培训部的邀请，几位青年编辑在学会举办的编辑业务培训班讲课，传授了办刊经验，受到同行的赞扬和肯定。

③在学会庆祝中国共产党成立 100 周年的盛大节日里，青委会献上了合唱《少年》，祝福党、祝福祖国繁荣昌盛，永创辉煌。青年编辑充满激情的表演，受到了与会者的热烈欢迎。

以喻菁同志为代表的青委会带领青年编辑为湖北省的科技期刊建设发挥了积极的作用。

六、调查站点工作

调查站点是为国家智库提供可靠而有价值信息的基层单位。一个先进的调查站点是由无私奉献的信息员组成的。学会调查站点信息员是来自各会员单位的编辑。作为科技期刊编辑，每个人肩上的担子都很重，而信息员是额外的工作，也是一种无私的奉献。信息员在写调研报告之前，必须进行社会调查，在掌握可靠信息后，才能构思作文。绞尽脑汁后写出的文章既不算学术论文，也不与职称评定挂钩，更不能入绩效考核之列，能坚持下来，并乐此不疲，确实难能可贵。他们的努力为学会争得了荣誉。2018 年，学会被湖北省科协评为优秀调查站点，所提供的信息量居全省第一。而且湖北省科学技术期刊编辑学会提供的调研报告被省科协认为是科协智库的重要信息来源。省科协高度赞扬了学会调查站点，认为学会调查站点高度重视科技工作者状况调查工作，连续多年授予我会为湖北省科协优秀调查站点。

七、"助力长江保护与经济发展"课题研究

(一)课题研究背景

党的十八大以来,习总书记的目光始终关注着壮美长江,多次深入长江考察。习总书记强调,从中华民族长远利益考虑,长江经济带发展要走生态优先、绿色发展之路,共抓大保护,不搞大开发。要把长江经济带建设成生态更优美、交通更顺畅、经济更协调、市场更统一、机制更科学的共享经济带。

(二)课题研究的现实意义

课题研究的目的是就党和政府关心的问题,提出影响社会经济发展的合理化建议。科技期刊工作者要有社会担当,要贯彻落实党的十九大和十九届二中、三中、四中、五中全会精神,坚定不移贯彻新发展理念,推动长江保护与经济高质量发展。

湖北省科学技术期刊编辑学会正是为了贯彻中央精神开展此次课题研究,旨在充分发挥科技期刊的优势,积极为长江保护及经济发展出谋划策。

(三)课题研究的目标

该课题设有 20 个专题。这 20 个专题围绕两大主线展开:一方面依托学科优势,紧扣国家重大发展战略,发挥各刊物的特色作用,通过形式多样的专刊、专栏集中发表关于长江保护与经济发展专题研究成果,并从多个维度对研究成果予以宣传推广。另一方面,从安澜长江、绿色长江、和谐长安、美丽长江建设出发,针对长江保护与经济发展的具体科技问题进行了研究。这些问题的研究是科技期刊发挥社会效益、推动科技与经济社会发展深度融合的创新尝试。

(四)课题研究的基本过程

该课题研究周期为一年(2020 年 12 月至 2021 年 12 月)。实际上,该课题研究一年有余。有 70 多位编辑专家、学者参与了研究。20 个专题,涉及助力长江保护与经济发展的方方面面,为助力新时代治江治水事业提供了创新驱动方向。

(五)课题主要研究成果

该课题研究的主要成果为:①产出的 20 个专题研究报告,推动了长江保护与经济发展;②其中 3 个专题入选 2021 年度湖北省科协科技创新智库研究课题(其中 2 个专题入选一类课题,1 个专题入选三类课题);③12 篇论文被重要科技期刊选登,入选专题论文数十篇;④培养了一大批科技期刊优秀人才;⑤该课题被湖北省科协评为重要学术研究成果。

未来,期刊人会继续从期刊的角度出发,发挥科技期刊自身的优势,积极组织、报道和宣传相关科研成果,为科技创新和科技进步搭建学术研究交流平台,为母亲河安澜、绿色、和谐、美丽奉献自己的一份力量。

该课题是在本会副理事长饶和平教授的主持下完成的。饶教授为该课题的成功付出了

智慧和力量。

八、科普宣传工作

学会党支部深知,科普宣传工作是自主自强、科技创新工作的重要支撑,是提高广大公民科学素质的重要措施。在学会党支部的领导下,学会秘书处以身作则,每年积极参加湖北省科协组织的科普宣传日主场宣传活动。这个活动得到了会员单位的大力支持。《医药导报》《湖北中医药大学学报》派出医生,现场为群众看病答疑,耐心指导用药,深受群众欢迎。学会展台上的科普杂志、科普书籍供不应求。整个科普宣传场面气氛非常热烈,学会的科普宣传工作形成了一马当先、万马奔腾的局面,每年都获得湖北省科协颁发的"科普宣传工作优秀组织奖"。《医药导报》《华中建筑》《湖北水利》《高电压技术》《湖北农业科学》《湖北电力》《临床内科杂志》《服饰导刊》等会员单位被评为湖北省科学技术期刊编辑学会 2022 年"科普宣传先进集体"。

(一)科普宣传《医药导报》一马当先

《医药导报》在主办单位的大力支持下,担负起了学会主会场展台的科普宣传工作。编辑部主任说:"开展全国科普日宣传活动是党的号召。我们要积极响应,要人出人,要物捐物,要不遗余力。"该编辑部派出了明星药师金进净指导现场群众科学用药、合理用药,祁星星医师为现场群众看病答疑。该编辑部捐出的药品、科普书籍深受群众欢迎,并受到了巡展领导的好评。

(二)喜迎二十大,科普向未来——《华中建筑》党支部积极开展科普宣传活动

①开展内部科普学习活动,积极响应号召抓落实。

②组织线下社区科普宣传和答疑。

③组织线上科普宣传活动。

④利用期刊栏目内容,进行高质量科普宣传。

⑤贯彻"双碳政策",进行低碳生活生产理念宣传。

(三)借自然之力,护绿水青山,育千秋万代——《湖北水利》结合行业特点,做好节水科普宣传

《湖北水利》期刊编辑部结合水利行业特点,在加强节水科普宣传,推广节水技术、节水理念、节水方法以及水生态修复、水利知识普及等方面开展了形式多样的科普活动。

①创立微信公众号,2020 年以个人名义注册了"禹日"公众号,刊登了系列科普文章,结合中国水日、世界水日,用通俗浅显的语言以及漫画的形式,并制作了短视频,进行了系列科普知识宣传。

②科普进幼儿园。2020 年举办了"珍爱地球,珍惜水资源"水科普进幼儿园活动。通过系列视频提问、回答互动方式,引导小朋友了解水的用途,以及如何节约用水等科普知识。

③《湖北水利》参加了 2021 年湖北省科技活动周开幕式,在活动中科普了水利、智慧农

业、节水知识,发放了科普宣传手册,通过宣传有效提升了公众节水意识。

(四)发挥期刊优势,弘扬科学精神,普及科学知识——《高电压技术》编辑部发挥期刊宣传作用,开展了一系列科普活动

①发挥期刊宣传作用,积极投入公益科普活动。

在 6 月安全月中,将醒目版面用于刊登"落实安全责任,推动安全发展"公益科普宣传。

②发挥数字平台优势,加大科普宣传效果。

编辑部不定期在期刊微信订阅号和视频号发布各类科普知识,让百姓了解我国电力行业领先优势,增强了大家的民族自豪感。数字化科普累计吸引了近 5 万人次的阅读量。

③结合行业做好科普工作。创新离不开科学普及,编辑部充分发挥期刊优势,夯实科研成果宣传平台,并积极将其投入到科普工作中,利用多渠道、多维度、常态化开展科普宣传活动。每年在多种场景下开展科普宣传工作数十次,累计传播上千人。

九、扶贫攻坚工作

学会响应以习主席为核心的党中央号召,整合学会资源,调动全体会员的积极性,自 2015 年至 2020 年,每年到一个贫困地区开展"医疗扶贫""教育扶贫",在 6 年的时间内,学会先后到过四川凉山的布拖县,湖北省的蕲春县、建始县、红安县、郧西县等省内外五大贫困地区,义捐 30 多万元,义诊惠及数千人,充分彰显了一流社会组织的公益形象。

2015 年,学会组织医疗队到全国最贫困的四川凉山州布拖县彝族地区,为彝族同胞看病。彝族同胞久居深山,听说习主席派医疗队来给他们看病,感动万分。有些年老体衰行动不便的彝族同胞下不了山,医生翻山越岭到彝族同胞家里去给他们看病。这一消息在凉山州传开后,安抚了无数人。

2016 年,了解到布拖县特里木镇中心卫生院修葺病房正在筹款时,学会向该院捐赠了 133711.00 元。这 13 万多元是学会全体会员一年捐赠款的总和。其中我们要点赞的是《武汉科技大学学报》的原主编许斌同志。他的捐赠款每次 2000 元,都是他亲自送到学会来的。学会会员捐赠的毛毯、被套、羽绒服、运动鞋、运动服等物品,像几座小山,堆在布拖县政府广场上,彝族同胞欢天喜地,排队领取。

2017 年,学会组织医疗队到蕲春县张塝镇义诊。因为求医病人多,白天看不完,晚上医生在村干部引导下,深入贫困户家看病。这种善举,感动了很多人。学会捐赠了 6 万元,作为贫困户大病补贴。

2018 年,到恩施建始县扶贫,卢先蓉同志给建始县小漂村贫困学生,以及建始县五抱树小学各捐款了 6000 元。当中国地质大学(武汉)期刊社宋衍茹老师,了解到小漂村学生雷冬升即将辍学时,决定每学期资助雷冬升 5000 元。在宋老师的无私帮助下,雷冬升 2023 年高中毕业,已考上了大学。宋老师给了雷冬升这个贫困家庭女孩一个美好的前途。

2019 年,慰问红安县七里坪敬老院孤寡老人及烈士家属,送去了毛衣、毛裤、羽绒服、皮夹克、鸭绒被、棉被、床单等物品。还给每位老人捐赠了100元。老人们看到这些慰问品激动万分，热泪滚滚，口中不断地说："感谢习主席，感谢共产党。"

"教育扶贫"为培根，国家期盼这代人。

2019年，在蕲春县扶贫办的引导下，学会在思源学校开展了"教育扶贫"工作。学会秘书处的卢先蓉秘书长从其退休工资中拿出1.2万元奖励资助了从该校100多位老师中推选出来的12位优秀教师。这项活动在该校党支部的支持下，开展得有声有色。一份爱心，温暖一名教师，感动一个家庭，影响一个群体，推动一项工作。

2020年，学会秘书处的同志又到思源学校慰问该校共抗疫情正准备复课的老师，并与2019年评选出的12位优秀老师进行了交流座谈。该校丁校长说："'教育扶贫'是一件功在当代、利在千秋的事。卢先蓉老师去年从退休金中拿出1.2万元，鼓励我校老师，今年又拿出2400元来慰问这12位优秀教师，我们实在是很感动。我们要牢记这份关爱，并将感恩之情变成实际行动，落实到对学生进行爱党爱国的思想教育中去。"

在座谈会上，老师们争先恐后地发言，他们决心用党中央习主席的思想光辉，照亮孩子们的心灵世界，教育他们树立报效祖国、为中华民族崛起而努力学习的远大理想。

在扶贫攻坚的收官之年，党支部领导学会赴郧西县开展了"医疗扶贫"工作。

首先，组织了一支有爱心、业务能力强、能吃苦的医疗队，前往"扶贫"的郧西县是贫困山区。贫困人口的44%是因病、因残致贫的，而且病人多居住在深山里，出入很艰难。乡与乡之间，大山阻隔。从一个乡到另一个乡，需要半天车程。几天的义诊，每天都是在危险的山路上颠簸前行，何时会出现险情，没有想过。

穷乡僻壤，没有会场，搭个棚子挡太阳。8月的烈日下，医生被一群群求医若渴的患者层层围住，挥汗工作。不惧岁月已年近84岁的马廉亭将军被围的人更多。任劳任怨、耐心耐烦为农民兄弟看病的他，感动了乡亲们，也为医生做了榜样。医生们白天义诊，晚上给乡村医生开办医学科普讲座。马将军则要去查房，解决重病患者的疑难问题。

马将军是位全科医生。他在部队医院里工作了半个多世纪。见多识广的他，遇到过无数病情凶险的患者，治愈过无数疑难杂症病人。大医忠诚，大爱无疆。他在查房时，对贫病交加、马上要送到武汉去的危重病人格外关注。对这样一些病人，经马将军诊断后，制定了详细的就地医治方案。马将军将自己的联系方式告诉当地医生，以便随时联系，继续指导。不久，这些病人陆续病愈出院。当地医院的医生诊治水平也因此得到了提高。

在四天的义诊中，这支医疗队到过郧西县城、关防乡，湖北口乡、观音镇乡。每天去一个乡，马不停蹄，为近1000位乡亲诊病，受到了当地政府的高度赞扬。

学会在这次"医疗扶贫"中，共收到会员捐款52000元。加上马将军、卢先蓉等个人的大额捐款，总数达到82000元整。

在征得郧西县各有关单位的意见之后，学会将这笔钱分别义捐给了关防乡、湖北口乡、观音镇乡的贫困户。

在义捐仪式上，拿到这笔钱的人，眼里噙着泪，手在微微颤抖。善良淳朴的人，口中不停地说:"感谢共产党、感谢习主席。"他们舞动着手中的小红旗,同声高呼:"感谢共产党,共产党万岁!"

相信你若在义捐仪式上看到受捐者的表情,纵使不落泪,也会伤心;相信这些善款帮助了很多贫困家庭;相信受捐者一定会感恩共产党,会坚定不移地跟随共产党走,相信做好"扶贫攻坚"工作,夯实了党在农村执政的坚实基础。

社会组织是植根于社会这片沃土的。离开了社会,则失去了生存的根基。因此,社会组织服务社会是天经地义之事。一流的社会组织必须做好一流的社会服务。相信所有的社会组织正在践行。

十、编辑之家建设工作

当你走进学会办公室,你一定会看到墙上挂着一个玻璃镜框,里面装裱着一幅字画,上面书写着一个斗大的"家"字。当然,它还真不是独苗苗,还有未提及的其他赞扬匾额。我们知道,这些字画、条幅、匾额都是会员对学会工作的鼓励和期盼。学会被会员称作"编辑工作者之家"。学会工作人员不辱使命,在开展建家工作中尽心尽力。

①学会是党联系科技工作者的桥梁和纽带。把党和政府对科技工作者的关怀送到科技工作者的心中,是建家工作中的重中之重。

在接受湖北省科协委托,完成湖北省科协"科技创新源泉工程"子项目"优秀科技期刊""优秀编辑工作者"的评选工作中,学会工作人员兢兢业业,踏踏实实,把每件细小的工作都看成是"建家工作"的重要组成部分,丝毫不敢懈怠。辛勤的付出,得到的结果是评选工作的公平、公正。评上的单位和个人高兴,没有评上的无怨气,营造了一个和谐的局面。

②急会员之所急,想会员之所想。一切为会员,是学会工作人员的目标。会员之所需即是学会工作人员之所为。

③事无巨细,只要会员一个电话打来,不管是孩子上学的事,还是求医看病的事,学会工作人员都会一一认真办理。无论事成与否,都会给会员一个答复。总之,不会让会员焦心等待。

④关爱会员身体健康。对于得大病、重病的会员,学会工作人员格外关注。疫情期间,虽不能登门看望,但打电话慰问、发慰问品都做到了及时、温暖。生病的会员感慨着说:"学会这样关心我,就连我的亲戚也没有做到这样暖心,学会就是我们会员的家。"

学会工作人员最大的愿望,就是要通过自己任劳任怨、踏实真情的工作,将科技期刊编辑紧紧地团结在以习近平总书记为核心的党中央周围。

第六章 "创新源泉工程"优秀科技期刊评选工作[①]

2011年，为了增强科技期刊基础条件和基础能力建设，深化改革、创新与发展，努力提高科技期刊的学术质量和出版质量，培育一批在学科和专业领域内有较强影响力和辐射力的优秀科技期刊，湖北省科学技术协会（以下简称"科协"）根据《科技创新源泉工程实施方案》，在全国率先制定了"科技创新源泉工程"优秀科技期刊与优秀编辑奖励实施办法。初步确定每年奖励5种期刊，每种期刊资助3万元。2011—2022年湖北省科协共资助科技期刊80种，其中有11种科技期刊获得2次资助，1种期刊获得3次资助，实际资助期刊数为67种，共计资助经费240万元。

一、评选方案的制定及完善

2011—2015年参评期刊仅限于湖北省科协主管或主办（参办）的期刊，相对来说评选的面比较窄；2016年修改为湖北省科协主管的科技期刊，以及省科协所属学会（协会、研究会）主办或参与主办的科技期刊。通过对6年来资助期刊的效果进行分析，并调研科技期刊单位和有关学会，特别是在湖北省科技期刊编辑学会及专家的建议下，认为前期资助的期刊范围太窄，提高湖北省科技期刊质量水平的效果有限。湖北省科协及时进一步调整完善了评选方案。2017—2018年参评期刊范围扩大至中国科协主管及中国科协所属学会主办（参办）的期刊。

2018年11月14日，习近平总书记主持召开了中央全面深化改革委员会第五次会议。此次会议通过了《关于深化改革 培育世界一流科技期刊的意见》。会议强调，科技期刊传承人类文明，荟萃科学发现，引领科技发展，直接体现国家科技竞争力和文化软实力。要以建设世界一流科技期刊为目标，科学编制重点建设期刊目录，做精做强一批基础和传统优势领域期刊。

为了进一步贯彻党的十九大精神，认真落实《关于深化改革培育世界一流科技期刊的意见》及习近平总书记关于科协工作的系列重要讲话精神，培育有较强影响力和辐射力的优秀科技期刊，为建设世界一流科技期刊贡献湖北力量。2019年，湖北省科协进一步调整了参评范围，湖北省境内所有的科技期刊均能参评；且资助期刊数增加至10种，使"源泉工程优

[①] 撰稿人：肖唐华。

秀科技期刊"实施办法更加完善。不仅扩大了资助范围,也加大了支持力度,对提高湖北省科技期刊的质量、建设世界一流科技期刊、发挥科技期刊服务经济社会发展等均起到了重要作用。

二、入选期刊的基本情况及主要指标分析

(一)基本情况

1.2011—2016年资助期刊的基本情况

2011—2016年共资助了30种科技期刊,其中有6种期刊获得3次资助、1种期刊(《科教导刊》)获得3次资助,实际资助期刊22种。22种期刊中,有2种(《楚天消防》和《湖北水利》)是内刊,通过资助进一步提高了两刊的办刊水平,特别是《楚天消防》在更名为《湖北画报·楚天消防》后,于2017年实现了公开出版发行。

20种公开发行的期刊中,只有2种是技术指导类,3种综合类,其余15种均为学术类期刊。从学科分布来看,以工学为主,有9种;其次是理学,有5种;农学3种;医学2种;文理综合1种。由于2011—2016年资助的期刊面比较窄,在以下的主要指标分析中将不予以具体分析,主要分析2017—2022年的资助效果。

2.2017—2022年资助期刊的基本情况

2017—2022年共资助期刊50种,其中有3种期刊获得2次资助(《岩石力学与岩土工程学报(英文版)》《医药导报》《水生生物学报》,在表6-1中以首次资助为准进行相关分析),因而实际资助期刊47种。其中中文科技期刊42种,英文科技期刊5种,具体情况见表6-1。

入选期刊均为学术类和技术类期刊,以学术类为主。从主办单位来看,主要为科研院所和高校,其中科研院所主办20种,高校主办17种,全国性学会主办9种;唯一一种《长江蔬菜》为杂志社主办,这是科技期刊市场化的一种新尝试。《长江蔬菜》着力以期刊为依托,充分发挥科技期刊人才、资源优势,创新服务模式,刊网结合,成功地走向了市场,实现了社会效益和经济效益双丰收。

入选期刊学科分布较为广泛。按照大类,将其分为基础研究类、工程类、农业与生物类、医学类及综合类。其中以工程类最多,共有16种,占比34.0%;其次为医学类和综合类,均为9种,分别占比19.1%;余下依次为农业与生物类共7种,基础类5种,以及管理科学类1种。

表 6-1　　　　　2017—2022 年资助的 47 种科技期刊基本信息及获奖情况

年份	期刊名	主办单位	学科	获奖情况*				
				国家行政奖	地方行政奖	全国学会奖	地方学会奖	小计
2017	水生生物学报	中国科学院水生生物研究所、中国海洋湖沼学会	生物学基础	1	2	2	1	6
	岩石力学与工程学报	中国岩石力学与工程学会	土木工程	0	2	2	3	7
	高电压技术	国家高电压计量站、中国电机工程学会	电气工程	1	0	6	6	13
	医药导报	华中科技大学同济医学院附属同济医院、中国药理学会	药学	0	0	0	9	9
2018	中国心脏起搏与心电生理杂志	中国生物医学工程学会、武汉大学人民医院	普通外科学、胸外科学、心血管外科学	0	0	0	2	2
	特种铸造及有色合金	中国机械工程学会铸造分会；武汉机械工艺研究所	机械制造工艺与设备	0	5	5	0	10
2019	岩土力学	中国科学院武汉岩土力学研究所	土木工程	0	0	6	2	8
	暴雨灾害	中国气象局武汉暴雨研究所	大气科学（工程）	0	0	0	2	2
	中国医院药学杂志	中国药学会	药学	0	1	0	2	3
	中国油料作物学报	中国农科院油料作物研究所	农艺学	0	1	0	4	5
	湖北电力	湖北省电力试验研究院	电力工业	0	1	0	1	2
	长江科学院院报	长江科学院	水利工程	0	0	0	5	5
	中国舰船研究	中国舰船研究设计中心	水路运输	0	0	1	10	11
	临床放射学杂志	黄石市医学科技情报所	核医学	0	2	2	0	4

年份	期刊名	主办单位	学科	获奖情况*				
				国家行政奖	地方行政奖	全国学会奖	地方学会奖	小计
2019	武汉体育学院学报	武汉体育学院	体育综合	0	2	2	0	4
2020	地球科学	中国地质大学(武汉)	地球科学综合	1	6	13	2	22
	桥梁建设	中国中铁大桥局集团	水路运输	0	0	2	4	6
	武汉工程大学学报	武汉工程大学	工程综合	0	0	3	2	5
	科技进步与对策	湖北省科技信息研究院	管理学	0	1	1	2	4
	护理学杂志	华中科技大学同济医学院	护理学	0	0	0	4	4
	中华小儿外科	中华医学会	儿科学	0	2	0	1	3
	人民长江	水利部长江水利委员会	水利工程	0	1	0	5	6
	湖北农业科学	湖北省农科院	农业综合	0	3	0	8	11
	长江蔬菜	长江蔬菜杂志社	农业	5	2	0	5	12
	武汉大学学报(理学版)	武汉大学	自然科学综合	0	0	3	1	4
2021	软件导刊	湖北省科技信息研究院	计算机科学(综合)	0	0	0	1	1
	交通信息与安全	武汉理工大学;交通计算机应用信息网	交通运输工程	0	1	0	2	3
	地质科技通报	中国地质大学(武汉)	地质学(工程)	0	0	2	4	6
	武汉大学学报(信息科学版)	武汉大学	自然科学综合	0	0	4	2	6
	中国机械工程	中国机械工程学会	机械工程设计	0	1	4	9	14
	华中师范大学学报(自然科学版)	华中师范大学	自然科学综合	0	0	4	2	6

续表

年份	期刊名	主办单位	学科	获奖情况*				
				国家行政奖	地方行政奖	全国学会奖	地方学会奖	小计
2021	湖北大学学报（自然科学版）	湖北大学	自然科学综合	0	0	2	5	7
	华中农业大学学报	华中农业大学	农业综合	0	0	3	5	8
2022	测绘地理信息	武汉大学	自然地理学和测绘学（基础）	0	0	3	3	6
	黄冈师范学院学报	黄冈师范学院	教育综合	0	0	1	2	3
	临床耳鼻咽喉头颈外科杂志	华中科技大学同济医学院附属协和医院	眼科与耳鼻咽喉科	0	0	1	3	4
	中国康复	华中科技大学同济医学院;中国残疾人康复协会	临床医学	0	0	0	1	1
	亚太传统医药	湖北省科技信息研究院;中华中医药学会	中医学	0	0	2	2	4
	水生态学杂志	水利部中国科学院水工程生态研究所	水产和渔业	0	0	1	2	3
	长江大学学报（自科版）	长江大学	工程科技	0	0	0	2	2
	世界桥梁	中铁大桥局集团有限公司	工程科技	0	0	0	2	2
	长江流域资源与环境	中国科学院资源环境科学与技术局;中国科学院武汉文献情报中心	工程科技	0	0	0	1	1
2017	岩石力学与岩土工程学报（英文版）	中国科学院岩土力学研究所;中国岩石力学与工程学会;武汉大学	基础科学;工程科技Ⅱ	0	0	0	5	5
2018	中国病毒学（英文）	中国科学院武汉病毒所;中国微生物学会	生物类	0	1	0	0	1
	固体力学学报（英文版）	中国力学学会	基础科学	0	0	3	0	3

续表

年份	期刊名	主办单位	学科	获奖情况*				
				国家 行政奖	地方 行政奖	全国 学会奖	地方 学会奖	小计
2018	大地测量与 地球动力学 (英文版)	中国地震局地震研究所	基础科学	0	0	0	4	4
2019	武汉大学学报 (自然科学 英文版)	武汉大学	基础科学	0	0	3	2	5

注：* 获奖统计年份为 2018—2022 年，数据来源于湖北省科学技术期刊编辑学会调查数据。

（二）入选期刊获奖情况

从表 6-1 中可以看出，所有的 47 种期刊均获得了不同种类的奖项。有 4 种期刊获得了国家行政部门颁发的奖项，其中《长江蔬菜》5 次获得国家奖，其余 3 种期刊分别是《地球科学》《高电压技术》和《水生生物学报》，各获 1 次。地方行政部门颁发的奖项共 34 次，其中，29 种期刊未获地方行政部门颁发的奖项，有 8 种期刊获得 1 次，6 种期刊获得 2 次，1 种期刊（《武汉大学学报（自然科学英文版）》）获得 3 次，1 种期刊获得 5 次（《特种铸造及有色合金》），表现最突出的是《地球科学》2018—2022 年共获得 6 次。

入选期刊获得全国学会（协会、研究会）颁发的奖比较多，47 种期刊共获得 81 次奖励。其中有 21 种期刊没有获得，5 种期刊获得 1 次，8 种期刊获得 2 次，6 种期刊获得 3 次，3 种期刊获得 4 次，1 种期刊获得 5 次，2 种期刊（《岩土力学》和《高电压技术》）获得 6 次，同样是《地球科学》2018—2022 年共获得 13 次，居首位。

获得地方学会奖最多的是《中国舰船研究》，共获得了 10 次；其次为《医药导报》和《中国机械工程》获得了 9 次。获得 5 次以上地方学会奖的有《湖北农业科学》8 次，《高电压技术》6 次；《长江科学院院报》《人民长江》《长江蔬菜》《湖北大学学报（自然科学版）》《华中农业大学学报》和《岩石力学与岩土工程学报（英文版）》均获得了 5 次。

（三）入选期刊主要评价指标分析

总被引频次和影响因子以及学科排名，是目前评价科技期刊的主要定量指标。对入选期刊的这三个指标进行了分析，由于有 6 个年份的入选期刊不便于取某一具体年份进行统一分析，遂采用各指标的年均增长率进行期刊间的比较。2017—2022 年资助的 47 种科技期刊主要评价指标的具体数据、增长率及年均增长率见表 6-2。

47 种入选期刊中有中文科技期刊 42 种，英文科技期刊 5 种。中文期刊中有 8 种期刊未能进入《中国科技期刊引证报告（核心版）》，英文期刊中有 2 种尚未被 SCI 收录。因此，对余下 37 种期刊的主要引证指标进行分析。

1. 总被引频次

从表 6-2 中可以看出，34 种中文期刊总被引频次主要呈增长态势，只有少数几种期刊与获奖年份相比略有下降，但降幅较小，属于在正常范围内波动。

与获资助年相比，《桥梁建设》和《地球科学》进步非常明显，其总被引频次近 2 年年均增长率分别为 36.41% 和 25.83%；《湖北大学学报（自然科学版）》资助后第 1 年增长率为 33.80%，与其新进入核心版有关。近 3 年年均增长率超过 10% 的还有如下期刊：《暴雨灾害》为 17.45%，《长江科学院院报》为 15.99%，《中国舰船研究》为 18.87%。《华中师范大学学报（自然科学版）》2022 年比 2021 年增长 14.99%，亦超过了 10%。

从总被引频次的绝对数值来看，《岩石力学与工程学报》总被引频次最高，2022 年达到 12181 次，近 5 年年均增长率为 4.00%，无论是从绝对数值还是从增长率来看，均表现突出。《岩土力学》2022 年达到 11200 次，近 4 年年均增长率为 5.39%；《高电压技术》2022 年达到 9038 次，近 5 年年均增长率为 4.83%。总的来看，无论是从总被引频次的绝对数值还是从增长率来看，入选期刊均进步较大，均获得不同程度的增长，说明期刊的学术质量和影响力有了进一步提升。

3 种英文期刊在 SCI 中表现不俗，《中国病毒学（英文）》和《岩石力学与岩土工程学报（英文版）》总被引频次分别比获奖年增长 306.48% 和 185.06%；年均增长率分别为 61.3% 和 46.26%，《固体力学学报（英文版）》年均增长率为 9.69%。3 种英文期刊进步均较大。

2. 影响因子

从表 6-2 中可以看出，入选的中文期刊影响因子除 1 个期刊略有下降外，其余 33 种期刊均有不同程度增长，影响因子年均增长率达到 10% 以上的有 18 种期刊，占比达到了 45%，说明近一半的期刊在获得资助后年均增长率达到了 10% 以上。增长幅度最大的为《桥梁建设》，近 2 年平均增长率为 96.41%；《湖北大学学报（自然科学版）》2022 年比 2021 年增长 70.16%。近 2 年影响因子平均增长率《武汉大学学报（理学版）》为 42.96%，《人民长江》为 32.50%。《科技进步与对策》作为管理类期刊，也是社会科学与自然科学双核心期刊，近 2 年平均增长率为 28.59%，是一个非常不错的成绩。《岩石力学与工程学报》和《医药导报》近 5 年平均增长率分别为 15.01% 和 26.94%；《中国心脏起搏与心电生理杂志》近 4 年平均增长率为 12.98%；《岩土力学》《中国油料作物学报》《长江科学院院报》和《中国舰船研究》近 3 年平均增长率分别为 13.45%、18.67%、23.31% 和 14.49%；《地球科学》《护理学杂志》和《中华小儿外科》近 2 年平均增长率分别为 11.6%、17.73% 和 18.82%。《武汉大学学报·信息科学版》《中国机械工程》和《华中师范大学学报（自然科学版）》2022 年比 2021 年分别增长 22.95%、26.82% 和 26.76%。

3 种英文期刊影响因子表现与总被引频次相似，《中国病毒学（英文）》和《岩石力学与岩土工程学报（英文版）》分别比获奖年增长 122.67% 和 158.04%；年均增长率分别为 24.59% 和 39.51%。《固体力学学报（英文版）》年均增长率为 9.18%。

总的来说,影响因子与总被引频次变化趋势相同,且增长幅度更大。

3. 学科排名

入选期刊的学科排名以 2023 年的数据为准进行分析,从表 6-2 中可以看出,《岩石力学与工程学报》和《桥梁建设》均在本学科的 12 种和 16 种期刊中排名第一位。《岩土力学》《地球科学》《华中师范大学学报(自然科学版)》《中国康复》和《世界桥梁》5 种期刊分别在本学科 12 种、16 种、26 种、15 种和 16 种期刊中位列第二位。《中国舰船研究》《护理学杂志》和《临床耳鼻咽喉头颈外科杂志》分别在本学科 16 种、12 种和 10 种期刊中位列第三位。其余期刊在本学科中均排名靠前,见表 6-2。说明入选期刊都是本学科中学术质量高、影响力较大的期刊,并且获资助后取得了更好的成绩。

英文期刊中,2023 年数据显示,《岩石力学与岩土工程学报(英文版)》2022 年在本学科 41 种期刊中排名第二位;《中国病毒学(英文)》在 36 种期刊中排名 9 位;《固体力学学报(英文版)》在 137 种期刊中排名第 83 位。

表 6-2　　　　　　　　　2017—2022 年资助的 47 种科技期刊主要评价比较*

年份	期刊名	总被引频次				影响因子及学科排名				
		资助年	2022 年	增长率/%	年均增长/%	资助年	2022 年	增长率/%	年均增长/%	2022 年学科排名
2017	水生生物学报	2057	1944	−5.49	−1.10	0.958	0.959	0.10	0.02	9/29
	岩石力学与工程学报	10151	12181	20.00	4.00	1.728	3.025	75.06	15.01	1/12
	高电压技术	7280	9038	24.15	4.83	2.342	2.743	17.12	3.42	10/37
	医药导报	2112	2109	−0.14	−0.03	0.496	1.164	134.68	26.94	10/48
2018	中国心脏起搏与心电生理杂志	480	570	18.75	4.69	0.445	0.676	51.91	12.98	20/25
	特种铸造及有色合金	1406	1248	−11.24	−2.81	0.432	0.477	10.42	2.61	14/25
2019	岩土力学	9642	11200	16.16	5.39	1.450	2.035	40.34	13.45	2/12
	暴雨灾害	640	975	52.34	17.45	0.958	1.221	27.45	9.15	12/20
	中国医院药学杂志	3623	3389	−6.46	−2.15	0.967	1.046	8.17	2.72	12/48
	中国油料作物学报	1556	1768	13.62	4.54	1.021	1.593	56.02	18.67	5/22
	长江科学院院报	1480	2190	47.97	15.99	0.494	0.838	69.64	23.31	17/25
	中国舰船研究	528	827	56.63	18.87	0.644	0.924	43.48	14.49	3/16
	临床放射学杂志	2403	2697	12.23	4.08	0.783	0.956	22.09	7.36	12/25
	地球科学	3301	5006	51.65	25.83	1.754	2.161	23.20	11.6	2/16
	桥梁建设	982	1697	72.81	36.41	1.016	2.975	192.81	96.41	1/16
	科技进步与对策	3521	3877	10.11	5.06	0.871	1.369	57.18	28.59	17/27

续表

年份	期刊名	总被引频次				影响因子及学科排名				
		资助年	2022年	增长率/%	年均增长/%	资助年	2022年	增长率/%	年均增长/%	2022年学科排名
2020	护理学杂志	6491	6892	6.18	3.09	1.230	1.666	35.45	17.73	3/12
	中华小儿外科	1244	1314	5.63	2.82	0.619	0.852	37.64	18.82	10/17
	人民长江	2277	2720	19.46	9.73	0.500	0.825	65.00	32.5	18/25
	湖北农业科学	3404	3441	1.09	0.55	0.313	0.328	4.79	2.40	36/38
	武汉大学学报（理学版）	389	378	−2.83	1.42	0.419	0.779	85.92	42.96	13/57
	交通信息与安全	703	558	−20.62	−20.62	0.830	0.774	−6.75	−6.75	4/9
	地质科技通报	2200	2314	5.18	5.18	1.154	1.182	2.43	2.43	10/39
	武汉大学学报（信息科学版）	3684	3774	2.44	2.44	1.412	1.736	22.95	22.95	1/57
	中国机械工程	4119	4312	4.69	4.69	1.029	1.305	26.82	26.82	5/25
	华中师范大学学报（自然科学版）	587	675	14.99	14.99	0.583	0.739	26.76	26.76	2/26
	湖北大学学报（自然科学版）	213	285	33.80	33.80	0.181	0.308	70.16	70.16	49/57
	华中农业大学学报	1280	1283	0.23	0.23	1.070	1.101	2.90	2.90	14/30
2022	测绘地理信息	869				0.552				15/16
	临床耳鼻咽喉头颈外科杂志	2334				1.024				3/10
	中国康复	1330				1.531				2/15
	水生态学杂志	1127				1.041				6/8
	世界桥梁	877				2.180				2/16
	长江流域资源与环境	4281				2.304				6/37
2017	岩石力学与岩土工程学报(英文版)	2323（2019年）	6622	185.06	46.26	2.829（2019年）	7.30	158.04	39.51	2/41

续表

年份	期刊名	总被引频次				影响因子及学科排名				
		资助年	2022年	增长率/%	年均增长/%	资助年	2022年	增长率/%	年均增长/%	2022年学科排名
2018	中国病毒学(英文)	602	2447	306.478	61.30	2.47	5.50	122.672	24.59	9/36
	固体力学学报(英文版)	1110	1648	48.468	9.69	1.51	2.20	45.695	9.18	83/137
	大地测量与地球动力学(英文版)	暂无								
2019	武汉大学学报(自然科学英文版)	暂无								

注：* 中文科技期刊数据来源于 2017—2022 年《中国科技期刊引证报告(核心版)》，英文科技期刊数据来源于 SCI-JCR 报告，部分英文期刊未入 SCIE，暂无 JCR 数据。

三、入选期刊典型事迹

(一)创世界一流科技期刊典型案例

2017 年、2021 年两次获得资助的《岩石力学与岩土工程学报(英文版)》，于 2019 年被 SCIE 收录，当年的发文量、总被引频次、影响因子分别为 105 篇、2323 和 2.829，影响因子指标学科排名为 11/39。经过几年的艰苦努力，2022 年的发文量、总被引频次、影响因子分别提升为 150 篇、6622 和 7.3，进入 Q1 区，影响因子指标学科排名为 2/41。是 2019 年获得中国科技期刊卓越行动计划 22 种领军期刊中唯一的岩土工程领域杂志。《岩石力学与岩土工程学报(英文版)》十年磨一剑，在国际科技期刊竞争激烈的环境下，走出一条可持续发展的创新创业之路，是我国创世界一流科技期刊的典型代表。详情可参见第八章 JRMGE 创世界一流期刊面临的机遇与挑战。

(二)服务湖北经济社会发展典型案例

1.《长江蔬菜》媒体深度融合，促进产业发展

《长江蔬菜》一直以服务我国蔬菜产业发展、丰富民众菜篮子为己任，始终以内容创新为安身立命的根本，通过权威且优质的内容，采用传统及多媒体融合模式，提升期刊的传播力、影响力和公信力。特别是通过媒体深度融合，在促进产业发展、服务经济社会、提高社会效益方面作出了表率。

(1)破与立，打造"一体两翼"全新发展格局

《长江蔬菜》顺应出版产业数字化转型变革的步伐，在对读者、产业需求等进行充分调研、凝聚联办领导专题讨论、深入学习其他期刊经验，同时对《长江蔬菜》30 多年办刊经验和

优势进行盘点等,最终形成数字转型战略格局——"一体两翼"工程,即始终坚持以"传播科技,服务'三农'"为一体,辅以信息服务平台、蔬菜产业服务平台为两翼。打破以往科技信息传播的单一性,增加农资销售、专题会议策划承办等产业服务功能,升级期刊、网站、微信、影视、APP"五位一体"的融媒体传播矩阵。

（2）加与融,打造"五位一体"精准垂直传播矩阵

"五位一体"媒体融合传播实现信息采集的多种形式,多媒发声、多元传播、多方互动,其传播能力和综合服务能力显著提升。截至 2022 年底,全平台累计推广蔬菜产业前沿成果 2400 多项,曝光量达 4000 多万人次,种植户增产增收,农企年收益增长均过千万元,助推一大批民族企业崛起,带来直接经济效益近 400 亿元。

（3）线上与线下,推进科技信息服务向个性化服务转变

一是线上商城,搭建农资购买绿色通道。《长江蔬菜》整合蔬菜行业卖家、买家资源,搭建一个农企与种植户的桥梁,汇聚全国知名农企,集中展示蔬菜优质品种、农药化肥等生产资料,为种植户购买农资提供一个安心快捷的绿色通道。目前,线上商城同步微信小程序和长江蔬菜 APP 平台,入驻商家 43 家,访问量 684213 次,推介蔬菜新优品种近 1000 个,其中我国自主研发品种占比接近 90%,为科技成果转化提供了一个权威可信的交易平台。

二是线下会议,助推科技成果转化面对面。《长江蔬菜》联合科研院所、农技推广中心、知名农企,通过在全国各蔬菜主产区举办线下交流会,让蔬菜新品种、新技术、新经验、新模式、新设备与种植户面对面,将科技成果的转化直接带到田间地头。《长江蔬菜》连续于 2016—2022 年成功举办中部五省种企基地对接会,科研人员、蔬菜生产经营主体、农企代表等产业从业人员,参会人数 2000 人,推广科研成果 1000 多个,产生社会经济效益过亿元,成为武汉种业博览会的金牌专项会议,得到社会各界的一致好评。

2.《医药导报》服务健康中国战略,勇担社会责任

《医药导报》充分发挥医药科技期刊信息优势、人才优势和平台优势,紧密依托健康中国战略,准确把握人民群众健康需求和医药产业发展需求,在扶贫攻坚、建设小康社会、服务医药行业、促进成果转化、应对突发公共事件等方面勇担社会责任,取得较好的成绩。

（1）提高民众健康素养,从科普宣讲做起

近年来,《医药导报》采取向群众普及用药知识、接受群众用药咨询、为基层医疗机构送讲座等形式开展医药科普知识宣传活动。

多次参加由湖北省科学技术协会牵头举办的湖北省全国科普日活动启动仪式暨主场活动,在活动现场设立常见病用药咨询台,向市民讲解合理用药知识,回答用药问题,并向群众赠阅《医药导报》杂志和科普书籍。

新冠疫情期间,《医药导报》邀请行业专家针对居家生活期间常见健康问题撰写"为疫解答"系列科普文章,通过微信公众号、网站等广为推送,这些科普活动有效缓解了居民疫情期间的不安和焦虑,收到了较好的效果。

（2）积极参加精准扶贫，助力全面建成小康社会

为贯彻落实党中央精准扶贫号召，《医药导报》每年选派青年编委参加湖北省科学技术期刊编辑学会等组织的医疗扶贫活动，为当地医务工作者开展药学讲座，为当地居民讲解常见病治疗药物的合理使用，并现场答疑解惑，受到热烈欢迎。

为深入贯彻习近平总书记关于西藏工作的重要论述和在西藏考察时的重要讲话精神，助力健康中国战略，总结藏医药研究成果与临床经验，推动藏医药学术交流，《医药导报》通过网站和微信公众号刊发藏医藏药征文，征文经"三审"通过后集中以藏医藏药专栏刊登，受到读者好评。2021 年 10 月，由主编带队，远赴西藏，为西藏同胞做合理用药和科技论文写作专题讲座，并赠阅《医药导报》样刊和科普书籍，为提高藏区医务工作者的专业水平和丰富民众的医学知识做出了自己的贡献。

（3）做好信息拓展与延伸工作，切实为医药行业服务

《医药导报》编辑部根据医药行业前沿动态，积极策划组织特色栏目，除快速发表论文外，一是邀请责任编委对特色专栏产生背景、目的、意义、主要内容、预期效果等制作短视频，通过《医药导报》微信公众号推送；二是将专栏文章进行二次编辑加工，装订成单行本，供有需求的相关培训班或会议作为教材或参考资料，引领学科研究方向，促进学术成果落到实处。

（4）服务医药产业，促进成果转化

多年来，《医药导报》为助力我国医药产业发展、促进成果转化做了大量工作，受到医药行业广泛好评。

为了跟踪国家重大专项课题研究，《医药导报》策划组织了重大专项专栏，先后系统报道《化学药物晶型关键技术体系的建立与应用》等重大课题研究成果，这些论文刊出后获得了巨大的经济效益和社会效益，形成了系列研究成果。比如，发表的论文获得了国家专利和国家科技奖，得到医药产业公司关注和青睐，成果产业化后取得可观的经济效益和社会效益。

（5）主动作为，在突发公共卫生事件中勇担社会责任

在突发公共卫生事件中，《医药导报》主动承担起医药类科技期刊社会责任，为交流科研成果、有效遏制疫情、守护人民健康做出了贡献。

新冠疫情期间，《医药导报》主动作为，与编委、作者联动，快速组织刊发新冠疫情防控专栏，先后组织刊发论文 70 余篇。其中 2020 年 1 月 30 日通过中国知网首发的《新型冠状病毒肺炎快速诊疗指南》下载量高达 1.2 万余次；2020 年 3 月 3 日通过网络首发的《清肺透邪扶正方治疗新型冠状病毒肺炎的临床疗效及机制》入选《中医药抗击新冠病毒肺炎精选双语论文集》。该论文集被制作成中英文对照形式，面向全球在线出版，供其他国家和地区医务人员参考，为全球奋战在抗疫一线的医务人员提供中国诊疗方案，受到中国科学技术协会和《中国新闻出版广电报》的关注并予以报道。

一流科技期刊建设篇

YILIU KEJI QIKAN JIANSHE PIAN

2018 年 11 月 14 日,习近平总书记主持的中央全面深化改革委员会第五次会议审议通过了《关于深化改革 培育世界一流科技期刊的意见》;2019 年 7 月 24 日,中国科学技术协会等四部委联合签署《关于深化改革 培育世界一流科技期刊的意见》;2019 年 9 月 18 日,中国科学技术协会等七部委联合启动"中国科技期刊卓越行动计划"。上述政策与措施从顶层设计到政策实施多方面传递了"培育世界一流科技期刊"的重要性和紧迫性,并在实践中强调:"要以建设世界一流科技期刊为目标,科学编制重点建设期刊目录,全力推进数字化、专业化、集团化、国际化进程,实现科技期刊管理、运营与评价等机制的深刻调整,构建开放创新、协同融合、世界一流的中国科技期刊体系。"

为能在 2035 年中国入围科技期刊"世界第一方阵"中贡献更多的湖北力量,努力尽早实现湖北科技期刊强省梦,我们在一流科技期刊建设中做了大量的理论研究,并组织广大湖北科技期刊工作者积极参与一流科技期刊建设实践探索,形成了一些理论和实践成果,特安排此篇呈现出来,并在此基础上提出 2035 年湖北省一流科技期刊目标建设培育方案及未来发展策略。本篇内容共分 3 章,即第七、八、九章,具体内容如下:

第七章以"一流科技期刊建设理论研究"为题,主要通过"2035 年中国入围科技期刊'世界第一方阵'的基础、差距与推进思路""2018—2023 年我国科技期刊创新发展特征""国际出版集团与世界一流科技期刊方阵建设""国际重要数据库概述、遴选标准及申请案例""湖北省进军国内科技期刊第一方阵的基础、差距及推进策略"5 篇理论专题研究成果来探索国家和湖北省在加快一流科技期刊建设过程中的相关问题及其解决方案。

第八章以"一流科技期刊建设实践探索"为题,主要通过 9 位湖北优秀科技期刊主编代表的一流科技期刊办刊实践探索来分享一流科技期刊办刊经验。

第九章以"一流科技期刊建设规划——湖北省培育一流科技期刊的目标设计、目录编制及发展策略"为题,立足 2035 年国家的世界一流科技期刊建设目标,对湖北省培育一流科技期刊的目标进行设计,并在前期基础上对世界一流科技期刊、国内一流科技期刊和省一流科技期刊的定义、培育目标遴选标准和遴选目录进行研究,并为湖北省的一流科技期刊建设提出诸多发展策略。

第七章 一流科技期刊建设理论研究

加强一流科技期刊建设理论研究是提升一流科技期刊建设能力的重要途径。湖北省为加快一流科技期刊建设步伐，对一流科技期刊建设过程中的相关理论课题进行了系统的研究。本章精选 5 篇研究论文，就中国入围科技期刊"世界第一方阵"建设、近 5 年我国科技期刊创新发展特征、国际出版集团建设、国际重要数据库申请及遴选政策、湖北省进军科技期刊"国内第一方阵"等相关理论问题进行了深入探讨，希望能为全国各地区的一流科技期刊建设实践提供理论参考。

一、2035 年中国入围科技期刊"世界第一方阵"的基础、差距与推进思路^①

党的十九届五中全会首次提出"坚持创新在我国现代化建设全局中的核心地位"。科技创新是我国创新体系的核心内容，科技期刊是科技创新的主要载体，科技期刊的水平和地位是一国科技实力的重要体现。在百年未有之大变局下，推进我国科技期刊的高质量发展具有特别重要的意义。2019 年 8 月，中国科协等四部委联合起草并印发《关于深化改革 培育世界一流科技期刊的意见》（以下简称《意见》），提出"到 2035 年，我国科技期刊综合实力跃居世界第一方阵，建成一批具有国际竞争力的品牌期刊和若干出版集团，有效引领新兴交叉领域科技发展，科技评价的影响力和话语权明显提升，成为世界学术交流和科学文化传播的重要枢纽，为科技强国建设做出实质性贡献"。为如期实现这一宏伟目标，在原有期刊资助政策的基础上，中国科协等七部委有针对性地启动了第一个五年资助项目——"中国科技期刊卓越行动计划（2019—2023）"，并在实践总结中有序推进，取得了积极成效。

按照《意见》的总体目标设计，下一阶段我们要继续加大科技期刊建设力度，将我国科技期刊综合实力推进"世界第一方阵"国家行列。面对这一艰巨的目标任务，研究者们纷纷探索破解之道、推进之策。但是，大多研究者都将注意力集中在如何创办和培育世界一流科技期刊上[1-5]，而对科技期刊"世界第一方阵"具体内容的研究关注较少。从"中国学术期刊网

---

① 本章第一部分撰稿人：佘诗刚，胡小洋。特别说明：本章第一部分内容是在已经出版文献［佘诗刚，胡小洋. 2035 年中国入围科技期刊"世界第一方阵"：基础、差距与推进思路［J］. 中国科技期刊研究，2022，33（4）：414-435.］的基础上对数据进行更新并对部分观点进行完善后形成的。

络出版总库"获悉(截至 2022 年 3 月 6 日),目前国内仅有两篇相对直接的研究报道:一是北京理工大学张雷等人发表的《对培育世界一流科技期刊的认识与思考》,该文通过部分数据对科技期刊"世界第一方阵"进行了初步论述[4];二是《光明日报》记者詹媛以《科技期刊,离世界第一方阵有多远》为题,简要讨论了"中国科技期刊差在哪儿"和"如何提升科技期刊质量"两个问题[6]。目前的研究对于科技期刊"世界第一方阵"的定义与内涵依旧缺乏清晰的界定,且对中国 2035 年实现"世界第一方阵"目标的现实挑战、推进思路和发展策略等重要问题的系统研究未见报道。

为此,在落实《意见》总体目标、制定下一阶段实施方案之际,我们对我国科技期刊综合实力在 2035 年迈入"世界第一方阵"目标的具体任务进行了系统审视和研判,并尝试从理论和数据分析视角回答以下主要问题:①何为科技期刊"世界第一方阵",即当前科技期刊"世界第一方阵"的具体标准是什么?②当前我国科技期刊综合实力离"世界第一方阵"有多远?发展速度是否合适?发展状态是否健康可持续?③针对"世界第一方阵"目标的具体任务,我们应该采取何种推进思路和发展策略?通过对这几个问题的探讨,希望能为国家和地方层面科技期刊发展领域的宏观决策者和政策制定者提供有益的理论与实践参考。

(一)研究方法与数据来源

1.研究方法

我们通过理论分析确定了科技期刊"世界第一方阵"这一新概念的揭示视角,即基于一流期刊整体数量和质量的双重视角。在这一理念的指导下,先通过数据分析确定现阶段"世界第一方阵"的国家(或地区)名单,然后总结出这些"世界第一方阵"国家(或地区)在一流科技期刊规模和质量上的数据特征,并从我国英文科技期刊和整体科技期刊这两个方面分别确定 2035 年我国入围"世界第一方阵"的具体奋斗目标。最后,通过全球期刊发展数据比较,探明近年来我国科技期刊综合实力的整体表现及其与"世界第一方阵"的差距,并结合中国内地31 个省份科技期刊事业发展实际,提出实现"世界第一方阵"目标的推进思路和发展策略。

2.数据来源

本研究的主要数据来源为 *Journal Citation Report* (JCR-SCIE,2016—2021)和 *World Journal Clout Index* (WJCI) *Report* (*Scientific and Technological Periodicals* ,2022)[以下简称 WJCI(2022 科技版)]。JCR-SCIE 由科睿唯安(Clarivate)于每年 6 月底推出,当前最新版 JCR-SCIE(2021)为 2022 年 6 月底推出,给出了全球 9649 种 SCIE 收录期刊的发文、引证和学科分区数据。该数据获取于 2023 年 5 月 5 日。WJCI(2022 科技版)是中国科协课题"面向国际的科技期刊影响力综合评价方法研究""科技期刊世界影响力指数(2022 版)研制"的研究成果,旨在探索面向全球的更为科学、全面、合理的期刊影响力评价方法,为世界学术评价融入更多中国观点、中国智慧,推动世界范围内科技期刊的公平公正评价、同质等效使用。此外也统计了 WJCI(2020 和 2021,科技版)的相关数据。整体数据收集于 2023 年 5 月 5 日。

关于研究数据来源的选取和使用问题,有两点需要说明:①当前有不少学者和业内同仁认为,在反"四唯"、不"唯 SCI"等意见指导下,我们应自觉淡化和抵制 SCI"标尺"。然而,不"唯 SCI"并不是完全摒弃不用 SCI,而是不把 SCI 当作唯一的、普适的评价标准。SCI 评价工具具有一定的文献计量学参考价值,尤其是在一种更为科学、全面、公平、公认的评价工具尚未完全确立之前,我们仍可通过 SCI 的某些科学应用来了解世界科技期刊的发展情况,帮助、鞭策我们获得更快的进步。②在使用 SCI 评价工具的同时,为什么还选择 WJCI 评价工具? 这是由二者的优势与不足决定的。一方面,SCIE 收录工作起步较早、影响力较大,但它对非英文科技期刊具有先天的局限性。以 SCIE(2021)为例,此版收录对象中,非英文科技期刊占比不到 3%,其中中文科技期刊只有早期收录的 18 种,这导致 SCIE 评价工具仅能在一定范围内揭示较高水平英文科技期刊的主要分布,而难以全面评价非英文科技期刊包含我国高水平中文科技期刊在内的整体情况。另一方面,相对于 SCIE 评价工具,WJCI 的评价对象则通过公开、科学的标准对全球科技期刊进行系统评价后遴选出的较高水平科技期刊(15022 种),剔除了一些不适宜的 SCIE 收录期刊,并将非英文科技期刊的收录数量拓展到 20.50%(3079 种),其中中国主办的中文科技期刊 1262 种。虽然 WJCI 起步较晚、影响力有限,但在一定程度上科学补充了世界较高水平非英文科技期刊的收录数量,并客观地呈现了这些较高水平非英文科技期刊(如德文、俄文、日文等科技期刊)特别是具有较高水平中文科技期刊的实际水平。因此,本研究选择两种不同特征的评价工具数据,互为补充,从英文、中文科技期刊两个方面,从高水平科技期刊数量和质量两个视角来揭示我国科技期刊综合实力进军"世界第一方阵"的现实目标,以供入围"世界第一方阵"的推进方案设计和实践过程以参考。

(二)科技期刊"世界第一方阵"的内涵及基本标准

进入科技期刊"世界第一方阵"是我国加快世界一流科技期刊建设的阶段性目标,弄清"世界第一方阵"的概念及内涵是将奋斗目标具体化、朝着目标稳步推进具体实施方案的重要前提。《意见》在提出"世界第一方阵"目标之时尚未对其概念及其他细节进行明确描述,后续相关研究也少有探讨。研究团队基于多年的办刊实践和思考,认为科技期刊"世界第一方阵"必须是一大批具有对世界科技交流产生重要影响和引领作用的科技期刊"世界第一方阵",因此,其必然是基于一流科技期刊数量和整体质量视角的"世界第一方阵",即无论是在一流科技期刊数量上,还是在整体质量上都应处于全世界相对顶尖的那一部分国家(或地区)阵营。由于世界各国科技综合实力和科技期刊发展政策会产生动态变化,这意味着科技期刊"世界第一方阵"也必然是一个相对的、动态的概念,与全球各国科技期刊的综合实力分布息息相关。因此,在世界科技期刊发展的近 360 年历程中,我们难以通过唯一不变的文字直接给出具体的判断标准,故下面我们试图通过现实数据来对当前阶段的答案加以具体阐释。

在研究和判断何为科技期刊"世界第一方阵"国家(或地区)之前,我们必须明确何为一流科技期刊? 笔者在前期研究中曾给出"世界一流科技期刊"的定义[7],简单而言就是在世界范围内具有较高质量和影响力的科技期刊。为了方便具体说明和参照,本研究暂以被

SCIE 和 WJCI[8] 收录作为较高质量和影响力科技期刊的参考标准。

首先以 SCIE 收录期刊数量来看,2021 年被 SCIE 收录的科技期刊的主要出版国家和地区分布数据显示(表 7-1),美国(3117 种)、英国(2070 种)、荷兰(782 种)和德国(669 种)的 SCIE 科技期刊入围数量均远远超过中国(274 种)。因此,从入围数量看,笔者认为美国、英国、荷兰和德国应属于"世界第一方阵"国家,其中美国和英国是"世界第一方阵"中以英语为官方语言的代表,而荷兰和德国是以非英语为官方语言的代表。因此,作为非英语母语国家,中国想要入围科技期刊"世界第一方阵"行列,其 SCIE 科技期刊收录数量应与非英语官方语国家荷兰和德国的相当,即应努力达到 700 种左右。

从 SCIE 收录期刊质量层面看,一般情况认为 JCR-SCIE 中 Q1 和 Q2 区期刊的整体质量和影响力要比 Q3 和 Q4 区期刊的高,由 Q1 和 Q2 区期刊的占比可知,在 SCIE 收录规模上处于"世界第一方阵"的美国、英国、荷兰均超过 25%(德国在 Q1 分区占比上稍偏低),且 Q3 和 Q4 分区期刊占比均低于 25%(德国在 Q4 分区占比稍微偏高),说明这些国家和地区的高水平科技期刊不仅规模大,而且整体质量和影响力普遍较高。因此,入围"世界第一方阵"也需要从一流期刊整体质量和影响力上满足 Q1 和 Q2 区的期刊占比分别不低于各国入围 SCIE 期刊总数的 25% 的基本要求。

表 7-1   全球主要国家和地区科技期刊入围 SCIE(2021 年)数据库的情况统计

国家和地区	Q1	Q2	Q3	Q4	N/A	总计	Q1 占比	Q2 占比	Q3 占比	Q4 占比	Q1+Q2 占比	Q3+Q4 占比
美国	992	832	735	549	9	3117	31.83%	26.69%	23.58%	17.61%	58.52%	41.19%
英国	723	599	486	254	8	2070	34.93%	28.94%	23.48%	12.27%	63.86%	35.75%
荷兰	297	230	169	83	3	782	37.98%	29.41%	21.61%	10.61%	67.39%	32.23%
德国	143	186	152	186	2	669	21.38%	27.80%	22.72%	27.80%	49.18%	50.52%
瑞士	89	134	53	44		320	27.81%	41.88%	16.56%	13.75%	69.69%	30.31%
中国	124	69	47	33	1	274	45.26%	25.18%	17.15%	12.04%	70.44%	29.20%
日本	15	40	88	102		245	6.12%	16.33%	35.92%	41.63%	22.45%	77.55%
法国	26	36	43	67	1	173	15.03%	20.81%	24.86%	38.73%	35.84%	63.58%
俄罗斯	2	5	19	122		148	1.35%	3.38%	12.84%	82.43%	4.73%	95.27%
波兰	5	24	30	76		135	3.70%	17.78%	22.22%	56.30%	21.48%	78.52%
韩国	23	48	30	31		133	17.29%	36.09%	22.56%	23.31%	53.38%	45.86%
意大利	13	24	36	44	3	120	10.83%	20.00%	30.00%	36.67%	30.83%	66.67%
巴西	4	14	36	55	2	111	3.60%	12.61%	32.43%	49.55%	16.22%	81.98%
澳大利亚	16	19	32	33		100	16.00%	19.00%	32.00%	33.00%	35.00%	65.00%

注:以上仅显示入围科技期刊总量在 100 种及以上的国家和地区的统计结果,其中中国的数据统计缺少中国香港、澳门和台湾省数据,英国的数据统计以英格兰的数据为准;全部数据来自 2021 年 JCR-SCIE 报告,下载时间为 2023-05-03;占比是指各自分区入围期刊数量与该国家入围期刊总数的比值,下同。

再由入围 WJCI（2022 科技版）的科技期刊数量和影响力分区数据分析（表 7-2）可知，3 年来入围 WJCI 期刊数量排在中国前面的只有美国（3897 种）和英国（2958 种），且 Q1 区和 Q2 区的期刊均在各自国家入围期刊总量的 25％以上，Q1 和 Q2 区期刊总体占比均超过 60％，说明这两个国家具有非常明显的数量和质量优势，属于名副其实的"世界第一方阵"国家。相对于 SCIE（2021 年），WJCI（2022 科技版）收录的非英文科技期刊占比达 20.50％，其中收录中国主办的中文科技期刊 1262 种，虽然这一规模占入围非英文科技期刊数量的 1/3 之多，但该数量只占我国中文科技期刊的 1/4 左右；而且从已入围的 1634 种中国科技期刊的 WJCI 分区数据看，进入 Q1 区的期刊仅占 14.93％（远低于 25％），且 Q1 和 Q2 区入围期刊总体占比只有中国入围期刊总数的 37.03％（远低于 50％）。由此可见，与美国和英国两个"世界第一方阵"国家相比，我国入围 WJCI 期刊总体数量和整体质量还有较大差距。

表 7-2 全球主要国家入围 WJCI（2022 科技版）Q1、Q2 区的期刊统计[8]

序号	国家/地区	Q1 区期刊数量（A）	Q2 区期刊数量（B）	A+B	统计源刊数（C）	(A+B)/C
1	美国	1366	1283	2423	3897	62.18％
2	英国	1156	1108	2075	2958	70.15％
3	中国	244	398	605	1634	37.03％
4	荷兰	490	437	812	1114	72.89％
5	德国	219	299	471	811	58.08％
6	瑞士	177	184	326	489	66.67％
7	日本	27	77	98	323	30.34％
8	韩国	22	65	82	259	31.66％
9	法国	31	55	77	186	41.40％
10	澳大利亚	21	52	68	147	46.26％

注：因为同一期刊可能会同时分属不同的学科，所以 Q1 和 Q2 区期刊数量的统计存在交叉重复统计的可能。

总之，基于 JCR-SCIE（2021 年）和 WJCI（2022 科技版）相关数据的统计分析，我们认为 2035 年我国进军"世界第一方阵"的期刊建设目标主要包括两个方面：①英文科技期刊的具体建设目标。高水平英文科技期刊在数量上需达到德国现有的 SCIE 入选规模 700 种左右（欧洲国家的科技期刊发展相对稳定，预估 2035 年不会有太大变化），且 Q1 和 Q2 区占比分别不能低于被 SCIE 收录中国科技期刊总数的 25％。②中文科技期刊的具体建设目标。由于高水平科技期刊（含中文和英文）入围 WJCI（科技版）的数量需达到美国、英国的最小规模 2900 种以上（暂以英国入围 WJCI 的数量为基本标准），按照这个标准，高水平中文科技期刊数量需要达到 2200 种（另加高水平英文科技期刊 700 种），占当前我国中文科技期刊总量的 45％左右；在质量上同样要求入围 WJCI（科技版）Q1 和 Q2 区的中国科技期刊分别占到中国入围期刊总数的 25％以上。此外，除了在整体数量和质量层面具有"世界第一方阵"的综合实力外,我们还必须拥有一批在全世界范围内让科学家充分认可的"星耀期刊"如(*Cell*、*Nature*、*Science* 等),让世界科学界无法忽视中国科技期刊的存在。

(三)中国进军科技期刊"世界第一方阵"的基础与差距

1. 进军"世界第一方阵"的基础

(1)科技期刊综合实力稳步提升

世界科技期刊事业随着人类社会科学技术的进步而不断向前发展。截至 2022 年 12 月,我国科技期刊数量达到 5071 种,其中中文科技期刊 4643 种(含中英文科技期刊),英文科技期刊 428 种,综合实力稳步提升,特别是 SCIE 收录成绩斐然。SCIE 收录期刊数量已经从 1999 年的 5499 种快速增长至 2021 年的 9649 种,成绩斐然(图 7-1)。与此同时,中国科技期刊事业在各方的共同努力下也取得了长足的进步。1999 年,中国创办的科技期刊被 SCIE 收录的数量不到 40 种,但收录数量从 2008 年开始实现快速上升,2021 年达到了 274 种,增长幅度高达 683%,增幅是世界平均水平的 9.05 倍(图 7-2)。

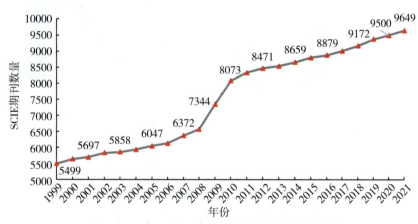

图 7-1 1999—2021 年 SCIE 收录的期刊数量统计

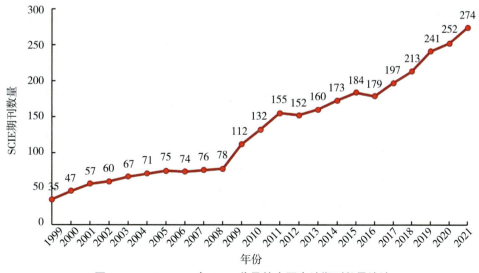

图 7-2 1999—2021 年 SCIE 收录的中国内地期刊数量统计

此外,由 SCIE 收录中国期刊的学科分区统计结果(图 7-3)可知,一方面,2016—2021年,Q1 和 Q2 区期刊数量整体处于快速上升态势,Q1 区期刊数量由 2016 年的 38 种跃升至2021 年的 124 种,Q2 区期刊数量由 2016 年的 36 种跃升至 2021 年的 69 种,6 年来增长比例分别为 226.32％和 91.67％,而且 Q1 和 Q2 区期刊占中国总收录数量的比例也从39.78％(2016 年)增长到 70.44％(2021 年)。另一方面,处于 Q4 区的期刊数量也从 2016年的 62 种下降到 2021 年的 33 种,当年占比也由 2016 年的 33.33％下降到 2021 年的12.04％,表现非常喜人。

图 7-3　2016—2021 年被 SCIE 收录的中国科技期刊的分区统计结果

更值得一提的是,在与"世界第一方阵"的 4 个科技期刊强国的分区比较中发现,近 6 年来,美国、英国、荷兰和德国创办的科技期刊被 SCIE 收录的数量分别增加了 156 种、240 种、82 种和 69 种,但这 4 个国家拥有的 Q1 和 Q2 区期刊的整体占比均表现出不同程度的下降趋势,(Q1+Q2)区占比数据方面,美国下降 4.03％、英国下降 2.42％、荷兰下降了 1.32％、德国下降了 3.32％,而中国则上升了 30.65％,表现出惊人的上升势头(表 7-3)。

表 7-3　2016 和 2021 年中国、美国、英国、荷兰和德国被 SCIE 收录科技期刊的分区结果变化比较

国家	年份	Q1	Q2	Q3	Q4	总数	Q1 占比	Q2 占比	Q3 占比	Q4 占比	Q1+Q2 占比	Q3+Q4 占比
美国	2021	992	832	735	549	3117	31.83％	26.69％	23.58％	17.61％	58.52％	41.19％
	2016	1033	819	658	451	2961	34.89％	27.66％	22.22％	15.23％	62.55％	37.45％
	变化	−41	13	77	98	156	−3.06％	−0.97％	1.36％	2.38％	−4.03％	3.74％
英国	2021	723	599	486	254	2070	34.93％	28.94％	23.48％	12.27％	63.86％	35.75％
	2016	692	521	385	232	1830	37.81％	28.47％	21.04％	12.68％	66.28％	33.72％
	变化	31	78	101	22	240	−2.89％	0.47％	2.44％	−0.41％	−2.42％	2.03％

国家	年份	Q1	Q2	Q3	Q4	总数	Q1占比	Q2占比	Q3占比	Q4占比	Q1+Q2占比	Q3+Q4占比
荷兰	2021	297	230	169	83	782	37.98%	29.41%	21.61%	10.61%	67.39%	32.23%
	2016	265	216	158	60	700	37.86%	30.86%	22.57%	8.57%	68.71%	31.14%
	变化	32	14	11	23	82	0.12%	−1.45%	−0.96%	2.04%	−1.32%	1.08%
德国	2021	143	186	152	186	669	21.38%	27.80%	22.72%	27.80%	49.18%	50.52%
	2016	143	172	127	155	600	23.83%	28.67%	21.17%	25.83%	52.50%	47.00%
	变化	0	14	25	31	69	−2.46%	−0.86%	1.55%	1.97%	−3.32%	3.52%
中国	2021	124	69	47	33	274	45.26%	25.18%	17.15%	12.04%	70.44%	29.20%
	2016	38	36	50	62	186	20.43%	19.35%	26.88%	33.33%	39.78%	60.22%
	变化	86	33	−3	−29	88	24.83%	5.83%	−9.73%	−21.29%	30.65%	−31.02%

(2)高水平科技期刊高速领跑

与国际高水平期刊整体发展情况一样,中国部分优秀科技期刊也有不俗的表现。2021年6月发布的JCR-SCIE(2021)数据显示,《细胞研究》(*Cell Research*)的影响因子自2019年突破20以后,继续保持上涨势头,2021年达到了46.351;《真菌多样性》(*Fungal Diversity*)的影响因子也由2019年的15.386上涨到2021年的24.902;2020年获得第一个影响因子的《电化学能源评论》(*Electrochem Energy Review*)拿下了影响因子28.905的高分,2021年继续增长至32.804。此外,还有《蛋白质与细胞》(*Protein & Cell*)、《国家科学评论》(*National Science Review*)、《光:科学与应用》(*Light:Science & Application*)、《分子植物》(*Molecular Plant*)等,近年都有不俗的表现,是中国科技期刊的优秀代表。

(3)高水平科技论文持续增长

科技论文是科技期刊发展的核心要素,拥有高水平的科技论文是办好高水平科技期刊的重要保障。从2011—2022年SCIE发文数量看,与"世界第一方阵"国家相比,中国学者发表SCIE论文的数量远高于德国、英国和荷兰,在与美国的数据逐年逼近的过程中于2021年超过美国,排世界第一位,并于2022年大幅度领先(表7-4)。2011—2022年中国学者发表SCIE论文数量已从2011年的171996篇增至2022年的729112篇,12年间增长324%。如果按照2021年全球SCIE期刊平均发文223篇计算[JCR-SCIE(2021)],那么2022年中国学者发表的高水平科技论文完全可以支撑办好3200余种SCIE收录的科技期刊,这充分说明我们拥有办好一大批高水平科技期刊的科研成果供给能力,中国完全有能力进军科技期刊"世界第一方阵"。

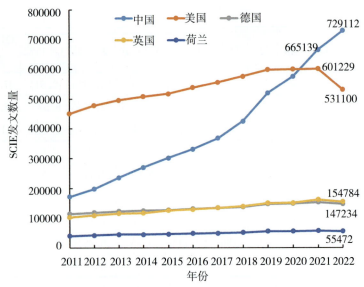

图 7-4　2011—2022 年美国、英国、德国、荷兰和中国发表的 SCIE 论文数量

注：数据获取时间为 2023-06-30。

2.与"世界第一方阵"的差距

（1）规模差距：高水平科技期刊数量有限

从目前 SCIE 收录期刊的国家和地区分布来看，处于"世界第一方阵"国家（或地区）的 SCIE 数量有 700 种左右，而 2021 年 SCIE 收录中国的期刊总数仅有 274 种，相差 430 种。根据往年数据的统计分析，结合客观实力增长因素，如果按照 12 年的目标平均来计算，中国在 2035 年前要实现 700 种 SCIE 期刊的收录目标，则未来每年平均需要入围 36 种之多，而且这 12 年中"世界第一方阵"国家和地区的期刊规模也处在动态发展中，所以中国高水平科技期刊整体规模要想在 2035 年入围"世界第一方阵"需要付出更大的努力，力争从多种途径实现高水平期刊规模的快速可持续增长。

（2）质量差距：顶尖科技期刊表现乏力

科技期刊"世界第一方阵"国家除了在科技期刊总体规模和一流期刊整体质量上具有较大优势外，其在世界顶尖科技期刊集群中也应该拥有突出的表现。虽然期刊影响因子（JIF）指标存在诸多局限性，但是在统计学上仍认为具有较高 JIF 是顶尖科技期刊的共性特征之一。这里特列出世界影响因子排名前 600 名 SCIE 期刊分段统计结果（表 7-4）。2021 年全球 9649 种 SCIE 科技期刊中，JIF 排名前 50 的科技期刊，美国和英国占据 46 种，中国只有 1 种；JIF 排名前 100 的科技期刊，美国和英国占据 88 种，中国有 5 种期刊入围，分别是 *Cell Research*（第 43 位）、*Signal Transduction and Targeted Therapy*（第 66 位）、*Cell Discovery*（第 67 位）、*Military Medical Research*（第 79 位）和 *Electrochemical Energy Reviews*（第 87 位）；此外，在前 200 名、300 名、400 名、500 名和 600 名中，中国分别有 16 种（8%）、21 种（7%）、31 种（7.75%）、35 种（7%）和 42 种（7%）入围。虽然中国的 SCIE 期刊中处于 Q1 等级的期刊比例达到 45.26%,远远超过 25% 的平均值,但是全部学科的 Q1 期刊只有 124 种,且处于各学科 TOP5% 的科技期刊也仅有 30 种左右。

表 7-4　　　全球各国及地区被 SCIE(2021)收录期刊的 JIF 排名 TOP600 的分段统计结果

排序	国家和地区	TOP50	TOP100	TOP200	TOP300	TOP400	TOP500	TOP600
1	美国	20	43	90	137	182	224	258
2	英国	26	45	75	104	127	150	176
3	荷兰		3	10	20	34	48	62
4	中国内地	1	5	16	21	31	35	42
5	德国	1	3	6	10	12	18	26
6	瑞士			1	2	4	6	8
7	澳大利亚				0	1	2	5
8	加拿大				2	2	3	4
9	日本				1	1	2	4
10	丹麦						2	3
11	意大利	1	1	1	1	2	2	2
12	新西兰	1					2	2
13	韩国				1	1	2	2
14	中国台湾					1	1	2
15	埃及					1	1	1
16	爱尔兰						1	1
17	瑞典			1	1	1	1	1

此外,世界一流期刊必须具有"大"而"强"的综合表现。从国际顶尖期刊的发文规模和总被引数据来看(表 7-5),国际八大顶刊不仅具有非常高的影响因子,还具有非常大的总被引频次,且年可被引文献量均高于学科平均值。如 CNS(*Cell*、*Nature* 和 *Science*)的影响因子分别达到 66.850、69.504 和 63.832,总被引频次分别达到 362239、1008561、883850;再如国际四大医学顶刊(NEJM、*Lancet*、JAMA 和 BMJ)的影响因子和总被引频次的排名均在全球前 50。然而,中国八大高影响因子科技期刊,虽然影响因子的排名均在全球前 200 位之内,但没有 1 种期刊的总被引频次排名前 600 位,表现最好的 1 种期刊(*Cell Research*)也只能排到第 688 位(其他 7 种期刊的总被引频次均排在全球 1400 位之外)。究其主要原因,除办刊历史不长和国际影响力不大外,它们的可被引文献量普遍较小,如 *Electrochemical Energy Reviews* 和 *Fungal Diversity* 的年可被引文献数量仅有 32 篇和 27 篇,与科技期刊"世界第一方阵"国家(如美国和英国)的国际顶尖期刊的整体表现还有较大差距。

总之,这些数据可以清晰地反映我国高水平科技期刊的诸多进步,但我国与"世界第一方阵"国家和地区的差距依旧明显,需要在多方面采取有效措施加以提升。

表 7-5   国际八大顶刊和国内八大高影响因子期刊 2021 年的 JCR 数据

分类	影响因子全球排序	总被引频次全球排序	期刊名称	影响因子	总被引频次	可被引文献量	主办地域
国外	2	12	*Lancet*	202.731	403222	256	E
	3	9	*New England Journal of Medicine*（NEJM）	176.082	506071	345	E
	4	25	*Journal of The American Medical Association*（JAMA）	157.375	242430	206	A
	9	44	*British Medical Journal*（BMJ）	96.216	183671	183	E
	21	1	*Nature*	69.504	1008561	1017	E
国外	24	14	*Cell*	66.850	362239	372	A
	27	3	*Science*	63.832	883850	815	A
	388	4	*Proceedings of the National Academy of Sciences of the United States of America*	12.779	860474	3608	A
国内	43	688	*Cell Research*	46.351	29211	64	C
	66	1949	*Signal Transduction and Targeted Therapy*	38.120	11025	218	C
	87	5439	*Electrochemical Energy Reviews*	32.804	2407	32	C
	133	3074	*Fungal Diversity*	24.902	6212	27	C
	136	4492	*InfoMat*	24.798	3447	80	C
	148	1820	*Nano-Micro Letters*	23.655	12169	204	C
	150	2027	*National Science Review*	23.178	10508	177	C
	177	1484	*Light-Science & Applications*	20.257	14914	196	C

注：国内和国外期刊均按照影响因子学科排位比降序排序；影响因子排序和总被引排序均为全球 9 649 种 SCIE 收录期刊的排序；主办地域中 A 为美国，E 为英国，C 为中国。

（四）进军"世界第一方阵"的推进思路和发展路径

近年来，国家十分重视高水平科技期刊的培育工作，并出台了一系列的指导意见和资助政策。如 2013—2018 年中国科协牵头成功组织实施了"中国科技期刊国际影响力提升计划"和"中国科技期刊登峰行动计划"，2019 年 9 月 20 日由中国科协等七部委联合启动了第一个"世界一流科技期刊"建设的五年计划——"中国科技期刊卓越行动计划（2019—2023年）"。目前，虽然我们在国家的正确领导下取得了前所未有的成就，但也存在诸多明显不足，针对 2035 年入围"世界第一方阵"目标，任务依旧非常艰巨，为如期实现 2035 年的既定发展目标——追赶美、英、荷、德，进入科技期刊"世界第一方阵"国家（或地区）队列，我们需要及时分析形势,明确差距,科学设计推进思路,为国家和地方后续相关发展政策的制定提供参考。

1. 持续加大高水平英文科技期刊创办和培育力度

基于英文科技期刊的语言优势,700 种 SCIE 收录的较高水平科技期刊的任务将主要落在英文科技期刊上。因此,国家在英文科技期刊的创办和培育上仍需继续出台相关激励政策、加大推进力度。目前中国科技期刊国际影响力提升计划 D 类项目和中国科技期刊卓越行动计划高起点新刊培育项目做出了积极且有成效的引导,但按照目前英文科技期刊入围 SCIE 期刊 62.4％的比例来预估(中国当前有 435 种英文科技期刊[9],其中有 256 种英文科技期刊入围 SCIE 数据库),到 2035 年实现第一方阵的目标,我们需要拥有 1100 余种英文科技期刊(与宁笔的预测相当[10]),也就是说,未来 12 年,在现有 435 种英文科技期刊的基础上,我们需要继续新创办 660 多种具有一定发展潜力的英文科技期刊,即每年平均需要创办55 种以上的高水平英文新刊;再加之高水平期刊的创办培育和提升工作并非一蹴而就,往往需要几年、十几年,甚至几十年的时间,综合评估整体任务十分艰巨。因此,"十四五"期间,建议国家充分抓住当前新科技革命的热潮,特别是新兴学科和交叉学科不断涌现的机遇,继续加大新刊创办的支持和引导力度,鼓励中国学者抢占新领域制高点、话语权。可以根据建设目标和项目申报实际灵活调整高水平新刊资助策略,坚持高标准严要求入口,适当放宽资助数量限制,达标一个资助一个,先达标先资助[11]。对于其他资助子项目,应坚持循序渐进的原则,在原有基础上有计划地增加其他子项的资助规模,并适当调整单项经费资助标准,总体上坚持资助规模适度增加、单项经费按标准资助、总体资助经费基本不变的原则,逐步构建国家和地方联动的立体化资助体系格局。在后期卓越计划的英文科技期刊实施方案中,建议将领军期刊由 22 种增加到 50 种,每种资助额度不超过 100 万元/年;将重点期刊从 29 种增加到 50 种,每种资助额度不超过 60 万元/年;将英文梯队期刊增加至 200 种,每种资助额度 40 万元/年等。

2. 循序加快优秀中文科技期刊建设的推进速度

作为汉语语系国家,中国要想全面实现科技期刊强国梦想,充分发挥和体现中国科学研究者和中国科技期刊事业对世界经济、政治、文化、科技的积极推动作用,我们必须建设在规模和资源上具有优势、在中国文化传承上具有特色的中文科技期刊集群——这是中国特色科技期刊事业必须完成的神圣使命,也是进军科技期刊"世界第一方阵"的决胜关键。据中国知网 WJCI(2022 科技版)统计显示,在入围的 15022 种科技期刊中,中国主办的科技期刊有 1634 种,其中中文科技期刊有 1262 种,占我国中文科技期刊总量(4643 种)的 27.18％。在服务好国内科技交流的同时,虽然中文科技期刊也在努力尝试英文长摘要、英文图表摘要、双语出版等举措来拓展自身内容的传播广度和深度,但其整体国际影响力还十分有限。从影响力分区数据来看(表 7-6),中文科技期刊(不含中英文科技期刊)在 Q1 和 Q2 区的占比分别为 8.14％和 20.06％,两者之和也仅有 28.20％,与"世界第一方阵"的基本标准 50％相差甚远。中国未来数年,要努力深化改革,培育世界一流科技期刊,并不仅仅是针对英文科技期刊,从长远来看,推进中文科技期刊的世界一流办刊能力和水平建设才是我们培育世界一流科技期刊的最终目标。因此,当前在加大英文科技期刊规模和办刊能力建设的同时,今后一段时间更应努力从整体上资助、鼓励、提升中文科技期刊整体的质量和影响力。比如,在现有的卓越行动计划中,应逐步加大中文科技期刊的培育力度,建议将"梯队期刊"资助规模从目前的100种提升到600种,每种资助额度调整为30万元/年;同时适当放宽领军期刊和重点期刊的遴选标准,允许和鼓励中文科技期刊参与领军期刊和重点期刊的公平竞争,让中文科技期刊与英文期刊等质同效均衡发展。只有按照每年80种的WJCI新增入围速度,到2035年才有可能如期实现2200余种高水平中文科技期刊入围WJCI(科技版)名单,同时争取在中国入围WJCI(科技版)的评价对象中有25%以上的科技期刊入围Q1区,50%以上的期刊入围Q1和Q2区,基本实现我国中文科技期刊的影响力提升,成为中国入围科技期刊"世界第一方阵"国家的重要支撑力量。

表7-6 中国中文科技期刊在WJCI(2021科技版)的分区统计

语种	Q1	Q2	Q3	Q4	总计	Q1区占比	Q2区占比	Q3区占比	Q4区占比	(Q1+Q2)区占比
中文(不含中英文)	101	249	426	465	1241	8.14%	20.06%	34.33%	37.47%	28.20%

3.加快推进国内外论文等质同效的实践引导

中国科技期刊的繁荣发展离不开中国科研人员的充分认可与支持,而国家层面的科技期刊评价和科技论文评价是科研人员认可和行动支持的重要指挥棒。当前国内一流科技期刊建设成效初显,专业服务能力不断提升,但依旧难以缓解中国优秀论文等质同效的大量外流现象,甚至个别地方愈演愈烈。据统计,2021年有94.8%[9]的SCI论文发表在国外科技期刊上,这一数据背后的主导"元凶"可能主要是唯SCI的科研评价指挥棒,严重制约了国内科技期刊发展速度。为大力发展国内科技期刊,实现真正的以"质"评文,必须确立国内期刊论文与国际期刊论文、中文论文与英文论文等质同效的评价导向。可喜的是,近年来,《关于规范高等学校SCI论文相关指标使用 树立正确评价导向的若干意见》《关于开展清理"唯论文、唯职称、唯学历、唯奖项"专项行动的通知》《关于破除科技评价中"唯论文"不良导向的若干措施(试行)》《关于完善科技成果评价机制的指导意见》等国家层面的导向性政策相继出台,在一定程度上抑制了"SCI指挥棒"效应的进一步发酵。未来更需要在微观层面继续完善各类实践方案和制度(如进一步优化和完善推广科技期刊学科分级目录建设、优化单篇论文评价方案、推广代表作制度等),让等质同效的评价理念真正落地生根,让期刊出版机构和出版人回归办刊初心,融入与国际期刊平等竞争的繁荣时代。

4.积极建立科学家和科研平台办好一流科技期刊的责任制度和贡献激励机制

科技期刊是科技工作者的期刊,也是科技创新事业的期刊。科技期刊的出版在业务过程控制上需要科技编辑的辛勤投入,在内容组织和资源整合利用上则需要广大科学家和科技平台的协同支持。然而,当前国内科技期刊出版活动尚未普遍让科学家充分地参与进来,各类学科建设、平台建设也都没有将办刊工作作为服务自身发展的重要支撑平台来定位好、建设好和利用好。为扭转这一局面,必须从"国家任务,民族使命"的政治站位和思想高度统领期刊建设工作,从顶层设计上部署科学共同体的主体责任制度,充分激发科学家和科研平台在科技期刊建设中的主动作为。一是建立"一流科技期刊建设"的科学家、科研平台和学科体系的办刊责任制度,将"一流科技期刊建设"作为科学家服务科学共同体的重要内容和作为科研平台和学科体系建设的重要建设指标来要求或考核;二是建立"一流科技期刊建设"的贡献评估、认定和激励机制。如中国科协和中国科学院正在制定和完善相关管理办法,通过工作量认定、贡献评估、责任考核方式来激励并引领更多科学家、科研平台和学科建设在一流科技期刊办刊工作中的主动投入和创新作为。

5.创新发展编辑人才队伍培养与管理机制

编辑队伍是期刊出版传播与服务工作的组织主体,是一流科技期刊建设的核心资源,加强编辑人才队伍建设是保障中国 2035 年如期进入"世界第一方阵"的关键要素。面对国内期刊编辑素养良莠不齐、编辑价值感尚需不断提升、职业地位被边缘化、职业规划尚不够清晰的发展实际,国内相关政府管理部门(人力资源管理部门、新闻出版管理部门等)应切实加强对编辑职业人才队伍建设的规范性引导和可持续发展设计。一是从制度规范层面,提升编辑人才队伍建设与管理水平。从专业水平、业务能力、思想认识和价值认同等视角加强编辑队伍准入标准的完善修订工作,从编辑业务培训、编辑技术职称、编辑职业规划等方面完善编辑人才队伍的可持续发展制度。二是从能力建设层面,鼓励编辑人才走"编辑学者化"和"编辑专家化"道路,加强有利于期刊发展的新兴技术、模式培训和研学力度,持续提升编辑队伍应对媒体融合、开放科学、元宇宙、人工智能、区块链等新兴技术和环境变革的创新出版服务能力。三是从工作激励层面,加强期刊出版传播服务各环节的管理体制改革,积极探索将内容组织服务和期刊出版、发行、传播服务相分离的新型出版管理与经营模式,坚持探索"出版质量第一、传播效果至上、服务水平一流"的分类激励方针,制定基于流程的期刊出版工作激励方案,努力实现期刊出版传播服务质量和效果的整体提升。

6.稳步推进期刊出版市场机制与管理体制改革

在我国,科技期刊办刊工作既是一种公益性科技与文化出版事业,同时也是一种市场经营性出版活动,应坚持社会效益优先、社会效益和经济效益协调发展的方向。当前,我国科技期刊出版经营性活动整体上尚有不少值得改革和创新的空间,这主要与我国科技期刊出版的整体特征和传统的出版市场管理制度密切相关。一方面,根据学科细分变化和期刊发展实际,科学调整科技期刊刊号资源管理控制政策[11],坚持按需申报—批复—准入和按"质""量"评估—优化—末端淘汰的刊号资源管理制度,科学优化学科期刊资源配置,逐步形成基于期刊规模和质量的有序调节机制;另一方面,在进一步加大科技期刊出版规模和质量建设的同时,积极开展出版市场管理模式改革试点,有序推进市场资本引入机制探索,加速推进具有国际影响力的学术出版集团建设,逐步提升国内办刊机构特别是期刊集群平台和学术出版集团的市场运营能力,通过"出版机构+资本"融合、"集群平台+资本"融合等方式实现"内容+平台+技术+服务"的整体升级,提升科技出版市场服务能力和活力,通过灵活多样化的期刊市场资本运作模式和立体多元的期刊服务产品体系探索中国科技期刊出版事业的跨越式可持续发展之路。

(五)结语

在世界一流科技期刊建设的下一阶段工作启动前,我们试图从一流期刊数量和质量视角用数据诠释科技期刊"世界第一方阵"的具体内涵,揭示 2035 年中国迈入科技期刊"世界第一方阵"的基础和差距,并努力勾勒出下一阶段目标的具体"模样",虽然视角并不全面,目标"画面"略显粗浅,但尚能从国际高水平科技期刊数量、质量及顶尖期刊分布维度描绘出我国科技期刊综合实力入围"世界第一方阵"国家(或地区)的关键指标,并立足我国科技期刊发展实际,从宏观和中观视角提出了六个方面的推进思路,希望能为国家和地方层面期刊发展政策的制定提供有益参考。

加大世界一流科技期刊建设力度,力争 2035 年实现我国科技期刊综合实力入围"世界第一方阵"国家或地区行列是我国向科技创新型国家迈进的必然要求。《国民经济和社会发展第十四个五年规划和 2035 年远景目标纲要(草案)》指出:"到 2035 年,我国将全面进入创新型国家前列……",为适应 2035 年我国进入创新型国家前列的科技发展水平,只要我们的科学家和期刊人彼此信任、相互支持、大胆创新、砥砺前行,中国科技期刊就一定能如期实现入围"世界第一方阵"的伟大目标。

主要参考文献

[1] 张海生. 世界一流科技期刊的建设模式与中国抉择[J]. 编辑学报,2021,33(5):487-491.

[2] 金鑫,闫群.《美国科学院院刊》办刊特点及对我国建设世界一流科技期刊的启示[J]. 科技与出版,2021(10):88-94.

[3] 周德进. 打造世界一流科技期刊集群 构建国际先进知识服务体系[J]. 中国出版,2021(19):11-14.

[4] 张蕾,宋国恺. 对培育世界一流科技期刊的认识与思考[J]. 科技传播,2021,13(14):27-29.

[5] 曹子郁,方卿. 打造世界一流科技期刊的三个维度[J]. 出版科学,2021,29(3):64-72.

[6] 詹媛. 科技期刊,离世界第一方阵有多远[N]. 光明日报,2021-01-10(6).

[7] 佘诗刚,曹启花,王琳. 基于 CI 值的"中国科技期刊国际影响力提升计划"资助效果分析——以中科院英文科技期刊为例[J]. 中国科技期刊研究,2020,31(2):179-189.

[8] 世界期刊影响力指数(WJCI)报告(2021,科技版)[R/OL]. 2021-12-28[2022-02-26]. https://wjci.cnki.net/.

[9] 任胜利,杨洁,宁笔,等. 2022 年我国英文科技期刊发展回顾[J]. 科技与出版,2023(3):50-57.

[10] 宁笔. 我国需要更多英文科技期刊[J]. 科技与出版,2020(4):5-10.

[11] 胡小洋,马力. 建设世界一流期刊背景下我国学术期刊资助政策体系发展研究[J]. 编辑之友,2020(8):24-29.

二、2018—2023 年我国科技期刊创新发展特征①

2018 年中央全面深化改革委员会第五次会议审议通过的《关于深化改革 培育世界一流科技期刊的意见》（以下简称《意见》）、2019 年中国科学技术协会等七部委联合启动的中国科技期刊卓越行动计划和 2021 年发布的《关于推动学术期刊繁荣发展的意见》等一系列来自国家层面的政策、举措，为中国的一流科技期刊建设和科技期刊高质量发展提供了政策遵循和行动指南。与此同时，ABC（Artificial Intelligence、Big data、Cloud）时代的到来也为科技期刊的媒体融合、开放获取和创新服务提供了丰富多样、精彩纷呈的新方案、新工具。来自政策和技术两方面的强有力支撑，共同为科技期刊的大发展营造了前所未有的良好生态，科技期刊发展迎来新纪元。

《意见》核心内容在于强调以中国科技期刊卓越行动计划为统领，通过提升科技期刊专业管理能力、出版市场运营能力、国际竞争能力，推进数字化、专业化、集团化、国际化进程，构建开放创新、协同融合、世界一流的中国科技期刊体系。如今，《意见》的发布已近 5 年时间，第一期中国科技期刊卓越行动计划也接近尾声，科技期刊领域发生了哪些新变化，显现出哪些新特征，有必要进行系统的盘点和梳理。纵观这 5 年的发展，科技期刊领域发生了很多新的变化，概括如下：期刊能力增强化、编辑队伍卓越化、评价体系多元化、办刊主体学者化、出版平台自主化、媒介融合深入化、服务对象公众化、服务内容全面化等。这些变化极大地促进了科技期刊的数字化、专业化、国际化、集群（团）化、平台化、媒体化的发展，其中，数字化、专业化、国际化多年来已被充分研究和讨论，因此，本研究将在梳理中国科技期刊相关数据变化的基础上，对期刊在集群（团）化、平台化、媒体化方面的创新发展特征进行总结，并希望从创新发展案例中挖掘和提炼出一些能标记新时代期刊出版、传播与服务发展新方向的模式或范式特征，以启发办刊人继续思考和探索。

（一）科技期刊近 5 年的数据变化

首先对我国科技期刊的数量、语种、主要评价指标近 5 年的发展变化做简要盘点，为后续科技期刊创新发展特征的分析奠定数据基础。

1. 不同语种科技期刊整体规模变化

根据《中国科技期刊发展蓝皮书》（2019—2022 年）[1-4]（简称《蓝皮书》）数据（表 7-7），从 2018 年至 2020 年，中国科技期刊总数量变化幅度在 ±0.5％以内，但中文刊数量从 4519 种下降至 4482 种，呈逐年下降趋势，平均每年减少约 0.26％；同时英文刊数量从 330 种上升至 420 种，以平均 8.09％的幅度逐年增加；中英文双语期刊数量从 121 种上升至 169 种，以平

---

① 本章第二部分撰稿人：曹启花，胡小洋，占莉娟，佘诗刚，谭辉，郭春妮。

均13.53％的幅度逐年增加。深入分析发现，中文刊数量逐年减少与中英文刊占比增加之间有一定相关性，一部分中文刊正在通过办中英文刊向英文刊过渡。如《催化学报》（*Chinese Journal of Catalysis*）在2010年之前基本上为中文刊，2010—2016年英文论文占比逐渐加大，2017年之后基本为全英文刊，其复合影响因子从2017年的1.915快速上升至2021年的5.553[5]。

表7-7 近几年不同语种科技期刊整体规模变化

统计年	总数	中文		英文		中英文	
		数量	占比/％	数量	占比/％	数量	占比/％
2018	4973	4519	90.87	333	6.70	121	2.43
2019	4958	4429	89.33	359	7.24	170	3.43
2020	4963	4404	88.74	375	7.56	184	3.71
2021	5071	4482	88.38	420	8.28	169	3.33

2.科技期刊主要评价指标变化

从《中国学术期刊影响因子年报（自然科学与工程技术）》[6]（以下简称《影响因子年报》）数据看（图7-5），中国科技期刊的他引总被引频次在2018年之前翻一番用了近5年时间（从2013年的446104增至2018年的868407），平均年增长率18.93％；而在2018年之后（从2018年的868407增至2021年的1606589），平均年增长率28.33％，仅用了3年多时间实现再翻一番。同时刊均他引被引频次和刊均他引影响因子也有相似的表现[6]（图7-6），在2013—2018年平均年增长率分别为17.17％和33.65％，2018—2021年平均年增长率分别为25.87％和53.85％。在期刊数量变化不大的前提下，他引总被引频次、刊均他引总被引频次、刊均影响因子均高速增长，表明主要评价指标的变化确实由期刊论文的被引频次增加引起，而不是由期刊数量和论文数量增加带来的，证实科技期刊整体的受关注度和影响力正在快速增长。

图7-5 中国科技期刊的他引总被引频次变化（2013—2021年）[6]

图 7-6　中国科技期刊的刊均他引总被引频次和刊均他引影响因子变化(2013—2021 年)[6]

3.科技期刊入选重要数据库数量的变化

进一步考察了不同语种期刊主要评价指标及入选国际主要数据库数量的变化。根据已有研究[7-12](表 7-8),英文刊被国际主要数据库收录的数量、进入上游(此处主要指影响因子较高的分区)的期刊数量均呈现明显上升趋势:①英文刊中入选 SCI 数据库的数量由 2018 年的 174 种上升至 2022 年的 255 种,其中入选 SCI(Q1+Q2)的英文刊数量也由 2018 年的 78 种上升至 2022 年的 192 种[12];②入选 Scopus 数据库的期刊由 2018 年的 234 种上升至 2022 年的 475 种。

表 7-8　　　　　　　　　2018—2022 年中国内地英文刊入选国际主要数据库数量变化

统计年	总刊数	新批 CN 号刊数	SCI	SCI Q1 区	SCI Q2 区	Scopus
2018	330	8	174	40	38	234
2019	333	17	195	52	54	301
2020	359	15	223	79	73	328
2021	375	42	234	96	80	351
2022	435	12	255	123	69	475

相似的增长趋势也同样表现在中文刊方面。根据已有数据[6, 13-17](表 7-9),中文刊的平均被引频次由 2018 年的 1222 上升至 2021 年的 1354,增长了 10.80%,平均影响因子由 2018 年的 0.558 上升至 2021 年的 0.785,增长了 40.68%;入选 SCI 数据库的中文刊近几年虽然一直是 18 种,但 2022 年《物理化学学报》首次进入 Q1 区,《新型碳材料》等 4 刊进入 Q2 区[12],结束了 SCI(Q1+Q2)区无中文刊的历史;入选 EI 数据库的数量由 2019 年(发布年)的 156 种上升至 2022 年的 181 种,入选 Scopus 数据库的期刊由 2018 年的 462 种上升至 2022 年的 646 种(有 CN 号)。可见科技期刊影响力的增长不仅有英文刊的贡献,也有中文刊的助力。相对而言,中文刊高影响因子的期刊数量增长率低于英文刊,这可能与语种以及获得资助和支持的差异有关。

表 7-9　　　　　　　　2018—2021 年中文刊入选国际主要数据库数量变化

发布年	统计年	统计数量	平均 TC	平均 IF	SCI	EI	Scopus	DOAJ
2019	2018	3655	1222	0.558	18	156	462	—
2020	2019	3686	1277	0.627	18	156	565	25
2021	2020	3719	1325	0.714	18	163	565	48
2022	2021	3678	1354	0.785	18	181	646	86

综上所述，经过 5 年的发展，中国科技期刊的主要评价指标进入新一轮加速增长期，标志着中国科技期刊进入高速发展时期；科技期刊的组成和语种分布正在发生变化；英文刊中世界高影响因子期刊数量不断增加，世界一流科技期刊的学科矩阵正在形成，并不断壮大。

（二）创新发展特征

1. 集群化成效显著，集团化初具规模

集群化发展是当今科技期刊发展的国际主流态[18]。通过集群（团）化实现规模化、集约化办刊是推进科技期刊高质量发展、构建世界一流科技期刊体系的重要途径[18,19]。中国科技期刊在经历了与国际出版商合作的"借船出海""搭船出海"之后，深刻认识到，要想拥有全球科技创新成果的首发权和世界科技中心的话语权，必须走集群（团）化发展的道路，必须拥有自主的出版平台。2021 年《关于推动学术期刊繁荣发展的意见》指出"推进集群化集团化建设，以优质学术期刊为龙头重组整合资源，建设一批导向正确、品质一流、资源集约、具备核心竞争力的学术期刊集群"。

5 年来，我国科技期刊的集群化取得长足进展，成长迅速、成效显著，集团化已初具规模。当前我国科技期刊的集群化模式主要有四类[18,20-22]：商业出版集群、学/协会集群、大学出版集群、学科集群等。各类型期刊集群的建设情况见表 7-10。其中，科学出版社创立的期刊群是我国期刊集群化出版模式的代表，目前使用其自主出版平台 SciEngine 的期刊已涵盖 398 种期刊、360000 余篇文献，涉及物理科学与工程、生命科学、健康科学、社会科学与人文等领域，自上线以来访问量已超过 3500 万（2023 年 5 月 22 日数据），是目前国内最大的期刊集群。SciEngine 拥有贯通内容生产、发布、传播及科学评价等全链条的期刊数字出版与知识服务平台，能够提供数据互联、实时翻译、智能关联、多样出版、访问管理等具有国际领先水平的知识服务功能和产品[23]，极大地提升了科学出版社期刊集群的国际竞争力和影响力。期刊集群化的蓬勃发展也带来了自主出版平台的兴起，除 SciEngine（科学出版社）外，SciOpen（清华大学出版社）、Frontiers Journals（高等教育出版社）、Researching（中国激光杂志社）等具备数字出版与知识服务功能的期刊平台相继创立。中国科技期刊在经历了"借船出海""搭船出海""买船出海"等模式后，正在积极探索、努力推进"造船出海"时代的到来。

表 7-10　　　　　　　　　　我国科技期刊集群建设情况

期刊集群	代表性期刊群	运营主体	出版平台	出版平台规模	学科范围
商业出版集群	科学出版社期刊群	中国科技出版传媒股份有限公司	SciEngine	398 种	自然科学
学/协会出版集群	中华医学会期刊集群	中华医学会杂志社	MedNexus	154 种	医药卫生
大学出版集群	清华大学出版社期刊群	清华大学出版社	SciOpen	40 种	自然科学＋人文社科
学科出版集群	中国光学期刊联盟	中国激光杂志社	中国光学期刊网	74 种	光电学及物理、材料

注：出版平台规模数据来自各平台官网（截至 2023 年 5 月 10 日）。

当然，我们也必须清醒地认识到，当前处于世界领先地位的大型国际出版集团早在 21 世纪的最初几年内就已完成融合转型，他们利用数字化内容的表达优势、社交媒体的多渠道传播、各种新兴出版技术，持续加强出版平台建设，已经抢占了市场领先地位，基本完成了出版产业的全程覆盖和效益最大化。与我国自主平台合作出版的大部分期刊仍然同时依赖国际出版集团。究其原因，是我国的集群（团）化尚处于初级阶段，无论在规模上还是在地位上暂时都无法比肩国际出版巨头，同时我国的期刊集群化脱胎于传统的科研机构办刊模式，缺乏集群（团）化运行需要的技术研发、专业管理、市场运营、用户维护等方面的经验。国外科技出版集团的发展壮大是通过资本运作和市场化运营完成的。因此，在政策允许的范围内引入活跃的非公资本，将有可能助力我国科技出版集团迅速成长，并形成可持续的发展模式。

例如，2020 年底成立的 Maximum Academic Press（MAP），正是新生的非公资本创立的出版集团[24]。他们通过自己创办、与国际知名学者合作创办、与机构合作创办等方式迅速成长，2021 年即完成创办 15 本期刊的目标，内容涉及农业、植物科学、食品科学、化工、学术出版等学科；2022 年目标是 20～30 本期刊，内容进一步拓展到食品、植物学、土壤/生态、生物学/遗传学、医学、环境、理学、遥感、历史、教育等领域。MAP 希望在 5 年内创办 100～200 本期刊，涉及的领域将更加广泛。成长中的 MAP 承诺全方位严格遵循国际出版准则，坚持开放办刊，力争通过提供高质的服务、丰富的实践经验及科学的数据分析，为科学家服务，推动科技期刊和科学研究快速发展。MAP 的创立和发展有望为我国现有的科学期刊集群建设提供新的模式和解决方案。

2. 平台功能增强明显，功能日益多元

《关于推动学术期刊繁荣发展的意见》指出，支持大型学术期刊出版单位开发全流程数字出版平台、综合性学科资讯平台、知识服务平台……支持办刊规模较大、技术基础较好的出版企业、期刊集群等聚合出版资源，打造专业化数字出版平台。这对科技期刊提出了更高的要求,科技期刊应向着服务内容更全面、服务对象更广泛的方向发展。2018 年以前,科技期刊在办刊人和公众心目中,是汇聚和发布思想、观点、技术、成果等的平台。经过 5 年的快速发展,随着媒介融合的持续推进和整体影响力的显著提升,科技期刊正在成为一个汇聚信息、人才和智库服务的全平台。

（1）人才平台

近几年有一个非常明显的变化就是,科技期刊正在成为一个汇聚科学家的人才平台。与之前由编辑部办刊的主流模式不同,在政策环境和项目资金的共同支持下,科技期刊有条件、有能力通过建立编委会、青年编委会、客座主编、特邀主持人、学术编辑等制度吸纳大量科学家参与到办刊实践中,在主流的"编辑部主导办刊"基础上形成了"科学家主导办刊""科学家＋编辑部协同办刊"的新模式。

科技期刊正在成为汇聚高端人才的平台。2018 年创刊的《电化学能源评论》(EER)在 2021 年即以高达 28.905 的影响因子刷新中国本土学术期刊的得分纪录,同时拿下电化学领域全球期刊第一名[25,26],成为推动新刊创办以来的最强黑马。该刊依托上海大学国际电化学与能源科学院、可持续能源研究院等机构,采取"双主编"和"双执行主编"的机制,组成了一支拥有 18 位 2020 年科睿唯安全球高被引科学家的 50 人编委会[25,27],成为汇聚高端人才的高地。这一全球顶尖科学家团队不仅源源不断为期刊提供优质稿源,而且为期刊发展出谋划策,深度参与具体的办刊过程,这为 EER 的快速发展提供了全方位的保障。强势崛起的 EER 为"科学家主导办刊"的新刊创办模式提供了一个范本。科学家主导办刊的模式,能够将国际前沿的办刊理念和工作模式以及对科技发展前沿的前瞻性研判、对创新研究的敏锐性洞察带入到办刊实践中,为科技期刊的发展带来强劲的动力和支持。当然,该刊年均可被引文献量偏低(约 30 篇),且基本为综述性论文(review),也是其快速晋升为高影响因子期刊的重要因素。

科技期刊还成为发现和培养人才的平台[28]。Light 学术出版中心(以下简称"Light")正在部署和实施宏伟的"一揽子"人才计划,网罗全球光学人才。他们通过策划"院士访谈"专栏汇聚光学领域的顶尖科学家,通过设置"Light 人物"专栏吸引全球高影响力高活跃度的科学家,通过举办"Rising Star"选拔光学世界顶尖青年科学家,通过组织"全国光学与光学工程博士生学术联赛"集聚成长中的科学家,通过打造大学生助学计划"Seed of Light"星光奖学金发现和培养在校大学生[29]。这一设计不仅覆盖国内外全领域光学人才,更是覆盖光学人才的全生命周期,从优秀的本科生、研究生、青年学者、青年科学家,到高影响力科学家、顶尖科学家,实现光学领域梯队人才的全覆盖。同时,他们通过举办"Light 国际会议""年度中国光学领域十大社会影响力事件""Light 在线""国际光年"和"国际光日"等学术活动深度参与到科学家的成长和培养过程中,极大地增强了人才对期刊的黏性[30]。Light 正努力将科技期刊出版做成"伟大的生意"[31]。同时,Light 学术出版中心的旗舰期刊 Light 也为"科学家＋编辑部协同办刊"模式提供了一个卓越范本。

（2）智库平台

2013年《中共中央关于全面深化改革若干重大问题的决定》和2015年《关于加强中国特色新型智库建设的意见》明确指出"智库是国家软实力的重要载体，是一个国家、一个民族最宝贵的资源"，将"构建中国特色新型智库发展新格局，重点建设一批具有较大影响力和国际知名度的高端智库"上升至国家战略。智库主要是指以公共政策为研究对象，以影响政府决策为研究目标，以公共利益为研究导向，以社会责任为研究准则的专业研究机构[32]。科技期刊是创新知识发布与传播的主要媒体，具有显著的学术内容和专业人才优势，是国家高端科技智库建设的重要组成部分[33]。

《药学进展》通过深化编委智库功能，积极推动期刊与智库建设的融合发展，促使期刊有效转型为具有智库功能的复合型媒体[34]。为了加强咨政辅政的智库功能，《药学进展》借助编委会换届之际吸纳了药学领域产业界、学术界、临床机构、合同研究组织（CRO）、政府机构、金融资本机构的专家，并加大了医药产融企业中编委的占比[35]，使《药学进展》在产融对接与成果转化、政府决策建言、招才引智等方面都能发挥智库作用。《药学进展》于2020年协助举办"2020年南京国际新医药与生命健康产业创新投资峰会"与"2020年南京国际生命健康科技大会暨第六届药学前沿高峰论坛"，大半与会专家来自《药学进展》编委智库或由《药学进展》编委推荐，他们从政策制订、资源整合、人才培养、金融投资等多个维度为南京市发展"新医药与生命健康"产业提供了强大的智力支持[35]。《药学进展》的智库化转型为非核心期刊的一流科技期刊建设和高质量发展提供了新策略、新方案。

从上述创新案例看，科技期刊为智库人才搭建平台和赋能的同时，智库建设也极大地增强了人才对期刊的黏性，使智库建设与期刊发展进入互促互惠的良性循环过程。科技期刊要想成功实现智库化转型，办刊方向上应能聚焦国家战略发展需求和人类社会可持续发展面临的问题，围绕"四个面向"，瞄准国家和人类社会急需发展的领域和急需解决的问题，同时关注公共政策制定与外部应用，服务社会和产业需求；办刊资源上应能汇聚具备跨学科知识储备、学术水平、社会影响力、合作交流能力、政产经实践经验等方面的人才和学术资源。

3. 媒介融合逐渐成熟，媒体属性日益凸显

2015年《关于推动传统出版和新兴出版融合发展的指导意见》指出：出版单位应创新内容生产和服务，加强平台建设，扩展内容传播渠道。2020年《关于推动出版深度融合发展的实施意见》从6个方面提出20项主要措施，对新时代深入推进出版深度融合发展作出全面安排。科技期刊同时具有科学属性和媒体属性，承载严肃科学态度、严谨实验数据的科研论文，起到了"正人心，靖浮言""拨乱反正"的作用，显示出极高的公信力和权威性。开放科学理念的持续推进和人工智能工具的不断发展，也极大地推动了科技期刊向媒体化方向发展。

新媒体为科技期刊发展赋能。Light于2021年首次提出"科技期刊要成为科技媒体"的发展理念[36]。他们以"共享、共存，最大化服务读者"为办刊理念，全面集成了Light学术出版富媒体，大量使用如XML智能生产、微信公众号图文消息的制作及发布、中英文双语切

换、基于深度学习的机器翻译工具、基于内容资源的聚合检索、执行以学科主题为线索的专题策划、刊群自主运营、元数据对接（CSCD、百度学术、Altmetric、ORCID、SEO、PubMed/PMC、CrossRef 等）、一体化排版、参考文献校对、文献上网、精准推送、论文传播数据统计及引证分析、跨平台推送、作者学术画像、封面及宣传设计等新兴工具[3]。在 Light 学术出版中心富媒体平台上，读者可以一站式获取该中心 7 种期刊和所有学术活动的信息，点击任意一篇文献、活动或作者，都可以关联到数据库中的相关内容。通过为读者用户提供精准的知识服务，Light 实现了从单一内容的专业学术期刊向本领域内相关内容高度关联的科技媒体的转型。

新媒体为科技期刊发展增值。《特种铸造及有色合金》针对当前高等院校、科研机构、企业及相关领域人才的痛点和难点，通过建立作者群、行业群，建立专家和企业数据库，搭建文献检索平台、技术咨询与服务平台、人才与信息交流平台，打通了从科研到市场产学研用的"最后一公里"。他们将传统的学术传播（纸刊＋知网＋官网＋线下会议）与新媒体传播，即图文：微信＋头条＋微博；视频：视频号＋抖音号＋ B 站；直播：大咖来啦＋青稞讲堂＋研究生论坛＋压铸界＋抖音（小论文大思想）紧密结合，期刊为新媒体提供优质内容和信任基础，新媒体为期刊提供传播渠道和新资源，实现了科技期刊与新媒体的双向赋能。《特种铸造及有色合金》通过媒体化转型实现了社会效益和经济效益双效俱优，为企业化运营的行业应用类期刊的创新发展开辟了一条薪火之路[37]。

科技期刊的媒体化转型不仅有利于改善用户体验、增强学者黏性，还能全方位、全流程、多维度地为期刊赋能、增值，扩大其影响的强度和范围。但我们同时也注意到，当前我国科技期刊的媒体化转型至少还存在以下问题：①媒介融合进程严重不均衡，呈现两极分化趋势。一方面，一些走在国内甚至国际前沿的期刊积极拥抱新兴技术，不断探索 ABC（AI、大数据、云计算）时代与学术出版的深度融合；另一方面，据 2020 年国家新闻出版广电总局的质检数据，有近 1/2 期刊不关注官网建设或未构建官网，约 2/3 期刊没有客户端，近 1/2 期刊没有微信公众号，近 3/4 期刊没有微博[3]。②新兴智能工具层出不穷，但与科技期刊融合不够。5G、人工智能、区块链等新兴技术在我国教育、医疗、交通、能源等领域已得到深度融合应用，在图书、报纸、杂志、电影、电视等出版领域也取得了显著传播效应，但在科技期刊出版领域一直没有产生明显的效应。

(三)结语

在当前政策和技术的协同推动下，科技期刊领域正在发生广泛而深刻的变化。虽然这些变化目前只发生在小部分期刊中，但对我国科技期刊整体发展的影响是深远的。随着我国科技期刊整体影响力的不断提升，世界一流科技期刊阵营逐渐形成，数字化、国际化、集群（团）化、平台化、媒体化等转型升级持续推进，其服务科技发展、社会进步和人类福祉的能力得到进一步增强，其社会属性也得以进一步彰显。根据中国科协第十五届中国科技期刊发展论坛中对"科技期刊有哪些应尽的社会责任"的探讨[38]和本文的研究，作为科学共同体成员的科技期刊,除了应担负起推动科学技术转化为社会生产力的责任外,还应承担以下社会责任:弘扬科学家精神,维护科学道德和学术诚信;提供智库类知识服务,提升公众科学素养;汇聚人才和信息,构建学术评价体系;完善创新链条,贯通产学研用等。服务社会既是科技期刊的初心使命,也是科技期刊的目标愿景。可以预见,未来科技期刊在创新型国家建设和国家创新体系建设中将发挥越来越重要的作用,科技期刊与社会的连接也将越来越紧密。

主要参考文献

[1] 中国科学技术协会. 中国科技期刊发展蓝皮书(2019)[M]. 北京:科学出版社,2019.

[2] 中国科学技术协会. 中国科技期刊发展蓝皮书(2020)[M]. 北京:科学出版社,2020.

[3] 中国科学技术协会. 中国科技期刊发展蓝皮书(2021)[M]. 北京:科学出版社,2021.

[4] 中国科学技术协会. 中国科技期刊发展蓝皮书(2022)[M]. 北京:科学出版社,2023.

[5] 催化学报. 期刊信息[EB/OL]. [2023-05-10]. https://www.cjcatal.com/CN/column/column18.shtml.

[6] 中国知网. 中国学术期刊影响因子年报(自然科学与工程技术版)[R]. 北京:中国知网,2022.

[7] 任胜利,肖宏,宁笔,等. 2018年我国英文科技期刊发展回顾[J]. 科技与出版,2019(2):30-36.

[8] 任胜利,宁笔,陈哲,等. 2019年我国英文科技期刊发展回顾[J]. 科技与出版,2020(3):6-13.

[9] 宁笔,杜耀文,任胜利,等. 2020年我国英文科技期刊发展回顾[J]. 科技与出版,2021(3):60-66.

[10] 任胜利,李响,杨海燕,等. 2021年我国英文科技期刊发展回顾[J]. 科技与出版,2022(3):73-83.

[11] 任胜利,杨洁,宁笔,等. 2022年我国英文科技期刊发展回顾[J]. 科技与出版,2023(3):50-57.

[12] 刘世华. 2023年度JCR中国期刊表现解读及影响力提升策略分析[R/OL]. [2023-07-05]. https://clarivate.com.cn.

[13] 王婧,张芳英,刘志强,等. 建设世界一流科技期刊发展之路——盘点2018年我国中文科技期刊[J]. 科技与出版,2019(2):36-43.

[14] 张芳英,王婧,刘志强,等. 肩负服务科技重要使命 建设卓越中文科技期刊——2019年我国中文科技期刊出版盘点[J]. 科技与出版,2020(3):47-57.

[15] 王婧,张芳英,何晓燕,等. 着力提升学术引领能力 持续推动期刊繁荣发展——2021年我国中文科技期刊发展解析[J]. 科技与出版,2022(3):84-93.

[16] 刘志强,王婧,张芳英,等. 新时代我国中文科技期刊高质量发展之路探析——基于2022年度中文科技期刊发展情况[J]. 科技与出版,2023(3):58-66.

[17] 何晓燕,王婧,张芳英,等. 2020年我国中文科技期刊发展盘点[J]. 科技与出版,2021(3):67-77.

[18] 郑建芬,刘徽,王维杰,等. 科技期刊集群化发展探讨——基于"卓越计划"集群化实践[J]. 编辑学报,2021,33(4):407-411.

[19] 李军亮,汪荣,卫轲,等. 集群化医学电子期刊的建设探索——以中华医学会电子版系列期刊为例[J]. 传播与版权,2023(4):20-22.

[20] 张维,汪勤俭,王维朗,等. 中外对比视角下中国科技期刊集群化发展路径分析[J]. 科技与出版,2021(11):52-61.

［21］何卓铭，杨悦，张雁，等．中文科技期刊集群化办刊模式的探索与实践——以中国激光杂志社为例［J］．中国科技期刊研究，2022，33（11）：1462-1469．

［22］赵艳．国外科技期刊集群化建设的动力机制调查与研究［J］．数字图书馆论坛，2015（3）：16-21．

［23］再升级！SciEngine 3.0 科技期刊全流程数字出版与知识服务平台［EB/OL］．［2023-05-22］．https：//baijiahao.baidu.com/s？id=1759122659846632537&wfr=spider&for=pc．

［24］程宗明．2022 年 Maximum 学术出版开足马力前行［EB/OL］．https：//blog.sciencenet.cn/blog-1140979-1321366.html．

［25］施晨露．中国本土科技期刊形成"上海现象"［N］．解放日报，2021-10-17（1）．

［26］沈湫莎．"首发即夺冠"，这本创刊仅三年的"新刊"是如何做到的［N］．文汇报，2021-07-03（11）．

［27］何晓燕．打造国际顶级综述型英文科技期刊的实践与思考——以《电化学能源评论（英文）》为例［J］．出版发行研究，2021（6）：76-81＋106．

［28］欧彦，赵姗姗．科技期刊培育青年学者的模式与路径探索——以《自动化学报（英文版）》为例［J］．中国科技期刊研究，2023，34（4）：473-478．

［29］张莹，白雨虹．新时代科技期刊品牌化、集群化发展探讨——以 Light 品牌期刊集群为例［J］．出版广角，2022（19）：25-30．

［30］Light 学术出版中心．热点聚焦［EB/OL］．［2023-05-10］．https：//www.lightpublishing.cn．

［31］白雨虹．用创新把握天时地利用专业成就卓越征途——Light 学术出版中心的办刊理念［J］．中国科技期刊研究，2023，34（6）：807-814．

［32］丁佐奇．科技期刊与智库功能融合及互动发展研究［J］．编辑学报，2019，31（6）：606-609．

［33］陈晓峰，云昭洁．基于科技期刊学术社群构建媒体型智库［J］．编辑学报，2017，29（1）：5-8．

［34］邢爱敏，郑晓南．基于品牌意识的科技期刊编委会智库功能的挖掘——以《药学进展》为例［J］．编辑学报，2019，31（1）：59-62．

［35］吴孟，杨臻峥，郑晓南．高质量科技期刊建设与编委智库建设协同互促的模式研究——以《药学进展》运营实践为例［J］．江苏科技信息，2021，38（11）：16-20．

［36］白雨虹．发力科技媒体，开拓期刊受众——卓越计划期间《Light》在学术交流和传播方面的亮点工作［R］．北京：卓越计划推进会，2021．

［37］栗万仲．全力打造私域流量赋能科技期刊融合发展——以《特种铸造及有色合金》为例［R］．武汉：湖北省中文科技期刊建设高端论坛，2023．

［38］中国科协．科技期刊有哪些应尽的社会责任［EB/OL］．［2023-05-10］．https：//m.thepaper.cn/baijiahao_4850395．

三、国际出版集团与世界一流科技期刊方阵建设[①]

科技期刊荟萃人类文明,凝聚知识发现[1],与科学技术的国际学术话语权提升息息相关。针对中国科技期刊的整体发展规划,有关部门提出了一系列发展纲要和资助措施。以"中国科技期刊卓越行动计划"为代表的政府资助项目,通过分类资助中国已有科技期刊(领军、重点、梯队项目),支持在空白学科创立新刊(高起点新刊项目),推动期刊规模化发展(集群化项目),推动中国科技期刊整体实力不断提升,取得了许多亮眼的成绩。如 Web of Science 数据库收录的中国内地期刊由 2021 年的 257 种上升到 2023 年的 276 种,在全球 SCI 期刊的主要分布国家中排名第 6。针对中国期刊所取得的成绩,学界大多从单刊如何提升科技期刊学术影响力和综合实力的具体举措方面开展研究[2-4],或通过对国内外各大数据库中中国科技期刊的整体表现变化进行分析[5,6]。这些研究具有较为重要的借鉴意义和分析价值,但鲜有涉及科技期刊在现实世界中的商业价值和实现载体,更忽略了规模化期刊集群汇聚的学术资源的巨大商业价值。

尽管中国内地 SCI 期刊数目在全球位居第 6(276 种),但与前 5 名(美国 3043 种,英国 2045 种,荷兰 775 种,德国 658 种,瑞典 311 种)相比,无论在数量上还是在质量上都具有较为明显的差异。与前 5 名国家的科研机构规模、科研经费投入和优势学科相比较,并通过研读政策可以发现,自主国际出版集团的建设是中国世界科技期刊第一方阵建设的必要组成部分,对于我国科技期刊综合实力跃居世界第一方阵具有重要作用。

当前,国际出版集团依托长期以来在科技期刊和图书等中积累的海量科学技术知识,已从单纯的图书和期刊等出版业务逐步向信息资源解决方案服务商的方向转型[7,8]。研究国际出版集团的发展特征、未来趋势和面临的困难,对中国的商业出版集团和科技期刊集群明确自身的转型方向、盈利模式、发展渠道等具有十分重要的借鉴意义,更是中国科技期刊逐步实现收支自主的可持续发展,到 2035 年跃居世界一流科技期刊方阵的关键所在。

(一)中国国际出版集团建设是世界科技期刊第一方阵建设的重要组成部分

本小节沿用初景利等[9]在《我国科技期刊集约化关键问题剖析》一文中的"期刊集群化"和"期刊集团化"概念,即:"期刊集群化是指两个及以上的期刊以某种形式整合在一起,整体呈现多种期刊的作用与影响力。期刊集团化是指充分利用体制和机制优势,通过市场运营,增强期刊集群的运营能力与市场地位。"

1.政策导向

近年来,党和政府高度重视科技期刊,下发了一系列指导性意见。2019 年 7 月,中国科协、中宣部、教育部、科技部等四部门联合下发的《关于深化改革 培育世界一流科技期刊的意见》[1],明确指出,"到 2035 年,我国科技期刊综合实力跃居世界第一方阵,建成一批具有

---

① 本章第三部分撰稿人:王晓醉,佘诗刚,胡小洋,陈勇。

国际竞争力的品牌期刊和若干出版集团……成为世界学术交流和科学文化传播的重要枢纽，为科技强国建设做出实质性贡献"。同年，"中国科技期刊卓越行动计划"启动，首次设置集群化试点项目。中国科技出版传媒集团有限公司（以下简称"科学出版社"）、中国激光杂志社、高等教育出版社、有科出版、中华医学会等5家单位入选[10]。2021年5月，中宣部、教育部、科技部联合发布《关于推动学术期刊繁荣发展的意见》中提出，"鼓励符合条件的学术期刊出版单位转企改制、做强做大……打造若干具备较强传播力影响力的学术期刊出版集团"。从"推进集群化"到"打造学术期刊出版集团"，中国探索发展国际出版集团的指导意见愈加明确，彰显了国际出版集团建设的重要性。

2. 现有基础

2019年10月，"中国科技期刊卓越行动计划"开始实施，集中力量支持中国科技期刊做大做强。2023年，Web of Science数据库收录的中国内地期刊已经上升到276种，在全球SCI期刊的主要分布国家中排名第6。同时，覆盖的学科数目也从2019年的103上升到2022年的126。中国的英文科技期刊在卓越行动计划的支持下取得了飞跃发展，中国科研机构和科学家创办科技期刊的热情也空前高涨。目前，卓越计划高起点新刊的年度资助名额已经从不多于30种发展到不多于50种。中国的新创刊科技期刊和已有的科技期刊均呈现蓬勃发展态势。

卓越行动计划还首次设置集群化试点项目。科学出版社、中国激光杂志社、高等教育出版社、有科出版、中华医学会等5家单位入选集群化试点项目。经过近5年的发展，这些集群化试点项目在扩大期刊规模与质量、建设自主化数字平台、探索商业模式创新等方面都取得了一定成效。如科学出版社出版期刊达到511种，接近国际大型出版商的规模；自主研发的SciEngine、SciOpen为代表的数字化平台，吸引了如 *Acta Biochimica et Biophysica Sinica*、*Journal of Advanced Ceramics* 等优秀中国期刊回归，并且在2022年的JCR Report中表现依然亮眼。科学出版社探索的"买船出海"——收购法国EDP Science Press，"合作造船出海"——与Elsevier共同创办科爱森蓝出版公司等模式也在不断完善。集群化试点项目"试点探索我国科技期刊集群化发展路径""实现旗舰期刊的尖兵突破和高水平刊群的集聚发展"的目标正在稳步实现中。同时，如北京卓众出版有限公司、清华大学出版社、浙江大学出版社等其他期刊集群化单位的发展也十分亮眼。现有的集群化试点在期刊规模与质量、自主数字化平台及应用、商业模式和国际合作创新上的长足进步，为中国探索发展国际出版集团建设打下了基础。

3. 需求层面

国际出版集团在出版管理、编辑流程、数字化技术等方面往往拥有丰富的经验和先进的技术，拥有专业的编辑和出版团队，能够为科技期刊提供专业的编辑支持、学术评审和出版流程管理；具备强大的市场开拓能力和商业运营经验，能够为期刊提供多样化的出版产品和服务；对于提升期刊的国际影响力、促进国际交流与合作、引入先进的出版经验和技术、获得专业的编辑和出版支持以及探索新的商业模式都具有重要意义。中国机构主办的英文期刊,82.01％与海外出版商合作[11],成本普遍较高,且获得的服务不甚满意。中国科技期刊对于海外出版商在提供更多宣传资源、加强期刊数据监测效率、提高排版效率和准确率等方面都有更高需求。同时,中国的科技期刊体量,特别是中文科技期刊有 4404 种(2020 年 12 月),但由于缺乏与出版集团的合作,整体呈现小散弱状态,在出版管理、编辑流程、数字化技术等方面发展艰难,中文期刊的发展亟须中国的出版集团支持。

(二)研究方法与案例来源

1.研究方法

本部分使用文献分析法、案例研究法和访谈调查等方法来推进研究。文献分析法:在中国知网和百度以"国际出版集团"＋"科技期刊"为关键词,对已有文献进行收集、整理、筛选,对选定的文献进行深入分析,总结主要观点和发现共同的模式或趋势,并将不同文献的分析结果进行综合,形成对研究主题或问题的全面认识和理解。案例研究法:选择荷兰 Elsevier 出版集团和中国科学出版社为案例,系统总结国际出版集团的特征、发展趋势和困难。访谈调查法:访谈与国际出版集团进行合作的科技期刊负责人和国内外出版集团中的工作人员,补充文献分析法和案例研究法得出的结论。

2.案例来源

本部分从 Springer Nature、Wiley、Elsevier 和 Taylor ＆ Francis 这四家在出版领域有着广泛影响力和业务覆盖的国际出版集团(简称"四大")中选取研究案例。对四大历史背景、所在地区、出版类型和发展策略等方面进行总结,由于 Springer Nature 和 Elsevier 更加专注于学术期刊出版,而 Wiley 和 Taylor ＆ Francis 则更加侧重于学术图书和参考工具书的出版,同时考虑 Elsevier 在期刊规模和与中国的紧密联系程度上较其他三大出版集团更具优势,故选定 Elsevier 国际出版集团作为本文的案例。

从国内五家集群化试点单位(科学出版社、中国激光杂志社、高等教育出版社、有科出版、中华医学会)中选取研究案例。从出版范围来看,科学出版社是综合性出版机构,涵盖多个学科领域;中国激光杂志社、高等教育出版社、有科出版、中华医学会的科技期刊集群化出版更加专注于服务特定目标群体,且出版规模上,其他几家也难以与科学出版社相比肩,因此选定科学出版社作为本文的案例。

(三)国际出版集团的特征、发展趋势和问题

1.概述

四大国际出版集团(Springer Nature、Wiley、Elsevier 和 Taylor ＆ Francis)在规模、影响力和学术出版方面有相似之处,但在历史背景、所在地区、出版类型和发展策略等方面存在一些差异,总结在表 7-11 中。总体来说,四大国际出版集团的共同特征是:历史悠久,规模庞大,全球办公,利润较高。

表 7-11　　　　　　　　　四大国际出版集团基本情况对比

出版集团名称	成立时间	总部	期刊数量	全球化程度	营业利润（2017 年）/万英镑
Elsevier	1880 年	荷兰阿姆斯特丹	2500 种	在全球 46 个国家拥有雇员	853
Springer Nature	Springer 于 1842 年诞生，Nature 于 1869 年诞生，Springer Nature 组建于 2015 年	德国柏林	2900 种	在全球 50 个国家拥有雇员	502.1
Wiley Blackwell	Wiley 于 1807 年诞生，Blackwell 于 1864 年诞生，Wiley Blackwell 组建于 2007 年	美国新泽西州霍博步	2300 种	在全球设有 50 多个分支机构	194.6
Taylor & Francis	1798 年	英国牛津	2500 种	在全球 20 多个国家设有分支机构	187.2

2. 国际出版集团的特征和发展趋势——以 Elsevier 为例

目前对国际出版集团的特征和发展趋势的研究较多，但大多集中于国际出版集团的某一个单一维度。如刘婵君等[12]研究了 Elsevier 出版集团品牌影响力提升策略，杜杏叶等[13]对 Elsevier 数字学术服务模式进行了研究，包括科研准备期的知识服务、论文写作及发表中的出版服务、科研成果发表后的学术交流与传播服务 3 个方面。本研究通过文献综述，创新性地将特征融合在发展趋势中进行阐述，选择 Elsevier 董事长池永硕[14]认为科研和出版行业在未来的三个关键趋势——国际合作、技术赋能、开放科学作为维度来进行分析。

（1）国际合作——全球化、国际收购与本土化

Elsevier 出版集团总部位于阿姆斯特丹，在北美、欧洲、东亚（中国、日本）、东南亚等地都设有主要业务部门，与全球各个国家的政府、科研机构、研究者等建立了深度的合作关系。Elsevier 与世界各地的学术机构、学会和出版商合作，共同出版和发行学术期刊。这些合作包括战略伙伴关系、共享编辑和同行评议等方面。Elsevier 链接了全球各地的研究学者，通过学术期刊、学术社区等与来自全球各大科研机构、大学、医疗健康机构的 2.4 万名编辑合作。同时，依托自有和与其他科研机构合作运营的庞大学术期刊队伍，拥有 7.2 万名编委会成员以及 83 万名评审人[15]。这些数字依然在随着 Elsevier 出版规模的扩张而继续上升。Elsevier 建立了多个数据库和在线平台，与全球的研究机构、图书馆和信息中心进行合作，提供数据、内容和访问服务，如 Scopus 数据库和 ScienceDirect 平台。Elsevier 支持并参与世界各地的学术会议和展览活动。它为国际会议提供论文提交和评审系统、会议日程安排和

信息发布等支持,以促进学术交流和合作。同时与研究机构、高校和企业开展研究合作项目,共同推动科学研究和创新。这些合作包括共同开展研究项目、数据共享和分析、科研合作网络的建立等。这些国际合作使得 Elsevier 能够与全球科研和学术界保持紧密联系,促进科学知识的共享与交流,推动科学研究的发展和进步。

①本土化。

在本土市场推行本土化政策,以适应特定国家或地区的文化、语言和商业环境是跨国出版集团国际合作中能够更好地适应各国市场的差异,提供符合当地需求和文化特点的出版产品和服务,从而增强竞争力的重要举措。Elsevier 在全球合作的过程中,非常重视主要业务部门所在区域的本土特征,并积极进行本土化合作。

Elsevier 是最早发现中国市场巨大潜力的国际出版集团之一,在本土化中有许多创新性的举措,使得它在中国的影响力与其他国际出版集团相比更具优势。1984 年,Elsevier 出版了《邓小平文集》英文版,这是中国改革开放后第一家向西方国家介绍中国领导人作品的出版机构;1992 年,Elsevier 工程类数据库 EI 引进国内,这是第一个被引入中国的外国数据库,Elsevier 旗下的数据库(如 EI、Scopus)一直是对中文期刊最友好的国际数据库;Elsevier 根据中国本土市场需求开发定制化的产品和服务,与中国机构、学会、出版商等建立合作伙伴关系,如 2010 年 5 月,Elsevier 为北京大学医学部的网络教育学院提供数字医疗教育服务。双方还签署了"医大/Elsevier 高级管理人才发展基金备忘录",由 Elsevier 出资,与北京大学医学部共同培养优秀的医学领域高级人才[15]。2019 年中国科技期刊卓越行动计划实施之后,对于卓越计划入选期刊,Elsevier 将其进入 Scopus 的条件由"出版至少两年"降低为"出版 20 篇以上同行评议的文章",加速了中国科技期刊的国际化程度,也成功地提高了 Scopus 数据库的认可度。

Elsevier 中国高被引学者榜单(Elsevier China Highly Cited Researchers List)是由 Elsevier 发布的年度榜单,旨在识别和表彰中国在全球学术界具有较高影响力和广泛引用的研究学者。该榜单根据学者在特定学科领域发表的论文被引用次数进行评估,并列出了一批在自然科学、工程技术、医学和社会科学等学科领域中表现优秀的中国学者。该榜单的发布旨在鼓励学者进行高质量的科研工作,同时也提供了一个衡量中国学者在国际学术界的影响力和知名度的参考指标。近年来,Elsevier 中国高被引学者榜单的发布通常会受到媒体的广泛关注。学者们的入选对于他们本人来说意味着更多的社会知名度和认可,并可能受邀参与媒体采访和报道,进一步提升他们的社会影响力。这也是 Elsevier 进行本土化的一个成功举措。

②国际收购。

对于国际出版集团而言,通过进行国际收购,可以获得目标公司的先进技术、专利和知识产权。这些资源对于提高产品或服务的竞争力,推动创新和研发非常重要;通过收购具有良好声誉和知名度的目标公司,可以提升自身的品牌形象和声誉。这在国际市场上建立信任和吸引读者、作者方面具有重要意义。Elsevier 在过去几十年中进行了多项成功的国际收购[16]，以下是其中一些案例和其意义（表7-12）。

表7-12　　　　　　　　　　Elsevier 国际收购的成功案例

年份	收购项目名称	项目主要服务方向	意义
1999	Cell Press	期刊出版	拥有了 Cell 等生命科学领域顶级期刊
2013	Mendeley	在线学术交流平台	为科研工作者提供了在线交流平台，进一步聚合了学术资源
2016	SSRN	预印本平台	提升了预印本的服务体验，积极拥抱先出版后评审的新业态
2017	Plum Analytics	研究指标分析企业	开发了一种全新的论文评价指标，为避免 IF 的弊端、更全面地评价学术论文提供了帮助

1999年，Elsevier 收购 Cell Press。这项收购加强了 Elsevier 在科学、医学和生命科学领域的资源和影响力，进一步推动了科学研究的发展，并为研究人员提供了更好的支持和服务。Cell Press 是一家知名的科学期刊出版商，在细胞生物学和相关领域具有非常高的声誉。收购使得 Elsevier 能够进一步拓展其科技期刊出版业务，并增加了高质量和高影响力的期刊品牌。Elsevier 借助 Cell Press 的平台和资源，促进了全球科学界的交流和合作，借鉴其数字出版和在线平台的经验，并将其应用于整个组织。这有助于提供更先进的数字化产品和服务，满足科研人员和学术机构在数字时代的需求。

2013年，Elsevier 收购了 Mendeley 平台，这是一个以社交化和协作为核心的学术研究管理工具。通过这一收购，Elsevier 进一步推动了科研工具的发展和创新，加强了与全球研究社群的联系，为研究人员提供了更好的合作和知识管理平台。

2016年，Elsevier 收购了 SSRN 电子论文库，这是一个涵盖多个学科领域的学术研究论文资源。该收购进一步增强了 Elsevier 在社会科学领域的实力和影响力，为研究人员提供了更广泛的学术交流和资源分享平台。

这些成功的国际收购案例为 Elsevier 增强了在全球学术出版和信息服务领域的地位和影响力，推动了科学研究的创新和发展，并为研究人员提供了更多的学术资源和工具支持。

虽然国际收购可以带来许多机遇和益处，但也存在风险和挑战。Elsevier 在一些国际收购案例中也遇到了一些挑战和失败。1987年，Elsevier 收购荷兰主要的竞争对手、学术与专业信息出版商威科（Kluwer）失败，威科出版集团继续发展，目前依然是 Elsevier 重要的竞争对手之一。2000年，Elsevier 以45亿美元收购了美国著名出版公司哈考特（Har Court）的科学、医学、中小学教育和考试出版业务，包括160种科学和医学期刊，但由于高等教育业务与 Elsevier 的传统优势业务并不兼容，同年，公司将高等教育业务出售给汤姆森（Thomson）公司[17]。可以看出，对目标公司的业务模式和市场需求的充分了解，在国际并购中具有重要意义。如果两者不相匹配，整合过程可能会受到阻碍，并且无法实现预期的协同效应和商业价值。这对于中国建设自己的国际出版集团具有重要意义。

（2）技术赋能——核心数字产品建设维护

拥有核心数字产品对于国际出版集团来说意味着多元化收入、全球市场拓展、个性化服务、合作伙伴关系强化以及基于数据的决策优化，这些因素共同促使集团在数字化时代持续发展和创新。作为一个全球领先的信息分析和数字化解决方案提供商，Elsevier 提供了多个核心数字产品，贯穿科学研究的整个流程。一些 Elsevier 最成功的核心数字产品见图7-7。

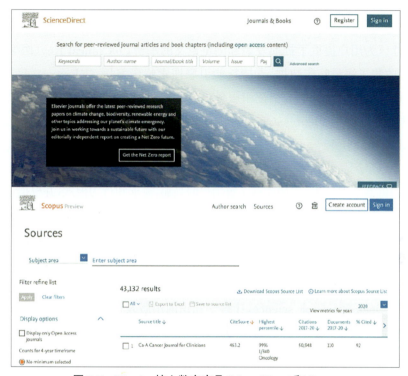

图7-7　Elsevier 核心数字产品 ScienceDirect 和 Scopus

ScienceDirect 是 Elsevier 公司的一个科学和医学书目数据库网站，该网站收录了来自 Elsevier 4000 多种学术期刊和 3 万种电子书中的 1800 多万条内容。获取全文需要订阅，书目元数据可以免费提供。该网站于 1997 年 3 月由 Elsevier 推出。ScienceDirect 提供了强大的搜索和筛选功能，用户可以根据关键词、作者、期刊、日期等条件进行准确的检索，并使用高级搜索选项进一步精细化搜索结果。

Scopus 是 Elsevier 于 2004 年推出的摘要和引文数据库，涵盖来自约 10000 家出版商的 43132 种来源出版物（2022 年），其中大部分是顶级学科领域的同行评议期刊，包括了生命科学、社会科学、物理科学和健康科学。数据库涵盖了三种类型的来源：丛书、期刊和商业杂志。Scopus 中的所有期刊每年都会根据四种数值化的衡量标准进行审查；分别是 h-Index、CiteScore、SJR（SCImago 期刊排名）和 SNIP（每篇论文的来源标准化影响）。Scopus 中的搜索还包括对专利数据库的搜索。CiteScore 是一种用来反映学术期刊最近发表文章"年平均被引用次数"的衡量指标。该指标由 Elsevier 于 2016 年 12 月推出，以替代常用的 JCR 影响因子（由 Clarivate 计算）。CiteScore 是基于 Scopus 数据库中的引文而非使用 JCR 的引文，并且主要是搜集过去四年发表的文章。

此外，Elsevier 的其他知名数字产品包括：①Journal Finder（期刊查找工具）内嵌了庞大的期刊数据，帮助用户定位最合适的期刊进行投稿；②Editing Services（编辑服务）为用户提供图表管理等内容增值服务；③Article Transfer 能够帮助编辑一键发送合适的期刊给被拒绝的稿件作者，提升资源配置效率；④Fingerprint Engine 包括 Expert Lookup、Pure 等，呈现审稿人、基金、科研项目等之间的联系，帮助寻找审稿人、项目基金；⑤SSRN（预印本平台）作为预印本社区为用户提供了提前发表和浏览论文的平台；⑥Clinical Key（医学搜索引擎和数据库工具）收集了海量临床数据，支持智能引擎搜索临床案例；⑦Reaxys（化学数据库）为专业领域的用户提供化学反应数据记录服务；⑧Embase（综合生物医学研究数据库）可用于药品监管、跟踪治疗等；⑨Bepress（伯克利电子出版社）提供了专业领域的机构知识库数字共享（Digital Commons）。

这些核心数字产品使得 Elsevier 能够为用户提供更加个性化和定制化的服务。通过使用数据分析和机器学习技术，集团能够了解用户的兴趣、需求和行为模式，并根据这些信息提供精准的推荐内容和增值服务。这有助于提高用户体验、满足用户需求，并增强用户忠诚度。

（3）开放科学

开放科学（Open Science）是让各社会阶层的人，不分专业或是业余，都可以接触科学研究、资料以及相关传播访问的运动。开放科学的做法包括出版开放研究，致力开放获取，鼓励科学家进行 Open notebook science，让科学知识的出版及传播越来越容易。近年来，开放科学越来越受到学术界和社会公众的认可，国际出版集团由于通过学术期刊得到了高额的利润，也被认为阻碍了开放科学的发展。因此，如何积极地拥抱开放科学，成为国际出版集团重要的发展趋势和特征之一。

图 7-8 是 Elsevier 的开放科学框架图。总体而言，Elsevier 通过开放获取期刊、数据共享政策、开放科学平台、合作伙伴关系与倡议以及开放科学研究支持等措施，致力于促进开放科学的发展，推动科学知识的自由流动和可持续发展。其中最重要的举措是推进开放获取（Open Access，OA）期刊。OA 期刊的论文可以免费在网络上公开获取。Elsevier 认为这样可以消除付费壁垒，促进全球对研究成果的广泛访问和利用。但是科学家对高额文章处理费（Articles Processing Charge，APC）的评价褒贬不一。

Elsevier 的开放科学举措中，比较有社会影响力和社会声誉的还包括：

①连接科学与社会。在开发科学 web 应用程序时，确保使用辅助技术的残疾人能够获得成功的体验。例如，视力受损的研究人员依靠屏幕阅读器大声朗读文本和解释文章中的图像，而这些程序则难以处理科学图表。患者和护理人员可以免费要求获得与医学和保健相关的个人论文，通过电子邮件 patientaccess@elsevier.com 索取，Elsevier 在 24 小时内提供所要求的物品。发展中国家用户可通过 Research4Life 免费访问 Elsevier 旗下的 100400 余本期刊内容。

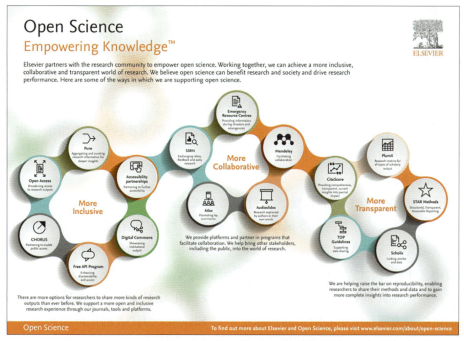

图 7-8　Elsevier 开放科学框架图

②开放工具和软件。Elsevier 通过 ScienceDirect 的 API 开发者门户网站提供了一套免费的应用程序编程接口(API)工具，机构可以使用它来增加研究文章的可发现性和访问性。佛罗里达大学正在使用 ScienceDirect Article API，使其在 Elsevier 发表的研究很容易在其机构存储库中获得。

(4)发展趋势

通过以上三个维度的分析可以发现，Elsevier 已经完成了从传统出版商的角色中抽离的工作，正在向着信息分析和数字化解决方案提供商的角色进行转变[18]。这主要是由于科技发展和市场需求的变化，如数字化转型、开放获取运动、数据驱动的研究、科学合作与共享以及用户需求多样化，促使 Elsevier 的定位从传统出版商逐渐转变为信息分析和数字化解决方案提供商。特别是随着大数据和人工智能的兴起，数据驱动的研究方法变得越来越重要。研究人员需要更好的数据管理、分析和可视化工具来处理和理解海量数据。这个发展趋势的主要特征包括：

①扩大数字化资源。Elsevier 意识到数字化对学术出版业的重要性，并开始积极投资和开发数字化资源。他们通过数字化转型，将纸质内容转换成电子格式，并建立了庞大的数字内容库，包括期刊、书籍、参考文献等。

②数据分析与洞察力。随着大数据和人工智能的兴起，Elsevier 开始利用数据分析和洞察力来提供更加精准的信息和解决方案。他们使用高级分析工具和技术，从海量数据中提取有价值的信息，帮助用户做出更好的决策和发现新的见解。

③提供增值服务和工具。Elsevier 开发了多种解决方案，如文献管理工具、数据可视化

工具、研究绩效评估工具等，帮助用户更好地管理和利用学术资源。

④综合解决方案提供商。Elsevier 逐渐成为综合的信息分析和数字化解决方案提供商。提供一整套服务，包括文献访问、数据分析、研究管理、科学合作等方面，以满足用户在科学研究和知识管理方面的多样化需求。

⑤合作与创新。Elsevier 积极与学术界、研究机构、图书馆等合作伙伴开展合作，共同推动信息分析和数字化解决方案的创新。他们与其他企业、学术社区和专业组织合作，共同探索并应对不断变化的市场和技术挑战。

（5）发展瓶颈

随着开放获取运动的兴起，传统的付费订阅模式面临挑战。开放科学与盈利之间的矛盾是 Elsevier 继续发展扩大的主要困难之一。SPARC 的 2019 行业报告显示，目前平均每篇开放获取论文所需的 APC 为 2250～2400 美元，而 Elsevier 依靠付费订阅产生的收入是平均每篇论文 4089 美元[19]。尽管 Elsevier 做出了让利，但由于 APC 的支付者为研究人员，学术界对高额订阅费和 APC 的不满和抵制集中反映在与 Elsevier 的矛盾中。以 Sci-Hub 为代表的盗版资源库科学中心网站的兴起更是对 Elsevier 为代表的国际出版商的一种"挑衅"。Elsevier 需要平衡开放获取的推动与商业模式的可持续性之间的关系。这可能涉及收入模型的转变、资源分配的重新调整以及与学术界的合作等方面。

大数据时代带来了海量的研究数据，但同时也存在数据管理和数据挖掘的挑战。如何从海量信息中进行有效挖掘和提取，成为能满足多角度全方位不同需求的解决方案提供商，是 Elsevier 发展中面临的另一个重要挑战。ScienceDirect、Scopus、SciVal 等数字解决方案构建出庞大的全球学术网络，仍不能解决如何真正理解问题、取得发现并掌握真实知识的问题。用户对学术内容和解决方案的需求不断演变和多样化。Elsevier 需要密切关注用户的需求变化，并及时提供相应的服务和产品。这可能需要持续进行市场调研和用户反馈收集，并进行业务模式和产品的优化和创新。

（四）中国出版集团近年来的发展举措和挑战——以科学出版社为例

1. 概述

本文选择科学出版社作为研究对象。科学出版社于 1954 年 8 月成立，是一个历史悠久、力量雄厚，以出版科学技术书刊为主的出版集团。作为中国最大的综合性科技出版社之一，科学出版社将立足科技、面向教育、面向未来作为出版宗旨。

科学出版社全资子公司北京中科期刊出版有限公司利用市场化的运营、平台化的管理，集聚国内优质期刊，打造了高水平的科技期刊"方阵"。根据 2021 年的统计数据[20]，科学出版社出版科技期刊 511 种，其中英文期刊 245 种，超过中国英文科技期刊总数的 1/3；SCI 收录期刊 97 种；EI 收录期刊 80 种。在出版期刊中，科学出版社拥有一系列具有国际学术影响力的顶尖期刊。如《国家科学评论》（*National Science Review*）影响因子为 17.275（2021），在国际多学科综合类期刊排名中仅次于 *Nature* 和 *Science*，位居前三。科学出版社还拥有一大批在中国科学家心中地位崇高的中文期刊,如《中国科学》《科学通报》等权威中文科技期刊,以及《科学世界》等高端科普期刊。

2. 中国出版集团近年来的发展举措

(1)国际合作

科学出版社旗下拥有一些国际分支,包括科学出版社纽约公司、科学出版社东京分社、北京中科进出口有限责任公司、北京科爱森蓝文化传播有限公司、CSPM Europe 以及 EDP Science 等。其中,EDP Science 由科学出版社通过国际收购的方式并购。EDP Sciences 的企业价值为 1200 万欧元。交易完成后,它成为中国科学出版传媒集团(以下简称"中国科传")的全资子公司。EDP Science 是法国最具影响力的科技类出版社,创办于 1920 年,创始人为几位著名诺贝尔奖获得者,如鼎鼎大名的居里夫人、德布罗意,以及郎之万等,在收购之前,"出版期刊 75 种,其中英文期刊 58 种,法文期刊 17 种",有 26 种期刊被 SCI 收录(据 2017 年 JCR 报告),OA 期刊有 20 种。在物理学、天文学、数学、工程、生命科学、医学等领域每年发表 7000 多篇学术论文。科学出版社在 EDP Science 的收购公告中指出,"本次交易是中国科传实施国际化发展战略的重要举措之一,有利于加快推进中国科传转型升级和国际化战略步伐。交易完成后,中国科传可迅速获取国际优质内容资源、作者资源、市场资源以及分销渠道,可将中国科传的产品推广到当地市场甚至整个欧洲市场,大大提高中国科传品牌影响力。本次交易将加快中国科传对国际期刊资源的整合步伐,充分发挥中国科传的协同效应,进一步强化主营业务优势,提升市场核心竞争力"。此外,科学出版社与 Elsevier 合作创立,并持股占 51% 的科爱森蓝发展迅速,目前已建成拥有 140 多本高水平期刊的集群[21],并且得到了合作中国科技期刊的肯定。

(2)技术赋能

为加快期刊业务转型,科学出版社投资开发了 SciEngine 学术期刊全流程数字出版与知识服务平台,以期实现科技期刊全流程数字出版与国际化传播。截至 2023 年 6 月 19 日,SciEngine 已发布到 V3.0 版本,平台集成了学术查重检测、审稿专家自动推荐、自动在线校对、科大讯飞智能翻译、AI 秒读视频、文献挖掘和语义检索等多种人工智能工具,为学者和期刊创建了精准推送和学术推广服务、论文关联数据发布、预印本发布和电子商务服务,不断提高科技出版的技术含量。SciEngine 吸收了一部分原本与国际出版集团合作的中国优秀科技期刊,如 *Acta Biochimica et Biophysica Sinica* 在 2022 年离开了牛津大学出版社,转而使用 SciEngine 平台。经过一年的使用,在最近发布的 JCR2022 中,*Acta Biochimica et Biophysica Sinica* 的 JIF 保持增长,两个学科的排名大幅提升,未来可能会有更好的表现。期刊的真正使用和平稳过渡侧面证实了 SciEngine 平台在各个方面接近或者达到了国际出版集团主流学术期刊全流程数字出版与知识服务平台的水平,为中国自主的国际出版集团建设提供了技术支持。同时,科学出版社出版的中文期刊陆续在 SciEngine 上线,相关期刊的英文题名、英文关键词、英文摘要等在 SciEngine 官网上均能访问,为中国优秀的中文科技期刊在国际上展示提供了新的窗口(图 7-9)。

图 7-9　中文科技期刊在 SciEngine 平台上的页面示例

3. 中国出版集团的趋势和挑战

以科学出版社为代表的中国出版集团在近年来取得了长足的发展，但由于国际出版集团历史悠久、基础雄厚，中国与国际出版集团之间的差距依然明显，中国建设国际出版集团面临着市场竞争激烈、文化差异和语言障碍、法律和版权问题等挑战。具体表现如下。

（1）国际合作

尽管科学出版社在国际合作上积极开展了许多新举措，也取得了一定的效果。但其国际合作主要体现在对中国市场份额的占有上，尚未有国际知名组织和科研机构与科学出版社合作创办科技期刊（或将原有的科技期刊转到科学出版社平台），在国际分支机构上更是完全无法与 Elsevier 相提并论。

（2）技术赋能

首先，Elsevier 的技术工具深入科学研究全流程，相比之下，科学出版社的 SciEngine 平台主要集中在学术出版和传播过程中的技术创新。对于论文投稿之前的科学研究流程参与甚少。此外，由于各个分公司之间的独立性、中文科技期刊数据生产和出版的分散性、与国际出版商合作子公司合作条款的限制等多方面原因，科学出版社尚没有一个出色的数据分析和解决方案提供工具，也就不能充分应用其拥有的海量的学术期刊资源，技术创新的道路还很漫长。

（3）开放科学

开放科学是出版商获取科学研究者与社会公众认可的重要工具。学术资源开放获取是出版商拥抱开放科学的第一步。科学出版社出版的科技期刊，特别是中文科技期刊，尚未实现国际认可的开放获取，仅仅是在其官网上实现了 free access。此外，在如何连接科学与社会、提供开放工具方面，也与 Elsevier 存在非常大的差距。然而，通过抓住国际化需求增加和跨文化交流加强的趋势，并充分利用数字化转型的机遇，中国依然具备建立具有国际竞争力的出版集团、推动中国文化在全球范围内的传播与交流的能力。

(五)对策与建议

1.继续加大集群化项目的培育力度,引导中国科技期刊聚合资源

集群化是集团化发展的基础,优质多样的科技期刊集群能促进集团化的发展。以卓越计划集群化试点项目为代表的资助政策取得了较为可喜的效果,但从集群化到集团化的道路是艰巨的。因此,可以延续卓越计划的培育模式,采用"资金支持＋自由发展＋定期督导"的方式,提供财政资金支持、减免税收、优惠融资条件等,以激励期刊间的合作和资源整合;建立共享平台,提供集群期刊的编辑、审稿人和读者的资源共享机制;鼓励科技期刊采用创新的经营模式,如引入技术支持、开展数字化转型等;创建科技期刊集群化/集团化的联盟或协会,为各个探索中的集群化平台提供交流合作的平台,促进资源共享和优秀经验的互相借鉴。

以国际出版集团英文刊群的发展为借鉴,探索具有中国特色的中文科技期刊的多样化集群发展模式。特别是可以打破主办单位、地域、学科等的限制,探索基于主题或学科领域、基于地域聚合的科技期刊集群发展模式,鼓励中文期刊以各种形式集群化发展,并采用多种方式聚合资源,成立集团。扶持中文适应的、中国具有自主知识产权的语义挖掘和期刊数字出版平台,收集中文期刊的有效资源,并进行整合。定期发布《中文科技期刊科技趋势报告》等具有社会影响力和行业引领性质的白皮书、报告等,挖掘中文期刊的海量信息,为中国的信息服务商做准备。同时,通过政策的指导引导,避免期刊同质化发展。对中国科技期刊进行顶层布局,调整期刊结构,使得中国科技期刊不仅在优势领域有话语权,也能够作为空白学科国际交流的桥梁,以此来更好地服务中国的科技创新。

2.加速推进具有国际影响力的学术出版集团建设

对中国现有的学术出版企业进行全面梳理和盘点,选取1～2家有发展潜力的学术出版集团,在各个方面给予重点扶持。创新培育模式,主要以政策支持＋聚合资源＋海外合作引导为主;从政府层面促进学术出版先进技术政产学研商深度融合,促进学术出版集团和BAT等高新企业的合作。科学使用"指挥棒"来引导中国出版集团向规模化、全球化的自主知识产权解决方案提供商方向转型;调整科技期刊的刊号资源管理控制政策,对出版集团申请的刊号予以一定程度的倾斜和支持;引导中国科技期刊积极试用/使用中国自主的数字出版平台、预印本平台,特别是开放数据仓储平台;及时出台对国际化合作的支持政策,通过搭建中国学术与世界学术互相了解的平台,大力推进促成中国优秀的学术成果在全世界进行展示和传播。

3.充分发挥学/协会对出版活动的规范和引导作用

中国现有中国期刊协会、中国科学技术期刊编辑学会、中国高校科技期刊研究会等一系列与学术出版相关的学/协会。可以利用协会资源,在推动学术出版行业规范化、提高出版质量和促进学术交流等方面加强对出版活动的规范和引导作用。可以制定和更新学术出版行业的标准、准则和规范,包括编辑伦理、版权保护、论文撰写规范等方面的指导文件;积极组织国际会议、交流访问等活动,促进与国际学术出版界的合作与交流;代表行业成员维护合法权益和利益,与相关政府部门和产业团体合作,推动学术出版发展的政策制定和资源支持等。

主要参考文献

［1］ 四部门联合印发《关于深化改革 培育世界一流科技期刊的意见》［EB/OL］.［2019-08-16］. https://www. cast. org. cn/art/2019/8/16/art_79_100359. html.

［2］ 张莹,李自乐,郭宸孜,等. 国际一流期刊的办刊探索——以 *Light：Science & Applications* 为例［J］. 中国科技期刊研究,2019，30(1)：53-59.

［3］ 王治,霍春雁,刘培一. 我国中文科技期刊单刊多元化运营模式探析［J］. 中国科技期刊研究,2022，33(9)：1239-1246.

［4］ 张学梅,张冰姿,卢珊,等. 多渠道组稿和传播促进优秀论文写在祖国大地上：以《中国科学》杂志社期刊为例［A］//刘志强. 学报编辑论丛：2021［C］. 上海：上海大学出版社,2021：607.

［5］ 佘诗刚,曹启花,王琳. 基于 CI 值的"中国科技期刊国际影响力提升计划"资助效果分析——以中科院英文科技期刊为例［J］. 中国科技期刊研究,2020，31(2)：179-189.

［6］ 张后全,李思宇,贺靖峰. 中国科技期刊近 10 年强刊建设成效分析——基于文献计量绝对和相对指标［J］. 中国科技期刊研究,2022,33(8)：1133-1146.

［7］ 杨春英. 爱思唯尔公司医学信息服务产品策略研究［D］. 上海：东华大学,2017.

［8］ 刘晓颖. 开放科学环境下国外学术出版集团科技期刊产业链运行分析［D］. 西安：陕西师范大学,2022.

［9］ 初景利,闫群. 我国科技期刊集约化关键问题剖析［J］. 出版科学,2023,31(1)：66-71.

［10］ 中国科学技术协会. 关于下达中国科技期刊卓越行动计划入选项目的通知［EB/OL］.［2019-11-25］. http://www. cast. org. cn/xw/tzgg/KJCX/art/2019/art_18400366f64 84fada11e3ab6987ce842. html

［11］ 中国科学技术协会,等. 中国开放获取出版发展报告(2022)［M］. 北京：科学出版社,2022.

［12］ 刘婵君,李梦瑶. 爱思唯尔出版集团品牌影响力提升策略与经验启示［J］. 出版发行研究,2022(12)：84-90.

［13］ 杜杏叶,李涵霄. 爱思唯尔数字学术服务模式研究及启示［J］. 中国科技期刊研究,2022,33(8)：1065-1074.

［14］ 池永硕：全球合作、开放科学、人工智能——国际学术出版的三大趋势［C］. 学术期刊"走出去"专家委员会年度会议与第二届中国期刊影响力提升研讨会,北京,2020.

［15］ 云妍. Wiley 出版集团学术出版运营发展研究［D］. 西安：陕西师范大学,2022.

［16］ 华小鹭. 荷兰专业出版知识服务研究［D］. 北京：北京外国语大学,2021.

［17］ 刘战兵,孙忠. 励德·爱思唯尔并购战略：1993—2014 年［J］. 出版科学,2016,24(1)：99-104.

［18］ 中国科学技术协会. 中国科技期刊发展蓝皮书(2019)世界一流科技期刊发展路径专题［M］. 北京：科学出版社,2019.

［19］ SPARC 2019 Landscape Analysis［EB/OL］.［2019-03-29］. https://infrastructure. sparcopen. org/landscape-analysis.

［20］ 中国科技出版传媒股份有限公司 2021 年半年度报告［EB/OL］.［2021-08-27］. http://sciencep. cas. cn/tzzgx2017/dqbg/202203/P020220308417928810172. pdf.

［21］ 柴钊,李广良,彭斌. 打造世界一流科技期刊集群的实践与经验——以科爱期刊集群为例［J］. 出版广角,2022(20)：6-13.

四、国际重要数据库概述、遴选标准及申请案例①

随着我国整体科研实力的增强,我国部分科技期刊的学术影响力不断扩大,已进入或接近所属学科领域的国际先进队伍,加紧迈向"世界一流期刊"行列,但"大而不强"依旧是我国科技期刊事业的基本特征,特别是国际影响力偏弱仍旧是导致我国高水平科技文献外流的主要原因。2022 年 6 月 6 日,中共中央宣传部举行"实施创新驱动发展战略 建设科技强国"发布会,中国科协副主席、书记处第一书记张玉卓介绍,国际重要期刊检索库目前收录我国科技期刊的数量翻了接近一番(从 152 种增至 257 种),刊均影响因子也由过去 1.13 升到 4.42,增长了 2.9 倍[1]。当前,如何快速提升我国科技期刊的国际影响力,成为增强我国科技期刊整体实力和影响力的重中之重。国际科技文献数据库是期刊文献国际传播的重要平台,特别是国际大型高水平文献数据库,更是各国学者不可或缺的科研帮手。因此,加入国际重要数据库是我国科技成果传播和科技期刊影响力提升的重要途径,也是国际一流科技期刊建设的重要方向[2]。

期刊必须提高自身的能见度、取得性及读者群,才能被当作科研信息的权威来源,在竞争激烈的出版圈中脱颖而出。要达到此目标,其中一个方法是让期刊收录在多个国际知名数据库中。收录能使期刊被更多群体获取,这也是期刊出版的主要目的。能被更多群体获取就意味着能增进期刊的声誉,被视为该领域中可靠的高质量信息来源。研究人员在进行研究时,首先做的工作就是搜索相关国际知名数据库,他们会很自然地先在这些数据库中进行搜索,因此,收录在各学科领域中的知名数据库能帮助期刊增加读者群。

近年来,中国科技创新能力不断增强,科技期刊质量不断提升,诸多国际重要数据库纷纷向中国科技期刊伸出橄榄枝,在中国设置办事处,在中国召开发布会,希望更多的中国科技期刊加入其中。虽然不少期刊有所突破,但大多科技期刊,特别是中文科技期刊办刊人对诸多数据库收录业务知之甚少,有的办刊人不假思索地提出"中文科技期刊为什么需要加入国际数据库? 怎样才能加入这些数据库? 加入这些数据库对期刊有哪些益处?"等疑问。部分办刊人对如何申请国际数据库收录不太了解。一些学者对部分国际数据库的收录规则进行了总结,如朱诚等[3]介绍了国际重要数据库收录中国医学期刊现状,就如何提高中国医学期刊国际地位给出了建议;贺月月等[4]介绍了 DOAJ、PMC、Scopus 和 SCIE 四大数据库的基本情况、申请流程,对比分析了选刊标准。但随着时代的发展,不少国际数据库的收录标准进行了更新和完善,因此,有必要对一些国际重要数据库的最新进展和遴选标准等进行梳理。本研究首先概述了几种国际重要数据库并简要介绍其最新进展;其次对比了各数据库遴选标准并对 SCI、EI 等数据库的评估标准、筛选流程、剔除原因进行了分析;再次对中国科

---

① 本章第四部分撰稿人:陈勇,佘诗刚,胡小洋,黄玲。

技期刊申请国际数据库收录的典型实例进行了分析；最后对国际数据库收录中国家信息安全的相关问题进行了探讨。

（一）国际重要数据库概述

国际重要数据库收录情况是评价自然科学及工程技术类学术期刊的一项指标。按照高质量、高权威性、覆盖各学科领域的原则，选择自然科学领域的 11 种外文二次数据库，38 个属于自然科学及工程技术学科的学术期刊对应的国际重要数据库见表 7-13[5]，这些学科对应的权威数据库均为 SCIE。

表 7-13　　　　　　　　自然科学及工程技术类学术期刊对应的国际重要数据库

序号	学科分类	核心数据库	序号	学科分类	核心数据库
1	数学	Mathsci、Scopus	20	测绘科学技术	EI、GeoRef、Scopus
2	信息科学与系统科学	Mathsci、EI、Scopus	21	材料科学	EI、Scopus
3	力学	Inspec、EI、Scopus	22	矿山工程技术	EI、Scopus
4	物理学	Inspec、EI、Scopus	23	冶金工程技术	EI、Scopus
5	化学	EI、CA、Scopus	24	机械工程	EI、Scopus
6	天文学	EI、Inspec、Scopus	25	动力与电气工程	EI、Scopus
7	地球科学	EI、GeoRef、Scopus	26	能源科学技术	EI、Scopus
8	生物学	BP、CA、Scopus	27	核科学技术	EI、Scopus
9	农学	CABI、BP、Scopus	28	电子与通信技术	EI、Scopus
10	林学	CABI、BP、Scopus	29	计算机科学技术	EI、Inspec、Scopus
11	畜牧、兽医科学	CABI、BP、Scopus	30	化学工程	EI、Scopus
12	水产学	CABI、BP、Scopus	31	纺织科学技术	EI、Scopus
13	基础医学	Medline、CA、Scopus	32	食品科学技术	EI、Scopus
14	临床医学	Medline、CA、Scopus	33	土木建筑工程	EI、Scopus
15	预防医学与公共卫生学	Medline、CA、Scopus	34	水利工程	EI、Scopus
16	军事医学与特种医学	Medline、CA、Scopus	35	交通运输工程	EI、Scopus
17	药学	Medline、CA、Scopus	36	航空、航天科学技术	EI、Scopus
18	中医学与中药学	Medline、CA、Scopus	37	环境科学技术与资源科学技术	EI、Scopus
19	工程与技术科学基础学科	EI、Mathsci、Inspec、Scopus	38	安全科学技术	EI、Scopus

在北大中文核心期刊目录的评价指标中，包含了一项"重要数据库收录"的标准。其中的"重要数据库"共包括 26 种国际期刊检索系统（表 7-14）以及 7 种国内检索系统。

表 7-14 　　　　中文核心期刊目录评选标准认定的 26 种重要国际数据库

序号	数据库名称	序号	数据库名称
1	Abstracts Journal(AJ，VINITI)	14	International Nuclear Information System
2	BIOSIS Previews(BP)	15	International Pharmaceutical Abstracts (IPA)
3	Chemical Abstracts(CA/SciFinder)	16	JST's Bibliographic Databases
4	Centre for Agriculture and Bioscience Abstracts (CAB Abstracts)	17	Maritime Technology Abstracts
5	DOAJ	18	MathSciNet
6	EBSCOhost	19	Petroleum Abstracts
7	EMBASE	20	Polymer Library
8	Emerging Source Citation Index (ESCI)	21	PubMed
9	EI Compendex	22	ProQuest Cambridge Scientific Abstracts (ProQuest CSA)
10	Food Science and Technology Abstracts (FSTA)	23	SCIE
11	GeoBase	24	Scopus
12	Health InterNetwork Access to Research Initiative (Hinari)	25	Zentralblatt MATH
13	Inspec	26	Zoological Record(ZR)

注：来源于《中文核心期刊要目总览》(2020 年版)研究报告。

由于篇幅有限，笔者仅选取表 7-13、表 7-14 中出现频率较高的几种国际重要数据库：SCI/SCIE、ESCI、EI、Scopus、CA、DOAJ、Medline、Inspec，并按其所属国际出版机构进行归类，简要介绍其概况及最新进展。

1. Clarivate 系列数据库

科睿唯安(Clarivate)旗下产品 Web of Science 是获取全球学术信息的重要数据平台，收录了国内外多种高影响力的权威学术期刊，其核心合集(Core Collection)也是全球范围内非常有影响力的多学科学术文献文摘索引数据库，包括以下 6 个子库：①Science Citation Index Expanded(科学引文索引，SCIE)；②Social Sciences Citation Index(社会科学引文索引，SSCI)；③ Arts & Humanities Citation Index (艺术与人文引文索引，A&HCI)；④Emerging Sources Citation Index(ESCI)；⑤Book Citation Index(BKCI)；⑥Conference Proceedings Citation Index(CPCI)。

BKCI 引文索引和 CPCI 引文索引主要收录书籍和会议记录。BIOSIS Previews 数据库专注于生命科学领域，Zoological Record 则是动物学领域期刊数据库，这两大国际数据库均为相关学科领域中最知名的国际数据库，曾在过往收录了一定数量的中文期刊，并且对于申请收录的中文刊在英文元数据、期刊引文影响力等方面都有较高的要求。SCIE、ESCI、BIOSIS Previews 和 Zoological Record 都是由科睿唯安运营的国际数据库，归属于 Web of Science 核心合集的 SCIE 和 ESCI 是当今世界上影响力最高的国际期刊数据库，目前仅接受英文期刊的收录申请。

（1）SCI/SCIE 数据库

SCI 和 SCIE（SCI Expanded）分别是 Thomoson ISI 公司旗下的科学引文索引和科学引文索引扩展版（也称网络版），主要收录自然科学、工程技术、生物医学等领域内最具影响力的重要期刊。SCIE 是在 SCI 基础上主要基于网络特征的新体系。SCIE 基于一套严格的选刊程序以及客观的计量方法，能够提供科学技术领域最重要的研究成果，被公认为世界范围内最权威的科学技术文献索引工具。值得一提的是，SCIE 科学引文索引数据库中囊括了 178 个自然科学学科，尽管目前中国是全球 SCI 论文产出第一大国，但其中有 52 个学科缺少中国内地的英文科技期刊，且某些学科分类方向上中国学者发文数量十分庞大，排名甚至居全球第一，如声学、计算机科学、跨学科应用、工程、工业、影像科学与照相技术、材料科学、涂料和薄膜、材料科学、复合材料、物理学、凝聚态物质、物理学、数学、毒物学等。这对国内新办英文期刊来说，也意味着非常大的市场容量与发展空间。

根据中科院文献情报中心 2022 年分区表，截至 2022 年 12 月，我国被 SCIE 收录的期刊总数为 288 种，具体学科分布如下：材料学 31 种，地球科学 20 种，工程技术 45 种，管理学 1 种，化学 22 种，环境科学与生态学 11 种，计算机科学 11 种，农林科学 17 种，生物学 27 种，数学 14 种，物理与天体物理 20 种，医学 66 种，综合性 3 种。截至 2023 年 7 月 17 日，SCIE 数据库共收录期刊 9498 种（剔除 3 本，更名 1 本）。2023 年 1—7 月，SCIE 共剔除 48 本期刊、更名 23 本期刊、新增 3 本期刊。根据 2023 年度 Journal Citation Reports（JCR），中国内地 SCI 期刊共有 276 种（比上一年度增长 0.73%），覆盖了 126 个 SCI 学科，其中 Q1 和 Q2 区期刊占比约 78%。JCR 分区变化方面，目前越来越多的中国内地 SCI 期刊实现向 Q1 区的跨区突破，2023 年度进入 Q1 区的中国内地期刊有 154 种，占比由 2022 年的 45.42% 增至 55.80%（已超过一半），体现了我国 SCI 期刊学术影响力的稳步提升；Q2 区和 Q3 区的中国内地期刊分别有 61 种和 40 种，比上一年度分别减少了 11.59% 和 14.89%；Q4 区的中国内地期刊有 21 种，比上一年度减少了 36.36%[6]。

（2）ESCI 数据库

科睿唯安（原汤森路透）集团于 2015 年 11 月推出了一个新兴资源引文索引（Emerging Sources Citation Index，ESCI），旨在：①提供更多的期刊数据以支持科研评价和分析；②更多地收录那些在学术领域已经具有地区性影响力的期刊；③更早地追踪到新兴的领域和趋势。近年来，我国被 ESCI 收录的期刊也逐年增加，各期刊普遍把进入 ESCI 看作进入 SCI 的预备和过渡。事实上，ESCI 收录期刊只要满足 SCI 期刊收录标准的第一级标准（包括同行评审、英语的文献书目信息、出版时效性、国际编辑惯例、满足格式要求、可被研究人员检索等方面）即可，只有达到更高级标准后才可被 SCIE 收录，这其中一个非常重要的方面就是引文分析情况。ESCI 收录的期刊一般已经产生地区性影响力。ESCI 旨在遴选一批优质的新期刊进入观察期,如果期刊通过 SCIE 的审核标准,则可以入选 SCIE。ESCI 主要收录那些在学术领域已经具有地区性影响力的期刊,从而扩大 Web of Science 期刊数据库的收录范围和评价规模。总之,ESCI 的推出既给了那些具备基本标准但有尚未达到 SCI 标准的期刊的肯定和认可,又在某种程度上提高了 SCI 数据库的收录标准,让期刊的收录路径及分级更趋清晰合理。

根据中科院文献情报中心 2022 年分区表,截至 2022 年 12 月,我国被 ESCI 收录的期刊总数为 115 种,具体学科分布如下:材料学 2 种,地球科学 11 种,法学 8 种,工程技术 16 种,管理学 3 种,化学 4 种,环境科学与生态学 4 种,计算机科学 6 种,教育学 2 种,经济学 2 种,历史学 2 种,农林科学 1 种,生物学 3 种,数学 6 种,物理与天体物理 9 种,心理学 2 种,医学 27 种,语言学与传播学 4 种,哲学 1 种,综合性 2 种。截至 2023 年 6 月,在 Web of Science 网站检索到 ESCI 共收录期刊 7871 种,中国内地期刊 149 种。ESCI 数据库中,全球 JIF 前 50 的期刊中,中国内地占 18 种;全球 JIF 前 100 的期刊中,中国内地占 30 种。

2. Elsevier 系列数据库

Elsevier Science 是世界上公认的高品位学术出版公司,也是全球最大的出版商,已有 100 多年的历史。自 1999 年开始向读者提供电子出版物全文的在线服务,包括 Elsevier 出版集团所属的 2200 多种同行评议期刊和 2000 多种系列丛书、手册及参考书等,涉及四大学科领域:物理学与工程、生命科学、健康科学、社会科学与人文科学,数据库收录全文文章总数已超过 856 万篇。

EI Compendex、Scopus、EMBASE、GeoBase 等都是由 Elsevier 运营管理的国际数据库。EMBASE 是专门收录生物医学与药理学领域文献的国际数据库,值得注意的是,EMBASE 目前与 Scopus 使用通用的评选标准和收录申请方式,对于申请收录的中文刊同样具有较高的要求,是较难申请的国际数据库之一。GeoBase 则是专门针对地学领域学术期刊的数据库,与 EI Compendex 具有相同的期刊评价标准和收录申请渠道。

Elsevier 运营的这些国际数据库最大的相同点便是对于申请收录的期刊都有着极高的标准和要求。因此,中国期刊在正式申请这些数据库收录前,对期刊本身的学术质量,以及期刊网站披露的各类声明和政策等进行预审查是非常有必要的,否则,一旦被数据库方面拒绝收录,往往要面临着 2 年甚至 5 年的禁止再次申请期。

(1)EI 数据库

《工程索引》(The Engineering Index, EI)是美国工程信息公司(Engineering information Inc.)出版的著名工程技术类综合性检索工具。1999 年,EI 被爱思唯尔(Elsevier)收购。EI 是文摘性数据库,收录文献几乎涉及工程技术各个领域,不提供全文,涵盖工程、应用科学领域高品质的文献资源,涉及机械工程、土木工程、环境工程、电气工程、结构工程、材料科学、固体物理、超导体、生物工程、能源、化学和工艺工程、照明和光学技术、空气和水污染、固体废弃物的处理、道路交通、运输安全、控制工程、工程管理、农业工程和食品技术、计算机和数据处理、电子和通信、石油、宇航、汽车工程以及这些领域的子科学和其他主要的工程领域。它具有综合性强、资料来源广、地理覆盖面广、报道量大、报道质量高、权威性强等特点。EI 录入的文章都代表着权威与高质量。所以 EI 被称为全球核心，被每个国家认可。

EI Compendex 是全世界最早的工程文摘来源。EI Compendex 数据库每年新增的 50 万条文摘索引信息分别来自 5100 种工程期刊、会议文集和技术报告。EI Compendex 收录的文献涵盖了所有的工程领域，其中大约 22％为会议文献，90％的文献语种是英文。EI 公司在 1992 年开始收录中国期刊。1998 年 EI 在清华大学图书馆建立了 EI 中国镜像站。EI 除作为检索工具外，还是国际论文最重要的统计源之一，是对理工科高等院校和工程研究院所学术水平进行评价的重要依据。截至 2023 年 6 月，EI Compendex 共收录 5348 种期刊（中国内地期刊 292 种，其中，中文刊 164 种，中英文刊 8 种，英文刊 120 种，新增收录 19 种）。

（2）Scopus 数据库

Scopus 由 Elsevier 公司开发，于 2004 年 11 月正式上线，是目前全球规模最大的文摘与引文数据库，它收录了由 5000 多家出版商出版发行的科技、医学、艺术、人文与社会科学方面的 25000 多种期刊，涵盖了全球最为广泛的科技和医学文摘等内容。通过 Scopus，用户可以检索到自 1823 年以来的近 5500 万条摘要和题录信息，对于检索出欧洲及亚太地区的文献尤其方便。Scopus 作为全学科领域通用的国际数据库，对于申请收录期刊的学科领域和出版语言没有任何限制，因此，每年都有较多的中文期刊申请 Scopus 的收录。Scopus 对于期刊的收录有着严苛的评选流程和标准，尤其看重期刊是否符合学术出版的透明度和最佳实践标准（Principles of Transparency & Best Practice）等。严格的遴选标准导致 Scopus 有着较低的期刊接受率，目前 Scopus 在全球范围内的期刊接受率尚不足 50％。

截至 2023 年 5 月，最新版 Scopus 来源出版物列表（Scopus Sources）共有 44 049 种期刊被收录，共收录 968 种中国内地有 CN 号的期刊，其中，中文期刊（含中英文期刊）646 种，英文期刊 322 种。2023 年 1—5 月，Scopus 已接受中国内地出版社期刊 52 种，合作出版期刊 13 种。目前，每年有 100 多种中国科技期刊被 Scopus 数据库收录，被收录的中国期刊中约一半是英文期刊，一半是中文期刊。中国期刊整体占比较小，这与我国论文发文体量不匹配，导致大多数优质稿源外流。可以看出，我国被 Scopus 收录的英文期刊数量多、中文期刊数量少，尤其被收录人文社科期刊借助国外出版集团出版的多、自主出版的少，某些学科领域仍处于空白状态。

3. DOAJ 数据库

开放获取期刊目录（Directory of Open Access Journals，DOAJ）是由瑞典隆德大学创建的国际知名学术期刊数据库，也是目前世界上最大的仅收录开放获取期刊的数据库。创始人兼总经理 Lars Bjørnshauge 于 2002 年完成了 DOAJ，并于 2003 年作为 OA 期刊的全球在线索引推出。创立之初,该数据库便收录了 300 本期刊,这些期刊的文章全文都是在接收之后立即开放获取。作为一个公益性组织,DOAJ 旨在为全球科研工作者提供一个简便、全面的开放获取学术资源平台,采用严格的期刊审核制度对开放获取出版物进行筛选过滤,以确保数据库中的内容品质与学术水平。DOAJ 收录期刊的文章均经过严格的同行评审,质量很高,与期刊发行同步,且都能免费下载全文,是全球影响最大的 OA 期刊目录网站。

DOAJ 数据库的收录内容极为广泛,涵盖了科学技术、医学、社会科学、艺术与人文科学等各学科领域,每年约有 400 万个访问者。2008 年 4 月,DOAJ 收录了 3000 多种期刊,自此开始采用开放获取期刊知识共享许可作为准则。截至 2023 年 6 月 8 日,DOAJ 数据库已收录 19696 种开放获取期刊,收录的中文期刊数量为 105 种。随着中国期刊出版界逐渐意识到开放获取的重要性,2021 年共有 21 种中国期刊被 DOAJ 收录,2022 年为 26 种。2023 年截至 6 月 8 日,DOAJ 共收录中国期刊 22 种。

4. Medline 数据库

Medline 是由美国国立医学图书馆(The National Library of Medicine,NLM)开发,是当今世界上最具权威性的文摘类医学文献数据库之一。早期 Medline 包括了美国《医学索引》(Index Medicus)、《国际护理索引》(International Nursing Index)和《牙科文献索引》(Index to Dental Literature)三大检索工具内容,后来又有更多子文档加入,如 AIDSHIV、Bioethics、Biotechnology 等数据库。Medline 是一个专门的生物医学类引文数据库,也是 PubMed 的首要组成部分,该数据库收录了从 1966 年至今的论文,其引文来自全世界 5200 余种刊物,约 40 门语言。其中的出版物主要是学术期刊,但也有少量报纸、杂志、通信等被收录。Medline 的学科范围广泛地囊括了:①生命科学、行为科学、化学、医学生物工程及其他相关基础研究;②临床护理学、公共卫生、卫生政策及相关教学方面的内容;③其他学科中的生物学内容,如环境科学、海洋生物学、植物学、动物学、生物物理学和化学等。

Medline 早期是 Index Medicus 的联机检索光盘版,现已发展为国际性综合生物医学信息书目数据库,在 NLM 严格的评审把关下收录了近 5200 种期刊,针对非生物医学的期刊仅收录其中与生物医学有关的文献。截至 2022 年底,被 Medline 收录的中国主办的中文期刊 54 本,中国主办的外文期刊 56 本(含港澳台地区)。

5. Inspec 数据库

Inspec 是世界上历史最悠久的期刊数据库之一,也是理工学科领域的权威数据库之一,在世界范围内具有巨大的影响力。目前,Inspec 数据库由 IET 学会负责运营与管理。IET 的全称为英国工程技术学会(the Institution of Engineering & Technology),其总部位于伦敦,是欧洲规模最大、全球第二大(仅次于 IEEE)的国际专业学会。Inspec 主要收录以下四大学科领域的期刊文献:物理学、电子电气工程、计算机与控制,以及机械与制造工程。实际上,就细分学科领域而言,Inspec 数据库的覆盖范围十分广泛,包含了天文学、通信与信息技术、光学技术、材料科学、海洋学、核能工程、交通运输工程、地理学、生物医学工程、生物物理学和航天航空工程等众多常见理工学科相关的科研领域。

Inspec 对收录期刊的出版语言没有限制，目前我国已经有许多优秀的理工学科领域的中英文期刊成功录入该数据库。值得注意的是，Inspec 与其他很多国际一流数据库达成了合作关系，例如在世界范围内享有盛誉的 Web of Science（WoS）、工程领域极具权威的 EI Compendex、世界最大的期刊数据库之一的 EBSCOhost，等等。Inspec 收录的期刊文献数据整合到了上述各大国际数据库之中，当世界各地的科研人员使用 WoS、EI、EBSCO 等平台来检索文献时，他们也能够发现 Inspec 收录的中文期刊的文章。这帮助 Inspec 收录的中文期刊在国际上获得了更多的曝光度，让更多的国际学者有机会看到这些中文期刊的文章。因此，如果中文期刊能够成功录入 Inspec 数据库，其在国际上的认可度与知名度往往能够获得显著的提升。Inspec 对于工程领域的学术期刊而言具有极高的价值。

截至 2022 年初，Inspec 数据库收录的期刊数量达到 4556 种。其中，由我国主办的期刊共有 137 种，包括 14 种英文期刊，122 种中文期刊，以及 1 种中英文双语期刊。虽然中文期刊也可以申请录入 Inspec 数据库，但是 Inspec 要求申请收录的非英文期刊至少要具备英文版的文章标题与摘要，否则，Inspec 的审核编辑将无法对申请的中文刊进行审查，进而导致期刊被拒录。

（二）国际重要数据库遴选标准、被剔除原因分析

一般来说，各国际数据库对于期刊的遴选均有一套严格的标准及规范化程序，且审核周期普遍较长，国内一些期刊同行对其不太了解，因此在申请过程中不可避免会走一些弯路。下面以表格的形式梳理和总结一些国际重要数据库遴选的共性标准，对比结果见表 7-15。

表 7-15　　　　　　　　　　部分国际重要数据库遴选标准对比

数据库	SCI/ SCIE	EI	Scopus	DOAJ	Medline
学科范围	自然科学、工程技术、生物医学等	工程技术领域、应用科学	所有学科	所有学科	生命科学、生物医学等
期刊语言	具备英文题名和摘要，文献采用罗马拼音	摘要和索引均需用英语	具备英文题名和摘要，文献采用罗马拼音	无限制	具备英文题名和摘要，文献采用罗马拼音
最低要求	2年以上高质量学术出版史	至少 2 年出版史	2年出版史	1年以上出版史或已发表至少 10 篇文章	至少 25 篇经同行评审的论著/综述/案例报告类文章
再申请禁止期	2年	2年	至少1年	6个月	2年

数据库	SCI/ SCIE	EI	Scopus	DOAJ	Medline
编辑/作者	信息完整，具备地域多样性、所属单位独立性	作者的多样性及地域广泛性	信息完整，具备地域多样性、所属单位独立性	信息完整，具备地域多样性、所属单位独立性	信息完整，具备地域多样性、所属单位独立性
线上可及性	有网络版内容	内容在线可访问	有网络版内容，有英文版期刊网站首页	所有内容需在发表后立即免费获取，无时滞	PubMed 上可免费获取，或有延迟
引用情况	关注期刊总引文数和总论文数	评估期刊论文的引用情况，包括自引率	评估期刊文章在 Scopus 获得的引用情况	不盲信影响因子，不鼓励期刊网站公布此类数据	在 PubMed 上公布引用数据
审核形式	内部审核	内部审核	由独立内容遴选与咨询委员会审核	内部审核	内部审核
审核时长	12～36 个月	1 年左右	6～12 个月	3～6 个月	4 个月左右

1. Web of Science 核心合集期刊遴选标准、被剔除原因

严谨可靠的评估与管理使 Web of Science 核心合集成为全球最值得信赖的、独立于出版机构的引文索引数据库。Web of Science 核心合集的管理流程是独一无二的：其编辑决策由内部专业编辑人员做出，这些人员与出版社或研究机构均无关联，因而杜绝了潜在的偏私或利益冲突。每位编辑均专门负责特定的学科分类，以便深入细致地了解该领域的期刊。这种水平的审编并非单纯依赖算法途径所能企及，而将编辑决策权下放给研究共同体的做法也同样达不到如此水准。遴选流程始终本着几大基本原则："客观""择优"和"动态收录"。依据一套统一的标准进行期刊评估，其中包含的共计 28 条考察依据被一分为二：24 项质量评估标准可供遴选人员在期刊层面根据编辑严谨度及最佳实践做出选择，4 项影响力评估标准则旨在以引证活动作为衡量影响力的主要指标，从而选出各领域内影响最为深广的期刊。

达到质量评估标准的期刊可进入 ESCI。同时还满足影响力标准的期刊可进入 SCIE、SSCI 或 AHCI，具体视其所属学科领域而定。这些动态收录的合集要持续接受管理，确保期刊收录在适当的合集中。影响力上升的 ESCI 期刊会迁移到 SCIE、SSCI 或 AHCI，而影响力下降的 SCIE、SSCI 和 AHCI 期刊也会迁移到 ESCI 中。质量下降的期刊则会从 Web of Science 核心合集中除名。具体评估流程见图 7-10。

总体来说，任何对期刊产生大量负面影响的因素都有可能导致期刊潜在被除名。期刊被 Web of Science 核心合集剔除的可能原因如下：①自引率超过了 20%，或堆垒互引过高；②收取高额版面费，文章接受率高，发文量大幅增长，有掠夺性期刊嫌疑；③审稿机制存在严重缺陷，导致大量审稿造假，如 *Tumor Biology* 撤稿 107 篇中国作者文章；④影响因子常年

极低，论文质量普遍很低。期刊必须要有一定的引用量和影响力，若影响因子（IF）低于最低标准，极可能被剔除；⑤违反编辑政策和标准。数据库有极其完善且严格的编辑政策与标准，如文章质量、稿件审核流程、论文撰写规范等，如有严重违反行为，很有可能会被检测出来甚至被剔除；⑥缺乏国际化：数据库非常看重期刊的国际化水平，如期刊应配有对应的官方英文网站、发布一定数量的英文文章、使用国际交流渠道等，若缺乏此类国际化平台和举措，很有可能被剔除；⑦出版质量差。数据库收录的期刊须具有较高的出版质量，如排版、语言、图片等，如果有一项或多项质量不符合标准，则可能会被剔除。

图7-10 Web of Science™ 核心合集期刊评估流程[7]

2. EI 数据库期刊遴选标准、被剔除原因

根据 EI 公布的收录期刊评选标准（图7-11），初期会对从 ISSN 号、同行评审类型、英文摘要、出版的稳定性及数字化存储政策等方面着手对期刊进行筛选。一般而言，不少中文期刊基本都能满足上述要求。通过初步筛选后，EI 则会从定性与定量两个方面出发对期刊进

行更高标准和更为严格的评审,主要围绕期刊的办刊方针、发表内容质量、期刊本身的地位和水平、出版的规律性、在线可用性情况等。

部分期刊与 EI 数据库收录标准不相符之处包含但不限于以下几个方面:①期刊信息不透明。未公开收费标准和查重检测系统、联系人姓名、同行评审、作者贡献声明、版权许可、开放获取等内容。②文章规范性待优化。文章参考文献的时效性待改进;摘要、参考文献、图表等未具备中英对照。③网站功能性待完善,期刊影响力待提升。网站部分内容或链接的功能性无法实现,如点击后为空白或存在无效链接。④期刊影响力待提升。难以吸引到高质量的论文投稿,期刊国内国际影响力均较微弱等。

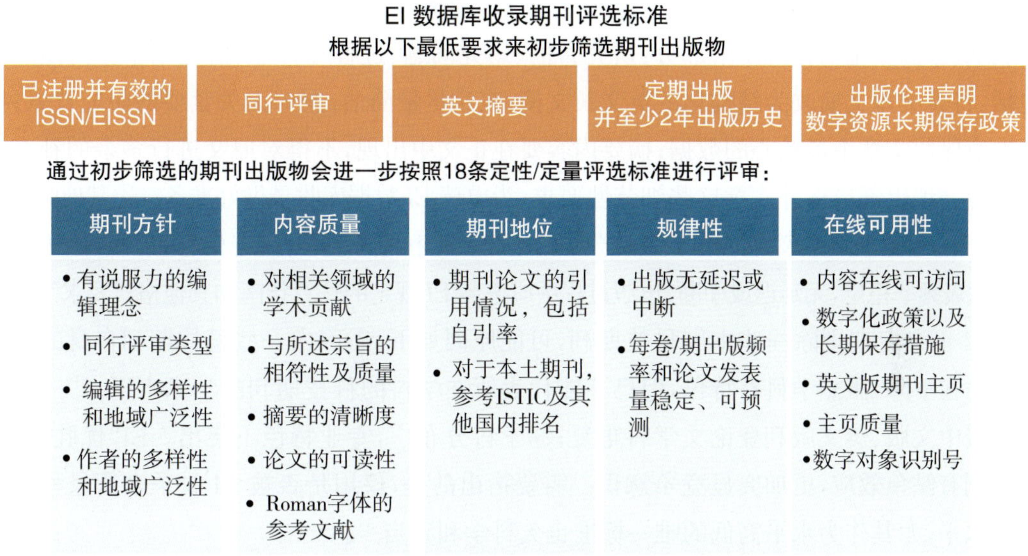

EI 数据库收录期刊评选标准
根据以下最低要求来初步筛选期刊出版物

已注册并有效的 ISSN/EISSN	同行评审	英文摘要	定期出版 并至少2年出版历史	出版伦理声明 数字资源长期保存政策

通过初步筛选的期刊出版物会进一步按照18条定性/定量评选标准进行评审:

期刊方针	内容质量	期刊地位	规律性	在线可用性
• 有说服力的编辑理念 • 同行评审类型 • 编辑的多样性和地域广泛性 • 作者的多样性和地域广泛性	• 对相关领域的学术贡献 • 与所述宗旨的相符性及质量 • 摘要的清晰度 • 论文的可读性 • Roman字体的参考文献	• 期刊论文的引用情况,包括自引率 • 对于本土期刊,参考ISTIC及其他国内排名	• 出版无延迟或中断 • 每卷/期出版频率和论文发表量稳定、可预测	• 内容在线可访问 • 数字化政策以及长期保存措施 • 英文版期刊主页 • 主页质量 • 数字对象识别号

图 7-11　EI 数据库收录期刊评选标准(来自 Elsevier 官网)

ISTIC 影响因子是 EI 数据库审核时重点参考的标准之一,不过影响因子只是审核过程中会考虑的要素之一,EI 在公布的评审标准中提及,除上述标准外,也会考虑其他内外部因素。期刊影响因子水平的高低无法保证一定会被 EI 收录/拒绝。因此,一本期刊如果在其他各类标准或政策上未满足相关要求,即便影响因子较高,可能也无法进入 EI 数据库;反之,一本期刊如果整体满足相关要求,并且具有一定的学科特色,即便在影响因子上的表现不是十分突出,也可能会被 EI 收录。学术期刊申请 EI 数据库填写信息时,需要期刊勾选已进入的国际数据库,以及期刊是否属于 OA 刊且是否已进入 DOAJ 数据库,这其实从侧面反映了是否被其他国际数据库收录可能也是 EI 考量评估期刊影响力的因素之一。因此,学术期刊可以将进入 EI 数据库视为中期或远期目标,短期先积极申请其他国际数据库,在此过程中期刊自身质量和影响力将得到一定程度的提升,这将会增加未来申请 EI 时被成功收录的机会。

期刊在后续申请 EI 数据库的过程中可以依照以下标准来提升:①论文质量和水平。期刊论文质量是数据库收录的基本要素和前提。虽然一些期刊收录文章数量较多,但研究内容却与国际脱钩，缺乏应有的深度和前瞻性。因此，期刊在收录文章时应严格把控文章质量，积极筛选高质量且富有创新性的学术论文，提高期刊在该领域的影响力。②期刊国际化。在论文质量和期刊学术水平等其他重要方面都达到 EI 收录标准的前提下，相较于中文期刊，英文刊被收录的可能性略大。期刊国际化主要包括刊源和作者国际化、编委会和审稿队伍国际化、被各大国际知名数据库收录等。总而言之，国内期刊要走向国际化，一是要注重期刊整体学术质量；二是要强化国际营销和传播，充分利用国际主流社交平台如 Twitter、Facebook 和 LinkedIn 等，搭建海外传播渠道，开发潜在海外阅读群体。③论文格式规范。EI 是一种文摘性检索工具，文摘即一篇论文的内容摘要。因此，EI 数据库在收录期刊时，极为看重期刊文章的英文摘要是否符合规范，会根据摘要判断期刊文章的整体学术质量水平。一般来说，摘要主要分为 4 个部分：研究目的、研究问题、过程和方法、研究结果。具体要求包括：将英文短文摘改为结构化的英文长文摘；表达尽量简洁；摒弃无关紧要的研究背景；摘要中应保留文章中最核心的数据；摘要内容要在正文中出现，不得对原文进行多余的补充或修改等。编辑部应格外注意这些细节性要求，为申请 EI 数据库收录做好准备。④其他收录标准。根据 EI 数据库要求，期刊还应具备严格的编辑政策和评审流程；遵守相应的学术道德标准；确保发表频率稳定，无延迟或中断；出版过程中应遵照 EI 规定的作者指南和其他格式要求等。

EI 也会定期剔除一些中国科技期刊，可能原因如下：①国内一些科技期刊自身的学术影响力在下降，虽然学科有特色，但已不能代表所在学科的科技期刊的学术水平；②一些大学学报中文版、英文版刊登论文学科重复；③学科分布广，专业特色不突出。EI“优胜劣汰”式选刊有鲇鱼效应，更加突显竞争意识。需要指出的是，仅用是否被 EI 收录来衡量科技期刊的水平，尤其作为水平高低的唯一标准也欠科学和妥当[8]。

3. Scopus 数据库期刊遴选标准

Scopus 在遴选期刊时采用定量评价与同行评价相结合的方式，由独立的国际团队 Scopus 内容遴选与审查委员会（Content Selection & Advisory Board，CSAB）（以下简称“Scopus 团队”）进行持续、定期的审核，审核周期一般为 6～12 个月。整个申请流程都在由 Scopus 专门为期刊遴选开发的工作平台 STEP（Scopus Title Evaluation Platform）系统上完成。

Scopus 中国学术委员会成立后，中国出版的期刊的申请流程如下：①期刊根据审核标准逐条进行自检；②自检符合要求后，期刊在“Scopus 期刊申请预评估”页面（https://www.readyforscopus.com/cn/）上填写信息并提交至 Scopus 中国学术委员会办公室进行预评估；③如果期刊符合申请标准，预审核通过将自动提交正式申请，再由 Scopus 团队验证信息，Scopus 中国学术委员会审核是否符合最低标准，如果审核通过，Scopus 团队将直接通过邮件（titlesuggestion@scopus.com）与期刊编辑部联系，通知编辑部在 STEP 平台上补充详细信息；④期刊在 STEP 平台上提交信息并由 Scopus 中国学术委员会再次进行审查，如果发现信息缺失，会通知编辑部进行补充确认；⑤审核通过后，CSAB 学科主席进行终审，决定是否收录。在审核过程中,如果期刊因不符合标准而被拒绝,Scopus 团队会与编辑部联系并告知具体原因。具体审核流程、申请进度可以在 STEP 系统上查询。

Scopus 的遴选标准非常严格,期刊只有达到其最低标准才具备申请资格。审核类别主要为期刊方针、内容、期刊排名、定期性、线上可及性等 5 个方面内容,具体包括:①发表同行评审(peer-review)内容并有公开的同行评审流程声明;②定期出版并已注册国际标准连续出版物号,即 ISSN 号;③参考文献符合相关的规则,并且具备英文摘要与英文题名;④具有公开的出版伦理与出版弊端声明;⑤期刊出版两年以上[9]。

总体而言,Scopus 非常重视以下 4 点:①刊文的学术质量,对于中文刊物,Scopus 尤其重视其英文摘要的质量;②期刊的学术影响力,这主要体现在 Scopus 非常重视编辑和作者的来源地区多样化,以及编辑的学术权威性;③内容的线上可及性,体现在 Scopus 关注期刊是否有网络版内容以及网站的质量,其中内容翔实的英文版期刊网站首页是必备条件;④期刊的规范化,Scopus 要求期刊有明确的编辑政策、同行评审细节、出版伦理规范、投稿指南、收费项目和标准、版权和许可信息、获取方式等内容,并在期刊的官方网站上清晰呈现。

4. DOAJ 数据库期刊遴选标准

DOAJ 有着相当严格的期刊筛选标准,会对申请期刊的基本信息、开放获取政策、著作权与许可政策、编辑政策等多方面进行深入审查。从收录时间、学科分布、知识共享协议类型、同行评议类型、期刊发表周期、收费政策 6 个方面对 DOAJ 收录的 68 种中国中文开放获取期刊进行数据展示,探索数据库开放获取发展规律,进一步了解 DOAJ 数据库收录标准。

①收录时间。DOAJ 在 2008 年首次收录中国中文期刊。2021 年之前,我国中文期刊开放获取发展极为缓慢,被收录数量仅为个位数。但随着中国期刊出版界逐渐意识到开放获取的重要性,2021 年共有 21 本期刊被 DOAJ 收录,2022 年为 26 本。截至 2023 年 6 月 8 日,共收录期刊 22 本。数量的增长一定程度上说明我国期刊开放获取政策得到完善,中文期刊的国际影响力逐渐提升。

②学科分布。根据学科主题将期刊分为 20 大类,但其中中国中文期刊仅占 9 类。技术、科学和医学类期刊数量最多,而社会科学、海军科学、语言和文学等学科类别期刊数量极少。这表明虽然国内中文开放获取期刊数量不断增加,但仍存在学科发展不均衡等问题。

③知识共享协议类型。知识共享(Creative Commons)协议又称 CC 协议,是一种允许他人在遵守一定条约的前提下,自由获取并传播作品的版权许可协议。该协议由 4 种基本授权条约组成:署名(Attribution, BY),非商业使用(Noncommercial, NC),禁止演绎(No Derivative Works, ND),相同方式共享(Share Alike, SA),由此构成了 CC 协议的 6 种核心许可协议形式:BY-NC-ND、BY-NC-SA、BY-NC、BY-ND、BY-SA 和 BY。作者可根据需要选择其中一种作为文章的 CC 协议。DOAJ 收录的中国中文期刊中约半数采用 CC BY-NC-ND 协议,使用 CC BY-SA 和 CC BY/CC BY-NC-ND 协议的期刊最少。也有少数期刊采用出版商自定义的开放获取许可协议。

科学类期刊大多使用 CC BY-NC-ND 协议（即：使用者必须给出适当的署名，同时标明是否对原始作品做了修改。可以用任何合理的方式来署名，但是不得以任何方式暗示许可人为其使用背书。不得将本作品用于商业目的。如果将作品再混合、转换，或者基于该作品创作，则不可以分发修改作品），而医学类期刊多采用 CC BY 协议。这是因为两个不同学科类别在学术传播和道德规范等方面存在不同的需求和考量，科学类期刊文章内容更注重技术创新，需要使用限制条件较大的许可协议以保护作者的知识产权，防止他人剽窃盗取原创作者的科研成果。而医学类期刊主要关注生命科学领域，选择限制较小的 CC BY 能够促进医学成果的广泛传播，甚至商业使用，更好地服务于病人和社会。

④同行评议类型。一般情况下，期刊同行评议有 3 种类型：双盲、单盲和其他未具说明的同行评议。双盲评审占据了期刊同行评审的主导地位，这是因为双盲评审能够更好地保护作者隐私，减少无意义的交流，从而能够提高评审效率，保证评审准确性和公正性。此外，少数期刊为了考虑其他因素，也会使用不同于主流类型的其他同行评议方式。

⑤发文周期。通常来说，期刊文章发表周期对期刊的学术质量、学术地位等都有一定的影响。发表周期过长会降低作者的投稿意愿，而且一些文章的研究内容具有时效性，因此 DOAJ 等国际数据库更倾向于发表周期较短的期刊。DOAJ 收录的中国中文期刊的发表周期为 8～80 周，平均为 24 周，其中，发表周期为 11～20 周的期刊数量最多。虽然说期刊发表周期不能直接衡量期刊的学术质量，但周期较短的期刊能够反映出其同行评议效率更高，更受 DOAJ 青睐。

⑥收费政策。DOAJ 收录的 68 种中国中文开放获取期刊中，有 52 种期刊收取版面费[10]。但由于不同期刊和学科审稿难易程度和印刷成本等方面存在差异，收费标准也不统一。

对 DOAJ 收录的中国中文开放获取期刊进行数据分析，能看出我国期刊开放获取发展现状及亟待改进的方向。尽管近年来我国中文开放获取期刊数量有所上升，但相对于其他主流国家和地区，还有很大的提升空间。此外，我们也需要扩大期刊的领域和涵盖范围，加强开放获取期刊在不同领域的质量和水平，遵从国际学术规范，完善收费政策等。

（三）国际数据库申请收录的典型案例分析

1.《岩石力学与岩土工程学报（英文版）》的 SCIE 申请案例

《岩石力学与岩土工程学报（英文版）》（JRMGE）会同编委并结合 Scopus 等 4 个数据库的选刊标准与要求（表 7-16），对 JRMGE 进行自评估，并在此基础上做了一份自评估报告，评估结果为 82 分。由于 JRMGE 注重提升学术论文质量、扩大影响力，且申请准备工作较充分，于 2014 年 7 月 8 日正式申请 Scopus 数据库收录，并于 2015 年 3 月顺利被 Scopus 收录。另外，表 4 显示 2014 年有 8 种期刊出版物影响力指标（IPP）与 2013 年比均有所下降，而 JRMGE 的这项指标与序号 5、6 和 7 三种 EI 收录期刊的指标接近，并在 4 种期刊中居第 2 位，可以预计 JRMGE 之后有望被 EI、SCI 等数据库检索。这些细致工作对期刊申请

Scopus 及相关数据库有益,能做到心中有数。鉴于此,JRMGE 已于 2016 年初按上述要求申请 SCI 收录并取得成功。

表 7-16　　按照国际数据库标准对 JRMGE 进行的自评估结果(2015 年 7 月)

序号	分类	因素	自查结果	分值	得分	评注
1	期刊策略	强有力的编辑理念,且审稿队伍国际化	编辑理念创新,数据库有 1200 余名审稿专家,力争达到 1500 名国际审稿专家	5	4	正在充实中
2		稿件审稿质量	目前来稿审查为一中一外,且由执行编委把关审稿质量	5	4	需坚持
3		作者群知名度和国际化	相对较小,自由投稿量不多,好稿源需花大力气吸引	10	7	国际化程度有待提升
4		主编、副主编及编委国际化	已换届,海外编委增至 55%,且名誉主编和主编系国际知名专家	8	6	国际化程度需不断加强
5	内容质量标准	期刊对该领域的学术贡献	国内唯一一家英文版岩土工程类杂志,且严格控制稿件质量,发表重大岩土工程文章	10	8	国外稿件宜适当增加
6		摘要的清晰可读性	严格要求,可读性明显加强	5	4	需坚持
7		办刊宗旨的履行情况	严格要求,宁缺毋滥,立足国内,面向国际	5	5	需坚持
8		论文的可读性和编辑水平	责任编委或引进高水平人才进行语言润色,语言可读性尚可,聘请一名海外专家对文章润色	5	4	编辑加工质量需提升
9	期刊知名度	期刊在 Scopus、EI 和 WoS 被引情况	截止到 2015 年 7 月,被 SCI 期刊总被引 425 次,被引论文 146 篇	10	7	呈稳步增长态势
10		主编和荣誉主编知名度和显示度	国际知名专家,且带头撰稿和点评文章	5	5	满足要求
11	出版时滞	出版时滞与编排标准	Elsevier 排版,符合要求(但 Elsevier 初排差错率有点高,且耗时较长),2015 年开始好转	5	4	需完善

序号	分类	因素	自查结果	分值	得分	评注
12	Online	学报主页及Online	2013年与Elsevier合作，《学报》主页与国际接轨，且及时Online	5	5	满足要求
13		读者群	市场不够大，自由发行量较小，应进一步扩大市场	5	4	国际化程度宜提高
14	其他	投审稿系统	Elsevier的EES系统，目前运行尚好	5	4	需完善
15		出版平台语言	英语，符合要求	5	5	满足要求
16		稿件处理质量与处理速度	稿件处理速度加快，且质量控制较好，基本满足要求	7	6	引进优质编辑，编辑需继续提升
自我评估				100	82	良好

2.《中国机械工程》的EI申请案例

《中国机械工程》在2001年之前一直是EI Compendex的源刊，2001年从EI Compendex调整出来而进入EI Page One（非核心）；2009年，EI整合Compendex和Page One，《中国机械工程》被调整出来。尽管EI不是科技期刊品牌的决定因素，而且办刊人也积极开展了提升论文质量的相关措施，但是2009年之后该刊论文质量和期刊指标受到了一定的影响。2009年之后的几年，办刊人曾经也做出了不少努力，但结果都不理想。

为改善论文质量和期刊指标下滑的严峻形势，加大国际化传播投入，提升期刊品牌，2017年5月，由副主编郭伟发起并牵头开展了回归EI的计划。该刊把回归EI作为重点项目攻关，决定成立"EI申报小组"，旨在便于管理，强力推行，方便调动人力物力财力。该计划实施过程中，特别重视启用年轻人和外聘人员来充实组员，并于2017年10月完成申报工作（EI一般两年完成一次申报一次审核工作，即2017年申报，2018年审核）。具体工作如下：①开展EI源期刊的调研工作，做好期刊的SWOT对比分析，明晰该刊的优势、劣势、机会和威胁。②论文元素的双语出版。申报小组深度研究了EI的选刊原则（如Judy. Sal女士"关于EI选刊的标准和程序"的讲座信息），并针对论文在规范上提出了多项改善措施，主要表现为图表英文元素的增加（即双语标注）、英文摘要和关键词的改良、参考文献的双语著录，以便提升论文的国际显示度。③多措施提升论文质量。例如，从2017年，该刊加大了论文审稿的力度，加大了论文的淘汰率，并通过减少印张（也即减少期刊页码）来提升论文质量，显现出一定的效果。④《中国机械工程》英文网页的重建。对于选刊者来说，期刊论文和英文网页是对中文期刊最直接最全面的认识来源。申报小组通过对EI源刊（特别是当时新进不久的EI期刊，如《遥感学报》《林业科学》《中国表面工程》、*Chinese Journal of Mechanical Engineering* 等）进行调研，并深度研究其英文网页，制定出《中国机械工程》英文网页的重建计划，并联合北京玛格泰克公司建立了期刊的新网页。英文网页内容尽量完整地显示期刊信息,不仅包括期刊介绍、投稿指南、编委会、期刊订阅等,还包括禁止学术不端的信息(这是重点之一,以红色背景示警)、在线投稿系统,以及电子刊(英文输出版)。认真对待网页中的内容,特别是英文表达方面:网页的一部分内容,该刊委托机械领域有留学背景的学者来翻译;一部分内容,引用其他英文期刊网站的相关内容;另一部分是就是电子刊(英文输出版)。⑤电子刊(英文输出版)的完善工作。英文电子刊也是 EI 选刊者的重要关注点之一。该刊是中文期刊,不存在英文全文,电子刊(英文输出版)指的是由网刊系统生成的,含有英文题目、英文作者及单位、英文摘要以及英文参考文献的论文信息。以前该刊的电子刊中因为英文信息没有上传完整,导致英文信息不全。此次借申报 EI 之际,该刊投入了时间和精力,并借助网刊研制方(北京玛格泰克公司),克服了技术困难,将英文电子刊的完善工作追溯到 2010 年的过刊(4000 多篇论文)。⑥基于 EI 官网的申报工作。按照 EI 网上申报流程,认真地填写好每一步,并打印成册,认真校对后提交。2018 年 8 月,接到收录通知。

3.《中国舰船研究》的 Scopus 申请案例

在申请被 Scopus 收录前,科技期刊应先对照审查标准进行自查。最低标准包括发表同行评议文章且有公开的同行评议流程、出版周期固定且有 ISSN 号、文章有英文标题和英文摘要以及规范的参考文献、公开的出版伦理和禁止学术不端声明。此外,还需审查办刊方针、内容质量、期刊学术影响力、定期出版和线上可及性等 5 个方面。英文网站质量及内容完整性也是重要审查内容。目前,中国科技期刊需先将期刊资料提交至 Scopus 中国学术委员会办公室进行预评估,达到 Scopus 数据库要求的最低标准后,方可正式向 Scopus 提交收录申请。历经 Scopus 内容选择与咨询委员会(CSAB)初审、Scopus 中国学术委员会审查、CSAB 学科主席终审等流程,才能正式被 Scopus 收录。在资料审查过程中,编辑部有机会按照 CSAB 要求补充完善期刊信息。

《中国舰船研究》于 2019 年初申请加入 Scopus,在此之前,针对 Scopus 收录期刊的具体要求,从中英文网站规范性、期刊学术质量、期刊显示度等方面,做了一系列准备工作:①改版中英文网站,规范出版伦理声明、版权协议、撤稿流程、稿件处理流程等细则,完善期刊介绍、编委会、投稿指南等内容。②积极申请加入国外数据库,增加期刊国际显示度。2017年,《中国舰船研究》申请并成功加入 DOAJ 开放获取平台,该平台被世界公认为最重要的同行评议开放获取期刊的搜索平台,与 Scopus 等国际数据库已联结。2018 年,《中国舰船研究》又成功加入 JST 数据库,JST 数据库是日本最大的科学技术文献数据库,可进一步提升期刊的国际显示度和影响力。③多举措提升期刊论文学术质量。如召开选题策划会,确定年度重点选题,实行专题特约主编制度,邀请专家担任专辑特约主编等。在编辑部的协助下,专题主编实行一对一定向约稿,同时参与专题稿件的审稿工作,严格把控稿件质量,筛选优质稿件。更新《中国舰船研究》论文模版,从源头规范论文格式,提高稿件质量。论文模板中新增文章自评表,要求作者归纳文章创新点。重点强调摘要、引言及结论的写法,细化了图表、公式及参考文献的格式规范。

在申请被 Scopus 收录时，编辑部强调了由于《中国舰船研究》的军工期刊背景而导致期刊受众面不大，且国外作者比例较低，并重点突出期刊的特色化办刊情况。2019 年 10 月，经过半年左右的评审，《中国舰船研究》收到了被 Scopus 收录的通知。需要注意的是，若期刊未能成功被 Scopus 数据库收录，至少 1 年后方可再次提交收录申请。因此，一定要针对 Scopus 收录要求做好准备工作，争取一击即中。

4.《岩土力学》的 ESCI 申请案例

ESCI 的选刊标准低于 SCI，主要收录那些在学术领域已经具有地区性影响力的期刊。特别是它没有要求期刊的国际性，使得非英语类期刊也有机会申请进入 ESCI 数据库。换句话说，尽管 ESCI 选刊要求低于 SCI，但要想获得进入的资格，必须是在某个国家或地区范围内的某一学科领域高影响力的期刊。

《岩土力学》作为我国岩土力学与工程领域的最高水平的学术期刊，多年来一直致力于采取各种措施提高期刊的学术质量，扩大期刊的国内国际影响力。自 2012 年中国知网发布"最具国际影响力学术期刊"榜单以来，《岩土力学》连续入选，成为湖北省两个连续入选该榜单的中文期刊之一。2016 年入选中国知网"双语出版工程"（JTP）。当获悉科睿唯安推出 ESCI 数据库的信息后，编辑部仔细研读其选刊要求后决定申请。于 2017 年上半年提出申请，下半年即获得进入资格。《岩土力学》入选 ESCI 数据库后，和 SCI 期刊同处 Web of Science 核心合集内，有了和 SCI 期刊一样的向全球读者展示自身的机会，有利于提高期刊的国际影响力。2023 年，科睿唯安将给予所有 ESCI 期刊影响因子。

（四）国际数据库收录中的信息安全问题探讨

任何科研成果的产出均存在一定的安全风险，其信息安全必须得到保障。在互联网时代，科技期刊一直是国外情报机构渗透和窃取信息的主要目标，因此科技论文的保密工作尤为重要[11]。各有关部门应加大监管力度，期刊若刊载涉及国家安全、重大战略、重大政策等内容，须报主管单位或省级出版行政主管部门审核，并报国家新闻出版广电总局备案[12]。在开放科学的大背景下，越来越多的国内科技期刊积极申请加入国际数据库。笔者认为，信息安全问题涉及科研成果发表的全流程，与是否加入国际数据库关系不大，但需要注意的是，若期刊主管、主办或出版单位为涉密单位，则期刊申请国际数据库的所有材料必须经过相关部门的保密审查后才能提交。

虽然目前国家法律法规尚未对科技论文发表中的信息安全作出明确的界定，但期刊编辑部在收稿甚至组稿之日起就应该对各环节可能产生的信息安全问题加以足够重视，未雨绸缪，提前谋划。例如，及时向作者团队询问涉密情况，确认文章内容无敏感信息，根据保密级别要求对稿件进行保密审查，等等。在日常工作中，编辑部成员除了应坚持以《中华人民共和国保守国家秘密法》为主要内容的保密教育外，还应采取学习内部保密规章制度，并指定专人担任兼职保密员，实施有针对性、有重点的保密教育。针对部分科技人员对国内外科技领域窃密、对科技保密工作缺乏必要知识的情况,应通过组织收看有关电视录像片、选学科技保密知识等做法,加强科技保密教育。同时,编辑部还可利用期刊官网、官方新媒体平台、作者读者群及行业交流群等渠道,积极向广大作者和读者宣传国家相关法律法规,防止科研成果及关联数据等涉密信息泄露。

主要参考文献

[1] 中共中央宣传部"实施创新驱动发展战略 建设科技强国"发布会[EB/OL].[2022-06-06]. https://www. safea. gov. cn/xwzx/twzb/fbh22060601/twzbwzsl/202206/t202206 06_ 180945. html.

[2] 佘诗刚,胡小洋. 2035 年中国入围科技期刊"世界第一方阵":基础、差距与推进思路[J]. 中国科技期刊研究,2022,33(4):414-435.

[3] 朱诚,李晶. 国际重要数据库收录中国医学期刊现状与提高中国医学期刊国际地位的建议[J]. 中华医学图书情报杂志,2011,20(7):1-6.

[4] 贺月月,邵施苗,李亭亭. OA 模式下国际数据库选刊标准分析及其对科技期刊发展的启示[J]. 传播与版权,2021(12):36-38.

[5] 邱均平,胡小洋,何汶,等. 中国学术期刊评价研究报告[M]. 6 版. 北京:科学出版社,2021:20-21.

[6] Clarivate. 2023 Journal Citation Reports[R]. 2023-06-28.

[7] 科睿唯安. Web of Science™ 核心合集期刊评估标准及遴选流程[EB/OL]. https:// app. ma. scrmtech. com/resources/resourceFront/resourceInfo? pf_uid=18476_1812 &pf_type=3&id =19543.

[8] 姚志昌,段瑞云,郑雪萍,等. EI Compendex 调整收录中国科技期刊的分析及对策[J]. 中国科技期刊研究,2013,24(5):906-910.

[9] 郭亿华. 中文科技期刊申请 Scopus 数据库收录实践探析:以《热带地理》为例[J]. 出版与印刷,2021(6):66-72.

[10] 唐帅,曹兵,季淑娟,等. DOAJ 收录的中国中文开放获取期刊的统计分析[J]. 科技与出版,2023,37(1):124-133.

[11] 秦晓雪. 科技期刊泄密风险及保密管理对策分析[J]. 出版与印刷,2021(2):67-71.

[12] 印波,刘畅,范林,等. 坚持期刊出版审批制度,建设世界一流科技期刊[J]. 编辑学报,2022,34(2):119-125.

五、湖北省进军国内科技期刊第一方阵的基础、差距及推进策略[①]

科技期刊作为承载科技创新成果和传播科学知识的重要载体，肩负着"传承人类文明，荟萃科学发现，引领科技发展"的重要使命，直接体现一个国家的科技竞争力和文化软实力。自 2018 年 11 月 14 日中央全面深化改革委员会第五次会议审议通过《关于深化改革 培育世界一流科技期刊的意见》[1]（以下简称《意见》）以来，培育和建设世界一流科技期刊成为一项重要的国家战略和社会共识，受到了科技界、学术界和期刊界的广泛关注。2019 年 11 月，"中国科技期刊卓越行动计划（2019—2023 年）"[2]（以下简称"卓越行动计划"）的正式落地则从国家层面上打响了培育世界一流科技期刊具体行动的"第一枪"，为推动我国科技期刊高质量发展提供了目标指引和重要参考。此后，各个地方省市（含自治区，下同）积极响应，也纷纷出台了各自的一流科技期刊创建目标、行动计划和扶持方案，希望能够抓住这一发展机遇，推动本省期刊业和出版业的繁荣发展。

湖北省作为传统科教大省，有着丰富的科教和期刊资源。《中国科技期刊发展蓝皮书（2021）》[3]（以下简称《蓝皮书》）显示，湖北省现有科技期刊 208 种，数量位居全国第四，仅次于北京（1629 种）、上海（355 种）和江苏（254 种），在规模上是当之无愧的"科技期刊大省"，但在优秀科技期刊数量与质量、数据库收录情况和从业人员数量等方面，与其他省份还存在着一定的差距。为此，2021 年 12 月，湖北省科协、省委宣传部、省教育厅等五部门联合制定了《湖北省科技期刊楚天卓越行动计划（2021—2025 年）》[4]，提出"第一阶段（到 2025 年）从整体上谋划推动湖北省由科技期刊大省向科技期刊强省的跨越式发展"，"第二阶段（到 2035 年）为实现我国科技期刊综合实力跃居世界第一方阵贡献湖北智慧与湖北力量"。

近年来，国内学者关于如何创办和培育世界一流科技期刊进行了较为丰富的讨论，但大多是从国家整体层面和个案个体层面开展：或是从宏观层面探讨一流科技期刊的内涵[5,6]、特征[7]和建设路径[8]等问题，或是从期刊运作流程[9]、编辑队伍建设[10,11]、传播平台构建[12]、集群化发展情况[13]和网络传播情况[14]等微观层面进行具体而微的分析，抑或是从国际[15,16]、国内[17]部分一流科技期刊发展路径和自身办刊经验[18-20]出发，为一流科技期刊建设提供参考和借鉴。而地方科技期刊主管部门如何在当前的一流科技期刊建设大潮中发挥自身能动性，从全省（含自治区、直辖市，下同）科技期刊整体出发，推动本省科技期刊业繁荣发展，有效支撑世界一流科技期刊建设进程则鲜少有人关注。仅有少量研究关注到了省域一流科技期刊建设工作，如王超等[21]、田洁等[22]、杨红俊等[23]分别以黑龙江省农业科学院、河北省高校普通科技期刊、江苏省生物医药领域科技期刊为研究对象，进行了不同程度的探讨，但着眼范围较小，覆盖期刊数量较少。本研究以湖北省为例，深入分析湖北省科技期刊与我国科技期刊第一方阵省份的优势和差距，并结合湖北省科技期刊事业发展实际，提出湖北省实现进军科技期刊"国内第一方阵"、实现从期刊大省向期刊强省跨越这一目标的推进思路和发展策略。

---

① 本章第五部分撰稿人：占莉娟，孙绪壕，胡小洋，佘诗刚。

(一)科技期刊"国内第一方阵"的内涵

1.科技期刊"国内第一方阵"的概念

科技期刊"第一方阵"的概念,首见于前文提到的中国科协等四部门联合印发的《意见》,文件以国家为主体,提出了"到2035年,我国科技期刊综合实力跃居世界第一方阵"建设目标。根据笔者的理解,"世界第一方阵"指科技期刊综合实力较强的国家的集合,综合实力强体现为大而强,即在优质科技期刊数量和质量上皆位于国家排序之前列。相对应地,科技期刊"国内第一方阵"则是以区域(省份)为单位的概念集合。因此,本研究将科技期刊"国内第一方阵"界定为优质科技期刊数量和质量排序上皆位于省份排序之前列的省份的集合。

2.科技期刊"国内第一方阵"的量化工具选取

根据上述界定,本研究从科技期刊的整体质量与国际化水平两个维度来衡量国内各省份的科技期刊的发展概况,确定国内科技期刊"第一方阵"的省份名单。

一是各省份科技期刊整体质量层面,主要选取了《中国科学引文数据库来源期刊列表(2021—2022)》[24](以下简称"CSCD")和《中国科技核心期刊目录(2022年版)》[25](以下简称"CSTPCD")两个数据库的收录期刊数据作为参考标准。这三个数据库作为当前学术评价机制较为认可的科技期刊统计源目录,分别由中国科学院文献情报中心和中国科学技术信息研究所主持研制并发布,均收录了国内各领域出版的优质中英文科技期刊千余种,是衡量各省份拥有优质科技期刊数量的重要参考。需要指出的是,《中文核心期刊要目总览》(以下简称"北大核心")和《中国学术期刊评价研究报告》核心期刊目录未被纳入考察范围,主要考虑到它们仅仅评价了中文期刊,并未对英文科技期刊进行评估,此外其可用最新数据仍是2020年的,最新一版尚未出版,因此未将其纳入考察范围。

二是在各省份科技期刊国际化水平层面,主要考察各地区入围《世界期刊影响力指数(WJCI)报告》2022年版(以下简称"WJCI")和 Science Citation Index Expanded(科学引文索引扩展版,以下简称"SCIE")两个数据库的科技期刊数量和比例。SCIE作为评价科研成果和科技期刊发展水平的重要工具,自20世纪80年代末由南京大学率先引入国内以来一直被政府部门和学界当作宏观和机构科技产出评价的重要参考,为考核评价学术成果、推动南京大学等国内高校科研成功走向国际舞台起到了积极作用。但与此同时,其也存在着非英文期刊收录数量较少、难以全面反映非英文学术成果和期刊发展水平等局限。而WJCI作为由中国科学技术信息研究所、《中国学术期刊(光盘版)》电子杂志社有限公司等单位联合研制的面向全球科技期刊的评价报告,在非英语期刊评价过程中,充分借鉴了已有的国内外评价结果,对中外期刊实行统一标准的分学科定量评价,优化了统计源期刊的结构,从而更加客观地呈现了当前的全球科技创新实景。因此,本研究选取以上两种不同特征的评价工具,互为补充,以期更真实地评价和反映各地区科技期刊的国际化情况。

3.科技期刊"国内第一方阵"地区名单确定

首先,统计各省份入围数据库的基本情况。逐一统计 CSCD、CSTPCD、WJCI、SCIE 四个期刊统计源目录中各期刊的国内统一连续出版物号（CN 号）数据。以 CN 号中的地区号（前 2 位数字）为标准,统计各地区入围上述四个数据库的科技期刊数量（未统计到 CN 号的期刊,视各数据库和期刊名录公布的"主要主办单位"或"第一主办单位"的所在地为期刊属地）,并基于《蓝皮书》公布的各地区科技期刊数量（本研究所指"新疆"科技期刊总数为《蓝皮书》中"新疆"与"新疆生产建设兵团"期刊数量之和）,计算各省份入围四个数据库和期刊名录的期刊比例,结果见表 7-17。数据统计截止时间为 2022 年 12 月 30 日。

表 7-17　　　　国内各省份（不含港澳台）科技期刊四大数据库与期刊名录情况统计

序号	省份	期刊总数	CSCD 数量	CSCD 占比	CSTPCD 数量	CSTPCD 占比	WJCI 数量	WJCI 占比	SCIE 数量	SCIE 占比
1	北京	1629	553	33.95%	766	47.02%	671	41.25%	124	7.61%
2	上海	355	106	29.86%	162	45.63%	130	36.62%	30	8.45%
3	江苏	254	77	30.31%	127	50.00%	101	39.76%	9	3.54%
4	四川	208	58	27.88%	90	43.27%	79	37.98%	12	5.77%
5	湖北	208	52	25.00%	117	56.25%	70	33.65%	10	4.81%
6	广东	180	34	18.89%	71	39.44%	48	26.67%	4	2.22%
7	辽宁	177	44	24.86%	85	48.02%	60	33.90%	9	5.08%
8	黑龙江	163	22	13.50%	55	33.74%	32	19.63%	3	1.84%
9	陕西	163	52	31.90%	95	58.28%	72	44.17%	3	1.84%
10	天津	137	35	25.55%	76	55.47%	50	36.50%	2	1.46%
11	湖南	130	22	16.92%	60	46.15%	33	25.38%	3	2.31%
12	山东	130	23	17.69%	48	36.92%	32	24.62%	3	2.31%
13	浙江	119	31	26.05%	47	39.50%	42	35.29%	12	10.08%
14	河南	114	16	14.04%	44	38.60%	28	24.56%	2	1.75%
15	河北	105	7	6.67%	43	40.95%	16	15.24%	1	0.95%
16	吉林	104	23	22.12%	42	40.38%	27	25.96%	6	5.77%
17	山西	91	8	8.79%	19	20.88%	10	10.99%	1	1.10%
18	安徽	86	15	17.44%	43	50.00%	24	27.91%	3	3.49%
19	重庆	80	23	28.75%	41	51.25%	33	41.25%	6	7.50%
20	广西	76	4	5.26%	17	22.37%	9	11.84%	0	0.00%
21	福建	71	10	14.08%	16	22.54%	9	12.68%	1	1.41%
22	江西	69	2	2.90%	9	13.04%	7	10.14%	0	0.00%
23	甘肃	66	21	31.82%	32	48.48%	21	31.82%	0	0.00%

序号	省份	期刊总数	CSCD		CSTPCD		WJCI		SCIE	
			数量	占比	数量	占比	数量	占比	数量	占比
24	新疆	61	6	9.84%	10	16.39%	5	8.20%	1	1.64%
25	内蒙古	51	3	5.88%	8	15.69%	3	5.88%	0	0.00%
26	云南	50	7	14.00%	15	30.00%	11	22.00%	2	4.00%
27	贵州	35	4	11.43%	13	37.14%	5	14.29%	0	0.00%
28	青海	18	2	11.11%	2	11.11%	2	11.11%	0	0.00%
29	海南	13	1	7.69%	7	53.85%	3	23.08%	1	7.69%
30	宁夏	11	0	0.00%	2	18.18%	0	0.00%	0	0.00%
31	西藏	9	1	11.11%	0	0.00%	1	11.11%	0	0.00%
合计		4963	1262	/	2162	/	1634	/	248[①]	/

注:各省市期刊总量数据来源于《中国科技期刊发展蓝皮书(2021)》;占比是指各省市入围某数据库的期刊数量与该省市科技期刊总量的比值。

其次,遴选研究对象。考虑到各省份期刊规模差异悬殊,且科技期刊国内第一方阵是数量与质量两个维度层面的概念衡量,因此本研究选取了包括北京、上海、河北、吉林在内的16个科技期刊数量100种以上省份作为进一步的研究对象。以上16个省份在科技期刊数量方面涵盖了国内八成以上(4176种,占比84.14%)的科技期刊,在科技期刊地域方面,覆盖了国内(不包括港澳台地区)半数以上(占比51.6%)的省份,具有较强的代表意义和研究价值。

再次,计算比例分值。以数据库为单位依次对各省份入选该数据库期刊比例进行排名,为便于比较,将每个数据库入选比例最高的省份赋分为100,以此计算出各省份得分情况(即 $M_i = P_i \times 100/P_{max}$,其中,$P_i$ 是第 i 名省份入围该数据库期刊比例,P_{max} 是第一名省份入围该数据期刊比例),从而更为直观地对比当前各省份科技期刊的发展情况,以确定科技期刊国内第一方阵的地区名单。

最后,统计整体得分情况。计算各省份在CSCD、CSTPCD两个数据库入选期刊占比方面的得分均值,得出各省份科技期刊整体质量得分与排名,结果见表7-18。同理,计算各省份在SCI、WJCI数据入选期刊占比方面的得分均值,可得出各省份科技期刊国际化水平得分与排名,结果见表7-19。需要说明的是,本研究将每个维度的两个数据库的权重设置一致,取两者的平均值,主要考虑不同数据库有其不同的评价指标体系,能够从不同侧面反映期刊的发展状况,未人为地去评价数据库的优劣等级,且目前暂无数据库等级的权威评价结果,故取其平均值。

---

① 最新版JCR(2022)数据显示,中国当前入围SCIE的期刊数量为273种,剔除(第一)主办单位非中国内地期刊后为248种。

表 7-18 各省份科技期刊整体质量得分与排名

序号	省份	期刊数	CSCD			CSTPCD			总分
			数量	占比	得分	数量	占比	得分	
1	陕西	163	52	31.90%	93.97	95	58.28%	100.00	96.98
2	北京	1629	553	33.95%	100.00	766	47.02%	80.68	90.34
3	江苏	254	77	30.31%	89.29	127	50.00%	85.79	87.54
4	天津	137	35	25.55%	75.25	76	55.47%	95.19	85.22
5	湖北	208	52	25.00%	73.64	117	56.25%	96.52	85.08
6	上海	355	106	29.86%	87.95	162	45.63%	78.30	83.13
7	四川	208	58	27.88%	82.13	90	43.27%	74.24	78.19
8	辽宁	177	44	24.86%	73.22	85	48.02%	82.40	77.81
9	浙江	119	31	26.05%	76.73	47	39.50%	67.77	72.25
10	吉林	104	23	22.12%	65.14	42	40.38%	69.29	67.22
11	湖南	130	22	16.92%	49.85	60	46.15%	79.19	64.52
12	广东	180	34	18.89%	55.64	71	39.44%	67.68	61.66
13	山东	130	23	17.69%	52.11	48	36.92%	63.35	57.73
14	河南	114	16	14.04%	41.34	44	38.60%	66.23	53.78
15	黑龙江	163	22	13.50%	39.76	55	33.74%	57.90	48.83
16	河北	105	7	6.67%	19.64	43	40.95%	70.27	44.95

表 7-19 中国内地各省份科技期刊国际化水平得分与排名

序号	省份	总量	SCIE			WJCI			总分
			数量	占比	得分	数量	占比	得分	
1	浙江	119	12	10.08%	100.00	42	35.29%	79.91	89.95
2	北京	1629	124	7.61%	75.52	672	41.25%	93.39	84.46
3	上海	355	29	8.17%	81.04	130	36.62%	82.91	81.97
4	四川	208	12	5.77%	57.23	79	37.98%	85.99	71.61
5	辽宁	177	9	5.08%	50.44	60	33.90%	76.75	63.59
6	江苏	254	9	3.54%	35.15	101	39.76%	90.02	62.59
7	湖北	208	9	4.33%	47.70	70	33.65%	76.19	61.94
8	陕西	163	3	1.84%	18.26	72	44.17%	100.00	59.13
9	吉林	104	5	4.81%	47.70	27	25.96%	58.78	53.24
10	天津	137	2	1.46%	14.48	50	36.50%	82.63	48.55
11	广东	180	4	2.22%	22.05	48	26.67%	60.37	41.21
12	湖南	130	3	2.31%	22.89	33	25.38%	57.47	40.18

序号	省份	总量	SCIE			WJCI			总分
			数量	占比	得分	数量	占比	得分	
13	山东	130	3	2.31%	22.89	32	24.62%	55.73	39.31
14	河南	114	2	1.75%	17.40	28	24.56%	55.61	36.51
15	黑龙江	163	3	1.84%	18.26	32	19.63%	44.45	31.35
16	河北	105	1	0.95%	9.45	16	15.24%	34.50	21.97

数据显示,在科技期刊整体质量方面,陕西省以 96.98 分的成绩位居调研省份中的首位,北京和江苏两个省份得分也均为 85 分以上,分别位于调研省份中的第二名与第三名,居于调研省份中的领先地位。相较之下,天津、湖北、上海等地的得分则与之存在着较大的差距。因此,本研究将陕西、北京、江苏暂定为科技期刊整体质量层面的"国内第一方阵"地区。

在高水平期刊发展情况方面,浙江、北京、上海三个省份表现优异,得分均在 80 分以上,而其他省份得分均不足 75 分,与三个领跑省份间的差距被进一步拉大。因此,本研究将浙江、北京、上海暂定为高水平期刊发展情况层面的"国内第一方阵"地区。

(二)湖北省进军科技期刊"国内第一方阵"的目标细化

基于上述分析,湖北省进军科技期刊"国内第一方阵"的建设工作目标可以细化为以下两个方面。

1.科技期刊整体质量提升

对比湖北省和北京、江苏、陕西三个科技期刊"国内第一方阵"地区入围 CSCD、CSTPCD 两个数据库情况见表 7-20。

表 7-20　　　"国内第一方阵"地区与湖北省入围 CSCD、CSTPCD 情况统计

省份	期刊总数	CSCD		CSTPCD	
		数量	占比	数量	占比
北京	1629	553	33.95%	766	47.02%
江苏	254	77	30.31%	127	50.00%
陕西	163	52	31.90%	95	58.28%
湖北	208	52	25.00%	117	56.25%

调研结果显示,从绝对数量来看,无论是 CSCD 还是 CSTPCD,北京都是入围科技期刊数量最多的地区,并且入围期刊总量分别占 CSCD 总库(1262 种)的 43.8% 和 CSTPCD 总库(自然科学卷,2131 种)的 35.4%,是湖北省入围上述数据库科技期刊数量的 6.5~10 倍之多,这与其作为中国的政治经济中心,中央单位和国家级科研院所集中,科技与文化资源得天独厚的优势密不可分。由此可见,各省市间高质量科技期刊的数量存在着较为明显的地域分布不均衡问题。

但从入围科技期刊比例来看,陕西省入围CSTPCD(95种,占比58.28%)的期刊比例则为调研省份中的最高水平,湖北同样表现不俗,入围CSTPCD(117种,占比56.25%)的期刊比例仅次于陕西,位于调研省份中的第二名。相比之下,在科技期刊绝对数量上具有明显优势的北京,虽然入围上述两个数据库科技期刊的比例依旧排名靠前,但相较于陕西、江苏等地来说已不具备明显优势,这与江苏、陕西等地区近年来较高的经济活力和持续、大量的科研投入密不可分。如《2021年全国科技经费投入统计公报》显示,江苏省无论是"研究与试验发展(R&D)经费投入"的绝对数值,还是"研究与试验发展(R&D)经费投入强度"[与地区生产总值(GDP)之比]均位于全国前列[26]。同时,陕西、江苏等省市高质量科技期刊数量和质量异军突起的成功案例也说明在当前的科技期刊竞争格局下,湖北省科技期刊业仍有着巨大的提升空间,有机遇实现高质量科技期刊数量的快速可持续增长。

综上,通过对四个地区科技期刊入围CSCD与CSTPCD科技期刊的数量和比例进行分析可以发现,湖北省进军科技期刊整体质量层面的国内第一方阵建设目标可以进行以下细化:入围CSCD科技期刊比例需达到或超过国内第一方阵地区最低水平,即不少于湖北省科技期刊总数的30%;CSTPCD入选期刊比例方面则继续保持现有水平。

2.科技期刊国际化水平提升

对比湖北省和北京、上海、浙江三个科技期刊国内第一方阵地区入围SCIE、WJCI两个数据库情况见表7-21。

表7-21　　　　　　国内第一方阵地区与湖北省入围SCIE、WJCI情况统计

省份	期刊总数	SCIE		WJCI	
		数量	占比	数量	占比
北京	1629	124	7.61%	671	41.25%
上海	355	30	8.45%	101	39.76%
浙江	119	12	10.08%	72	44.17%
湖北	208	10	4.81%	70	33.65%

调研结果显示,从各地区科技期刊国际化水平来看,位于长三角地区的上海、浙江等省份则凭借着较强的创新能力和较高的科研投入[27],在科技期刊国际化建设方面依旧表现不俗,浙江省的SCIE期刊入围比例甚至超过了10%,位居全国第一,WJCI期刊入围比例同样位居调研省份中的最高水平。相比之下,湖北省科技期刊的国际化水平则不容乐观,和国内第一方阵地区之间的差距被进一步拉大,例如入围SCIE期刊的比例不足浙江的50%、上海的60%,入围SCIE期刊的数量更是仅为北京的8%。可见湖北省目前的一流科技期刊建设呈现出明显的"有平原无高峰"之态,国际化水平较低,在世界范围内具有引领作用和影响力的顶尖强刊数量较少,亟待新的突破。

因此,基于以上分析,湖北省进军科技期刊国际化水平层面的国内第一方阵建设目标可

以进行如下细化：入围 SCIE 科技期刊比例应达到或超过国内第一方阵地区的最低水平，即不少于湖北省科技期刊总数的 7.6%（即不少于 15 种，还差 5 种）；入围 WJCI 科技期刊比例则可以以上海市水平为建设目标，在已有基础上持续发力向前，即不少于湖北省科技期刊总数的 40%（即不少于 83 种，还差 13 种）。此外，除了在整体质量和数量方面达到科技期刊"国内第一方阵"现有水平外，还应该建成一批具有湖北地方专业特色和服务功能的"荆楚特色期刊"，助力湖北科技、经济高质量发展，提升湖北省科技期刊在全国乃至世界范围内的知名度与核心竞争力。

(三)湖北省科技期刊进军科技期刊"国内第一方阵"的优势与差距

1.入围科技期刊"国内第一方阵"的基础

(1)科教资源优渥

湖北省作为传统的科教大省和我国中部地区的重要省份，拥有着大量的高水平大学和科研院所，其雄厚的师资力量、丰富的科研资源和快速增长的高水平科研成果产出，为湖北省科技期刊提供了强大的人才支撑和重要的学术支持。公开数据显示，湖北省现有高等院校 130 所[28]、国家重点实验室 29 个[29]、国家高新区 12 家[30]，数量均位于全国前列，为湖北省科技期刊建设提供了充足的学术资源。同时，《蓝皮书》显示，湖北省现有科技期刊 208 种，总量位居全国第四，科技期刊从业人员总数高达 1400 人，位居全国第五，其强大的科技期刊业规模为湖北省的一流科技期刊建设提供了充足的底气与支持。

(2)高水平科研成果产出快速增长

近年来，湖北省大力推进科技强省战略，高水平科研成果产出也持续领跑。据统计（图 7-12），2018—2021 年四年间，湖北省卓越科技论文①产出数量稳居全国前五，年平均增长率高达 16.5%，在前五名省份中排名第二，仅次于广东省（19.3%）。如果按照"卓越行动计划"入选期刊 2021 年平均发文 269.7 篇②计算，2021 年湖北省学者发表的卓越科技论文完全可以支撑办好约 100 种高水平科技期刊。由此可见，湖北省完全具有办好一大批高水平科技期刊的成果支撑，有能力进军科技期刊"国内第一方阵"，实现从期刊大省到期刊强省的跨越。

(3)优质科技期刊建设基础较好

前面提到，在优质科技期刊数量层面，湖北省入选 CSTPCD 期刊总数（117 本）位居全国第四，入选比例（56.25%）位居全国第二。这些数量庞大的优质科技期刊，不仅对一流学者、一流科研成果的前期培养具有举足轻重的作用[31]，也是湖北省建设和培育高水平强刊、进军科技期刊国内第一方阵的重要保障和中坚力量。同时，数据显示，湖北省入选 EI 期刊的数量（11 本，全国第五）同样表现不俗，且集中在地质、材料、机械、测绘等领域，这些在专业

---

① 据《中国卓越科技论文报告（2022）》定义，卓越科技论文为在每个学科领域内，统计年度的论文被引用次数高于世界均线的论文为国际论文与论文 n 指数大于发表时间的国内论文的集合。

② 由中国知网各期刊"统计与评价"数据计算得出；因新创立期刊年刊文量波动较大且部分期刊没有 2021 年度完整数据，故"高起点新刊类项目"入选期刊不包括在内。

领域具有重要影响力和长期建设经验等高水平期刊,也是湖北省建设相关学科期刊发展集群、带动相关学科优质科技期刊高质量发展,进军科技期刊国内第一方阵的重要基础和资源保障。

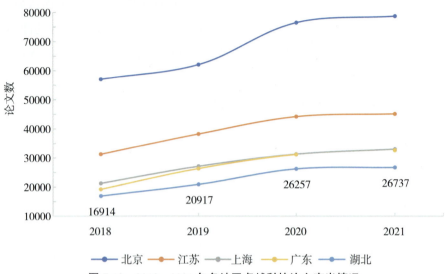

图 7-12　2018—2021 年各地区卓越科技论文产出情况

(4)科技评价改革引发 SCI 论文"回流"潮

近年来,为了避免"唯 SCI 论文"等科技评价机制中的不合理现象,国家在宏观层面相继出台了一系列改革措施与政策文件,为科研人员"减负松绑",引导广大科研人员关注中国问题,真正做到"把论文写在祖国大地上"。无论是 2018 年中共中央办公厅、国务院办公厅印发《关于深化项目评审、人才评价、机构评估改革的意见》,还是 2020 年教育部、科技部联合印发《关于规范高等学校 SCI 论文相关指标使用 树立正确评价导向的若干意见》,都表明了国家深化科技评价改革的力度与决心。而这些人才评价与激励机制方面的改革与转向,将会让一部分本打算投国外 SCI 期刊的优质稿件"回流"到国内各大期刊发表,研究人员估计,目前中国的英文科技期刊数量仅 300 余种,而如果这些 SCI 论文顺利"回流",中国至少需要1200 种世界一流期刊才能承载中国大批优秀科研成果在全球传播的使命[32],这对我国和湖北省的一流科技期刊建设与发展来说无疑是一个前所未有的历史机遇。同时,调研结果显示,湖北省入围卓越行动计划的 15 本期刊中,英文出版的比例近七成(10 本,占比 66.7%)。其中,除"高起点新刊"外的 6 本英文期刊,都被 SCI、EI、Scopus 三大数据库中的至少两个所收录,证明湖北省完全有能力办好英文科技期刊,有能力抓住机遇,承接好大量回流的优质科研成果,助力湖北省一流科技期刊建设工作。

2.与科技期刊"国内第一方阵"的差距

(1)期刊质量:高水平国际化科技期刊数量有限

从湖北省现有科技期刊发展情况来看,虽然在数量方面相较于上海、江苏、浙江等"国内

"第一方阵"地区差距不甚明显,但由于高水平科技期刊建设工作耗时长、见效慢,且湖北省科技期刊基数较为庞大,加之各地区高水平科技期刊的规模也在动态发展之中,湖北省实现高水平科技期刊规模快速可持续增长的目标仍需付出许多努力。具体而言,湖北省不仅入选WJCI科技期刊的比例只有33.7%,远落后于"国内第一方阵"地区40%的最低水平,入选CSCD科技期刊的比例(25%)也距离"国内第一方阵"地区30%的最低水平存在一定差距,入选SCIE数据库的期刊数量也与建设目标间存在着较大差距,一流科技期刊"有平原无高峰"的现象十分明显,期刊国际化水平亟待提高,需要学术界和期刊界同仁付出大量的努力才能如期实现湖北省进军科技期刊"国内第一方阵"、实现从期刊大省向期刊强省跨越的建设目标。

(2)资金支持:经费投入与自身规模不符

在我国现行的主管主办的期刊管理制度下,由于学术期刊自身很难产生实际的经济效益,其办刊资金多由期刊主管单位和地方各级政府承担。科技期刊作为记录、保存和传播科技创新成果的重要媒介,无论是期刊自身的经营与发展,还是其所承载的科技创新成果的产出,都需要各地投入大量的人力、物力和财力。因此,地方省市的经济水平和科技发展情况无疑是当地科技期刊建设的重要基础条件。

统计2021年各地区国际国内论文数量与R&D经费情况(表7-22)可以发现,作为科技期刊"国内第一方阵"地区,北京、江苏、上海三个省市不仅2021年发表的国际国内论文数量分列全国前三位,R&D经费绝对数值与投入强度也均位居全国前列,远超全国平均水平(901.82亿元,2.44%)。然而,湖北省2021年的R&D经费投入数额却只位列全国第八,投入强度仅是全国第十位,低于2.44%的全国平均水平,不仅与当年国际国内论文数量全国第七、科技期刊总数全国第四的自身规模严重不符,与科技期刊"国内第一方阵"地区之间的差距也较为明显,有待进一步提高。

表7-22 2021年各地区论文数量与研究与试验发展(R&D)经费情况(节选)

地区	国际国内论文		R&D经费投入		R&D经费投入强度	
	数量/篇	排序	R&D经费/亿元	排序	投入强度/%	排序
北京	141679	1	2629.3	3	6.53	1
上海	71908	3	1819.8	6	4.21	2
江苏	96433	2	3438.6	2	2.95	5
湖北	51842	7	1160.2	8	2.32	10

注:各省市国际国内论文数量来源于《2022年中国卓越科技论文报告》,R&D经费相关数据来源于《2021年全国科技经费投入统计公报》。

(3)政策配套:扶持政策速度慢、范围窄

在我国现有政治经济体制中,地方省市在经济科技和社会发展中具有较强的自主性和独立性,地方省市的各项社会政策对地方经济和科技发展往往起着主导作用[33]。自2019年

《意见》印发与卓越行动计划正式实施后,湖南省率先启动了地方一流科技期刊建设工作。2020年11月,湖南省委宣传部和湖南省科技厅联合印发《湖南省培育世界一流湘版科技期刊建设工程实施方案(试行)》,提出"力争通过5年建设,助力入选'中国科技期刊卓越行动计划'的一流湘版科技期刊数量增加",并确定了《湖南大学学报(自然科学版)》等6种期刊为首批重点扶持期刊,其间每刊每年将获100万元资金资助[34]。此后陕西[35]、重庆[36]、广东[37]等多个省市也分别于2020年12月、2021年7月和2021年9月出台了各自的地方一流科技期刊建设扶持政策,积极推进各自省市的一流科技期刊建设工作。此外,上海、江苏等省市更是一直有着各自的科技期刊建设支持政策并实施多年。然而,直到湖南省支持政策公布一年多后的2021年12月,《湖北省科技期刊楚天卓越行动计划(2021—2025年)》正式发布,首轮楚天卓越行动计划项目资助申报工作2022年3月才正式启动,扶持政策落地速度远远落后于许多科技期刊体量和发展情况此前落后于湖北的省市。

同时,对比现有各地区一流科技期刊建设扶持政策(表7-23,陕西省由于部分统计指标不可查,故未计入统计结果)可以发现,身为科技期刊大省的湖北,不仅计划资助期刊的绝对数量处于调查省份中的较低水平,计划资助期刊占期刊总量的比例也是远远落后于其他三个省份,其计划总资助金额更是被广东、湖南两个省份远远超越。由此可见,湖北省现有一流科技期刊建设扶持政策不仅落地速度较慢,覆盖范围也不甚理想。

表7-23 各地区一流科技期刊建设扶持政策部分支持指标情况

地区	期刊总量/种	计划资助期刊数量/(种/年)	占比/%	计划总资助金额/(万元/年)	刊均资助金额/(万元/年)
湖北	208	21	10.01	90	4.29
广东	177	35	19.77	1333	38.09
湖南	130	25	19.23	440	17.60
重庆	80	15	18.75	75	5.00

注:占比是指各省市一流科技期刊建设扶持政策计划资助期刊数量与该省市科技期刊总量的比值。资助金额以各省份政策文件公布金额为准,实际落地可能存在一定误差。

因此,面对广东、湖南等来势汹汹的后起之秀,如果湖北省有关部门不及时调整政策覆盖范围,长此以往,其他省份在一流科技期刊建设方面的经济支持量变很可能引发其一流科技期刊数量和质量方面的质变突破,最终导致彼此攻守之势异也。

(四)湖北省科技期刊进军科技期刊"国内第一方阵"的推进思路

近年来,我国大力推进科技创新工作,世界一流科技成果不断涌现,在科技水平和国家政策的双重支持下,我国的科技期刊业发展十分迅猛,一流科技期刊建设也成效显著。但各地区科技期刊发展不平衡、不充分的问题仍旧客观存在。针对于此,通过对湖北省当前一流科技期刊建设工作现状、成绩和存在问题进行分析,研究发现和各地一流科技期刊建设的优秀案例,从以下方面提出湖北省进军科技期刊"国内第一方阵"的推进思路。

1.高度重视,着力提升各方力量对一流科技期刊建设的参与程度

研究显示,科学研究会在各个领域产生广泛的技术溢出效应,并通过成果转化来直接推动经济发展[38]。而科技期刊则通过在学术感知、学术创造、学术传播、学术保存、学术再生等科学研究各个阶段发挥不同形式的促进作用,直接或间接地推动科技进步与理论创新[39]。在这个意义上,科技期刊办得好不好对一个地区乃至一个国家的科技发展具有重要的战略性意义,而《关于深化改革 培育世界一流科技期刊的意见》也就此应运而生。

作为当前推动我国科技期刊业改革发展、助力世界科技强国建设的重要战略决策,《意见》在发展目标上给出了明确的时间规划,即"到 2035 年,我国科技期刊综合实力跃居世界第一方阵,建成一批具有国际竞争力的品牌期刊和若干出版集团,有效引领新兴交叉领域科技发展"。这意味着从《意见》印发的 2019 年到目标规划的 2035 年的整整 16 年间,培育世界一流科技期刊都将是我国科技期刊业的最高行动目标,并将和其他相关配套政策一起,自上而下地给整个科技期刊业带来广泛而深刻的变化。

因此,在培育一流科技期刊的政策导向下,湖北省科技期刊主管部门应充分提升对一流科技期刊建设工作的重要性认识,抢抓政策机遇,通过加强对科技期刊工作的指导、及时出台相关扶持政策和财政支持计划等方式,推动湖北省科技期刊出版事业高质量发展,促进湖北省科技期刊在全国范围内的显示度和影响力提升。其次,科技期刊主办单位应进一步提高对下属科技期刊发展的重视程度,网罗优秀编辑人才、加大资金等的投入力度。最后,科技期刊从业者应苦练内功,努力提升自身编辑素养和学术水平,同时也要紧随时代步伐,积极利用新媒体技术增强学术成果的传播度与影响力。只有科技期刊出版的各环节互促共进,多方参与,才能汇聚起推动湖北省科技期刊出版事业繁荣发展的强大合力。

2.梯队扶持,从"实"从"精"优化高水平期刊扶持政策

高水平科技期刊的建设与培育作为一项耗时长、见效慢的事业,需要科技期刊主管部门长时间的持续投入与支持。然而,调研结果显示,湖北省现有一流科技期刊扶持政策存在着落地速度慢、覆盖范围不理想等问题,R&D 经费投入强度也长期低于全国平均值。对此,湖北省应进一步加大对一流科技期刊建设的扶持力度,并通过多种途径提高扶持政策和资金的精准度与实效性。

一方面,作为科技期刊大省,与湖南省、广东省等科技期刊数量远少于自身的省份相比,《湖北省科技期刊楚天卓越行动计划(2021—2025 年)》的资金投入与覆盖期刊比例却与之相去甚远,湖北省科技期刊主管部门应进一步扩大现有一流期刊建设政策的扶持范围与力度。具体而言,在资助规模上,湖北省应努力达到或超越前述湖南、重庆、广东三省市现有水平,即计划资助期刊占省内期刊总数的比例应达到或超过 20%,换算可知湖北省计划资助期刊数量应大于或等于 42 种(还差 21 种);在资助力度上,计划总金额应达到或超过湖南省资助水平(平均单个期刊受资助金额 17.6 万元/年),即计划总资助金额应达到 700 万元

（17.6×42＝739.2万元）以上。

另一方面,在确定进一步资助对象时,应着力聚焦本省专业特色和战略方向,重点选取发展潜力大、办刊基础好、与湖北省经济和科技发展契合度高的学科和期刊开展扶持工作,通过划分梯度、一刊一策、精准扶持等方式,提高资金支持的精准度与实效性。具体而言,前面提到,湖北省入选CSTPCD数据库期刊的比例仅次于陕西省,位居全国第二,而在数量方面湖北省也不遑多让,以117种的数量位居全国第四;这些灿若繁星的在各细分领域表现尚佳、具有一定知名度的特色期刊具有很大的发展潜力,是湖北省进军国内科技期刊第一方阵的重要依托。湖北省科技期刊主管部门可将此类期刊作为进一步资助的重点对象,在资金、平台、人才等方面予以相应支持,帮助其打破"强者恒强,弱者恒弱"期刊发展瓶颈。同时,对于已经入围Scopus、EI等国际重要数据库的湖北省科技期刊,相关部门应将其作为提升湖北省科技期刊在全国乃至世界范围内知名度和显示度的重要载体,通过一刊一策、精准扶持的方式给予相应办刊单位更多的资源和自主权,鼓励其冲击ESCI、SCIE、SCI等国际顶尖数据库和"卓越行动计划"等国家重大资助项目,助力湖北省进军国内科技期刊第一方阵进程。此外,湖北省相关部门在进行资助工作时,应保持政策的长效性与连贯性,采取定性与定量相结合的方式开展成效评估工作,根据评价结果动态调整未来资助政策,避免单一地只追求影响因子等不合理现象。

3.巧借东风,依托国际数据库收录提升期刊国际显示度

讲好中国故事,传播好中国声音,形成同我国综合国力和国际地位相匹配的国际话语权,是当前加强我国国际传播能力建设的重要任务。科技期刊作为我国科研成果对外传播的重要载体,其国际影响力的提升对加快我国世界一流科技期刊建设进程、加强我国国际传播能力建设具有重要意义。湖北省作为科技期刊大省,理应为实现我国科技期刊国际影响力提升、综合实力跃居世界第一方阵贡献湖北智慧与湖北力量。然而,调研结果显示,湖北省科技期刊国际化水平距国内第一方阵地区间仍存在不少差距,尤其是国际影响力表现不佳,入选国际重要数量库的期刊数量少,这与部分科技期刊主管、主办单位和期刊编辑对其重视程度不足、不尽了解国际数据库的申请标准和收录原则等不无关系。

为此,湖北省科技期刊主管部门可进一步扩大宣传推广力度,着力宣传国际重要数据库收录的必要性与可行性,以提升科技期刊主管主办单位和期刊编辑对申请Scopus、DOAJ、EI、SCIE等国际重要数据库收录的重视程度,将加入科技期刊数据库作为湖北省科技期刊走向国际舞台的重要跳板,助力期刊国际影响力和湖北省国内国际显示度提升。此外,国际数据库的申请流程较为复杂,对于申请期刊的遴选标准也较为严格,尤其是在出版伦理与出版弊端声明、编委来源多样性等方面,都有着较高的要求;湖北省科技期刊主管部门可通过积极举办专题分享会等形式邀请业内外专家分享国际数据库申报经验,帮助不了解国际数据库申请标准和收录原则的期刊编辑明晰前进路径,顺利借助国际化的数据库平台,不断提高期刊的国际影响力和传播力。

4. 抓住机遇,推进高水平新刊的创建与培育工作

近年来,伴随着我国经济与科技实力的不断增长,有限的科技期刊发展水平和日益增长的高水平科研成果交流需求之间的矛盾不断凸显。为了改变科技期刊难以适应国家科技发展需求的状态,国家相继出台了多项政策支持高水平新刊的创办。无论是 2013 年启动的《中国科技期刊国际影响力提升计划》,还是 2019 年开始的《中国科技期刊卓越行动计划》,都对高水平新刊的创办给予了大量的支持。2021 年 6 月,中宣部等三部委联合印发的《关于推动学术期刊繁荣发展的意见》中更是明确指出要"支持根据学科发展和建设需要创办新刊"[40]。与此同时,受益于选题新、资源多、模式新、团队强等优势[41],我国当前的高水平新刊的创办不仅取得了十分显著的阶段性成果,对我国科技期刊国际影响力的提升也裨益巨大。数据显示,2013—2018 年的六年间,我国新创办期刊高达 151 种[42],进入新一轮的建设高潮。而在入选《中国科技期刊卓越行动计划》"高起点新刊"项目的可检索的 81 本期刊中,超过六成(50 本,占比 61.7%)期刊都被 Web of Science、Scopus、DOAJ 三大国际数据库中的至少一个所收录,在能检索到影响因子的 26 种期刊中,近六成(15 种,占比 57.7%)期刊的影响因子都排到了同领域的前 10%,更有 3 种科技期刊的影响因子位居同领域期刊之首[43]。

湖北省作为科教与期刊大省,正如前文所述,完全具有办好一大批高水平科技期刊所需要的科教与办刊资源。例如华中农业大学期刊中心通过深耕学校在兽医学、畜牧学、作物学、园艺学、食品科学与工程等学科领域的优势资源,落实"科学家办刊"制度,近三年相继创办了 *Animal Diseases*、*Crop and Environment*、*Horticulture Advances* 等一系列高水平英文新刊,其中由陈焕春院士与乔治亚大学 Zhen F. Fu 教授担任主编的期刊 *Animal Diseases* 自 2021 年 4 月 23 日上线以来,仅用两年时间就被包括 Scopus 在内的 17 个国内外重要数据库所收录,并成功入选 2022 年"卓越行动计划"高起点新刊项目。为此,湖北省科技期刊主管部门应充分把握新一轮的科技期刊创办浪潮,加快出台相关政策、设立专项资金,通过召开主题研讨会、举办专题研修班等形式认真学习、总结和推广现有高水平新刊办刊经验,鼓励有条件的科研院所和高等院校集中优质学术和出版资源,及时"面向世界科技前沿、面向经济主战场、面向国家重大需求",创办能够"补短板、填空白"的高水平新刊,为科研人员"将论文写在祖国大地上"提供广阔平台。

(五)结语

党的十八大以来,以习近平同志为核心的党中央高度重视科技期刊发展,相继出台了一系列政策为科技期刊的发展铺路架桥,中国科技期刊业进入高质量发展阶段。特别是近年来《关于深化改革 培育世界一流科技期刊的意见》和《关于推动学术期刊繁荣发展的意见》的相继印发和"中国科技期刊卓越行动计划"的实施,为科技期刊的发展带来了前所未有的大好机遇。不少地方省市也开始纷纷抢抓机遇,制定了针对性的一流科技期刊建设目标和相应的行动方案,希望在新一轮科技期刊变革浪潮中占据领先地位。湖北省作为传统期刊大省,也提出了"进军科技期刊国内第一方阵,实现从期刊大省向期刊强省跨越"的宏伟目标。但就其目前的科技期刊发展情况看,湖北省与科技期刊国内第一方阵地区间的差距仍旧客观存在,需要湖北省科技期刊主管部门和本省科技期刊从业者一起,从多个方面进行"补课",以如期完成既定的发展目标。为此,本研究试图从一流科技期刊数量和质量的双重视角,对湖北省进军科技期刊"国内第一方阵"的基础与差距进行量化展现,并提出了相应的合理化建议,希望能够对湖北省的一流科技期刊建设有所裨益。

但与此同时,受限于文章篇幅和数据量等原因,本研究还存在着如下局限之处:一方面,文章在确定科技期刊"国内第一方阵"地区名单及后续探讨时,侧重于各省份高水平科技期刊的考察,暂未考虑各省份实际办刊规模对该地区整体办刊实力的贡献;另一方面,本文并没有对各省份科技期刊的全媒体传播和数字出版方面的发展情况以及各省份科技期刊出版集群化、集团化情况进行深入的调查与分析,有待今后继续进行深入探讨。

主要参考文献

[1] 中国科学技术协会.四部门联合印发《关于深化改革 培育世界一流科技期刊的意见》[EB/OL]. [2019-08-16]. https://www.cast.org.cn/art/2019/8/16/art_79_100359.html.

[2] 中国科学技术协会.关于下达中国科技期刊卓越行动计划入选项目的通知[EB/OL].[2019-11-25]. https://www.cast.org.cn/art/2019/11/25/art_458_105664.html.

[3] 中国科协学会服务中心.《中国科技期刊发展蓝皮书（2021）》[R]. 2021. https://stm. castscs.org.cn/lpsxz/38714.jhtml.

[4] 湖北省科学技术协会.关于印发《湖北省科技期刊楚天卓越行动计划(2021—2025年)》的通知[EB/OL].[2021-12-30]. http://hbkx.org.cn/news/info? newsid=210a8dc78ed3486795ccc6321dee9ff5.

[5] 王继红,骆振福,李金齐,等.培育中国特色世界一流科技期刊的内涵与措施[J].中国科技期刊研究, 2020,31(1):4-9.

[6] 霍振响,亢列梅,马晓悦,等.一流科技期刊的中国特色内涵及其建设模式探讨[J].编辑学报,2021,33 (6):593-599.

[7] 田瑞强,潘云涛.全面画像视角下的世界一流科技期刊研究[J].中国科技期刊研究,2021,32(9): 1111-1119.

[8] 王婧,张芳英,刘志强,等.建设世界一流科技期刊发展之路——盘点2018年我国中文科技期刊[J]. 科技与出版,2019(2):36-43.

[9] 曹子郁,方卿.打造世界一流科技期刊的三个维度[J].出版科学,2021,29(3):64-72.

[10] 吴晓丽,陈广仁,史永超.锻造一流科技期刊编辑队伍的思考——新木桶理论的启示[J].编辑学报, 2016,28(5):503-506.

[11] 周江川.建设世界一流科技期刊亟须职业化编辑[J].科技与出版,2019(6):150-152.

[12] 梁小建.影响力、传播力与平台建设——世界一流科技期刊相关话题的思考[J].出版广角,2019(2): 14-17.

[13] 刘冰.面向世界一流:中国科技期刊集群化发展现况与突破[J].中国出版,2021(6):15-19.

[14] 倪婧,常秀青,魏均民,等.世界一流医学期刊网络传播平台特征分析——以 COVID-19 专题报道为例[J].中国科技期刊研究,2020,31(4):365-370.

[15] 吴晓丽,陈广仁.建设世界一流科技期刊的策略——基于 *Nature*、*Science*、*The Lancet* 和 *Cell* 的分析[J].中国科技期刊研究,2020,31(7):758-764.

[16] 金鑫,闫群.《美国科学院院刊》办刊特点及对我国建设世界一流科技期刊的启示[J].科技与出版,2021(10):88-94.

[17] 赵燕萍.世界一流科技期刊建设背景下中文高校学报提升之路——以 9 种入选"中国科技期刊卓越行动计划"的高校学报为例[J].编辑之友,2020(11):57-62.

[18] 李自乐,郭宸孜,张莹,等.成为一流科技期刊的几个必要条件[J].科技与出版,2019(1):6-12.

[19] 林鹏.关于建设世界一流科技期刊的思考与探索[J].中国出版,2020(9):15-20.

[20] 董少华,王贵林,张学梅,等.探索建设世界一流科技期刊之路——以《中国科学》杂志社 19 种期刊为例[J].中国科技期刊研究,2020,31(7):747-751.

[21] 王超,王冠,王美璇,等.黑龙江省农业科学院建设一流科技期刊路径研究[J].天津科技,2022,49(11):96-99+104.

[22] 田杰,郭丽娟,石文川.一流期刊建设背景下高校普通科技期刊的价值、发展现状与建议——以河北省高校普通科技期刊为例[J].中国科技期刊研究,2021,32(9):1120-1125.

[23] 杨红俊,李克贵,汤淏.江苏建设一流科技期刊路径研究——以生物医药领域为例[J].江苏科技信息,2020,37(32):1-3.

[24] 中国科学院文献情报中心.中国科学引文数据库来源期刊列表(2021—2022)[R].2021.http://www.sciencechina.cn/style/sourcelist21_22.pdf.

[25] 中国科学技术信息研究所.中国科技核心期刊目录(2022 年自然科学卷)[R].2021.https://www.istic.ac.cn/ueditor/jsp/upload/file/20230111/1673411232131080042.pdf.

[26] 中华人民共和国中央人民政府.2021 年全国科技经费投入统计公报[EB/OL].[2022-08-31].http://www.gov.cn/xinwen/2022-08/31/content_5707547.htm.

[27] 国际科技创新中心.《中国区域创新能力评价报告 2021》发布[EB/OL].[2021-12-14].https://www.ncsti.gov.cn/kjdt/kjrd/202112/t20211214_53252.html.

[28] 荆州新闻网.新名单出炉!湖北高校总数 130 所[EB/OL].[2021-12-28].https://baijiahao.baidu.com/s?id=1714830132528678114&wfr=spider&for=pc.

[29] 湖北发布.湖北省国家重点实验室数量达 29 家 居全国第四[EB/OL].[2021-01-21].https://baijiahao.baidu.com/s?id=1689478454561806540&wfr=spider&for=pc.

[30] 武汉市商务局.湖北 12 家国家高新区 建成创新平台 1700 余家[EB/OL].[2021-06-02].http://sw.wuhan.gov.cn/xwdt/mtbd/202106/t20210602_1711795.shtml.

[31] 田杰,郭丽娟,石文川.一流期刊建设背景下高校普通科技期刊的价值、发展现状与建议——以河北省高校普通科技期刊为例[J].中国科技期刊研究,2021,32(9):1120-1125.

[32] 腾讯新闻.中国优秀论文全部"回流",需要 1200 本世界一流期刊!上海这场重要峰会上,专家如是说[EB/OL].[2020-09-22].https://new.qq.com/rain/a/202009 22a0lump00.

[33] 曾建林.加快推进地方省市区域一流科技期刊建设的思考与建议[J].中国科技期刊研究,2022,33(3):354-360.

［34］中华人民共和国科学技术部．湖南启动实施培育世界一流湘版科技期刊建设工程［EB/OL］．［2020-12-05］．https：//www. safea. gov. cn/dfkj/hun/zxdt/202012/t2020 1205_171149. html.

［35］陕西省科技期刊编辑学会．关于推进陕西省科技期刊深化改革高质量发展的意见［EB/OL］．［2020-12-17］．http：//www. sessp. net/newx. php? n＝605&type＝0&t＝2.

［36］重庆市科学技术学会．关于印发《重庆市科学技术协会支持一流科技社团和一流科技期刊建设资金使用管理办法（试行）》的通知［EB/OL］．［2021-07-05］．http：//www. cqast. cn/htm/2021-07/05/content_51484140. htm.

［37］广东省科技业务管理阳光政务平台．中共广东省委宣传部广东省科学技术厅关于发布《2020—2021年度广东省高水平科技期刊建设项目指南》的通知［EB/OL］．［2021-09-10］．http：//gdstc. gd. gov. cn/pro/tzgg/content/post_3516460. html.

［38］Pugliese E，Cimini G，Patelli A，et al. Unfolding the innovation system for the development of countries：Coevolution of science，technology and production. Sci Rep，2019(9)：16440.

［39］张昕，王素，刘兴平．培育世界一流科技期刊的机遇、挑战与对策研究［J］．科学通报，2020，65(9)：771-779.

［40］国家新闻出版广电总局．中共中央宣传部 教育部 科技部印发《关于推动学术期刊繁荣发展的意见》的通知［EB/OL］．［2021-06-23］．https：//www. nppa. gov. cn/nppa/contents/ 279/76206. shtml.

［41］马峥，俞征鹿，焦一丹，等．我国新创办科技期刊的发展潜力评价思考［J］．科技与出版，2022(10)：14-20.

［42］中国科协学会服务中心．智库观点｜近年新创办科技期刊的评价分析及相关建议［EB/OL］．［2020-05-14］．https：//stm. castscs. org. cn/yw/37638. jhtml.

［43］丁佐奇，李楚威．我国高起点新刊发展：现状、趋势、培育［J］．科技与出版，2022(10)：21-27.

第八章　一流科技期刊建设实践探索

为在世界一流科技期刊建设中充分发挥湖北力量，自《关于深化改革 培育世界一流科技期刊的意见》颁布以来，湖北省科技期刊人在一流科技期刊建设中锐意进取、改革创新，取得了一定的成绩，为充分总结湖北省科技期刊人在一流科技期刊建设中的实践经验，本章精心筛选了9位科技期刊主编代表的办刊实践经验总结成果并呈现于此，以期为更多科技期刊人开展一流科技期刊建设实践提供参考。

一、JRMGE 创世界一流期刊面临的机遇与挑战①

(一)JRMGE 可持续进展

作者在《中国科技期刊研究》2020年第2期中提出："世界一流科技期刊"是指发表该领域原始创新成果，且传播速度较快、传播范围较广，并得到同行广泛认同，具有可持续的学术影响力，其主要学术指标位居所在学科前10%的期刊，从而起到引领该领域基础理论与技术创新和发展方向的重要作用（先做强、再创大、后拓富！）。《岩石力学与岩土工程学报》（简称"JRMGE"）是由国家最高科技奖获得者钱七虎院士亲自担任前届（2009—2020年）主编，冯夏庭院士担任第3届主编（2021至今），并由中国科学院武汉岩土力学研究所、中国岩石力学与工程学会和武汉大学等3家主办单位共同创办的学术期刊，为中国岩石力学与工程学会会刊。15年来，主编团队举全学会之力、逢山开路、遇水架桥、艰苦卓绝地创新开拓，JRMGE实现了从无到有，由弱变强的转变，成为中国最具国际影响力学术期刊和领军期刊之一。

图8-1为感动中国2022年度人物钱七虎院士颁奖辞（中国书法兰亭奖获得者、湖北省书协副主席樊利杰书）。

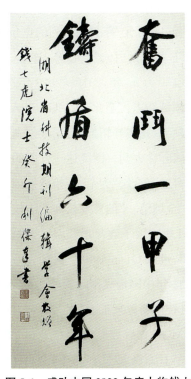

图8-1　感动中国2022年度人物钱七虎院士颁奖辞（中国书法兰亭奖获得者、湖北省书协副主席樊利杰书）

---

① 撰稿人：佘诗刚。

1. 2008—2013 年初期发展——创业艰难

艰辛筹备 5 年后,2008 年 11 月 11 日佘诗刚执行主编在学会理事长办公会议上报告创办 JRMGE 的可行性,钱七虎理事长组织通过答辩后正式启动 JRMGE 创办申请程序,执行主编武汉—北京往返多次联系审批刊号事宜,当时申请刊号之难,难于上青天;2009 年 8 月 13 日刊号艰难获批之时,JRMGE 执行主编已艰辛组稿中国 3 位院士及资深中青年专家优质文章 20 余篇;2009 年 10 月 26 日,用 3 个月编辑加工的创刊号正式出版,9 篇高水平文章全部被引用,引用频次位居该期刊历年发文前列;2013 年,因 JRMGE 文章学术水平与影响力较高,创刊 3 年就被 CSCD 优先收录并检索。如今,JRMGE 已有 14 个单位协助办刊,并得到了学会内外各界人士的关注和帮助。在过去 15 年的办刊过程中,JRMGE 也得到了社会各界的广泛支持和肯定,如 2012 年获得中国科学院科学出版基金科技期刊资助(10 万元)。2013 年 JRMGE 克服重重困难,抓住机遇,成功与国际出版商 Elsevier 合作,并且执行主编在稿源十分紧张的艰难情况下仍果断推进将刊期由季刊改为双月刊。

2. 2014—2023 年稳步成长——守业更难

JRMGE 于 2012—2023 年连续 12 年获得中国岩石力学与工程学会国际能力提升资助奖金(20 万元/年),在激烈的竞争中,JRMGE2016 年获得“中国科技期刊国际影响力提升计划”B 类资助(100 万元/年,连续 3 年);2019 年获得中国科技期刊卓越行动计划领军期刊资助(150 万元/年,2019—2023 年连续 5 年),是 22 种卓越行动计划领军期刊中唯一的岩土工程领域杂志。至此,JRMGE 进入新时代重要的战略发展机遇期,在领军期刊等项目支持和引领下,扎实开拓推进,紧跟创新热点,加强选题策划,注重把期刊打造成中国本土的英文品牌国际化大刊。围绕这一发展的重要目标,JRMGE 以“钱七虎讲座”和“岩土力学与工程青年科学家论坛”为牵引,始终把内容为王的建设核心落实在最大限度地拓展优质稿源,以争夺“全球第一”的首发权和话语权。JRMGE 的引证指标及国际影响力也不断提升。近年来,SCI 影响因子逐年增长,从 2019 年的 2.829 分别提升到 2020—2022 年的 4.338、5.915 和 7.3,进入 Q1 区前列。JRMGE 先后被评为 2015 年中国国际影响力优秀学术期刊、2016—2022 年中国最具国际影响力学术期刊,2017 年、2021 年分别获湖北省科协评审并颁发的“科技创新源泉工程”优秀期刊,2020 年度中国科协领军期刊项目验收结果为优秀。此外,JRMGE 先后被 CNKI、Ulrich、CSCD(2013)、GeoBase（2014)、Scopus(2015)、ESCI(2016) 和 WJCI、SCI（2019)等国内外重要数据库收录检索。JRMGE 期刊社也曾连续多年和多届获得中国科学院武汉岩土力学研究所贡献突出文明团队奖、中国岩石力学与工程学会和湖北省科技期刊编辑学会先进集体奖。具体而言,JRMGE 十年磨一剑,在以下方面坚持可持续创新发展之路,并取得了较大成效(表 8-1)。

表8-1 2009—2022年JRMGE来稿处理一览表（统计时间截至2023年6月30日）

年份	刊期	发文量	篇均页码	年均页码	稿件基本情况				论文比		组约稿			自由来稿			组稿比例/%
					总数	录用	退稿	退稿率/%	编委发文	国外论文比/%	总数	退稿	退稿率/%	总数	退稿	退稿率/%	
2009	季刊	9	10.7	96	44	30	14	32.0	4	0.0	29	0	0.0	15	14	93.0	66.0
2010	季刊	43	8.9	384	49	32	17	35.0	26	51.2	41	11	27.0	8	6	75.0	84.0
2011	季刊	34	11.3	384	128	79	49	38.0	22	17.6	105	43	41.0	23	6	26.0	82.0
2012	季刊	38	10.1	384	101	47	54	53.0	15	29.0	42	8	19.0	59	46	78.0	42.0
2013	双月刊	51	9.7	494	114	35	79	69.0	14	62.7	31	9	29.0	83	70	84.0	27.0
2014	双月刊	62	9.9	615	196	93	103	53.0	22	64.5	123	39	32.0	73	64	88.0	63.0
2015	双月刊	75	9.7	726	208	102	106	51.0	15	66.7	110	48	44.0	98	58	59.0	53.0
2016	双月刊	84	11.5	964	217	112	105	48.0	16	67.9	114	49	43.0	103	56	54.0	52.0
2017	双月刊	103	11.4	1176	339	86	253	75.0	30	87.4	172	105	61.0	167	148	89.0	51.0
2018	双月刊	96	12.4	1190	496	127	369	74.0	16	85.4	207	131	63.0	289	238	82.0	42.0
2019	双月刊	101	12.8	1292	760	102	658	87.0	15	84.2	211	137	65.0	549	521	95.0	28.0
2020	双月刊	110	12.4	1360	1115	80	1035	93.0	46	63.6	279	220	79.0	836	815	97.0	25.0
2021	双月刊	115	13.3	1530	1430	148	1282	90.0	37	65.2	295	224	76.0	1135	1058	93.0	21.0
2022	双月刊	150	13.8	2071	1219	221	998	82.0	49	38.0	293	219	75.0	926	779	84.0	24.0

(1)稿源显著增加,录用量比 2019 年增加一倍

自创刊以来,JRMGE 编委会和期刊社坚持向海内外专家学者组约稿件,充分发挥编委在国内外的影响力,同时加大组稿力度,号召动员本专业领域的国外特别是华人专家学者积极组织客座主编专辑。这一举措极大地提高了 JRMGE 的论文质量和国外论文比(表 8-1),也提升了 JRMGE 的国际影响力和业内口碑。2011—2013 年组稿和投稿总量基本维持在 100 篇/年以上(图 8-2),2014—2017 年组稿和来稿量已分别提升到 196 篇、208 篇、217 篇和 339 篇,而 2018—2022 年分别提高到 496 篇、760 篇、1115 篇、1430 篇和 1219 篇。预计 2023 年来稿量保持相对稳定,可达 1450～1700 余篇。这为 JRMGE 遴选高质量的学术论文和创办国际最具影响力学术

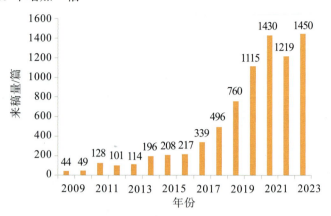

图 8-2 JRMGE 2009—2023 年来稿量分析
(截止日期:2023 年 6 月 30 日)

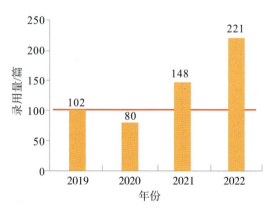

图 8-3 2019—2022 年论文录用数量分析

期刊提供了相对充分的保障,显示出 JRMGE 具有较强的可持续发展潜力。按照宁缺毋滥的原则,主编团队继续采取 3 人打分制度和请冯主编最后把关优选稿件的措施,取得了较好效果。2019—2022 年 4 年共录用 551 篇(图 8-3),退原预计录用稿 53 篇,平均每年又多退稿 13%;在原预录用稿中总体退稿情况:中国 29 篇,伊朗 8 篇,印度 3 篇,澳大利亚 2 篇,法国 2 篇,巴西 2 篇,挪威、德国、日本、越南、哈萨克斯坦、泰国和智利各 1 篇。中国作者退稿占 56%,发达国家占 14%,其他发展中国家占 30%,具体为:2019 年录用 102 篇,退 7 篇,退稿占 6.9%;2020 年录用 80 篇,退 10 篇,退稿占 12.5%;2021 年录用 148 篇,退 33 篇,退稿占 22.3%;2022 年录用 221 篇,比 2019 年增加一倍,其中中国稿件 133 篇,退稿 3 篇。预计 2023 年录用 280 篇,中国稿件 180 篇。

(2)不片面追求高退稿率,JRMGE 实则稳中有降

见表 8-1 和图 8-1,2009 年 10 月创刊时,JRMGE 的来稿量不多,且论文均来自组约的中

国知名专家高水平稿件。此后,退稿率逐步提升,在 2013 年达到了 69.0%。随后,退稿率由相对稳定到逐步降低,2014—2016 年分别达到 53.0%、51.0%和 48.0%。2017—2022 年,随着稿源的不断增多,稿件录用门槛前 4 年不断提高而后 2 年开始降低,退稿率分别为75.0%、74.0%、87.0%、93.0%、90.0%和 82.0%,且 2018—2020 年初审退稿率分别达72.0%、75.0%、76.0%,而从 2021 年和 2022 年开始分别降低至 65.0%和 55.0%(图 8-4)。这表明:

①即使稿源紧张,JRMGE 也十分注重坚持严格的审稿评议制度,做到宁缺毋滥。

②2015 年起,高质量的自由来稿比例明显提升,导致 2015 年自由来稿的退稿率仅为59%,需真正做到淡化退稿率,以质量选优,宜适当多考虑保护作者投稿积极性。

③被 SCIE 收录后,从退稿率 2021 年开始随着来稿质量普遍提升而有所降低,退稿率控制在约 82%为宜。

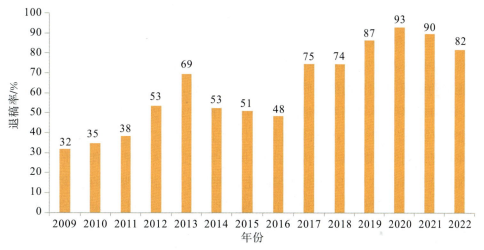

图 8-4　2009—2022 年退稿率(按当年录用量计算)

(3)发文量与页码数提升明显

由图 8-5 可知,2013—2017 年发文量分别提升至 51 篇、62 篇、75 篇、84 篇和 103 篇,2018—2022 年发文量分别达到 96 篇、101 篇、110 篇、115 篇和 150 篇,2022 年发文量相比2018 年增幅达到 56%,2023 年改为月刊后,每年发表论文数量可控制在 215~260 篇,折合每期 20~25 篇论文。2009—2012 年,JRMGE 每年发表论文页码数不超过 400 页;2013—2016 年发表论文页码数呈逐年递增态势,2016 年发表论文页码数达到 964 页,翻了一番;之后稳步增加,2021 年和 2022 年则分别达到 1530 页和 2071 页,相比 2016 年分别增加了58.7%和 114.8%。2023 年预计页码数为 3010 页以上,这显示 JRMGE 具有较强的生存力和较大的可持续发展潜力。

图 8-5 JRMGE 2009—2023 年发文量和页码数（2023 年预出版已完成）

（4）国外论文占比适当淡化

从图 8-6 可看出，2009—2012 年，JRMGE 国外论文占比均维持在较低的水平，最高不超过 51%，且波动较大。2013—2016 年，JRMGE 的国外论文比保持相对稳定，维持在 63%～68%，2017—2019 年，JRMGE 国外论文占比再创新高，分别达到 87%、85% 和 84%，表明这一艰难阶段中国作者相对比较看重 SCI 期刊而缺乏投稿积极性，尽管 JRMGE 主动采取一系列措施组约稿，但来自国内的高质量稿件仍严重不足，JRMGE 积极主动吸引欧美发达国家成果，努力向国际学术期刊发展道路不断迈进。而 2020—2022 年国外论文占比却明显降低，分别为 64%、65% 和 38%，分析原因是 2019 年 JRMGE 正式被 SCI 收录和荣获中国科技期刊卓越行动计划领军期刊后，业内口碑好，国内学者投稿热情增加，其高质量稿件数量也随之增加。这说明前 15 年 JRMGE 在国际化办刊道路上迈出了坚实的步伐。国外论文比平均为 56%，这在一定程度上能反映期刊的国际化发展水平，有利于把国外的高水平成果和关键技术介绍给中国学者。今后，拟适当淡化国外论文比，掌控欠发达国家质量不够高的论文比例，千方百计吸引和组约欧美等发达国家岩土力学理论和金砖 5 国高水平岩土工程关键技术成果，将国外论文比提升至 45% 左右为宜，不宜简单地认为发表中国作者的文章越多越好，而应适可而止，尤其需避免人情稿。

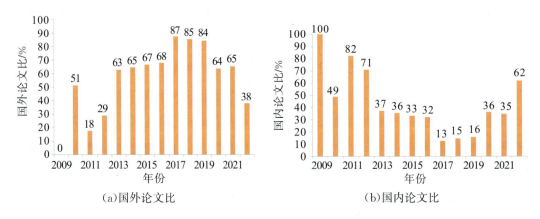

（a）国外论文比　　　　　　　　　（b）国内论文比

（c）发达国家论文比　　　　　　　　　（d）发展中国家论文比

图 8-6　JRMGE 2009—2022 年国外论文比、发达国家论文比、中国论文比与发展中国家论文比统计分析

（5）发文国家统计分析

为了响应习主席"把论文写在祖国的大地上"的号召，随着重大岩土工程在中国的建设和实施，中国岩土工程整体实力和岩土力学理论水平接近或部分领域达到国际顶尖水准，21世纪中国岩土工程的关键技术成果已达到世界一流水平，自 2020 年以后，创新开拓，并努力吸引和拓展国内优质稿源，中国作者投稿论文质量越来越高，其发文比例从 2019 年的 16％逐步提升到 2020—2023 年的 36％、35％、62％（图 8-6）和 65％。由于 20 世纪发达国家理论研究水平相对较高，岩土工程经验相对更为丰富，发达国家的优秀论文往往能够代表该领域内最前沿的研究成果与动向，因此，JRMGE 一直注重发达国家和中国的来稿，并在同等条件下优先录用。JRMGE 发表的论文分别来自 24 个、23 个、25 个、22 个、25 个和 18 个国家/地区（港澳台作者列为中国作者），见图 8-7。具体分析如下：2017 年和 2018 年，发达国家发表论文比例保持为 55％，2019 年—2022 年分别为 62％、50％、46％和 32％，表明发达国家科研人员在 JRMGE 发文比例有所降低；2017 年—2022 年，国外发展中国家发表论文比例分别为 32％、30％、22％、14％、19％和 7％，显示国外发展中国家科研人员在 JRMGE 发文比例持续降低，JRMGE 相对更加关注来自中国和发达国家的高水平论文，中国作者论文比不断提升，发达国家和发展中国家论文比在保持相对稳定的后 3 年开始有所降低。JRMGE 主编团队认为中国作者岩土力学整体水平接近发达国家，岩土工程关键技术成果赶超或领先国际顶尖水准。

（6）出版周期分析

JRMGE 出版周期 2009 年为 367 天、2013 年为 342 天、2019—2022 年分别为 383 天、403 天、334 天和 394 天。由于平均出版周期相对较长，约为 13 个月（图 8-8），主编团队决定从 2023 年开始改为月刊，适当增加发文量和缩短出版周期。

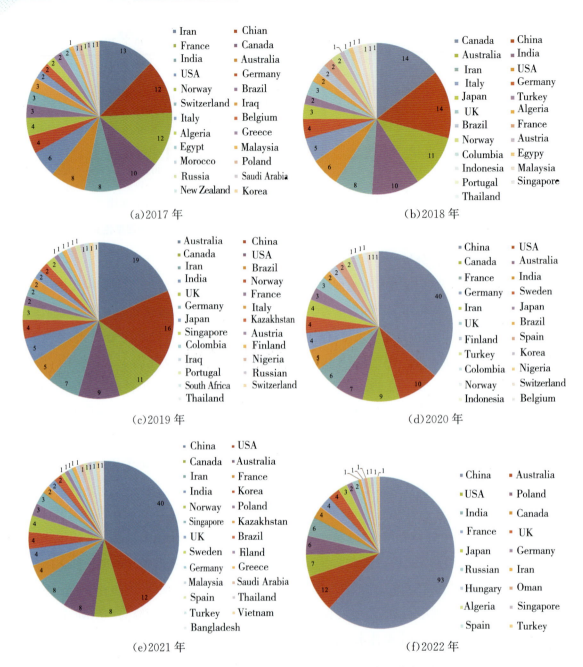

(a)2017 年 (b)2018 年

(c)2019 年 (d)2020 年

(e)2021 年 (f)2022 年

图 8-7　JRMGE 2017—2022 年发表论文国家来源统计分析

注：(a)2017 年共 24 个国家发文，发达国家占比 55%，发展中国家占比 32%。发文前 6 名依次为伊朗 13 篇，中国、法国各 12 篇，加拿大 10 篇，印度 8 篇，澳大利亚 6 篇。

(b)2018 年共 23 个国家发文，发达国家占比 55%，发展中国家占比 30%。发文前 6 名依次为加拿大和中国各 14 篇、澳大利亚 11 篇、印度 10 篇、美国 8 篇和伊朗 6 篇。

(c)2019 年共 25 个国家发文，发达国家占比 62%，发展中国家占比 22%。发文前 6 名依次为澳大利亚 19 篇、中国 16 篇、加拿大 11 篇、美国 9 篇、伊朗 7 篇，巴西 5 篇。

(d)2020 年共 22 个国家发文，发达国家占比 50%，发展中国家占比 14%。发文前 6 名依次为中国

40 篇、美国 10 篇、加拿大 9 篇、澳大利亚 7 篇、法国 6 篇、印度 5 篇。

(e)2021 年共 25 个国家发文，发达国家占比 46％，发展中国家占比 19％。发文前 6 名依次为中国 40 篇、美国 12 篇，加拿大、澳大利亚、伊朗和法国各 8 篇。

(f)2022 年共 18 个国家发文，发达国家占比 32％，发展中国家占比 7％。发文前 6 名依次为中国 93 篇、澳大利亚 12 篇、美国 7 篇、波兰和印度各 6 篇、加拿大 4 篇。

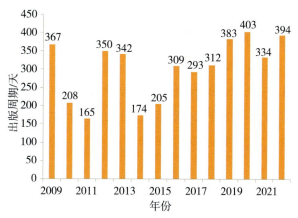

图 8-8　JRMGE 2009—2022 年出版周期统计

(7)科学编辑与审稿专家国际化

目前 JRMGE 有科学编辑 62 人(其中编委 32 人，非编委 30 人)，分布在中国 33 人(53.2％)、澳大利亚 8 人(12.9％)、美国 5 人(8.0％)、加拿大 4 人(6.5％)和英国 4 人(6.5％)等 13 个国家。2020 年 11 月第 3 届编委会换届时聘请了 10 余名优秀中青年科学编辑为编委；2022 年又新增 3 位副主编和 33 位编委，编委共计 103 位，国外编委占 55％。本着严格要求，宁缺毋滥，坚持同行严格把关的原则，不断吸引扩充调整审稿专家库，现拥有国内外著名学者数千人，审稿专家数量超过 40 人的国家分布广，反映国际化关注程度较高，如中国 684 人、美国 334 人、澳大利亚 166 人、加拿大 142 人、英国 99 人、法国 98 人、伊朗 71 人、日本 69 人、印度 65 人、意大利 62 人、德国 58 人和韩国 41 人等。特别是 2022 年 1 月，JRMGE 在前几次基础上又评选并表彰奖励了 12 位杰出审稿人和 82 位优秀审稿人；2022 年 4 月，JRMGE 分别评选并奖励了优秀编委和优秀论文作者(吴志军、Tariq Siddique、周安楠、戴峰、刘江峰、房倩、Sangki Kwon、黄娜、Adeyemi、Emman、Aladejare、左建平)。

(二)JRMGE 国际影响力不断提升

1. JRMGE 单刊国际影响力分析

(1)JRMGE 在 Science Direct 数据库下载量与 JCR、CiteScore、WJCI 指标分析

2019—2022 年，JRMGE 已发表论文在 Science Direct 数据库中的年下载量分别约为 64

万次、77 万次、87 万次和 95 万次（图 8-9），且 2020—2022 年单篇年下载量最高分别为 16500 次、13511 次和 15160 次。说明 JRMGE 学术及编辑质量整体水平较高，发表的论文质量不断获得国内外学者的认可，国际影响力明显提升。2017 年至 2022 年 12 月 SCIE 收录 JRMGE 论文 676 篇，其中来自中国作者的论文最多，达到 235 篇，占全部收录论文的 34.8%。此外，澳大利亚、美国和加拿大等发达国家的文章数量也较多。同时，近 3 年中国作者的论文刊发量始终排在第一位，并在 2022 年达到峰值 93 篇（图 8-7）。图 8-10（a）中 2019—2022 年 JCR 影响因子分别为 2.829（11/39）、4.338（10/41）、5.915（5/41）和 7.3（2/41）；图 8-10（b）中，Scopus 数据库新版 CiteScore 指标更有较大提升，从 2014 年 0.8（88/163），分别提升到 2018—2022 年的 4.5（26/183）、5.7（20/189）、6.8（18/195）、8.1（11/203）和 10.9(9/211)；清华大学 2022 年 12 月公布统计的 2021 年 WJCI 影响因子为 5.075，见图 8-10（c），预计 2022 年的数据为 6.2 左右。

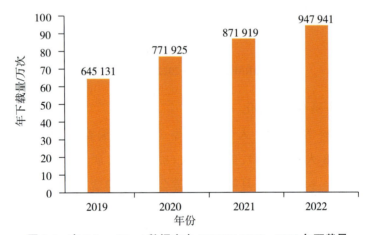

图 8-9　在 ScienceDirect 数据库中 JRMGE 2019—2022 年下载量

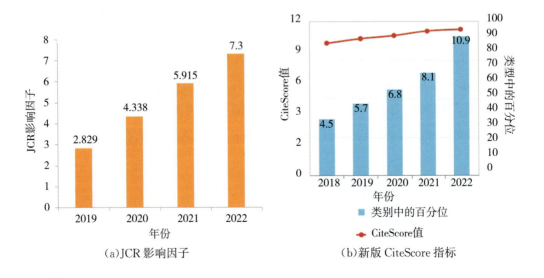

（a）JCR 影响因子　　　　　　　　（b）新版 CiteScore 指标

（c）清华大学公布的 WJCI 影响因子

图 8-10 JRMGE SCIE 数据库 JCR 影响因子、新版 CiteScore 指标和清华大学公布的 WJCI 影响因子

（2）JRMGE 的高被引论文统计

一种期刊中的高被引论文往往可以代表其期刊的学术扩散力。表 8-2 给出了 JRMGE 被引频次最高的 41 篇论文（2009—2022 年），并且给出对应第一作者的 H 指数。从表 8-2 可以看出，被引频次最高的 4 篇文章的作者依次是加拿大阿尔伯塔大学的 Hoek E（居第一和第二名），加拿大多伦多大学的 Lisjak A 和夏开文教授分别居第三和第四名；来自美国劳伦斯伯克利国家实验室的 Jonny Rutqvist 的 H 指数为 54，同时他也是 JRMGE 的副主编。JRMGE 被引频次最高的 41 篇论文，其中华人占 18 篇，前 14 篇中有 7 篇。

表 8-2 **JRMGE 被引频次最高的 41 篇论文（2009—2022 年）**

序号	标题	被引次数	第一作者	H 指数
1	*Fracture initiation and propagation in intact rock-A review*	342	Hoek E.	13
2	*The Hoek-Brown failure criterion and GSI-2018 edition*	312	Hoek E.	13
3	*A review of discrete modeling techniques for fracturing processes in discontinuous rock masses*	289	Lisjak A.	13
4	*Dynamic rock tests using split Hopkinson（Kolsky）bar system-A review*	287	Xia Kaiwen	35
5	*Design of rock support system under rockburst condition*	268	Kaiser Peter K.	11
6	*Energy analysis and criteria for structural failure of rocks*	206	Xie Heping	46
7	*Shear strength criteria for rock，rock joints，rockfill and rock masses：Problems and some solutions*	204	Barton Nick	23
8	*Failure mechanism and coupled static-dynamic loading theory in deep hard rock mining：A review*	201	Li Xibing	59
9	*Review of collapse triggering mechanism of collapsible soils due to wetting*	148	Li Ping	11

序号	标题	被引次数	第一作者	H指数
10	3D random Voronoi grain-based models for simulation of brittle rock damage and fabric-guided micro-fracturing	145	Ghazvinian E.	2
11	Preliminary engineering application of microseismic monitoring technique to rockburst prediction in tunneling of Jinping Ⅱ project	140	Tang Chun'an	60
12	Protection against water or mud inrush in tunnels by grouting: A review	138	Li Shucai	46
13	A review of bridge scour monitoring techniques	124	Prendergast L. J.	14
14	High-level radioactive waste disposal in China: update 2010	121	Wang Ju	12
15	Application of several optimization techniques for estimating TBM advance rate in granitic rocks	116	Armaghani Danial Jahed	41
16	Control of coal and gas outbursts in Huainan mines in China: A review	115	Yuan Liang	21
17	The influence of microwave irradiation on rocks for microwave-assisted underground excavation	114	Hassani Ferri	21
18	Reservoir-induced landslides and risk control in Three Gorges Project on Yangtze River, China	110	Yin Yueping	22
19	The Beishan underground research laboratory for geological disposal of high-level radioactive waste in China: Planning, site selection, site characterization and in situ tests	109	Wang Ju	12
20	Effect of adding natural pozzolana on geotechnical properties of lime-stabilized clayey soil	100	Al-Swaidani Aref	6
21	An ANN-based approach to predict blast-induced ground vibration of Gol-E-Gohar iron ore mine, Iran	100	Saadat Mahdi	9
22	Fault activation and induced seismicity in geological carbon storage-Lessons learned from recent modeling studies	99	Jonny Rutqvist	54
23	Emerging trends in expansive soil stabilisation: A review	98	Ikeagwuani Chijioke Christopher	7
24	Determination of blast-induced ground vibration equations for rocks using mechanical and geological properties	97	Kumar Ranjan	3

序号	标题	被引次数	第一作者	H 指数
25	*Longwall mining cutting cantilever beam theory and 110 mining method in China-The third mining science innovation*	97	He Manchao	40
26	*Studies on classification，criteria and control of rockbursts*	97	He Manchao	40
27	*Microstructure characteristics of cement-stabilized sandy soil using nanosilica*	96	Choobbasti Asskar Janalizadeh	20
28	*Prevention and treatment technologies of railway tunnel water inrush and mud gushing in China*	96	Zhao Yong	9
29	*Effect of discrete fibre reinforcement on soil tensile strength*	95	Li Jian	8
30	*Clays in radioactive waste disposal*	95	Delage P.	4
31	*Safety risk management of underground engineering in China：Progress，challenges and strategies*	92	Qian Qihu	24
32	*Practical application of failure criteria in determining safe mud weight windows in drilling operations*	87	Gholami R.	42
33	*Short-and long-term behaviors of drifts in the Callovo-Oxfordian claystone at the Meuse/Haute-Marne Underground Research Laboratory*	87	Armand G.	18
34	*Enhancing mechanical behaviors of collapsible soil using two biopolymers*	85	Ayeldeen Mohamed	7
35	*Biological process of soil improvement in civil engineering：A review*	84	Umar Murtala	2
36	*Microstructure and anisotropic swelling behaviour of compacted bentonite/sand mixture*	80	Saba Simona	5
37	*Numerical simulation of hydraulic fracturing and associated microseismicity using finite-discrete element method*	79	Zhao Qi	8
38	*Effects of physical properties on electrical conductivity of compacted lateritic soil*	79	Bai Wei	4
39	*Studies on the evolution process of rockbursts in deep tunnels*	79	Feng Xiating	49
40	*Strength properties of soft clay treated with mixture of nano-SiO_2 and recycled polyester fiber*	77	Changizi Foad	7
41	*Critical issues in soft rocks*	77	Kanji Milton Assis	5

（3）JRMGE 编委发文统计分析

期刊编委的学术水平可以从侧面反映其学术水平。表 8-3 列出 JRMGE 主要编委姓名、所在机构、发文数、被引数与 H 指数。从表 8-3 可以发现,103 名编委中,中国编委有 46 名,占比 44.7%。编委中有 2 位学者的 H 指数超过了 50,分别为来自美国劳伦斯伯克利国家实验室的 Jonny Rutqvist 教授(H 指数为 54)和东北大学的冯夏庭教授(H 指数为 54)。H 指数大于等于 16 的有 70 位,占编委总数的 67.9%;编委的平均 H 指数为 22.5。不过有 10 余名编委的 H 指数不超过 10,且只组约稿件而未发表论文,这说明 JRMGE 的编委水平还有待继续优化,见图 8-11。

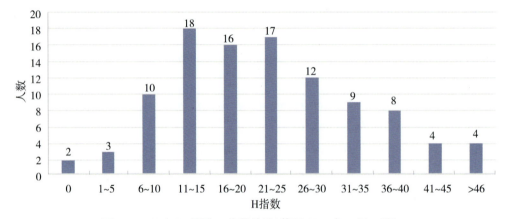

图 8-11　JRMGE 编委 H 指数统计(截至 2023 年 2 月 6 日)

表 8-3　　　　　　　　　　JRMGE 的部分编委 SCI 发文数、被引数及其 H 指数

序号	编委姓名	所在机构	发文数	被引数	H 指数
1	Qian Qihu	PLA University of Science and Technology, Nanjing, China	5	153	24
2	Feng Xiating	Northeastern University, Shenyang, China	13	277	49
3	Cui Yujun	National College of Civil Engineering, Marne La Vallee, France	18	415	41
4	Derek Elsworth	Penn State University, University Park, Pennsylvania, USA	4	69	18
5	He Manchao	China University of Mining and Technology, Beijing, China	10	373	40
6	Charlie Chunlin Li	Norwegian University of Science and Technology, Trondheim, Norway	5	186	22
7	Li Haibo	Institute of Rock and Soil Mechanics, Chinese Academy of Sciences, Wuhan, China	6	27	23
8	Li Shucai	Shandong University, Jinan, China	6	252	46

序号	编委姓名	所在机构	发文数	被引数	H 指数
9	Jonny Rutqvist	E O Lawrence Berkeley National Laboratory，Berkeley，California，USA	8	241	54
10	Zhou Chuangbing	Nanchang University，Nanchang，China	7	87	13
11	Leandro Alejano	University of Vigo，Vigo，Spain	5	75	25
12	Gilles Armand	Andra Underground Research Laboratory，Bure，France	5	202	18
13	Nick Barton	Nick Barton & Associates，Oslo，Norway	6	596	11
14	Katia Vanessa Bicalho	Federal University of Espirito Santo，Vitória，Espírito Santo，Brazil	3	26	7
15	Giuseppe Buscarnera	Northwestern University，Evanston，Illinois，USA	2	21	2
16	Cai Ming	Laurentian University，Sudbury，Ontario，Canada	4	372	45
17	John P. Carter	Newcastle University，Newcastle Upon Tyne，New South Wales，Australia	1	53	25
18	Chen Yifeng	Wuhan University，Wuhan，China	7	70	34
19	Chen Yunmin	Zhejiang University，Hangzhou，China	2	41	39
20	Chandrakant S. Desai	The University of Arizona，Tucson，Arizona，USA	2	22	27
21	Mark S. Diederichs	Queen's University，Kingston，Ontario，Canada	11	377	33
22	Mamadou Fall	University of Ottawa，Ottawa，Ontario，Canada	4	44	37
23	Fan Lifeng	Beijing University of Technology，Beijing，China	2	73	26
24	Fan Qixiang	China Huaneng Corp，Beijing，China	4	67	13
25	Giovanni Grasselli	University of Toronto，Toronto，Ontario，Canada	5	447	40
26	Gui Yilin	Queensland University of Technology，Brisbane，Queensland，Australia	2	36	15
27	Marte Gutierrez	Colorado School of Mines Department of Petroleum Engineering，Golden，Colorado，USA	8	171	23
28	Mikhail A. Guzev	Far Eastern Federal University，Vladivostok，Russian Federation	4	19	7
29	Ferri Hassani	McGill University，Montreal，Quebec，Canada	4	163	21
30	Jiang Quan	Institute of Rock and Soil Mechanics，Chinese Academy of Sciences，Wuhan，China	7	117	29

续表

序号	编委姓名	所在机构	发文数	被引数	H 指数
31	Jiang Yujing	Nagasaki University，Nagasaki，Japan	6	72	37
32	Kang Hongpu	China Coal Research Institute Coal Mining and Designing Branch，Beijing，China	3	42	20
33	Heinz Konietzky	TU Bergakademie Freiberg University，Freiberg，Germany	3	39	32
34	Sangki Kwon	Inha University，Incheon，South Korea	2	41	11
35	Li Qi	Institute of Rock and Soil Mechanics，Chinese Academy of Sciences，Wuhan，China	12	209	27
36	Li Xiangling	European Underground Research Infrastructure for Disposal of Nuclear Waste in Clay Environment，Mol，Belgium	1	21	6
37	Lin Peng	Tsinghua University，Beijing，China	3	103	24
38	Liu Bin	Shandong University，Jinan，China	3	101	18
39	Liu Richeng	China University of Mining and Technology，Xuzhou，China	3	42	29
40	Wei Victor Liu	University of Alberta，Edmonton，Alberta，Canada	3	33	13
41	Pan Pengzhi	Institute of Rock and Soil Mechanics，Chinese Academy of Sciences，Wuhan，China	6	91	25
42	Qi Shengwen	Institute of Geology and Geophysics，Chinese Academy of Sciences，Beijing，China	2	9	19
43	Antonio Pio Rinaldi	ETH Zurich，Zurich，Switzerland	4	114	26
44	Atsushi Sainoki	Kumamoto University，Kumamoto，Japan	2	16	14
45	Neelima Satyam	Indian Institute of Technology Indore，Indore，India	3	33	14
46	A. P. S. Selvadurai	McGill University，Montreal，Quebec，Canada	2	16	33
47	Shao Jianfu	University of Lille，Lille，France	4	47	46
48	Mostafa Sharifzadeh	Curtin University，Kalgoorlie，Western Australia，Australia	3	65	36
49	Keh-jian Shou	National Chung Hsing University，Taiwan，China	2	21	15
50	Si Guangyao	University of New South Wales，Sydney，Australia	2	7	19

续表

序号	编委姓名	所在机构	发文数	被引数	H 指数
51	T. N. Singh	Indian Institute of Technology Bombay，Mumbai，India	6	213	44
52	Sai K. Vanapalli	University of Ottawa，Ottawa，Ontario，Canada	2	190	31
53	Victor Vilarrasa	Institute of Environmental Assessment and Water Research，Barcelona，Spain	3	141	24
54	Gabriel Walton	Colorado School of Mines，Golden，Colorado，USA	7	54	20
55	Wang Ju	CNCC Beijing Research Institute of Uranium Geology，Beijing，China	5	318	12
56	Wang Mingyang	Peoples Liberation Army Engineering University，Nanjing，China	4	52	25
57	Wang Shanyong	The University of Newcastle College of Engineering Science and Environment，Newcastle，New South Wales，Australia	1	31	12
58	Wang Xudong	Palace Museum，Beijing，China	3	29	16
59	Louis N. Y. Wong	The University of Hong Kong，Hong Kong，China	2	54	29
60	Wu Zhijun	Wuhan University，Wuhan，China	2	77	25
61	Xia Kaiwen	University of Toronto，Toronto，Ontario，Canada	8	458	35
62	Xu Nuwen	Sichuan University，Chengdu，Sichuan，China	2	59	36
63	Yang Qiang	Tsinghua University，Beijing，China	3	26	9
64	Yin Yueping	China Geological Survey，Beijing，China	2	137	22
65	Zhang Chunliang	Global Research for Safety，Braunschweig，Germany	11	208	14
66	Zhang Dingli	Beijing Jiaotong University，Beijing，China	3	83	24
67	Zhang Fengshou	Tongji University，Shanghai，China	3	34	20
68	Zhang Wengang	Chongqing University，Chongqing，China	3	22	33
69	Zhao Yixin	China University of Mining and Technology，Beijing，China	2	59	23
70	Zhao Zhihong	Tsinghua University，Beijing，China	4	106	20
71	Zhao Zhiye	Nanyang Technological University，Singapore，Singapore	3	38	21

序号	编委姓名	所在机构	发文数	被引数	H指数
72	Zhou Annan	RMIT University，Melbourne，Victoria，Australia	7	114	27
73	Zhu Hehua	Tongji University College of Civil Engineering，Shanghai，China	2	19	42
74	Zhu Honghu	Nanjing University，Nanjing，China	7	65	28
75	Zhu Wancheng	Northeastern University，Shenyang，China	1	10	13
76	Zuo Jianping	China University of Mining and Technology，Beijing，China	8	148	15

（4）引用 JRMGE 的主要 SCI 期刊分析

期刊主要被哪些期刊引用也可以反映其学术水平。对近年来引用 JRMGE 的 SCI 期刊进行分析，引用次数排名前 10 种期刊见表 8-4。其中有 5 种期刊属于工程地质（Engineering，Geological）领域的 Q1 分区的期刊。这 5 种期刊的引用次数总和和占 JRMGE 总被引频次数的 14.13%，说明 JRMGE 在工程地质领域有较高的代表性和国际影响力。

表 8-4　　　对 JRMGE 引用量最高的 10 种 SCI 期刊及其 2021 和 2022 年影响因子

序号	刊名	影响因子（2021/2022）	引用次数	占比/%
1	*Rock Mechanics and Rock Engineering*	6.518/6.2	686	4.233
2	*International Journal of Rock Mechanics and Mining Sciences*	6.849/7.2	486	2.999
3	*Journal of Rock Mechanics and Geotechnical Engineering*	5.915/7.3	449	2.771
4	*Bulletin of Engineering Geology and The Environment*	4.13/4.2	432	2.666
5	*Tunnelling and Underground Space Technology*	6.407/6.9	391	2.413
6	*Advances in Civil Engineering*	1.843/1.8	366	2.259
7	*Engineering Geology*	6.902/7.4	348	2.147
8	*Geotechnical and Geological Engineering*	无/1.7	344	2.123
9	*Computers and Geotechnics*	5.218/5.3	321	1.981
10	*Construction and Building Materials*	7.693/7.4	304	1.876

注：表中影响因子为 2022 年 6 月 JCR 报告提供的 2021 和 2022 影响因子。

2. JRMGE 与国内其他 4 种英文期刊的比较

（1）发文情况比较分析

由于 4 种国内英文期刊在 SCI 的收录年限和范围不同，为了在同一条件下进行国外影响力的比较，将检索年限都设定为 2017 年 1 月 1 日至 2022 年 12 月 31 日。并从发文量、发文机构数、发文国家数等角度对 5 种国内英文期刊的影响力进行比较（表 8-5）。期刊来稿的发文国家数、国外论文比是衡量期刊国际影响力的关键指标。通过表 8-5 可以看出，在同领域的 5 种期刊中，JRMGE 的发文国家数最多、发文机构数最多、国外论文比最高，分别为 58 个国家、735 个机构和国外论文占比 65.24%。而论文量与第一名只差 26 篇，这充分说明 JRMGE 具有较高的整体实力和国际影响力。

（2）影响因子、CiteScore 和 WJCI 的比较分析

为了将 JRMGE 和国内同领域的 4 种英文期刊进行比较，统一查询了这 5 种期刊在 JCR、Scopus 中的影响因子（CiteScore）和科技期刊世界影响力指数 WJCI，见表 8-6。从表 8-6 可以看出：

①2021—2022 年 JRMGE 在 Scopus 中的 CiteScore 值分别为 5.7、6.8、8.1 和 10.9，排名第二，并且影响因子呈升高趋势。JRMGE 在 CNKI 发布的世界期刊影响力指数（WJCI）报告中，WJCI 值为 2.267，在 5 种期刊中排名第三。JRMGE 在科睿唯安公司 2021 年和 2022 年发布的 JCR 中的影响因子（IF）分别为 5.915 和 7.3，排名前二和前三。各项排名第一的是 *International Journal of Mining Science and Technology*（IJMST）。

②*Frontiers of Structural and Civil Engineering*（FSCE）于 2017 年 10 月被 SCI 收录（SCI 中可检索 2015 年以来的论文）；*Journal of Rock Mechanics and Geotechnical Engineering*（JRMGE）及 *International Journal of Mining Science and Technology* 都在 2019 年被 SCI 收录（SCI 中可检索 2017 年以来的论文）。*Underground Space*（US）于 2020 年 11 月被 SCI 数据库收录。

③这 5 种期刊都被 Scopus、EI（GEOBASE）和 CSCD 数据库收录，FSCE、IJMST、US 和 JRMGE 被 SCI 收录。

表 8-5　　　　　　　　　　5 种国内岩土工程类英文期刊的发文情况比较

序号	刊名	发文量	发文机构数	发文国家数	国外论文数	国外论文比/%
1	FSCE	518	609	57	321	61.97
2	IJMST	702	559	46	364	51.85
3	JRMGE	676	735	58	441	65.24
4	IJCST	320	414	39	129	40.31
5	US	234	596	52	107	45.73

注：论文所属国别按照第一作者所属国别划分。

表 8-6 　　　　　　　　5 种国内岩土工程类期刊基本信息及相关指标

序号	期刊名称	2021	2022	创刊年	2020	2021	2022	刊期	收录情况	WJCI
1	*International Journal of Mining Science and Technology*（IJMST）	7.67	11.8	1990	8.1	10.7	15.3	双月刊	SCI, EI, CSCD	3.591
2	*International Journal of Coal Science & Technology*（IJCST）	无	8.3	1995	4.6	6.5	9.9	双月刊	ESCI, EI, CSCD	2.147
3	*Frontiers of Structural and Civil Engineering*（FSCE）	3.252	3.0	2007	3.0	4.0	5.3	双月刊	SCI, EI, CSCD	2.116
4	*Journal of Rock Mechanics and Geotechnical Engineering*（JRMGE）	5.915	7.3	2009	6.8	8.1	10.9	双月刊	SCI, EI, CSCD	2.267
5	*Underground Space*（US）	4.848	6.4	2016	4.7	5.5	7.6	双月刊	SCI, EI, CSCD	3.102

注：截至 2023 年 6 月 29 日。

（3）国外被引情况比较分析

期刊的国际被引率是衡量期刊国际影响力的又一关键指标。为了进一步将 JRMGE 和国内同领域的其他英文期刊在国际影响力方面进行比较，表 8-7 和表 8-8 列出了 5 种国内期刊 2009—2022 年的被引篇数、施引文章来自国外的数量和比例情况。从表 8-7 和表 8-8 可以看出：

①在同一时期，JRMGE 的总被引篇数为 1034 篇/总发文 1081 篇，涉及的施引文献为 16152 篇，其中来自国外的为 7159 篇，在绝对数量上是最高的，且占比 44%，排名第二，说明 JRMGE 的国外影响力在国内同领域期刊中处于领先地位。一般认为国际被引率超过 40% 即为国际化程度较高的期刊，可见 JRMGE 的国际化程度较高。

②JRMGE 在 2014—2017 年之前施引文章数排名第二，而 2018 年之后就超过 IJMST，排名第一。

③JRMGE 为了进一步提升国际影响力，可考虑吸引美国作者的优秀论文，并相应提升其在 JRMGE 总被引次数的百分比（希望不少于 12%）。

表 8-7　　　　　　　国内岩土工程类英文期刊的总体被引情况(2009—2022 年)

序号	刊名	创刊年份	被引篇数	施引文章情况					
				国外	比例/%	国内	比例/%	合计
1	IJMST	1990	1387	4488	29.30	10827	70.70	15315
2	IJCST	1995	271	531	30.85	1190	69.15	1721
3	FSCE	2007	726	3244	54.30	2730	45.70	5974
4	JRMGE	2009	1034	7159	44.32	8993	55.68	16152
5	US	2016	214	781	39.68	1187	60.32	1968

表 8-8　　　　　　　国内岩土工程类英文期刊 2009—2022 年国外被引情况

序号	刊名	施引文章年份分布													
		2009	2010	2011	2012	2013	2014	2015	2016	2017	2018	2019	2020	2021	2022
1	FSCE	5	8	18	44	71	98	130	201	313	446	642	1000	1418	1513
2	IJMST	0	0	0	3	83	223	453	675	974	1340	1907	2381	3224	3926
3	JRMGE	0	4	16	48	88	128	243	567	817	1356	1980	2922	3693	4159
4	IJCST	0	0	0	0	0	0	0	0	0	0	13	171	574	930
5	US	0	0	0	0	0	0	0	0	11	70	149	291	611	791

注:数据来源 Web of Science。

3. JRMGE 与国外期刊的国际影响力比较分析

(1)综合比较

为了解 JRMGE 的国际影响力,将其和同领域的 10 种国外岩土工程类 SCI 期刊进行比较。检索 2009—2022 年 SCI 期刊数据库,从期刊的影响因子、总被引频次、发文机构数、论文国家分布、发文量、出版周期、CiteScore 和 WJCI 值等方面,将 JRMGE 和国外同领域的 SCI 期刊进行比较(表 8-9)。分析表 8-9 可知,JRMGE 的影响因子排名前列,但与同领域国外重点对标 SCI 期刊相比在总被引频次、发文机构数、论文国家数、总发文量和 WJCI 值方面都还有相当大的差距。

表 8-9　　　　　　　JRMGE 与 10 种岩土工程类 SCI 期刊的情况比较

序号	刊名（按影响因子高低排）	影响因子（2022/2021）	总被引频次/2022/2021	发文机构数	论文国家数	总发文量/2022年发文量	刊期	Cite Score 2022	2021/2020 WJCI 值
1	Engineering Geology	7.4/6.902	111911/31671/29235	2363	85	3529/371	15	12.0	5.946/5.43
2	Journal of Rock Mechanics and Geotechnical Engineering	7.3/5.915	24509/6622/5915	979	65	1081/150	6	10.9	2.267/1.868
3	International Journal of Rock Mechanics and Mining Sciences	7.2/6.849	96456/33997/32579	1629	68	2858/216	12	13.0	6.733/6.485
4	Tunnelling and Underground Space Technology	6.9/6.407	114894/24733/20590	1980	66	3250/449	12	11.5	6.325/4.645
5	Landslides	6.7/6.153	48299/11775/10230	1530	92	1632/204	12	11.6	3.821/3.604
6	Rock Mechanics and Rock Engineering	6.2/6.518	84200/19212/22072	1569	75	2916/466	12	11.4	3.942/3.81
7	Geotechnique	5.8/5.554	44492/20529/20808	844	62	1213/196	12	10.5	4.08/3.769
8	Computers and Geotechnics	5.3/5.218	78721/17097/19909	1477	66	3361/479	12	9.0	5.837/5.555
9	International Journal of Geomechanics	3.7/3.918	35033/8371/9273	1405	74	2433/361	12	5.9	2.264/2.005
10	Canadian Geotechnical Journal	3.6/4.167	45324/18801/18657	1202	65	1830/148	6	6.9	3.937/5.14
11	SPE journal	3.6/3.602	55064/7616/8147	798	62	3277/235	6	7.0	2.567/3.072

续表

序号	刊名(按影响因子高低排)	影响因子(2022/2021)	总被引频次/2022/2021	发文机构数	论文国家数	总发文量/2022年发文量	刊期	Cite Score 2022	2021/2020 WJCI 值
	10 种对比期刊各指标平均值	5.79/5.564	62544/	1434	71	2370	11	9.97	4.338/4.126

注:按影响因子排序,表中影响因子为 2023 年 6 月 28 日 JCR 报告提供的影响因子,被引次数为 SCI 被引次数。

(2)中国作者发文数量比较

以中国作者近 10 年(2013—2022 年)在同学科 11 种国际 SCI 期刊发文比例来分析和比较 JRMGE 与 10 种国际 SCI 期刊的特色与存在的差异。表 8-10 给出了相应中国作者在 11 种 SCI 期刊的发文比例。由表 8-10 可知:

①近 10 年来中国作者在 11 种 SCI 期刊中共发表 8651 篇文章,占总数 22274 篇的 38.8%;发文比例最大值为 60%,所在刊物是 *Tunnelling and Underground Space Technology*;最小值为 17%,所在刊物是 *Geotechnique*;11 种 SCI 期刊中,中国作者发文比例平均值为近 40%。相比之下 JRMGE 平均中国作者发文比例为 34.78%,低于 11 种 SCI 期刊的平均水平,说明 JRMGE 已经达到较高国际化水平。

②2018—2022 年,中国作者在 JRMGE 上发文比例逐年提高,2022 年达到 62%;由于中国作者发文较多,JRMGE 的中国学者引文较多,超过 50%。

(三)JRMGE 创世界一流期刊之举措

JRMGE 团队经过八年艰苦"抗战",初见成效。2016 年得到中国科技期刊国际影响力提升计划 B 类资助,CiteScore 指标首先超过日本岩土工程协会(Japanese Geotechnical Society)创办的当时岩土工程类国际四大名刊之一《*Soils and Foundations*》;随后于 2018 年艰辛追赶上美国土木工程师协会(American Society of Civil Engineers)创办的有影响力的《*International Journal of Geomechanics*》,并于 2019 年与当时另一个国际四大名刊之一的加拿大国家研究委员会研究出版社(NRC Research Press)出版的《*Canadian Geotechnical Journal*》指标并列。十年磨一剑,2019 年 1 月 JRMGE 被 SCI 数据库收录,连续 3 年进入 Q1 区,并于同期荣获中国科技期刊卓越行动计划领军期刊资助。上述成绩的取得与钱七虎院士和冯夏庭主编率领团队不懈努力是分不开的。努力提高 JRMGE 质量,不断增强其国际影响力,一直是主编团队不断努力的方向。在过去艰苦奋斗与不断创新的 15 年里,JRMGE 在国际影响力提升中做了诸多创新实践和尝试。

表8-10

中国作者在11种SCI期刊发文情况分析

序号	刊名	A/B	比例/%	2022年		2021年		2020年		2019年		2018年	
				C/D	比例/%	C/D	比例/%	C/D	比例/%	C/D	比例/%	C/D	比例/%
1	International Journal of Rock Mechanics and Mining Sciences	1004/2285	43.94	125/206	60.68	182/339	53.69	142/284	50.00	112/201	55.72	111/261	42.53
2	Engineering Geology	1504/2944	51.09	204/324	62.96	237/410	57.80	263/424	62.03	177/300	59.00	159/303	52.48
3	Rock Mechanics and Rock Engineering	1368/2665	51.33	269/414	64.98	195/361	54.02	199/334	59.58	191/326	58.59	97/240	40.42
4	Landslides	611/1470	41.56	103/183	56.28	115/243	47.33	102/198	51.52	72/170	42.35	68/174	39.08
5	Tunnelling and Underground Space Technology	1745/2893	60.32	325/443	73.36	307/444	69.14	261/378	69.05	226/367	61.58	244/376	64.89
6	Geotechnique	152/877	17.33	16/79	20.25	14/82	17.07	19/78	24.36	23/90	25.56	17/90	18.89
7	Computers and Geotechnics	1478/2916	50.69	278/407	68.30	286/496	57.66	300/474	63.29	163/318	51.26	96/249	38.55
8	International Journal of Geomechanics	1156/2278	50.75	216/360	60.00	196/333	58.86	215/340	63.24	110/186	59.14	155/273	56.78
9	Canadian Geotechnical Journal	386/1382	27.93	37/117	31.62	42/138	30.43	53/149	35.5	47/151	31.13	36/140	25.71
10	SPE journal	308/1618	19.04	84/234	35.90	59/240	24.58	49/206	23.79	29/171	16.96	24/145	16.55
11	Journal of RMGE	329/946	34.78	94/150	62.67	46/115	40.00	48/110	43.64	17/102	16.67	16/96	16.67

注：A:10年中国作者发文数；B:10年期刊发表论文总数；C:当年中国作者论文数；D:当年期刊发表论文总数。

1. 实施走出去战略，不畏艰辛组约高水平论文

通过组约高质量稿件和邀请客座主编组织高水平专辑方式发表了一批具有重大参考价值的论文，例如，针对三峡工程、南水北调工程、锦屏水电站、白鹤滩水电站和向家坝水电站、核废料地质处置、环境岩土工程、深部矿山开采、深部工程硬岩力学等国家重大科研项目，主动向专家约稿。此外，JRMGE 发表了诸多国际知名科研项目的成果，如二氧化碳及酸气回注地质力学问题、CCS 地质力学与岩土工程、Decovalex 项目、UNSAT-WASTE、细观岩石力学、工程地质与岩石动力学、岩土力学数值分析、国际软岩会议和 Brown 教授高端论坛等。JRMGE 团队通过不懈努力，最终得到了众多国际知名专家的广泛认可，最突出的表现是越来越多的国际知名专家愿意在 JRMGE 发表其优秀成果，这极大地提升了 JRMGE 的国际知名度与国际影响力。如英国皇家工程院院士、国际岩石力学学界泰斗 E. T. Brown 教授应邀担任 JRMGE 荣誉主编，任职期间，共发表 7 篇高水平论文、组织 1 期高质量专辑，其中 2019 年第 3 期发表的代表性文章目前已被 SCI 期刊引用 345 次。加拿大工程院院士 E. Hoek 教授积极撰文，其与 C. D. Martin 教授于 2014 年第 4 期发表的关于岩石裂隙起裂与扩展的论文受到学界的广泛关注，已被 SCI 期刊引用 415 次。主编钱七虎院士 2016 年发表的"中国地下工程安全风险管控、挑战与对策"和连续 3 届钱七虎讲座发表的何满潮院士、冯夏庭院士、崔玉军教授、康红普院士、周创兵教授和殷跃平教授关于"采矿岩石力学创新与未来""深部工程硬岩力学""土结构与大气相互作用""深部煤层控制关键技术""中国水工岩石力学与渗流"和"高位岩石滑坡机理"等高水平成果在国内外引起广泛关注、下载和引用。国际著名岩石力学专家、MULLER 奖得主的挪威土工所 N. Barton 博士 10 年来在 JRMGE 发表 6 篇高水平论文，其中 2013 年第 4 期发表的关于岩石裂隙剪切强度准则的文章已被引 276 次。作为国际著名土力学专家的法国路桥大学 Y. J. Cui 教授自创刊以来积极支持 JRMGE 发展，先后发表论文 10 余篇、组织了 4 个专辑，极大地促进了 JRMGE 的发展。还有 P. K. Kaiser、G. Giovanni、E. E. Alonso、A. Gens、P. Duffaut、M. Kanji、I. Vähäaho、Jonny. Rutqvist、Li, Charlie C.、C. S. Desai、F. Hassani、D. N. Singh、J. Carter、L. Jing、J. F. Shao、X. L. Li、C. L. Zhang、X. B. Li、Feng Zhang、K. W. Xia、Munoz H、Taheri A、Manouchehrian A、Cai M、Armand G、Tomac I、Gutierrez M、Azadi MR、Ayeldeen M 等国际顶级专家均为 JRMGE 积极撰稿，深受广大读者欢迎。上述专家不仅主动在 JRMGE 发表高水平文章，而且积极审稿，其文章被引用频次也比较高。

在 JRMGE 喜人成绩背后是期刊社人员的不懈努力，2013 年下半年 JRMGE 面临稿源严重不足、"等米下锅"的困境，但刊社人员在主编和专职总编的带领下不畏艰辛，克服困难，通过参加各种学术会议及亲自上门组约稿件，扭转了这一被动局面。2014—2022 年 JRMGE 成员先后到访国内外百家单位或地区组约稿件。期刊社组稿情况一览表见表 11，正所谓"天上从来都不会掉馅饼"，若不深入国家重点实验室、科研院校及重大岩土工程一线，就很难获取高水平稿件和提升国际影响力。然而，与国际一流岩土工程类对标期刊相比，JRMGE 刊发重大岩土工程和地热、页岩气、石油等能源与环境岩土力学和交叉学科的相

关论文还不够,北美和欧洲发达国家的知名学者的高水平论文还不足。JRMGE 将坚持不懈地努力,尽管国家近期重点创办并培育了一批高水平相关领域英文新刊,良性竞争不断增加,JRMGE 主编团队决定自觉变压力为动力,继续举全学会、编委和理事之力,争创世界一流学术期刊,这也是第三届编委(2021—2025 年)、理事会、期刊社,以及关心期刊发展的所有专家和读者的期望所在。

表 8-11 期刊社组稿情况一览表

序号	编辑	组稿期数	备注	序号	编辑	组稿期数	备注
1	佘诗刚	3	协助主编落实 12 期	3	张海峰、刘小然	1	
2	林松清	2.5		4	李海波等专家	0.5	

2. 创新办刊思路,大力推行"客座主编专辑制"

由于优质稿件不足、国际影响力和被引次数偏低,创刊的前 9 年,JRMGE 一直未能被国际知名数据库(SCIE)收录,且业界口碑有待提升,这是当时面临的最大困境。为此,主编团队创新办刊思路,主动出击,利用参加国内外学术会议机会及相应的 Workshop 信息,邀请客座主编组织高质量专辑,并给予一定的奖励。2014 年,期刊社强力落实客座主编机制,并制定合理的出版计划,成效较好(表 8-12)。2009—2022 年 JRMGE 共出版 73 期正刊与 1 期增刊,共组约专辑 25 期(无这些专辑,JRMGE 很难可持续健康发展),占全部发表论文的近35%,可见 JRMGE 组约稿任务极其繁重,仍需编委和相关领域专家大力支持,为 JRMGE 高质量地完成出版计划贡献力量。

表 8-12 主编、副主编与编委组约重大岩土工程稿件一览表

序号	重大岩土工程	客座主编	组稿期数	年份	序号	重大岩土工程	客座主编	组稿期数	年份
1	国内重大岩土工程专辑	佘诗刚	创刊号(均被引)	2009	5	DECOVALEX 国际合作项目专辑	井兰如	第 1、5 期	2013
2	2010 国际非饱和土与核废料处置 UNSAT-WASTE	崔玉军	第 1 和第 2 期	2010	6	2013 国际非饱和土与核废料处置会议 UNSAT-WASTE	崔玉军	第 3 期	2013
3	第 12 届国际岩石力学大会（含 China Afternoon）	佘诗刚	第 3、4 期,增刊	2011	7	2013 国际青年岩土力学会议（巴黎）	崔玉军	第 2 期	2014
4	2012 国际工程科技高端论坛（地下工程风险防治）	钱七虎、冯夏庭	第 3 期	2012	8	2014 国际软岩大会专辑	何满潮	第 3 期	2014

序号	重大岩土工程	客座主编	组稿期数	年份	序号	重大岩土工程	客座主编	组稿期数	年份
9	岩土工程数值计算方法	夏开文	第6期	2014	20	岩石力学与岩土工程	布朗	第3期	2019
10	国际岩土工程专辑	翟恩地	第2期	2015	21	岩石动力学	李春林、张宗宪	第5期	2019
11	第33届国际岩层控制	左建平	第3期	2015	22	岩石力学与岩土工程	Jonny、Antonio、潘鹏志	第4期	2020
12	二氧化碳及酸气回注地质力学问题	李琦	第1期	2016	23	深度学习与软计算在岩土与地下工程中应用专辑	仇文岗	第6期	2021
13	DSC模型及岩土力学	Desai	第3期	2016	24	岩土测试（IoT and AI）	朱鸿鹄	第4期	2022
14	中国重大岩土工程专辑	钱七虎	第4期	2016	25	工程地质与岩石动力学	祁生文	第5期	2022
15	CCS地质力学与岩土工程	李小春、Jonny	第6期	2016	26	欧洲岩土工程	李春林、崔玉军	第9期	2023
16	细观岩石力学专辑	邵建富	第1期	2017	27	地热能源开发与利用	周辉、刘金侠、Andrew Seto、胡大伟	第10期	2023
17	核废料处置与岩土力学专辑	李香玲	第3期	2017	28	二氧化碳与岩土工程	李琦	第4期	2024
18	土工基础专辑	王善勇等	第4期	2018	29	UNSAT-WASTE	崔玉军、叶为民	第10期	2024
19	国际岩土工程数值分析方法专辑	冯夏庭、Cater和Desai	第6期	2018	30	美国与加拿大岩土工程			

3. 调动专家积极性，发掘并培养青年科技将才

JRMGE 于 2009 年 8 月 13 日获得国家新闻出版总署批准的正式刊号，在学会理事长钱七虎主编领导下，在短短不到 3 个月的时间内（2009 年 10 月 26 日）高质量出版创刊号，特别是钱七虎、郑颖人、谢和平、俞茂宏、陈卫忠、李夕兵、陈云敏、赵阳升、宋胜武、李仲奎等院士和专家均提供了高水平文章，其论文篇均被引 13.7 次，位列前茅，在国内期刊界也属罕见。

主编团队重视，才能保障期刊的可持续发展。JRMGE 编委会和期刊社在日常工作中注重调动岩土工程界专家的积极性，如优质撰稿人杨光华、孔令伟、刘泉声、尤明庆、施斌和陈祖煜，还有主办和协办单位突出贡献者康红普、方祖烈、李术才、姜耀东、潘一山、张顶立、樊启祥、王旭东、谢先启、郑炳旭和李建林全方位支持 JRMGE。同时期刊社注重青年科技人才的发掘，培养了一批专业基础扎实、愿意为 JRMGE 服务的中青年科技人才，如李晓昭教授主动推荐国际地下空间专家投稿；陈益峰教授认真为 JRMGE 审稿并提供 2 篇高水平论文；武汉岩土力学所李琦教授积极为 JRMGE 审稿，对 4 期文章进行语言润色，并作为客座主编组织了一期专辑。

中青年学者是 JRMGE 未来发展的潜力股，是英文刊的希望。如谢雄耀、朱其志、陈仁朋、陆新征、张传庆、宫凤强、梁正召、左建平、周辉、卢应发、杨圣奇、朱鸿鹄、赵志宏、徐奴文、张帆宇、王敏、李博、李利平、徐东升、刘春、吕亚茹、李霞颖、戴峰、张晓平、蒋宇静、唐朝生、沈佳轶、郭伟、潘鸿、周宗清、董陇军、吴志军、刘日成和杨典森等杰青专家学者积极组稿、撰稿和推广宣传，支持 JRMGE 发展。期刊社今后将继续坚持这一举措，做好青年人才的培育工作，先聘为 JRMGE 特约撰稿人、审稿人和学科编辑，如表现突出，再调整为编委。通过这一途径已调整为编委的有李春林、陈益峰、叶冠林、范立峰、潘鹏志、林鹏、赵毅鑫、Victor Wei Liu、周安楠、桂易林、江权等。办成一件事，需有骨气、有精神、有毅力（精气神），然而仅凭个人力量是不够的，还必须靠天时、地利、人和等诸多因素。

4. 组织或参与国内外学术交流，提高期刊显示度

主办或协办单位多次参加并组织国内外重大学术交流会议，共计 30 余次。会议中期刊社总编主动要求汇报 JRMGE 进展，宣传期刊。试问：科技人员不了解你，如何有针对性地帮你呢？同时，多听报告，掌握前沿动向，适时组稿（不承诺一定刊用，同样严格审稿，掌控质量），并免费提供杂志，加大期刊宣传力度，提高期刊知名度。如在 2018 年 12 月在澳布朗院上晚宴上宣传，多次学术会议免费发放期刊（表 8-13）。此外，通过学术交流，主动与科研人员交朋友，增进了解，互相帮助，达到双赢。

表 8-13　　　　　　　　　　组织或参与国内外学术交流会议

序号	时间	会议	学术交流宣传
1	2010 年	国际地应力会议	赠送 150 册
2	2011 年	第 12 届国际岩石力学大会（北京）	赠送 900 余套合订本
3	2012 年	国际工程科技战略高端论坛——重大地下工程安全建设与风险管理（武汉）	赠送 500 册
4	2013 年	国际非饱和土与核废物处置会议（上海）	赠送 100 余册
5	2013 年	SINOROCK 会议（上海）	赠送 200 余册
6	2013 年	第七届亚洲岩石力学大会（韩国首尔）	赠送 100 余册
7	2013 年	国际岩土工程师会议（成都）	赠送 100 册

续表

序号	时间	会议	学术交流宣传
8	2014 年	国际软岩理论与技术研讨会	赠送 200 册
9	2014 年	欧洲岩石力学大会	赠送 100 册
10	2014 年	重大岩体工程灾害模拟、监测及预警工程前沿技术学术论坛(大连)	赠送 70 册
11	2014 年	第十三次全国岩石力学与工程学术大会	赠送 500 册
12	2016 年	第十四次全国岩石力学与工程学术大会	赠送 500 册
13	2015— 2017 年	加拿大国际岩石力学大会	赠送 200 册
14		美国国际岩土工程师会议	赠送 300 册
15		上海国际非饱和土与核废物处置会议	赠送 150 册
16		武汉国际岩土工程数值方法会议	赠送 500 册
17	2018 年	澳大利亚布朗教授 80 岁生日高端学术论坛	赠送 150 册
18	2019— 2022 年	期刊社积极参与国内举办的各种国际研讨会(China Rock 2019—2022、Workshop),向与会专家介绍英文刊,免费发放杂志,并积极组约稿	赠送 1800 册

5.定期评估总结,查摆问题创精品

我国办英文刊的宗旨是提升中国科技期刊的国际影响力,知己知彼方能百战百胜。为此,JRMGE 期刊邀请社会与编委针对近年来发文的国际影响力进行深入分析,并率先按国际数据库办刊标准进行自我评估,评估结果为 86 分,对创办国际知名期刊的目标做到了心中有底,并注重不断夯实基础。此外,JRMGE 于 2018 年 3 月申请 SCI 收录,为此提前认真准备了 SWOT(Strength、Weakness、Opportunity、Threat)分析报告,对刊物的强项、弱项、机会、挑战做到心中有数,有利于掌控 JRMGE 的发展方向,不断提升办刊质量。例如:JRMGE 在分析 Threat(挑战)时,发现申请 SCI 收录步伐还需加大,尤其还需增加美国和发达国家作者的引用次数,更需发挥美国和发达国家编委的积极性。具体做法是重点调整和增加发达国家编委数量,使国外编委比例占到 54%;还将 2016—2018 年发表的论文按小专业细化分类的论文清单主动推广,每月一次,发送至美国和发达的国家编委团队和读者;通过与最新创办的几个杂志(G4 杂志、*Geomechanics for Energy and the Environment*、*Transportation Geotechnics*)进行比较,注意到 JRMGE 应当调整论文结构,对于过多引用中文期刊的论文,要在论文退修时,提醒作者多引用外文文献,注意文献来源的全面性;期刊社还以钱七虎院士和中科院岩土力学研究所所长薛强的名义,与 SCI 美国总部土木工程领域负责人联系,并在 2018 年 10 月 31 日中科院传播局召开的推荐会上第一位向 SCI 总部 *Web of Science* 主编 NATIDIA 博士、宁笔总监等汇报 JRMGE 取得的成效与进展。

6. 充分发挥编委会和理事会作用，打造刊社工作特色

（1）召开联席会议研究和部署 JRMGE 发展计划

2009—2020 年，钱七虎主编共主持召开 33 次主编、执行主编和副主编联席会议，研究部署 JRMGE 的各项工作和未来发展计划，解决办刊中存在的重要问题，并给出相应的举措。如副主编周创兵校长得知 JRMGE 稿源紧缺时，其团队贡献 2 篇高水平论文，并带头撰写第 3 届高水平"钱七虎"讲座报告。

（2）召开编委会议及工作会议

2009—2022 年共召开 13 次编委会，每次均有针对性地解决了 JRMGE 发展中的一些关键问题，如根据具体情况创新推出名誉主编机制、聘任欧洲分部负责人等，取得良好效果。尤其是 2021 年 7 月 15 日在北京召开 JRMGE 十四五规划会议，明确 3 年超越、6 年追赶和 8 年对标国际知名 10 种顶尖期刊的发展目标。

（3）成立和完善 JRMGE 理事会

2013 年 6 月 19 日、2014 年 6 月 5 日、2016 年 5 月 25 日、2017 年 12 月 2 日、2019 年 3 月 30 日和 2020 年 11 月 23 日分别召开 6 次理事会。在理事长和秘书长的领导下，JRMGE 理事会充分发挥期刊社作用，完善理事会章程，JRMGE 重大事项和编委人选等均由理事会会商确定。目前协办单位增加到 14 家，每个协办单位积极支持期刊工作，且每年提供 5 万元（个别为 10 万元）经费资助，这一举措有力地促进了 JRMGE 的发展。

（4）召开 JRMGE 启动 5 周年和创刊 10 周年表彰大会

2012 年 8 月和 2019 年 3 月，期刊社分别在长沙和南昌隆重召开 JRMGE 启动 5 周年和创刊 10 周年表彰大会，表彰 3 家主办单位、11 家协办单位和期刊社。7 名 JRMGE 国际开拓奖获得者（钱七虎、E. T. Brown、李海波、周创兵、冯夏庭、佘诗刚和崔玉军）、12 名杰出贡献奖获得者（何满潮、夏开文、Jonny Rutqvist、方祖烈、井兰如、卢文波、岳中琦、寿克坚、张锋、王驹、李琦和唐春安）、17 名优秀编委（殷跃平、寿克坚等）、5 名优秀撰稿人（N. Barton、A. Lisjak、G. Armand、Jonny Rutqvist、L J. Prendergast）、38 篇优秀论文作者（唐春安、崔玉军、俞茂宏、何满潮、M. V. Villar、H. Wong、郑颖人、陈益峰等）、28 篇优秀论文作者（钱七虎、崔玉军、何满潮、李术才、张顶立、王驹、李春林、唐朝生、袁亮、嵇少丞等）、30 名优秀学科编辑与审稿专家（李夕兵、尤明庆、赵明华、马国伟、卢文波、杨强、夏开文、李琦、杨圣奇、李建春、L. N. Y. Wong、朱其志、陈益峰、肖杨等）和 20 个论文优秀宣传推广团队。钱七虎主编表彰 JRMGE 名誉主编 E. T. Brown（E. T. Brown 最初因为年龄原因觉得不便为 JRMGE 多做工作，通过诚心、细致的沟通，后来他主动投稿 7 篇论文，还撰写了点评短文和书评，并利用其 80 岁生日论坛，主动组织了一期高水平客座主编专辑）和崔玉军教授（他主动为 JRMGE 组织 4 个专辑，并被提升为副主编）。

（5）连续三届编委换届取得圆满成功

在主编钱七虎院士的领导下，3 家主办单位领导和期刊社负责人于 2014 年 9 月将第一

届编委调整改为编委换届。在"精简编委，干实事"原则的指导下，顺利完成第一届编委换届工作，国际编委占50%；第二届编委换届减少至73人（含2018年调整减少3人），新增编委C. S. Desai、左建平、李小春、蔡明和王善勇等12名，将美国编委Jonny Rutqvist提升为副主编，并给换下来的编委做细致工作，使人走茶慢凉，如给俄罗斯Oparin院士、宋胜武、邬爱清、李仲奎、赵阳升和李夕兵教授颁发名誉编委证书，鼓励他们继续发文章、帮助JRMGE发展；第三届编委已于2020年11月换届，注重培养中青年主编团队。目前编委调整到103名，国外编委增至57人，占55%。

（6）加强国际出版合作

2013年JRMGE经多次反复沟通，最终与国际知名出版商Elsevier合作，每年出版600页，合作费为4.5万美元（不含税），合同期为4年。2016年底与Elsevier合同到期后，期刊社在认真总结经验的基础上继续与其合作。佘诗刚执行主编于2016年11月10日在北京与Elsevier高管面谈，并签订每年出版1000页，合作费5万美金的出版合同，且于2019年底又签订2020—2022年每年出版1200页，合作费为5万美金的合同。最近又签订"2023—2025年，7.5万美元/年。按年篇数计：每年7.5万美元，若连续2年超过250篇或单年超过310篇，合同金额另行约定"。JRMGE是OA期刊，并在ScienceDirect平台发布，并采用其投稿和发布平台，免费供作者和读者下载，此举为JRMGE走向国际奠定坚实基础。

（7）期刊社人才队伍建设取得一定成绩

期刊社2018—2020年连续招聘3名优秀博士、硕士编辑，总人数7人且均为专职，平均年龄43岁，具有硕士、博士学位共6人，3人具有高级职称，7人获得全国出版专业资格证书，是一支具有较扎实专业知识和较高英文水平、编辑出版经验较丰富的能打硬仗的队伍。现在期刊社人才队伍相对稳定，他们在各自岗位能尽职尽责，努力提高个人素质和工作效率。如期刊社负责人佘诗刚执行主编开拓进取，锲而不舍参与创办JRMGE和精品《岩石力学与工程学报》中文刊，获得"第二届全国新闻出版行业领军人才"称号；林松清2017年获得编审任职资格，现担任JRMGE社长，并获得中国科协优秀编辑奖；刘小然为武汉大学编制，2013年获湖北省优秀编辑奖；张海峰2013年转为正式编制，2017年和2022年分别获得中国科技期刊编辑学会优秀青年编辑奖和中国科协优秀编辑奖，2018年获得副编审任职资格。期刊社每季度末召开一次工作例会，社长、执行主编与成员相互支持，积极配合，不断总结，主动找出不足，改进工作，对JRMGE发展和编辑个人素质的提升起到了较大的促进作用。

（8）及时缩短刊期，增加载文量

JRMGE各项工作迈进良性发展轨道后，尽管2013年稿源和编辑人员紧张，且对何时改刊期有不同意见，佘诗刚总编还是果断提出JRMGE由季刊改为双月刊，每年出版文章由384页（Elsevier排版折算为320页）增加到2013年494页，尤其是2014—2022年页码分别提升到615、726、964、1176、1190、1292、1360、1530和2071页。编辑人员相对稳定，期刊社主动自觉把自己的事情先做好，在保证质量的同时编辑工作量平均每年增加近20%。提升JRMGE国际影响力和知名度是干出来的，人才是锤炼出来的。经主编联席会议决定，从

2023 年开始 JRMGE 刊期改为月刊。适当提升发文量(由 150 篇/年提升到 215 篇/年),重点是缩短出版周期,提高服务水平和国际影响力。

(9)提升编辑质量与强化规范化管理

2014 年 7 月、2017 年 1 月、2019 年 3 月和 2022 年 8 月,组织湖北地区英文期刊同行对 JRMGE 进行抽查、审读,发现文章中存在单词拼写与语法错误、语句不够精简,甚至发现少量地图不规范等问题,说明文章的编校质量还有待提高,尤其在注意敏感问题方面,需继续努力。期刊社责任编辑在工作中还需不断地自我提升,努力减少差错率,为创建一流英文期刊发挥更大的作用。通过采用 Elsevier 的 Editorial Manager 网上投稿审稿系统,其操作流程完全与国际接轨,受到读者和作者的高度认可。JRMGE 在力求与国际接轨的同时,坚持自己的特色和高要求:采用编辑初审初编、专家外审、编辑复审、副主编复审和执行主编终审的五审制,严格把关文章的学术质量;严格执行审读检查互校环节,控制出版质量,编校差错率严格控制在万分之二以内。特别是主动邀请以英语为母语的专家进行语言润色,提升论文的"信达雅"。主动向国际知名期刊学习,期刊社邀请若干名专家为 Editorial Editor(优先挑选 28 名进行试点,如崔玉军、Jonny Rutqvist.、Sanchez、张锋、夏开文、李琦、江权、陈益峰、殷跃平、朱其志、Wong 等教授),由其邀请 2~3 名审稿专家审稿,并将其综合意见发回期刊社,严把审稿质量关。

(10)十四五规划对标期刊目标明确,刊社建章立制取得进展

期刊社为落实发展规划建立了一套较完善的管理制度,如期刊社岗位责任制度、学术规范制度、科学评价制度、规范审稿制度以及自学培训制度等,明确了期刊办刊宗旨(学会会刊、立足国内、面向国际)、建立协办单位章程、编委权责利、责编岗位职责、稿件处理流程各个模板等,完善期刊社英文编辑质量审读机制以及避免政治性错误等。细节决定成败,要做到宁缺毋滥,确保和促进学术期刊健康稳定可持续发展。

(四)JRMGE 2020—2029 年十年发展规划

为了实现 2020—2029 年十年发展规划,并与国际顶级期刊对标,抓住争创世界一流期刊面临的机遇与挑战,迎难而上。JRMGE 于 2019 年 1 月 17 日被 SCIE 数据库收录后,作者在武汉岩土力学所 2018 年年终总结会议(2019 年 2 月 26 日)和建设世界一流科技期刊高端论坛(2020 年 11 月 17 日)中的研究和汇报中持续坚持如下发展方向。

①学会与 3 家主办单位联合主办,武汉岩土力学所与期刊社承办,并创造条件设立"钱七虎讲座"平台。目的是吸引和优化国内外优质稿源,引领岩土工程学科发展。何满潮院士被评选为"钱七虎讲座"第一讲主讲人。2020 年 10 月 24 日在北京开讲"采矿岩石力学创新与未来",线上线下上万人聆听,反响热烈,起到引领学科发展的目的。2021 年 10 月 24 日启动钱七虎讲座第二讲,目前已评审出冯夏庭、崔玉军 2 名"钱七虎讲座"主讲人,并开讲:冯夏庭主讲"深部工程硬岩力学";崔玉军主讲"土结构与大气相互作用"。两篇讲座报告精彩纷呈,线上线下数万人聆听,影响力提升明显。受疫情影响,2022 年"钱七虎讲座"第三讲论文已公开按时发表,周创兵、康红普和殷跃平三位顶尖专家和 6 位青年科学家已于 2023 年

6月11日在武汉成功开讲,线上线下近十万人聆听,也进一步起到引领学科发展的目的。

②期刊社于 2020 年 9 月已招聘和引进高强博士高层次编辑人才,特别是加大力度培养和锤炼编辑帅才和领军人才。

③已接受的论文,应该争取 55 天内尽快上线(online),且务必加大初审退稿力度,合理利用审稿专家资源,提高稿件录用门槛,缩短出版周期(2023 年争取缩短至不到 13 个月)。

④进入 SCIE 不容易,更需采取有力措施,修改和完善各项管理与规章制度,落实年终绩效发放政策,调动方方面面的积极性和创造性;抵制学术不端行为,杜绝人情稿。

⑤实行代表作制度和宁缺毋滥、严格要求的办刊思路,即 JRMGE 未来组约稿重点方向为理论联系实际,突出重大工程选稿。坚持"代表作"原则,采取"点对点""点面结合"约稿。举措:通过"钱七虎讲座"和"青年科学家论坛"组约引领学科发展代表作;组约科研院所有理论、重实践代表作;组约工程界关键技术代表作,如川藏铁路、深海、深地、深空等国家重点工程,主动向国内外知名专家约稿。

⑥JRMGE 于 2019 年 3 月 30 日在南昌大学召开理事和编委联席会议。根据主编和副主编联席会议纪要精神,对英文刊做出重大贡献的主办与协办单位和有关人员进行表彰和奖励,弘扬正能量。

⑦制定"十四五"发展规划。未来五年到十年,JRMGE 创新发展的设想分两个阶段(图 8-12),确定新征程新起点的战略目标为:

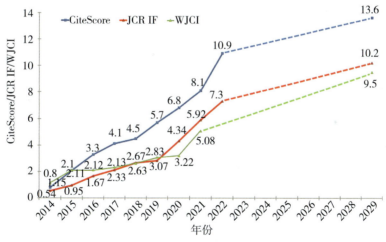

图 8-12　JRMGE 发展规划图

a. 力争到 2024 年 JRMGE 在 JCR、CiteScore 和 WJCI 的影响因子分别达到 7.8、11.6 和 7.2,继续为创建国际品牌期刊而努力开拓;

b. 2025—2029 年(创刊 20 周年),这是 JRMGE 的开拓创收阶段。力争至 2029 年 JRMGE 在 JCR、CiteScore 和 WJCI 影响因子分别达到 10.2、13.6 和 9.5,实现 JRMGE 为国际同行公认的岩土力学与工程地质领域世界一流领军刊物的"梦想"。任重而道远。

二、科技期刊引领创新发展的思考与实践——以《地球空间信息科学学报（英文版）》为例①

（一）科技期刊在引领科技创新中发挥重要作用

科技期刊是交流和共享学术研究成果的主要平台。通过发布最新的研究成果和评论，为学术界提供一个广泛的讨论和协作的平台，从而鼓励学者们进行创新性研究。科研成果的广泛传播有助于促进知识交流和合作，引导学者们进行更加深入的研究和探索，推动科技创新，科技期刊的严格同行评审制度可以确保文章质量的高水平，提高科技成果的可信度和可靠性，为科学研究提供方向和方法。

任正非先生曾说过："网上科技论文非常多，论文是全世界公开的，我们也去读一读。5G 标准中，高通的长码标准是 20 世纪 60 年代美国一位数学家的论文形成的，我们 5G 的短码标准是土耳其教授十多年前一篇数学论文演变过来的。所以，人类社会要多少代才能在理论上为社会贡献。我们只是希望中国将来给人类社会多做一些贡献，这个贡献就是理论突破。"这彰显了科技期刊作为科技论文的主要载体在引领科技创新中发挥的重要作用。

国家政策支持推动了科技期刊引领创新。最近几年，国家和地方推动了一系列支持我国科技期刊发展的政策，为期刊采取措施提供了指导方向和实际保障，包括建设高水平的编委、作者和审稿人队伍，建设高水平的期刊编辑、出版、运营队伍，参加或举办国际、国内相关学术会议、交流，建立与国际接轨的规范出版管理制度，组织高质量稿源，以及期刊的国内外推广等。

（二）主编团队是引领创新的重要支撑

国际化的主编和编委团队在引领创新中发挥着举足轻重的作用，主要发挥以下作用：

1. 提供前沿学术支持

为期刊提供学术建议和资源，刊发高水平论文或组织高质量专辑，引领学科发展方向。

2. 提升期刊国际影响力

国际编委会利用自己的科研声誉和资源，向国际同行介绍期刊，提高期刊的知名度和影响力。

3. 参与期刊出版决策

国际编委会成员可以提供有关期刊运营、出版和管理等方面的意见和建议，协助期刊解决问题并使期刊更好地适应国际化出版要求。

4. 拓展期刊资源

为期刊带来更多的国际视野和资源，促进期刊的国际交流与合作。以《地球空间信息科

---

① 撰稿人：张淑娟。

学学报(英文版)》(简称"GSIS")为例,其主编为在全球享有非凡声誉的两院院士李德仁教授,聘请的两位国际副主编分别来自德国海德堡大学和荷兰特温特大学,分别是全球高被引作者和遥感及对地观测领域的国际权威科学家,并均在国际期刊担任过职务。主编团队组织了多个有重大影响力的专辑,以发表的创新成果引领学科发展,极大提升了期刊的国际影响力。

GSIS 在主编团队领导下,从学术影响、国际资源、潜在贡献、研究方向及区域的优越性 4 个维度,在全球范围内发掘学术新星,共遴选 383 人作为候选人,收集的候选人资料包括国家、机构、研究方向、性别、求学和科研经历、H 指数、代表作、国际任职等,线下走访编委 10 余人次,线上邮件垂询 100 多封,经过精心筹备,成功召开线上/线下相结合的编委会。为了发挥编委会的积极能动性,每年召开编委会并更新编委成员,目前编委会成员 101 人,2022 年,45 位国际知名青年学者加入编委会,增选后编委国际化比例为 69%,平均年龄由 53 岁降至 42 岁。编委会成员中,6 人入选"全球高被引科学家",57 人次入选"全球 2%顶尖科学家"。编委积极支持期刊,参与期刊建设热情高涨。

主编团队组织了多个高质量专辑:为庆祝学科泰斗 90 华诞,并纪念中国与国际摄影测量和遥感学会(ISPRS)的科学交流,由主编李德仁院士和 ISPRS 主席共同组织了"Gottfried Konecny 教授 90 华诞及科学交流",多任 ISPRS 主席均有投稿,同时向世界彰显了中国测绘遥感学科的丰硕成果。

副主编 J. van Genderen 组织了"地球空间信息本质的展望"专辑,邀请联合国统计司全球地理空间信息管理小组负责人进行综述,论文来自美国 NASA、瑞士 GEO 及联合国专家等,最高论文 WoS 被引 170 余次,下载 20000 余次,篇均被引 40 余次。另外,编委积极贡献稿件并取得高影响力。由编委龚健雅院士和邵振峰教授共同组织的专辑"地球空间信息科学的趋势和挑战"提供了前沿学术支持。近几年,已出版了编委组织专辑 5 期,将要出版的专辑有 4 期。GSIS 文章被引排行见表 8-14,GSIS 所有被 Scopus 收录的文章中,来自副主编 J. van Genderen 组织的"地球空间信息本质的展望"专辑中的文章有 3 篇。

另外,编委积极推荐加入数据库 DBLP(DataBase systems and Logic Programming),提升了期刊国际化影响力。DBLP 所收录的期刊和会议论文质量较高,且文献更新速度很快,很好地反映了国外学术研究的前沿方向。

(三)高水平研究成果是科技期刊引领创新的保证

科技期刊要引领科技创新,要发表高社会影响力、高学术影响力、高关注度的优质论文。

由美国科学院院士 Michael F. Goodchild 教授发表的论文 *Building Geospatial infrastructure* 在国际上率先提出"地球空间设施"的概念,并对其内涵进行了详细阐述,是一篇具有极大影响力的综述论文。国际对地观测组织负责人 Katherine Anderson 的论文聚焦联合国提出的 2030 可持续发展规划,深入探讨了地球科学如何为可持续发展目标做出贡献,以 GEO 的视角,提出具有建设性的新颖观点。代表性论文产生较大的社会影响力,

表 8-14　　　　GSIS 文章被引排行（来源：Scopus 数据库，时间 2023 年 7 月 4 日）

文章标题	年份	卷	期	施引文献
Earth observation in service of the 2030 Agenda for Sustainable Development	2017	20	2	219
A survey on vision-based UAV navigation	2018	21	1	188
The GWmodel R package：Further topics for exploring spatial heterogeneity using geographically weighted models	2014	17	2	176
A review of remote sensing applications for oil palm studies	2017	20	2	123
Urban sprawl and its impact on sustainable urban development：a combination of remote sensing and social media data	2021	24	2	93
Sustainable development and geospatial information：a strategic framework for integrating a global policy agenda into national geospatial capabilities	2017	20	2	85
A shoreline change analysis along the coast between Kanyakumari and Tuticorin，India，using digital shoreline analysis system	2011	14	4	79
GIS-based method for detecting high-crash-risk road segments using network kernel density estimation	2013	16	2	76
Approaches for delineating landslide hazard areas using different training sites in an advanced artificial neural network model	2010	13	2	74
Comparison of surface water extraction performances of different classic water indices using OLI and TM imageries in different situations	2015	18	1	70

催生高质量成果，这篇论文又催生了新的专辑"促进地球空间知识基础设施在世界经济、社会和环境中的作用"，并引起了出版商的关注。2021 年，国际出版商 T&F 开始收集工作，重点关注联合国的可持续发展目标。GSIS 还发表了首次利用遥感数据和社交媒体数据研究非洲城市的可持续发展的文章，是中非合作、一带一路科研合作和人才培养的典范之作，体现了国产 SCI 期刊对国际地球科学的贡献，并入选 ESI 高被引论文。

（四）科技期刊引领创新要加强国际交流与合作

习近平总书记《在科学家座谈会上的讲话》中指出了三个更加：国际科技合作是大趋势。我们要更加主动地融入全球创新网络，在开放合作中提升自身科技创新能力；越是面临封锁打压，越不能搞自我封闭、自我隔绝，而是要实施更加开放包容、互惠共享的国际科技合作战略;一方面,要坚持把自己的事情办好,持续提升科技自主创新能力,在一些优势领域打造"长板",夯实国际合作基础。另一方面,要以更加开放的思维和举措推进国际科技交流合作。

GSIS 利用编委会和主办单位力量,深度参与国际合作,举办国际会议。在联合国世界地理信息大会期间,GSIS 组织了 Towards the Future of Geomatics Science—Its Global Impacts(地球信息科学未来发展及其全球影响)分论坛。GSIS 通过向联合国提交申请,经过评审,获得举办大会分会"地球信息科学未来发展及其全球影响"的资格。该分会主席由主编李德仁院士担任。分会特邀报告人全部来自 GSIS 编委会成员。借此机会,GSIS 还举行了编委会 2018 年度会议,商讨了处在关键时期的期刊发展策略。

GSIS 积极刊发国际合作交流的优秀成果。正在组织中的"龙计划"专辑客座编辑包括中方 NASCC 和欧方 ESA 的负责人。"龙计划"执行以来,中欧双方开展了广泛深入的遥感应用合作研究、技术培训、学术交流和数据共享等工作,并共同举办了近 20 场学术交流会,16 次遥感高级培训班,累计联合开展 200 余个研究项目,逐步探索出一套"政府搭建平台,科学家自主参与,共享地球观测数据"的科技合作机制,被欧洲空间局誉为"中欧科技合作的典范"。

(五)学术编辑要关注前沿选题,引领创新发展

学术编辑在科技期刊引领创新发展中发挥重要作用。首先要关注来自权威数据库/学术期刊的统计成果,比如每年的全球研究前沿和全球工程前沿,以及来自权威学术期刊的专辑专栏 。GSIS 根据前沿选题,拟定了包括但不局限于基于多源数据的森林积蓄量、生物量、碳含量建模、植被生态遥感、生物多样性;人工智能与深度学习方法在遥感技术中的应用;陆地生态系统碳循环建模 ;计算机视觉,时空数据挖掘;多模态自动机器学习;碳中和与碳达峰,全域全要素的数字孪生城市感知和仿真技术等选题计划。并组织了多个相关专辑。

(六)国际化出版规范和模式是引领创新的基石

国际化出版平台和模式为科技期刊提供了优质的出版服务。无论是"借船出海"还是"造船出海",有了船才能乘风破浪。国际出版商可为期刊提供官网展示平台、稿件处理系统、伦理审查、出版制度、国际宣传以及技术更新等支持。在文字结构与表达方面,要符合国际出版规范,图和表的设计、颜色要规范(包括地图),以及语言润色和审查。科技期刊还应执行严格的同行评议。为此,GSIS 扩充审稿人才库,包含 25 所海外知名大学的 756 名助理教授职称以上的专家,以及编委推荐的 237 名审稿人,加速同行评议,保证了同行评审的严谨性。科技期刊要引领创新发展,国际化宣传必不可少。GSIS 建立了国际化的宣传矩阵,除了 T&F 出版商官网展示和专业公司的邮件推送外,还与一些国际推广机构合作,组织了精准推送。自主构建的海内外新媒体矩阵,包括 Facebook、推特、LinkedIn、微信等社交媒体

的多种推广模式,也助力了期刊的国际化影响力的提升以及国际化的出版范式。科技期刊还应积极拥抱接轨新技术,比如与科睿唯安 Web of Science 数据库集成,Reviewer Locator 为每一篇稿件自动建议最相关的审稿专家,充分利用全球学术资源,提升审稿质量与效率。

(七)办刊成效

基于上述各项措施,GSIS 的学术影响力和引领能力逐渐增强,2020 年 9 月,GSIS 被 SCIE 数据库收录。2021 年 11 月,GSIS 被 EI 收录。近年来,更是在扩大发文量的同时保证了指标的稳定增长。在最新发布的 JCR 中,GSIS 已经进入 Q1 区,在全球遥感期刊中名列第 8(图 8-13)。同时,GSIS 于 2019 年入选中国科技期刊卓越行动计划梯队期刊,于 2022 年入选湖北省科技期刊楚天卓越行动计划领军期刊。

图 8-13　GSIS 影响因子和总被引频次

我们也将 GSIS 与卓越计划的对标期刊(*Remote Sensing in Ecology and Conservation*)和遥感领域的顶刊(*ISPRS Journal of Photogrammetry and Remote Sensing*)的各项指标进行了比较,见表 8-15。

可以看出,GSIS 在发文量和总被引上正在逐渐接近并超过对标期刊,但与行业顶刊相比还有非常大的差距,集中体现在发文量和影响因子上。此外,尽管在发文国家排行上,GSIS 与顶刊 *ISPRS Journal of Photogrammetry and Remote Sensing* 结构较为相似,但 GSIS 发表的来自中国的文章数量过多,其他国家的稿件数目较少,这也是 GSIS 未来需要努力的地方。

表 8-15　　　　　　GSIS 与卓越计划的对标期刊和遥感领域顶刊的指标比较

期刊	总被引	2022 影响因子	分区	开源比例/%	可被引文献（2021—2022 年）	近 3 年发文最多的 5 个国家和地区
ISPRS Journal of Photogrammetry and Remote Sensing	26107	12.7	Q1	18.83	526	中国内地,美国,德国,加拿大,荷兰
Geo-Spatial Information Science	1499	6.0	Q1	95.51	88	中国内地,美国,德国,英国,日本
Remote Sensing in Ecology and Conservation	1390	5.2	Q2	74.43	110	美国,英国,德国,澳大利亚,中国内地

诚然,科技期刊在引领创新中也面临着很多挑战。在"破四唯"的政策下,如何抓住国内高质量研究成果(与国际大刊竞争首发权)? 如何抓住海外高质量研究成果? 如何有效解决审稿人饥荒,将最新成果及时发表? 面对现阶段科研人员的"卷"与"倦",如何应对科研成果的增幅下降? 如何应对 ChatGPT 给科技期刊带来的影响? 等等。但是,我们相信,我国的科技期刊的发展前景是美好的,努力将由中国人主办主编的科技期刊办成世界一流的科技期刊,是我们共同的职责。

三、创新驱动发展，奋斗书写华章① ——《高电压技术》创一流期刊经验谈

《高电压技术》(ISSN 1003-6520, CN42-1239/TM)于1975年创刊(月刊)，由国家电网有限公司主管、国家高电压计量站与中国电机工程学会主办，是以集中、全面地反映当前高电压技术领域科技信息为目标的中文专业学术期刊。期刊宗旨为报道高电压及其相关交叉学科的科技成果，促进学术交流、引领学科发展。期刊主要面向高电压及其相关交叉学科从事科研、设计、运行、试验、制造的专业技术人员和高等院校师生，在抓住高电压专业特色的同时，关注高电压交叉学科的理论和工程发展新动态，既具有前瞻性和学术性，又具有工程性和实用性。

创刊近半个世纪以来，《高电压技术》的发展建设取得了长足进步，成绩斐然。目前，《高电压技术》是EI收录的双核心中文期刊，同时被国内外十余种著名文献数据库和文摘数据库收录。2019年，期刊进入《能源电力领域高质量科技期刊分级目录》T1级，并入选中国科技期刊卓越行动计划；2020年，被评为中国最具国际影响力学术期刊；2021年，获中国出版领域最高期刊奖项"中国出版政府奖期刊奖"；2022年，获湖北省科技期刊楚天卓越行动计划楚天重点期刊项目资助……这些成绩的取得，离不开中国高电压学科特别是特高压技术研究的飞速发展，也离不开广大电力科研人员的厚爱与支持，更离不开《高电压技术》几代编辑人员的守正创新、砥砺奋进、薪火相传。

创新驱动发展，奋斗书写华章。当前，我国正在加快建设世界一流科技期刊，湖北省也在大力推进由期刊大省向期刊强省的转变，省内科技期刊发展迎来前所未有的政策机遇期。《高电压技术》作为楚天卓越行动计划项目资助期刊，为打造国际一流期刊，在队伍建设、办刊思维、宣传推广等多方面积极探索创新，积累了一些有益经验。本文对这些经验进行了归纳总结，以期为省内外期刊同仁们创办一流科技期刊提供参考。

(一)创新队伍建设，夯实期刊高质量发展基础

人才是富国之本、兴邦大计。习近平总书记指出，科技是第一生产力、人才是第一资源、创新是第一动力，要坚持科技自立自强、人才引领驱动，加快建设科技强国、人才强国。实现高水平科技自立自强需要一流人才，建设一流科技期刊同样需要一流人才。《高电压技术》始终秉持人才强刊理念，坚持做强人才"第一资源"，对内创新团队管理机制，优化编辑分工，培养高素质编辑队伍；对外践行专家办刊理念，拓展专家资源，吸纳高水平专家学者。在实践积累的基础上，不断夯实人才队伍建设，为期刊发展提供了坚强人才保障。

1. 创新团队管理机制，培养高素质编辑队伍

《高电压技术》编辑部隶属于中国电力科学研究院期刊中心，后者目前拥有7本期刊，包

---

① 撰稿人：严梦，张准，何秋萍。

括 2 本高水平 SCI 英文刊、3 本 EI 中文刊、1 本科技核心期刊和 1 本新创中文刊（2023 年 7 月 11 日创办），是电力行业内规模最大、专业面最广、影响力最强的期刊群。依托期刊中心优质的刊群资源优势和集群化运作模式，《高电压技术》不断汲取先进办刊理念和思路，创新团队管理机制，优化编辑业务分工，提升编辑专业素养，培养了一支能力过硬的高素质编辑队伍。

（1）成立柔性组织，实现集群化运作

2021 年，《高电压技术》编辑部牵头建立了期刊中心总编例会制度，成立了由各编辑部主任组成的总编室，并要求定期召开总编例会，互通信息、共商各刊协同合作议题。到 2023 年 6 月底，已累计召开总编例会 26 次，累计讨论议题 150 余项，有效推动了本刊与刊群其他刊之间的协同融合和宣传联动。2017 年，期刊中心成立发展编辑组，实行分组管理，设有融媒宣传、前瞻研究与分析、利益相关方联络、会议管理、技术服务等 5 个小组。发展编辑的定位是支撑、服务期刊相关主营业务创新全面发展，并与传统编辑工作形成优势互补，最终使期刊编辑团队业务素养专业化、复合化、全面化。《高电压技术》现有 5 名发展编辑，在期刊数据分析、新技术调研和宣传推广等方面为刊群提供支撑。

（2）开展编辑业务比武和编辑部自查互查

编辑部通过开展年度编辑业务比武和季度自查互查，主动发现问题并及时整改，提升稿件处理效率。目前，首次外审平均时长（从初审开始到第一轮反馈耗时）为 31.35 天，总处理平均时长（收稿日到最终反馈耗时）为 46.77 天，网络首发平均时长控制在 90 天。

（3）优化编辑分工，强化责任编辑负责制

根据期刊栏目设置，编辑部细分编辑负责的稿件方向，并实行责任编辑一对一联络编委制度，让编辑聚焦更细的专业领域和更精准的专家团队，从更深的层次开展稿件邀约、专题策划和专家资源维护工作。

（4）多维度提升编辑专业素养

一是定期组织编辑参加各类专业继续教育培训，每年期刊编辑参加培训近 20 人次。二是为编辑提供各种学术交流的机会，鼓励编辑积极参加行业内学术会议，以更新专业知识、积累专家人脉。编辑部每年参加学术会议 30 余人次。三是鼓励编辑参与项目研究、积极发表论文。2017—2023 年，编辑部员工在《编辑学报》《中国科技期刊研究》等专业期刊上共发表论文 20 余篇。四是支持编辑在各类期刊交流会上做报告，提升编辑综合素质。2023 年 3 月和 4 月，编辑部先后参加第一届楚天卓越期刊发展研讨会暨英文科技期刊建设高端论坛、湖北省科学技术期刊编辑学会成立四十周年系列活动暨中文科技期刊建设高端论坛，分别做了题为"企业创办一流国际学术期刊的需求与路径""立足行业 发挥优势 提升期刊品牌影响力"的报告，从科技期刊的质量管理、流程优化、转型创新、国际化探索等视角与同行进行分享和探讨，为期刊未来发展提供新的思路。

2. 践行专家办刊理念，拓展高水平专家资源

行业专家是专业学术期刊的宝贵资源。《高电压技术》始终坚持以专家办刊为抓手，实

施专业化发展战略,通过加强高层次编委会建设和汇聚优秀青年专家力量,推进期刊专家梯队建设和期刊高质量发展。

（1）加强高层次编委会建设

《高电压技术》编委会现有编委83名,其中包括两院院士10名和外籍编委8名。这8名外籍编委分别来自德国、荷兰、日本、美国、英国、加拿大、澳大利亚和瑞典,均是相关领域的国际知名专家。国内外编委依靠敏锐的学术眼光和丰富的信息资源,帮助期刊积极开展约稿组稿和宣传推广,有效提升了期刊的影响力和竞争力。编辑部通过定期召开编委会,凝聚各方共识,明确重点工作任务,为期刊持续向好发展奠定坚实基础。

（2）汇聚优秀青年专家力量

一是设立青年编委会。在2020年的编委会换届中,首次增设青年编委会,邀请行业内30位学术活跃、成果卓著、年富力强的青年专家担任青年编委,为期刊发展提供新动力。二是成立青年专家团。2022年12月12日,《高电压技术》编辑部支撑期刊中心组织召开了青年专家换届会议,成立了由200余位优秀青年专家组成的第二届青年专家团,作为期刊编委后备人选库。本届青年专家团对青年专家进行了分组,并设立相应的组织架构,充分发挥其在期刊专题组织与策划、学术会议组织与筹备、国际宣传推广、培训讲座组织与筹备等4个方面的智力支撑作用。《高电压技术》编辑部牵头组织了高压分会场会议,组织近50位高压方向优秀青年专家针对期刊发展及青年专家如何在其中发挥作用等问题开展交流,共收到近40条宝贵建议,对指导期刊后续工作提供了很大帮助。

（二）创新办刊思维,开拓期刊特色化发展之路

科技期刊有着自身的学科属性,但同一学科下的期刊往往因缺乏准确定位、专业特色不突出而存在同质化现象严重、刊载内容相似、缺少自身特色等问题。如何在激烈的期刊竞争中生存下去,以质量求生存,以特色求发展,是科技期刊科学发展的本质。《高电压技术》始终聚焦学科发展,以引领科技进步为己任,不断创新办刊思维,走出了一条特色办刊之路。

1. 发挥学科优势,打造特色栏目

《高电压技术》一直依托学科发展的大趋势打造特色栏目。我国于2005年开始研发特高压输电技术,《高电压技术》密切跟踪相关技术攻关进展,于特高压工程启动之初开辟《特高压输电》栏目,10多年来累计报道特高压相关论文600余篇,是国内报道特高压内容最系统全面、论文数最多的期刊,为特高压行业发展提供了成果发布和交流的一流平台。伴随着特高压输电技术的进步,《高电压技术》抓住行业发展机遇,于2009年被EI数据库收录,2012年核心影响因子为1.995,位居电气工程类第一。2015年,《特高压输电》栏目获得湖北省新闻出版广电局和湖北省期刊协会授予的"特色栏目"奖。后来,期刊还开辟了《电磁兼容与工程电磁场》特色栏目,聚焦电磁兼容、电磁干扰、电磁防护、电磁发射技术并扩展至生物和医疗方面,集中报道与高电压交叉学科和民生息息相关的生物电磁领域的研究成果,受到广大科研工作者和普通社会群众的关注。2017年,该栏目获得湖北省期刊协会授予的"特色栏目"奖。近年来,随着电网朝着绿色低碳安全高效方向发展,电力电子、新能源等相关的

技术和装备快速发展,《高电压技术》密切关注这些技术和装备在高电压领域的研究和应用进展,开辟了《大功率电力电子与智能输配电》和《新能源装备及其并网》两个栏目,吸引了一大批作者和读者的关注。目前,这两个栏目的引用数据在《高电压技术》六个常设栏目中排名前二。

2. 关注学术热点,策划重点专题

《高电压技术》始终保持对学术热点的关注,并围绕热点及时策划重点专题。一是聚焦国家发展战略,策划热点领域专题,如"双碳"、国家重点研发计划、配电物联网、储能、新型电力系统等专题;二是追踪新技术发展,策划交叉领域专题,如人工智能、数字孪生、智能传感、量子测量理论与技术等专题;三是重视与高校和会议合作,策划院校专题及会议专题,如刊载了"西安交通大学高电压技术专业成立60周年"专题,与华中科技大学电气与电子工程学院合作组织了70周年院庆专题,组织了"2018年全国高电压与放电等离子体学术会议专题"。

3. 引领学科发展,举办特色活动

(1)策划组织高峰论坛

在2019年和2023年中国电机工程学会高电压专委会学术年会举办之际,《高电压技术》作为发起单位,分别策划"面向新形势的高电压技术发展"高峰论坛、"高电压与绝缘技术专业在新型电力系统中的定位与发展"高峰论坛,邀请高电压领域知名院士和专家共同探讨高电压技术的发展机遇、面临的技术瓶颈、国际高电压发展趋势等议题,为高电压专业工作者在今后进行基础理论研究、科研成果转化和工程实际应用提供解决问题的思路,有效提升了期刊的影响力,也为期刊拓宽办刊思路提供了专业知识的支撑。

(2)组织高影响力论文评选

为了鼓励高电压科技工作者多出原创性研究成果和实用性技术成果,培养和提高电力科研人员的科学素质,展现科技期刊对科技创新的促进和支撑作用,《高电压技术》先后牵头组织开展了2019年、2023年高电压领域高影响力论文评选活动,经过编辑部推荐、资格审查、专家评审、终审认定等多个环节的严格评选,共有43本期刊的64篇论文获评"高影响力优秀论文"。

(3)承办品牌会议主题论坛

2021年,《高电压技术》编辑部承办CIEEC 2021"电力物联网"分论坛,为此牵头成立了党员会务组,圆满完成了会议策划、专家邀约、会议接待等全流程工作。在2023年5月举办的"第四届电力装备绝缘与放电计算学国际研讨会"上,《高电压技术》编辑部承办了"电力装备数字孪生与资产管理"分论坛。借助品牌会议主题论坛,《高电压技术》持续提升期刊在高电压及交叉领域的影响力。

4. 服务期刊发展,开展项目研究

《高电压技术》编辑部极其重视编研一体、学术立刊。近年来,编辑部积极探索出版领域

相关课题的申报和研究,积极参与科技期刊体系建设顶层设计,努力提高期刊中心在期刊行业话语权和在国网公司科技期刊体系中的引领力。在科研项目成果方面,先后高质量完成中国电科院自筹项目《科技论文智能辅助审稿技术研究》和中国科技期刊国际影响力提升计划的 D 类项目;目前正在牵头承担国家电网有限公司总部科技项目《公司科技期刊国际化发展路径研究》和中国电科院自筹项目《能源电力(氢能)科技前沿及发展趋势研究》,已发表 CSSCI 期刊论文 1 篇和 EI 检索会议论文 1 篇。通过开展项目研究,编辑部深化了对期刊及学科发展的认识,为期刊后续的发展进步提供了有力支撑。

5. 扩大国际影响,创办英文新刊

通过近二十年的努力,中国的高电压研究水平已走在世界前列。《高电压技术》作为一流的专业学术交流平台,一直致力于促进高电压领域的国际学术交流。从 2009 年起,《高电压技术》常设 8 名以上国际编委,保证期刊时刻掌握本领域国际研究动向。编辑部通过参加国际学术会议、开展双语出版、入驻 ResearchGate 国际学术交流平台等途径,不断扩大期刊国际传播范围,提升期刊国际影响力。近几年,期刊多次获得"中国最具国际影响力学术期刊"和"中国国际影响力优秀学术期刊"称号。

在取得一定国际影响力的基础上,《高电压技术》依托国际化的专家资源和专业化的编辑队伍,于 2016 年创办了全球第一个以高电压科学技术领域内最新研究进展为核心的英文学术刊物 *High Voltage*。自创刊起到 2019 年, *High Voltage* 迅速被 Inspec、Scopus、EI、SCI 等重要数据库相继收录,并于 2021 年进入 SCI 数据库 Q1 区,也同时成为第一本被列入中科院期刊分区表 1 区的中国电力期刊。中英文两刊通过协调融合,逐步形成了互补发展、共同打造国际化高电压学术交流平台的新态势。

(三)创新宣传方式,探索媒体融合化发展模式

党的十八大以来,习近平总书记多次对媒体融合发展提出明确要求,为推动媒体融合发展指明了前进方向、提供了根本遵循。网络技术与信息科技的快速发展在一定程度上冲击着传统媒体在读者心目中的地位,为了顺应智能化时代,传统媒体与新兴媒体的深度融合发展是期刊业未来发展的重要趋势。《高电压技术》紧跟媒体融合发展大势,通过线上、线下多渠道创新宣传方式,主动靠前服务,有效提升了期刊宣传推广效果。

1. 优化期刊网站,提升用户体验

《高电压技术》于 2007 年建立期刊独立网站,开始实行网络投稿。网站功能包括作者投稿、专家审稿、稿件处理、期刊浏览、投稿指南、期刊订阅、广告服务等,并设置了留言板与专家、作者线上沟通。编辑部高度重视加强新媒体建设,不断完善采编系统与其他外部软件的嵌入功能。通过上述方法,期刊的数字化程度和人员的工作效率得到有效提升。借助期刊网站,编辑部及时发布每期期刊目次和全文电子版、征稿启事、期刊动态、行业动态和会议信息等,为广大读者和作者提供了比较全面的期刊和行业信息服务。

期刊对标国内知名期刊网站,持续优化完善网站布局和功能,2023 年完成了新网站上

线。新网站集成重点文章及专题推荐、数据索引、网络首发、虚拟专栏、下载中心等功能模块,内容更丰富,界面更友好,给作者和读者提供了更优质的信息获取渠道,进一步提升了期刊网站的使用体验。

2. 开通微信平台,促进期刊传播

通过微信公众号和视频号这些新媒体平台,《高电压技术》积极探索多渠道融合宣传,持续提升期刊品牌传播力和影响力。《高电压技术》于2015年6月开通微信公众号,目前关注人数超过3.4万,发展态势良好。《高电压技术》微信公众号重视第一时间发布期刊和行业热点资讯,促进期刊传播。微信公众号一级栏目包括中英文刊、稿件查询和特色菜单,开通了期刊订阅、号内搜索等功能。编辑部注重微信公众号新栏目策划,近几年结合作者、读者、专家关注的问题,先后推出网络首发、编辑风采、青年人才托举、编辑部的高考故事、聚力研行等特色栏目,相关推文篇均阅读量均在1000以上。通过加强微信运营维护,建立高效运营机制,《高电压技术》微信公众号关注人数持续增长,并入选中国学术期刊微信传播力榜Top100。2022年,《高电压技术》正式开通微信视频号,通过视频号发布创意视频,做好电力相关的科普宣传,提升视频号的关注度;同时,尝试制作并发布视频形式的征稿启事,从形式上创新,给期刊传播开辟了新思路;此外,借助视频号直播或转播学术会议,更直观地为行业内的专家学者传递行业资讯,践行期刊传播知识、促进交流的使命。截至2023年7月30日,《高电压技术》微信视频号已累计发布近70个精彩视频。

3. 打造品牌会议,服务学术交流

《高电压技术》编辑部重视利用线上平台服务学术交流,着力打造"能源创新青年论坛"和"CEPRI—IEEE PES电力能源青年论坛"品牌会议,邀请青年专家学者就重点关注的技术发展趋势与关键学术问题做主旨报告,邀请资深专家参与圆桌讨论。"能源创新青年论坛"始于2020年,至今已举办了15场学术活动,累计观看人数20万;"CEPRI—IEEE PES电力能源青年论坛"始于2021年,至今已举办了7场学术活动,累计观看人数超过6.8万。此外,编辑部借助线上会议平台,与清华大学电机系达成合作,共计承办线上"清华电机系90周年系庆系列学术论坛"10期,邀请清华电机系知名专家及校友探讨电气学科和专业技术的发展,平均每期超过1万人次观看。通过打造品牌会议,编辑部充分发挥了期刊学术品牌的优势,增强了与专家、作者、读者的互动,促进了学术交流,同时扩大了期刊影响力。

4. 深入科研院校,主动靠前服务

《高电压技术》编辑部深入武汉大学、武汉理工大学等单位,主动靠前服务,开展"作者驿站"志愿服务活动,畅机制、问需求、解难题,推动期刊服务品质升级,不断提升专家作者群体的认可度和满意度。编辑部通过搭建"作者驿站"交流服务平台,向师生普及期刊划分、投审稿期刊选择技巧、论文写作中常见的问题及应对措施、论文修改及回复外审意见的流程及技巧、论文排版过程中常见问题、中英文期刊稿件处理的差异等知识,为高校师生开展一对一

答疑解惑、互动问答交流等。"作者驿站"的多维度服务拓宽了编辑与专家作者沟通交流渠道，使师生的疑难困惑问题能够及时得到解答。

5. 开发文创产品，赋能期刊发展

随着经济的发展，读者的消费习惯变得多元化和个性化，出版机构亟须调整业务模式，满足用户的消费需求和自身发展需求。文创产品具有高知识性、高附加值的特点。近年来，在媒体融合发展的大背景下，"出版＋文创"的新业态不断升温。《高电压技术》编辑部积极探索开发文创产品，为期刊发展注入新动能。编辑部设计了"高压兄弟"漫画人物形象，通过在期刊微信公众号发布连载漫画的形式，为用户提供期刊投稿和论文写作指导；同时，设计制作了精美耐用的手提包和"高压兄弟"徽章，在编辑参加会议交流活动时分发给关注《高电压技术》的专家、学者和学生，获得大家一致好评。

（四）展望

《高电压技术》伴随着我国输变电技术的发展走过了近五十个寒暑，见证了我国的电力发展历程，自 1975 年创刊以来，在广大电力科技工作者的共同努力下，以快速而稳健的步伐迈上一个个更高的台阶。但我们深知，成绩属于过去，未来充满挑战，创建一流期刊的道路上必然面临重重困难。然而，路虽远，行则将至；事虽艰，做则必成。在国家大力推进高水平科技自立自强、加快构建新型电力系统的战略布局下，《高电压技术》将紧跟电力技术发展步伐，积极报道最新研究热点，不断创新期刊发展模式，努力提升国际影响力，向着构建国际一流电力学术期刊的目标勇毅前行！

四、双语出版提升中文期刊国际影响力^① ——以《岩土力学》为例

双语出版期刊作为中国科技期刊的小众群体,一路走来虽伴随着中国科技期刊的发展,但始终若隐若现。它们既不像数量庞大的中文期刊那样随处可见,亦不像外文期刊(主要是英文期刊)那样虽然数量稀少但引人关注,双语期刊基本上被数量庞大的中文期刊所淹没。双语出版在我国有比较长的历史,最早可追溯到 1915 年创刊的《清华月刊》(*The Tsing Hua Monthly*)。新中国成立后,最早进行双语出版的期刊有 1979 年创刊的《昆虫分类学报》和 1980 年的《应用数学和力学》。

(一)中国科技期刊双语出版历程

我国双语出版的历程可分为两个阶段:自由探索阶段和新时代发展阶段。

1. 自由探索阶段

在这一阶段,主要是各个期刊社/编辑部根据自身情况开展符合自身条件的双语出版。有的采用对照双语出版(同一篇文章采用两种语言同时出版),有的采用混合双语出版(同一种刊物里既有中文文章也有英文文章)。根据周平等的调查,有双语出版经历和仍在进行双语出版的期刊数量共有 124 种(不完全统计,包括有 CN 号的和没有 CN 号的)。其中 41 种仍在进行双语出版;83 种期刊在其发展过程中逐渐转型:或中英分离,或转为英文刊,或回归中文刊。究其原因主要是双语出版涉及两种语言的出版,编辑出版程序增加,工作量加大,长期运行需投入大量人力财力。中国科技期刊双语出版尽管发展不尽如人意,但是在中国科技期刊国际化进程中起到了不容忽视的作用。具体表现在如下几个方面:

(1)双语对照出版为中英文期刊之间搭建起稿源桥梁

很多英文期刊在创刊之初,由于没有可以吸引优质稿源的条件(比如未被 SCI 或 EI 等数据库收录),稿源不足。面对这种状况,各个期刊社/编辑部会运用各种手段获取稿源,其中的一种手段就是从中文期刊中挑选部分优秀文章翻译成英文发表于英文期刊上,从而在一定程度上解决了新创刊英文期刊稿源的燃眉之急。另外,在对照双语出版期刊中也有将英文文章转换成中文文章的情形。

(2)双语对照出版是新的英文版期刊的孵化器

21 世纪初,很多国外出版商进入中国市场。以此为契机,一些中文期刊挑选优秀中文文章,将其翻译成英文,通过与国外出版商合作,以电子版的形式在国际出版商网上平台上对全球发布。出版商会给翻译出版的每种中文刊对应的英文版一个电子版 ISSN 号,即 eISSN 号。这种出版模式为中文论文走向国际打开了一扇窗口,中文刊的国际影响力得到不断提高。在这一过程中,有些期刊逐渐加大了翻译力度,如《石油勘探与开发》《催化学报》

---

① 撰稿人:周平。

分别从 2013 年和 2016 年开始,由部分翻译改为全部翻译,其在线电子版变成了名副其实的英文刊。《石油勘探与开发》借助期刊国际化的进程,成功被 SCI 数据库收录。《催化学报》借助双语出版,将中文印刷版也转换成了英文版,不再出版中文版。

(3)混合双语出版是中文期刊成长为英文期刊的转换器

通过混合双语出版,中文期刊前期刊发少量的英文论文,后期逐渐加大英文论文的比例。经过数年到数十年的双语混合出版,变成纯英文刊。《中国物理 C》和《上海精神医学》经过 1 年的混合双语出版即转变成纯英文刊;《昆虫分类学报》和《动物学研究》从创刊开始就采用混合出版模式,分别经历 32 年、33 年后转变为纯英文刊。

总体而言,这一阶段,少数具有前瞻性国际视野的中文期刊出版主体根据自身的人力、财力条件,率先开启了中文期刊双语出版的探索之旅,有些期刊取得了成功,有些则归于沉寂。

2. 新时代发展阶段

进入新时代,中国科技期刊迎来前所未有的发展期。国家从战略层面开始重视并支持科技期刊的国际化,提升国际影响力。2013 年,为贯彻落实中央书记处关于"围绕提高自主创新能力和影响力"和"打造具有国际专业水平的学术期刊等高质量交流平台"重要指示精神,促进我国科技期刊国际化发展,提升英文科技期刊国际影响力与核心竞争能力,中国科协、财政部、教育部、国家新闻出版署、中国科学院、中国工程院共同实施有史以来资助力度最大、目标国际化程度最高、影响力最深远的专项支持项目——中国科技期刊国际影响力提升计划。实践表明,该计划的实施对英文科技期刊国际影响力的提升有非常明显的助推作用。

在大力支持英文科技期刊提升国际影响力的同时,中文期刊是否能走出去,怎样走出去,并提升国际影响力? 2016 年 5 月 17 日,习近平总书记在哲学社会科学工作座谈会上谈到:"发挥我国哲学社会科学作用,要注意加强话语体系建设。""要聚焦国际社会共同关注的问题,推出并牵头组织研究项目,增强我国哲学社会科学研究的国际影响力。要加强优秀外文学术网站和学术期刊建设,扶持面向国外推介高水平研究成果。"2018 年 8 月习近平总书记在全国宣传思想工作会议上发表重要讲话,强调"要推进国际传播能力建设,讲好中国故事、传播好中国声音,向世界展现真实、立体、全面的中国,提高国家文化软实力和中华文化影响力。"总书记的重要讲话为学术期刊(包括中文期刊)走国际化道路指明了方向。

提升期刊的国际影响力是强化我国国际学术话语权的需要。中文期刊要想在强化我国国际学术话语权过程中有所作为,双语出版是最有效的途径。双语出版模式能够兼顾国内国际读者的需求。在双语出版模式下,一本期刊分为中英两个版本,或者一本期刊运用两种语言,中文文章面向国内读者、英文文章面向国际读者,这既满足了庞大的国内读者群运用中文进行学术交流的需求,也达到了向国际读者群传播中国科技成果的目的。有关资料显示,在 2016 年,拥有 CN 号的中英双语期刊仅有 46 种,占当年全部 5020 种科技期刊的 0.92%。随着 2016 年习总书记重要讲话的发表,2017 年,拥有 CN 号的双语期刊数量增加到 123 种,较 2016 年增加了 167%,2018 年双语期刊有 121 种,随后稳步增长,2019 年 170 种,2020 年 184 种。

近年来,相关部委领导亦明确表态鼓励支持双语出版。2019 年 3 月 20 日,中国科协主席万钢在科学出版社专题调研一流科技期刊建设时谈到:"尝试开发中英文双语期刊,为科技成果国际交流提供渠道,同时也可以扩大传播面,让更多的读者看到作者的思想和智慧。"2022 年 3 月 29 日,时任中国科协党组书记、分管日常工作副主席、书记处第一书记张玉卓在中国科协组织召开科技期刊集群发展和学术交流平台建设研讨会上讲到:"要加大新刊资源供给,在保证学术质量的基础上创办更多高质量期刊,引导海外优秀期刊回归,推动优秀科技论文双语传播,提升我国科技期刊的学术影响力和服务能力。"2020 年科技部印发《关于破除科技评价中"唯论文"不良导向的若干措施(试行)》的通知,其中提到:"鼓励发表高质量论文,包括发表在具有国际影响力的国内科技期刊、业界公认的国际顶级或重要科技期刊的论文,以及在国内外顶级学术会议上进行报告的论文(简称'三类高质量论文')。"显然,中文期刊要想成为具有国际影响力的国内科技期刊,最有效的途径就是开展双语出版,这是由国际学术交流主流语言是英语这一条件决定的。有关研究结果显示,我国部分优秀中文科技期刊的学术水平和国际影响力已经位于 JCR 刊群的中等水平,已经具备了参与国际竞争的潜力。

作为中国最大的数据库出版商——中国知网最早洞察到国家在推进期刊国际化方面的战略导向,于 2015 年发起创立了中国知网精品学术期刊外文版数字出版工程(CNKI Journal Translation Project—a bilingual database of Chinese academic journal,简称 JTP)。该工程按择优选刊、择优选文的"双优"原则,选择中文期刊中各学科的佼佼者,优选其中的部分论文翻译成英文在 JTP 双语平台上对全球发布。统计显示,2018 年 4 月 28 日 JTP 内有 139 种期刊参与双语出版,2023 年 4 月 14 日统计显示有 283 种期刊参与双语出版,新增了 103.6%。拥有 CN 号的双语期刊的快速增加和加入 JTP 平台的期刊的快速增加表明越来越多的优秀中文期刊正在加入双语出版队伍,走国际化道路。

特别值得注意的是,2023 年 7 月 3 日中国科学技术协会发布《关于开展 2023 年度科技期刊双语传播工程的通知》。通知要求各有关中国科技期刊卓越行动计划、全国学会出版能力提升计划入选期刊和各有关期刊:对其刊载的优秀论文开展双语长摘要或结构化论文撰写和翻译,更加有效传播我国学术成果,促进中外学术交流与合作,切实提升中国中文科技期刊国际学术影响力和传播服务力。

湖北省有 CN 号的双语期刊仅有 1 种,占湖北省科技期刊总数的 0.47%。在 JTP 平台内,湖北省科技期刊有《岩土力学》《岩石力学与工程学报》《中国舰船研究》《武汉大学学报(信息科学版)》《高电压技术》《波谱学杂志》等。

(二)《岩土力学》双语出版实践

1. 出版历程

JTP 作为产自中国的期刊"航船",为中文学术期刊出海提供了自主品牌的出版平台。2017 年,《岩土力学》被 JTP 选为源期刊。3 年的双语出版实践表明,由于自身的或者客观的原因,大多数期刊(包括本刊)的稿件从翻译到正式上线速度非常缓慢,下载量也十分有限。这种缓慢的出版速度和有限的下载量显然无法满足向国际读者展示中国科技成果的要求。从 2020 年开始,《岩土力学》在"中国科技期刊卓越行动计划"项目的支持下开始自主进行双语出版,以实现英文论文的及时出版。

2. 具体措施

(1)组建英文翻译编校团队,制定翻译编校细则

我们通过网络招聘英文翻译编校人员。英文翻译编校团队成员包括海归、国内英文好的博士以及目前在国外学习工作的科研教学人员,计 30 余人。为了保证翻译稿的质量,编辑部制定了翻译编辑校对细则。对翻译稿质量或编校稿质量两次达不到要求的成员,不再合作。

从 2020 年开始,每年选取不少于 100 篇中文文章翻译成英文。需要说明的是,为了更好地满足中国读者的阅读习惯,将通过同行评议后录用的国外作者的英文稿件也翻译成中文,以中文纸质版和网络版的形式出版,以提高国外作者的文章在中国读者中的传播效果。这样做同时满足了中文刊出版不能有英文文章的出版规定。

(2)建设传播平台

中英双语网站用以实现论文在线出版、作者投稿、专家审稿等功能。同时也借助该网站向国际读者宣传《岩土力学》,展示每位编委会成员的基本情况。《岩土力学》的中文投审稿及论文发布采用玛格泰克公司提供的系统。该系统虽然具备双语运行功能,但英文界面的功能不完备。根据我们的要求,玛格泰克公司对英文界面进行了完善升级,基本满足了投稿、审稿及论文在线发布的功能要求。

(3)传播英文论文

采取自建双语网站＋国际推送公司的模式向国际读者传播英文论文。科睿唯安(Clarivate)是全球领先的专业信息服务商。我们选用它的推送系统,每次向国际读者推送数千条与被推送论文相关的邮件。通过邮件推送,国际读者可以访问我们的网站,下载论文。图 8-14 为 2023 年第 1、第 2 期推送文章邮件一周内被打开和点击情况。

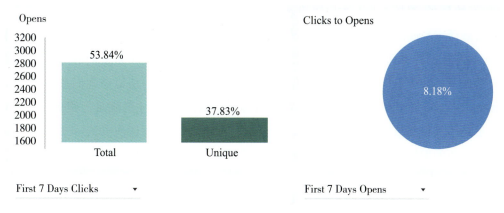

图 8-14　2023 年第 1-2 期推送文章邮件被打开和点击情况

3. 出版成效

（1）期刊国际影响力得到提升

迄今，《岩土力学》已经在自建的网站上发布了 346 篇英文论文，这些论文包括中文论文翻译成英文的论文和国外作者投稿被录用的论文，获得了国外读者 1.3 万多次的全文下载，下载量远远高于在 JTP 平台的下载量。与此同时，也收到了来自英国、美国、澳大利亚、意大利、俄罗斯、伊朗、印度、中国香港等 21 个国家和地区作者的来稿。《岩土力学》初步真正具有了一定的国际影响力（包括其所发表的文章被国外读者下载和国外作者投稿两个方面）。2023 年 6 月 28 日，科睿唯安（Clarivate）公司发布了 2023 年 *Journal Citation Reports*（简称 JCR）。作为中国岩土力学与工程领域唯一入选 ESCI 的中文期刊，《岩土力学》获得第一个 JCR 影响因子。在工程和地质学科的 21 个 ESCI 期刊中排名第 8 位，相当于该学科 41 种 SCI 期刊的第 36 位。根据科睿唯安的期刊影响力指数（JCI）对比，在所有工程和地质学科的 62 种期刊中，《岩土力学》的排名较 2020 年上升了 3 位，排名上升至第 48 位。2023 年 6 月 9 日，Scopus 数据库公布了 2022 年影响因子，《岩土力学》在岩土工程和工程地质学科的 203 个期刊中排名第 92 位，比 2020 年上升了 13 位。

（2）编辑队伍综合素质得到提升

作为中文科技期刊，《岩土力学》的责任编辑主要面向国内作者、处理中文稿件。开展双语出版后，各位责任编辑在负责编辑出版中文版的同时，也要负责英文翻译版的编校审读。在这一过程中，既要与国内作者沟通，也要与国外作者交流。虽然工作量大幅增加，但各位责任编辑在此过程中得到了全方位锻炼，中英文编校能力以及与国外作者的沟通能力得到了较大幅度的提升。

4. 问题及对策

（1）翻译编校工作量大，编校出版压力大

尽管组建了翻译、编校团队，但相较于有专职编辑人员的中文版而言，每年翻译并编校 100 篇文章的工作量巨大，相当于一本英文刊物的文章数量。

（2）好的翻译、编校专业人才比较缺乏

由于翻译编校团队成员是业余而非专职的，尽管他们都是本学科领域的国内外博士、博士后，有的还是拥有讲师以上职称的高素质人才，但从事翻译、编校不是他们的主业，且他们大都有学业、科研、教学等任务，投入双语工作的时间和精力有限。所以经他们翻译、编校出来的稿件水平参差不齐。返回的稿件需要编辑部最后编校/审读才能满足上线要求。目前能够满足翻译编校要求的人才数量有限。对于这一难题，目前两种解决办法：一是招聘有英文版编校经历的编辑人员，即所谓的专业人做专业事；二是在办刊过程中不断发现优秀的翻译编校人才。

（3）翻译稿件比中文稿滞后 1～2 个月

因为涉及翻译流程，英文论文与中文论文同步出版难以实现。

（4）专业术语的翻译是难点之一

当今岩土力学与岩土工程领域已经进入新的发展阶段，涉及地质学、力学、数学、化学、生物学、计算机科学等众多领域，涉及浩繁的专业术语，给翻译工作带来意想不到的难度。目前解决的办法是收集各类英汉专业词典，在实践中通过不断积累，尽可能做到中文术语与英文术语含义的准确匹配。

（5）国际传播渠道较为狭窄

英文期刊因加入影响力强大的国际出版平台，传播渠道宽广，国际影响力提升较快。但目前各国际出版商已经停止接收翻译稿件加入其平台。《岩土力学》主要采取非主流传播方式，比如邮件推送、关联引流等途径向国际读者传播论文。我们期待中国自主品牌的出版平台（比如 JTP）能够尽快完善出版机制，快速成长，真正成为中国期刊走向国际的"航船"。

（6）国外自由来稿质量不高

主要表现在发达国家来稿少，以发展中国家来稿为主，稿件质量不高。组稿国外稿件特别是发达国家作者的稿件是今后双语出版工作的重点之一。

（7）出版经费压力大

中国科技期刊卓越行动计划项目结束后，双语出版经费面临一定的压力。

（三）结语

①新时代新使命，在习近平总书记重要讲话精神的指引下，2017 年开始，中国双语出版期刊迈入快速发展轨道。

②中文科技期刊进行双语出版是践行习总书记"把论文写在祖国大地上"和"讲好中国故事、传播好中国声音"重要讲话精神的最好诠释。《岩土力学》双语出版的实践表明，优秀的中文期刊通过中英双语出版可以提高自身的国际影响力。

③双语出版这种小众形式已得到相关部委管理层的认可，已经纳入中国科协常态化支持管理范围。

主要参考文献

[1] 佘诗刚,曹启花,王琳,等. 基于 CI 值的"中国科技期刊国际影响力提升计划"资助效果分析——以中科院英文科技期刊为例[J]. 中国科技期刊研究,2020,31(2):179-189.

[2] 肖宏,范爱红,伍军红. 中国英文学术期刊国际国内引证报告[R]. 北京:电子杂志社有限公司,2017,8.

[3] 中国科学技术协会. 中国科技期刊发展蓝皮书(2017)[M]. 北京:科学出版社,2018.

[4] 中国科学技术协会. 中国科技期刊发展蓝皮书(2018)[M]. 北京:科学出版社,2018.

[5] 中国科学技术协会. 中国科技期刊发展蓝皮书(2019)[M]. 北京:科学出版社,2019.

[6] 中国科学技术协会. 中国科技期刊发展蓝皮书(2020)[M]. 北京:科学出版社,2020.

[7] 中国科学技术协会. 中国科技期刊发展蓝皮书(2021)[M]. 北京:科学出版社,2021.

[8] 周平. 中国知网双语期刊出版状况分析及思考[J]. 中国科技期刊研究,2018,29(8):780-785.

[9] 周平,党顺行,郭茜,等. 中国科技期刊中英双语出版状况调查与分析[J]. 中国科技期刊研究,2019,30(4):432-439.

[10] 中国科学技术学会. 关于开展 2023 年度科技期刊双语传播工程的通知[EB/OL](2023-07-03)[2023-07-28] http://www.cast.org.cn/xw/tzgg/KJCX/art/2023/art_ecdcd57ca51a418da7b0f9939bb98657.html.

五、打造品牌学术会议 提升科技期刊影响力——以"陈宗基讲座"高端论坛为例①

科学研究离不开学术交流,科研的创新过程也是学术交流模式的创新过程[1]。作为科研工作者探讨学科领域关键问题和研究热点的重要学术交流方式之一[2],学术会议在传播科技成果、开展学术争鸣等方面发挥着重要作用[3]。2021年8月科技部等部门《关于促进科技领域学术会议繁荣发展和规范管理的指导意见》指出,"发展高水平学术会议"要"打造一批特色品牌学术会议"。科技期刊紧密跟踪行业发展趋势,举办学术会议能够较好地把握当前热点研究领域,并且在组织参会者方面具备足够的号召力[4]。目前,以期刊为根本打造精品学术会议已有诸多研究[5-8],并证实在获取优质稿源、密切联系专家与编辑、扩大期刊学术影响力等方面有积极的作用。但传统学术会议存在商业化严重、缺乏会议资料留存等问题[9-10],为了达到建设国家科研论文和科技信息高端交流平台这一目标,科技期刊打造品牌学术会议,形成开放、专业、多元的学术会议体系,为推广科技成果和促进学术交流助力。

《岩石力学与工程学报》(以下简称《学报》)创刊于1982年,由中国科学技术协会主管、中国岩石力学与工程学会主办。《学报》为全国中文核心期刊、中国科学技术协会精品科技期刊、中国百强报刊、中国最具国际影响力学术期刊、百种中国杰出学术期刊、湖北十大名刊,现被美国《工程索引》(EI)、《剑桥科学文摘》(CSA)、《日本科学技术振兴机构数据库》(JST)和《中国科学引文数据库》(CSCD)等国内外权威数据库收录。经过41年的学术质量建设和品牌建设,《学报》在岩土工程领域的影响力和学术地位取得了较大的提升,核心影响因子和总被引频次均名列本学科第一,已成为中国岩土工程领域具有重要影响力的学术期刊[11]。《学报》的主编和编委会成员都是岩土工程领域的资深专家,结合自身平台优势,举办学术会议具有很强的号召力[12]。近年来,《学报》结合行业特色,通过举办"陈宗基讲座"高端论坛打造学术品牌,以学术策划为主旨,注重学术内容与交流,在实践中不断优化会议模式,完善学术交流平台的搭建,凝聚岩土工程界科研力量,发挥学术引领作用,进一步提升期刊影响力。

(一)"陈宗基讲座"高端论坛构建与品牌打造

陈宗基(1922—1991)先生是我国著名岩石力学、流变力学、地球动力学专家,于1954年在国际上首创土流变学,提出的"陈氏固结流变理论""陈氏黏土卡片结构""陈氏屈服值""陈氏流变仪"等已被国际上公认,推动了中国现代岩土力学的发展[13-14]。《学报》即为1982年在陈宗基先生倡导下创办的科技期刊。为了纪念已故陈宗基先生,展现我国岩石力学理论研究和工程实践的研究成果以及促进和引领学科发展,《学报》2006年确定设立"陈宗基讲

---

① 撰稿人:陶婧。

座"。《学报》充分挖掘行业特色,通过打造品牌学术会议,促进岩土工程行业的学术交流和期刊的宣传推广。

1. 强化制度建设,规范会议流程

"陈宗基讲座"设立至今,组织形式分为两个阶段:第一阶段为2007—2012年,该阶段"陈宗基讲座"实施形式为单场学术报告。第二阶段自2015年起,时任编辑部主任刘才华研究员结合当时《学报》发展的实际需求,提出了将"陈宗基讲座"改版为大型学术会议的实施方案,使之面向广大的岩土工程学科学术研究和工程实践的中坚力量,吸引和鼓励广大的岩石力学与工程领域的中青年学者关注和参与。经多方协商,确定将改版后的"陈宗基讲座"定位为我国岩土工程学科高端学术论坛[15],由《学报》编委会、中国岩石力学与工程学会和中国科学院武汉岩土力学研究所共同主办,《学报》编辑部等承办。结合"陈宗基讲座"高端论坛,积极开展形式创新,形成《学报》专属logo,提高了《学报》和会议辨识度。同时为鼓励原创,结合讲座同步推出了年度优秀论文"陈宗基"奖的评选(图8-15),获奖论文将在当年"陈宗基讲座"高端论坛开幕式上进行颁奖。经过十几年的打磨,"陈宗基讲座"高端论坛已初具规模和影响力,成为展示我国岩土工程最新研究成果的重要平台及《学报》与岩土工程学术界交流的重要窗口,力争将"陈宗基讲座"高端论坛及《学报》年度优秀论文"陈宗基奖"打造成为中国岩土工程领域最权威的学术论坛和中国岩土工程领域最高学术荣誉之一。

图8-15 "陈宗基讲座"高端论坛学术品牌

2. 丰富会议内容,优化会议形式

经过多年的发展,"陈宗基讲座"从依附于其他学术会议的单场学术报告成长为独立的大型学术报告会(图8-16),会议内容经历了以"学术展示为主"向"展示与交流并重"的演变。2021年"陈宗基讲座"高端论坛大幅增加了学术讨论的时间,主讲人赵阳升院士在报告后,提出岩体力学与工程学科在今后相当长的一段时间内亟须解决的若干个重要科学问题（图 8-17），引起了与会代表的热烈讨论，专家们各抒己见，积极参与探讨交流，形成了浓厚的学术讨论氛围。

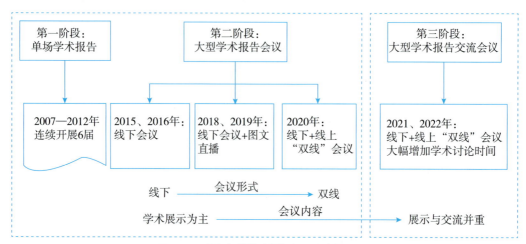

图 8-16 "陈宗基讲座"会议形式发展历程

图 8-17 2021 年"陈宗基讲座"高端论坛学术讨论环节的议题

另外，2021 年起，"陈宗基讲座"高端论坛设置"岩石破坏短临预报"竞赛模块，全国先后有来自中国矿业大学（北京）、东北大学、中南大学等共计 24 个参赛队伍现场竞技，共同探究岩体灾害预报理论与方法[16]。经评审委员会专家组评审，评选出获胜队伍并在"陈宗基讲座"高端论坛大会开幕式上进行颁奖。该竞赛在"陈宗基讲座"高端论坛线上会议同步直播（图 8-18），吸引了大批同行关注。这些内容极大地丰富了"陈宗基讲座"高端论坛的内涵，促进论坛以开放、包容的架构不断向前发展。无论是大幅增加学术讨论时间，还是增加"岩石破坏短临预报"竞赛模块，"陈宗基讲座"高端论坛始终以学术策划为主导、以学术交流为目的，重视会议学术内容和品质，结合技术发展水平和需求，在会议内容和形式上不断优化和完善。

图 8-18　2021 年"岩石破坏短临预报竞赛"现场直播与颁奖

3. 顺应形势变化,搭建"双线"平台

2018 年,随着信息技术的发展,移动端阅读渐渐受到大众的喜爱,为了给更多读者提供便捷,"陈宗基讲座"高端论坛于 2018 年和 2019 年采取了"线下会议＋图文直播"的形式,线上点击率分别为 2 万次和 4 万次,获得了广泛的关注,同时视频直播的呼声也越来越高。2020 年,受"新冠肺炎"影响,疫情背景下举办线上学术会议成为顺应形势的必然选择,因此自 2020 年起,"陈宗基讲座"高端论坛会议形式采用"线下＋线上"会议模式。一方面,基于多年的办会经验,线下会议模式已趋于成熟,该模式在学术交流方面更直观便捷(会上报告人与观众之间可以面对面互动研讨,会后专家之间交流与沟通),是"陈宗基讲座"高端论坛不可或缺的会议模式。另一方面,疫情使线上会议的优越性得到了充分的体现,不仅节省了参会者的时间和成本,而且可同时容纳更多观众。随着线上会议直播系统的逐步完善,目前,线上会议模式可实现会议现场同步直播、专家远程报告、专家远程与现场视频交流、会后回放等功能。

4. 完善网站系统,保存会议资源

保存"陈宗基讲座"高端论坛重要学术资源,对传播会议成果、实现对会议内容的学术资源再利用而言具有重要意义。在《学报》官方网站上搭建"陈宗基讲座"高端论坛会议平台,设有"陈宗基院士及'陈宗基讲座'""陈宗基奖""历届讲座""现届讲座"和"我要承办/协办"模块，主要涵盖了 2015 年以来"陈宗基讲座"高端论坛详细内容。其中，"陈宗基院士及'陈宗基讲座'"模块主要对讲座相关背景资料进行详细介绍，"陈宗基奖"模块对陈宗基奖进行了介绍并展示了历届年度优秀论文"陈宗基奖"评选结果，"历届讲座"模块涵盖了历届讲座论坛简介、学术报告、主讲论文和论坛集锦等内容，"现届讲座"模块发布征文、报到通知等会讯服务。该平台不仅对历届讲座进行信息采集，以实现对会议内容的长期保存，还可以为用户提供学术内容检索与挖掘，以及会议征文等资讯服务，将来拟打造为集用户浏览、分享、下载、投稿与会议注册的一体化平台。汇聚"陈宗基讲座"高端论坛学术成果，有利于强化学术会议成果的二次传播，积极推动科学数据开放共享。

（二）期刊品牌影响力提升成效分析

通过多年的打磨和优化，"陈宗基讲座"高端论坛吸引了大批岩土工程领域专家和同行的积极参与，不仅促进了行业学术的交流与发展，而且提升了《学报》在学科领域的品牌知名度和影响力，进而增强期刊多元化发展的能力。

1. 助力提高期刊学术影响力

表 8-16 统计了历届"陈宗基讲座"主讲论文下载与引用情况（第十一届无主讲论文），从表中可以看出，"陈宗基讲座"主讲论文在当年的全年被引排名中位居前列，被引频次大幅高于同期其他论文，显示出了非常好的学术关注度和影响力。且自讲座改版后，当年被引频次排名总体有上升的趋势，说明优化学术会议模式有助于学术成果的推广，不仅反映了"陈宗基讲座"在引领学术研究、促进学术交流方面的积极作用，且其影响力也在不断扩大。

表 8-16   **"陈宗基讲座"高端论坛主讲论文下载与引用情况**

届序	主讲论文	第一作者	发表刊期	被引频次	下载频次	当年被引频次排名
第一届	岩石流变力学及其工程应用研究的若干进展	孙 钧	2007 年 6 月	1017	12722	2
第二届	论岩石的地质本质性及其岩石力学演绎	王思敬	2009 年 3 月	191	3445	23
第三届	岩石爆炸动力学的若干进展	钱七虎	2009 年 10 月	111	2354	73
第四届	岩体工程结构的稳定性	周维垣	2010 年 9 月	65	1370	168
第五届	三维地应力 BWSRM 测量新方法及其测井机器人在重大工程中的应用	葛修润	2011 年 11 月	67	1290	113
第六届	岩土数值极限分析方法的发展与应用	郑颖人	2012 年 7 月	282	5147	6

届序	主讲论文	第一作者	发表刊期	被引频次	下载频次	当年被引频次排名
第七届	深部岩体力学研究与探索	谢和平	2015年11月	868	11977	1
	恒阻大变形锚杆冲击拉伸实验及其有限元分析	何满潮		72	1960	43
	我国煤矿冲击地压的研究现状:机制、预警与控制	姜耀东		373	4381	2
第八届	基于界面牛顿力测量的双体灾变力学模型研究	何满潮	2016年11月	24	1145	212
第九届	建立在相对安全率准则基础上的岩土工程可靠度分析与安全判据	陈祖煜	2018年3月	42	994	44
	冻融环境下岩体损伤力学特性多尺度研究及进展	杨更社		100	3457	5
第十届	岩爆孕育过程研究	冯夏庭	2019年4月	187	4155	1
	岩爆条件和岩爆支护	李春林		35	1040	46
第十二届	岩体力学发展的一些回顾与若干未解之百年问题	赵阳升	2021年7月	53	3978	3
第十三届	深地储能研究进展	杨春和	2022年9月	4	1129	55

注:资料来源于中国知网2023年7月28日的统计数据。

表8-17统计了2015年以来历届"陈宗基讲座"高端论坛发文情况,从表中可以看出,"陈宗基讲座"高端论坛发文篇数逐步提升并趋于稳定,并且,讲座论文的篇均被引频次远高于当年《学报》发文的篇均被引频次,说明"陈宗基讲座"高端论坛已获得行业内作者与读者的认可,坚持以创新性为核心的学术评价模式在获取优质稿源、保证发文质量方面起到了重要的作用。"陈宗基讲座"高端论坛不仅聚集了学术领域内众多专家的优质学术成果,同时新媒体融合的学术传播模式促进了学术成果的广泛传播,有利于期刊的学术引领地位。

表8-17　　　　　　**2015年以来历届"陈宗基讲座"高端论坛发文情况**

届序	年份	发文篇数	篇均下载频次	篇均被引频次	当年总发文篇均被引频次
第七届	2015	16	1890.38	120.44	48.35
第八届	2016	12	1233.33	50.67	45.07
第九届	2018	19	968.05	31.53	22.67
第十届	2019	18	1350.89	49.50	36.35

续表

届序	年份	发文篇数	篇均下载频次	篇均被引频次	当年总发文篇均被引频次
第十一届	2020	16	1321.69	35.13	25.82
第十二届	2021	17	932.35	11.94	10.04
第十三届	2022	17	826.06	3.00	2.69

注：资料来源于中国知网 2023 年 7 月 28 日的统计数据。

2. 助力提升期刊社会影响力

经过多年的发展，结合网络技术的发展和用户需求，依托媒体平台，通过不断优化会议模式，使得"陈宗基讲座"高端论坛的社会影响力得到了进一步的提升，具体表现在：

（1）参会人数逐年递增

2022 年，线下参会人数达 300 余人，创该会议参会人数新高。自 2020 年起，"双线"会议模式极大地扩大了参会人员规模。2020、2021、2022 年讲座在多家媒体平台上全程同步直播，在媒体平台上的总点击率分别为 49 万次、70 万次和 90 万次，呈逐年递增趋势。

（2）讲座受到社会媒体的广泛关注

2016 年湖北电视台自发对本届会议进行了采访，2021、2022 年均有多家社会媒体自发对"陈宗基讲座"高端论坛进行相关报道（图 8-19）。

图 8-19　社会媒体对"陈宗基讲座"高端论坛进行报道

另外,"陈宗基奖"逐步获得学术界的认可和重视。自该奖项推出以来,已累计25篇论文获此荣誉(表 8-18),经过几年的努力,《学报》优秀论文"陈宗基奖"已获得了广泛的关注和认可,如中国矿业大学、西安科技大学等高校对获奖者进行了报道和宣传(图 8-20)。

表 8-18 历届"陈宗基奖"获奖论文

评奖年份	作者	文题	年份,卷期,页码
2016	单仁亮,孔祥松,蔚振廷,等	煤巷强帮支护理论与应用	2013,32(7):1304-1314
	何满潮,袁越,王晓雷,等	新疆中生代复合型软岩大变形控制技术及其应用	2013,32(3):433-441
	李振雷,窦林名,蔡武,等	深部厚煤层断层煤柱型冲击矿压机制研究	2013,32(2):333-342
	夏开宗,陈从新,刘秀敏,等	基于岩体波速的 Hoek-Brown 准则预测岩体力学参数方法及工程应用	2013,32(7):1458-1466
2018	李芷,贾长贵,杨春和,等	页岩水力压裂水力裂缝与层理面扩展规律研究	2015,34(1):12-20
	梁荣柱,夏唐代,林存刚,等	盾构推进引起地表变形及深层土体水平位移分析	2015,34(3):583-593
	张庆松,张连震,张霄,等	基于浆液黏度时空变化的水平裂隙岩体注浆扩散机制	2015,34(6):1198-1210
2019	张广超,何富连	大断面强采动综放煤巷顶板非对称破坏机制与控制对策	2016,35(4):806-818
	雷光伟,杨春和,王贵宾,等	断层影响带的发育规律及其力学成因	2016,35(2):231-241
	赵延林,唐劲舟,付成成,等	岩石黏弹塑性应变分离的流变试验与蠕变损伤模型	2016,35(7):1297-1308
	张东明,白鑫,齐消寒,等	含层理岩石的 AE 特征分析及基于 Kaiser 效应的地应力测试研究	2016,35(1):87-97
2020	李晓锋,李海波,刘凯,等	冲击荷载作用下岩石动态力学特性及破裂特征研究	2017,36(10):2393-2405
	许强,李为乐,董秀军,等	四川茂县叠溪镇新磨村滑坡特征与成因机制初步研究	2017,36(11):2612-2628
	黄炳香,赵兴龙,陈树亮,等	坚硬顶板水压致裂控制理论与成套技术	2017,36(12):2954-2970

续表

评奖年份	作者	文题	年份,卷期,页码
2020	李召峰,李术才,刘人太,等	富水破碎岩体注浆加固实验与机制研究	2017,36(1):198-207
	舒龙勇,王凯,齐庆新,等	煤与瓦斯突出关键结构体致灾机制	2017,36(2):347-356
	李磊,谭忠盛,郭小龙,等	高地应力陡倾互层千枚岩地层隧道大变形研究	2017,36(7):1611-1622
2021	杜时贵	冲大型露天矿山边坡稳定性等精度评价方法	2018,37(6):1301-1331
	宫凤强,闫景一,李夕兵	基于线性储能规律和剩余弹性能指数的岩爆倾向性判据	2018,37(9):1993-2014
	仇文革,王刚,龚伦,等	一种适应隧道大变形的限阻耗能型支护结构研发与应用	2018,37(8):1785-1795
	陈国庆,赵聪,魏涛,等	基于全应力—应变曲线及起裂应力的岩石脆性特征评价方法	2018,37(1):51-59
	王军保,刘新荣,宋战平,等	基于反S函数的盐岩单轴压缩全过程蠕变模型	2018,37(11):2446-2459
2022	严健,何川,汪波,等	雅鲁藏布江缝合带深埋长大隧道群岩爆孕育及特征	2019,38(4):769-781
	崔峰,杨彦斌,来兴平,等	基于微震监测关键层破断诱发冲击地压的物理相似材料模拟实验研究	2019,38(4):803-814
	江权,冯夏庭,李邵军,等	高应力下大型硬岩地下洞室群稳定性设计优化的裂化—抑制法及其应用	2019,38(6):1081-1101

图8-20　高校对"陈宗基奖"获奖者进行报道宣传

(三)科技期刊打造品牌学术会议的思考

1. 坚持内容为王的办会理念是举办学术会议的基础

《学报》关注行业发展动态,始终坚持把内容建设放在期刊建设第一位,为读者提供高品质、特色化的内容服务,多年来,《学报》各项学术指标一直在领域内遥遥领先。因此,在打造"陈宗基讲座"高端论坛品牌学术会议的过程中,坚持以学术策划为主导,以学术交流为目的,注重学术内容与品质,避免以营利为目的的商业化趋势,坚持内容为王的办会理念。首先,把握研究方向,促进学科发展。历届主讲人及会议议题均经过专业委员会、地方学会的推荐及编委会反复商议决定,会议议题要求能反映当前研究热点,传播更多创新成果。其次,注重文章品质,严把质量关。在包括主讲、副讲论文的"陈宗基讲座"高端论坛论文审稿处理中,与本刊其他自由来稿处理流程及标准要求保持一致,必须经过学术审查严格、审稿精细化、论文精品化的质量内控体系。最后,助力科技人才成长。会前开展周密策划,筛选具有创新性和实用性的会议报告,合理安排会议日程,使参会者学有所获。除邀请具有知名度的专家学者作报告外,还鼓励优秀青年学者积极参加,对于活跃学术氛围,培养和发现优秀青年人才起到了重要的作用。

2. 高层次编委团队为内容建设提供支撑

《学报》一直以引领国内学科发展和国际化作为出发点,编委团队主要由国内外知名专家组成。历届编委均为学科领域的带头人,具有较高的学术水平及较强的科研能力。2022年,在中国岩石力学与工程学会理事长何满潮院士的指导下,以"优化区域与行业分布、兼顾科研与生产、老中青梯队递进"为原则进行编委会换届,按照学会章程要求和换届方案,会议选举产生了以何满潮院士为主编的由150名国内外知名专家和中青年学者组成的第九届编委会。编辑部设立编委微信群,与编委专家之间有着较为密切的沟通。及时了解编委成员的最新科研成果,同时向编委团队汇报编辑部工作成果及遇到的问题,定期召开编委会。"陈宗基讲座"高端论坛也得到了编委们的支持和肯定,编委们为讲座的开展与优化出谋划策,先后有多位编委专家积极响应了讲座的征文,并在会上作报告。高层次的编委团队具有开阔的学术视野、敏锐的学术洞察力和较大的学术影响力,为"陈宗基讲座"高端论坛内容建设提供了强有力的支撑。

3. 高品质的会务服务是持续发展的保证

会议流程的安排和对参会人员的接待是会务工作的重要组成部分,作为由期刊举办的学术会议,"陈宗基讲座"高端论坛力争办出自己的特色,在提供高水平学术报告的同时,为参会者提供高品质的会务服务也是打造会议品牌不可或缺的目标之一。《学报》编辑部全程负责会议的策划、组织与实施,会前至少提前半年考察会议举办地,从会场条件、交通、住房等多方面考察办会酒店,确保会议顺利召开。报到时做好专家和参会代表的接送等工作,准备突发情况预案,及时解决会议上可能发生的状况。在会议服务工作中注重细节的人性化,使参会者感受到组委会的细致用心，让主办方具有亲切感，树立品牌形象。"线上＋线下"会议模式下，为确保直播工作的顺利开展，选择与专业的科研直播公司合作，寻求稳定性好、受众精准、成本适宜的直播平台。考虑到当前微信的微赞直播间是方便快捷、用户较多的平台，讲座的直播平台以微赞为主，在央视频、新浪新闻等社会媒体平台上进行分发。

4. 专业化的编辑团队提供了良好的执行能力

一流刊物离不开高层次的一流人才，"陈宗基讲座"高端论坛的发展离不开优秀的编辑团队。在办好刊物的同时，打造学术品牌会议，对编辑提出了更高的要求。目前，《学报》编辑部具有专业背景的博士 3 人、硕士 2 人、本科 4 人，其中 1 位研究员、1 位编审和 1 位副编审，是一支具有扎实专业知识和丰富编辑出版经验的队伍。每届"陈宗基讲座"高端论坛的筹备工作按照时间顺序分为主讲人及会议主题的确定、会议地点的考察、发布会议通知、征文及稿件处理、报告人的确定、会议宣传推广、会中的参与、会务服务及会后整理总结等，工作量大且烦琐。一方面，期刊编辑需要与专家频繁沟通，了解学科领域学术发展的热点和难点，加强对学术论文及报告的把关。另一方面，在办会过程中，编辑需要协调好酒店、直播公司、参会代表等各方关系，不仅需要良好的沟通能力，在面对各种突发情况时，更需要具备良好解决问题的能力。科技期刊举办学术会议也为期刊编辑的成长提供了良好的平台，编辑不仅要具有扎实的编辑能力，还要有创新意识、管理和经营能力，在这个过程中，沟通与表达能力也得到了全方位的锻炼。

（四）结语

学术交流是支撑科学研究的重要一环，科技期刊要积极推动学术成果快速而广泛地交流，进而达到推动学术创新发展的目的。以期刊为本打造精品学术会议，可以发挥期刊的学术导向作用，凝聚科研力量搭建良好的学术互动交流平台，引领和推动学术交流与科研活动的发展。《学报》坚持以学术策划为主导，注重学术交流的内容与品质，打造"陈宗基讲座"高端论坛品牌，结合技术发展和科研全流程的需求，通过丰富会议内容和会议形式、搭建"线上＋线下"平台、完善网络系统等措施，不断优化学术会议体系，以实现多方位、高水平、及时有效的学术交流，在学术影响力和社会影响力两个方面对科技期刊扩大品牌效应发挥着重要的作用。

主要参考文献

［1］初景利. 高端交流平台建设需要创新学术交流模式[J]. 智库理论与实践，2021,6(1):7-9.

［2］申琳琳,夏浪,张玉琳,等. 特色学术会议提升科技期刊品牌影响力的实践——以《中华消化外科杂志》为例[J]. 编辑学报,2022,34(4):460-463.

［3］张琳琳,游苏宁,高宏. 依托期刊打造全方位会议服务平台——以《中国放射学杂志》为例[J]. 编辑学报,2018,30(5):506-509.

［4］任锦. 科技期刊举办在线学术会议的现状与对策[J]. 科技与出版,2021(6):89-93.

［5］艾文霞,汪晓,杨岷,等．科技期刊举办学术会议的模式与实践——以《放射学实践》杂志为例［J］．湖北科技学院院报,2020,40(6):191-194,202.

［6］魏建晶,崔红,薛淮,等．学术会议提升科技期刊影响力的实践与思考——以"地球科学前沿论坛"为例［J］．编辑学报,2021,33(4):417-420.

［7］滕蓉,郑晓蕾,曹洪武．以期刊为根本打造精品大型国际学术会议:以"中国控制与决策会议"为例［J］．编辑学报,2017,29(4):371.

［8］杨蒿,黄颖,李天惠,等．举办国际会议,促进新刊发展——以《极端条件下的物质与辐射》举办同名国际会议为例［J］．编辑学报,2022,34(2):210-214.

［9］张学梅,马振,王贵林,等．举办在线学术会议提升科技期刊品牌影响力［J］．中国科技期刊研究,2020,31(11):1276-1280.

［10］马素萍,陈丹丹,马瀚青,等．科技期刊知识服务新模式——在线学术研讨会［J］．编辑学报,2019,31(4):424-427.

［11］陶婧,付少兰．世界一流期刊建设背景下我国学术期刊网站建设与影响力提升举措［J］．中国科技期刊研究,2021,32(11):1411-1417.

［12］潘淑君,李无双,叶飞,等．办好学术会议促进期刊发展［J］．编辑学报,2009,21(3):236-238.

［13］中国科学院学部．陈宗基［EB/OL］．［2023-05-30］. http://casad.cas.cn/ysxx2022/ygys/ 200906/ t20090624_1810221.html.

［14］文俊,王以豪,段金利．弘扬老科学家精神 服务国家战略需求 纪念陈宗基诞辰100周年学术活动在武汉举行［N］．湖北日报,2022-09-16.

［15］付少兰,黄玲．特色栏目策划助推精品科技期刊发展［J］．编辑学报,2017,29(2):132-134.

［16］冯增朝,吕兆兴,赵阳升．岩石破坏短临预报研究进展——岩石破坏短临预报竞赛评述［J］．岩石力学与工程学报,2022,41(12):2522-2529.

六、建设一流科技期刊背景下《中国机械工程》影响力提升策略①

2013年，为贯彻落实中央书记处关于"打造具有国际专业水平的学术期刊等高质量水平交流平台"的重要指示精神，努力促进我国科技期刊国际化进程，不断提升英文科技期刊国际影响力与核心竞争能力，中国科学技术协会联合财政部、教育部、国家新闻出版广电总局、中国科学院、中国工程院组织实施了"中国科技期刊国际影响力提升计划"。《中国机械工程》（以下简称"该刊"）自2013年至2017年连续入选该计划，实施效果显著，同时大力推进期刊转型，为获得全国百强科技期刊、第四届湖北出版政府奖、2019年湖北期刊发展扶持资金资助项目、2020湖北十大名刊、湖北省科协2021年"科技创新源泉工程"优秀科技期刊、2022年度中国高校百佳科技期刊、湖北省科技期刊楚天卓越行动计划——领军期刊等荣誉或项目资助，以及2018年重返EI打下了坚实基础。

（一）积极争取高质量稿源，期刊影响力稳步提升

一直以来，该刊对高质量稿源的路径进行持续性探索，主要表现如下：①跟踪机械学科的学术前沿并组织报道；②坚持以国家目标、以服务经济建设和科技创新为原则来组织选题；③针对热点问题以专辑或专栏的形式展开讨论；④注重稿件的工业应用性；⑤长期跟踪报道机械工程重大课题；⑥整合资源，优势互补，联合有关单位办好专栏。例如，尝试"新媒体融合办刊模式下的专辑出版及传播"模式，2018年以来针对重大专题和热点问题出版了20余期专辑/专栏。在提升一流稿件的选题组稿、约稿能力的同时，推荐和组织优秀论文的评选，促进学术采集、生产、传播、增值的良性循环。

经过持续努力，该刊近年来各项引证指标稳步提升。根据2021版中国科技核心期刊指标检索报告，该刊核心总被引频次、核心影响因子分别为4312、1.304，较上一年度分别提升10.71%和76.45%；在机械工程设计学科中的综合排名第三，保持不变。根据2022版中国学术期刊影响因子年报，该刊复合影响因子、综合影响因子分别为2.633和1.574，较上一年度分别提升73.11%和77.85%，增幅明显。

2017年3月，《中国机械工程》杂志社成立了"EI申报小组"，副主编郭伟担任负责人，该刊开始踏上重返EI的艰辛之路；在多次调研、总结以及完善方案的基础上，2017年3—10月完成英文网站的改造、网刊的完善和EI官网上的申报提交；2018年8月，收到EI官方邮件，确认收录《中国机械工程》，这标志着该刊重新回归到阔别了约10年之久的EI中。

（二）编委会引领期刊高质量发展

编委会的职责在于制定办刊宗旨、报道方向和选题方案，推荐和组织高水平论文，向国内外同行宣传该刊，并监督出版质量，指导编辑工作。该刊第六届编委会有149名国内外学者，其中院士23位，中国机械工程学会理事长林忠钦院士担任编委会主任。目前该刊有国

---

① 撰稿人：郭伟，陈勇。

际编委 16 人,他们持续在组稿、约稿、撰文、报告、推介等方面做贡献。该刊第六届编委会权威性高、阵容强大,学科分布和梯度设置合理。编委均明确自身责任和义务,充分履职,在撰稿、组稿和参与组织学术活动方面各尽其能。首次成立了青年编委会,这些颇具创造力的青年编委主动担当,如在审稿流程中引入青年编委预审机制、提高审稿效率和质量、带头撰写高质量稿件、深度介入组稿策划工作。

《中国机械工程》第六届编委会第一次会议暨第一届青年编委会成立大会于 2022 年 11 月 26 日,以线上形式成功召开。与会编委围绕如何打造期刊特色、明确期刊定位、扩大期刊影响、提升稿源质量、缩短出版周期、改善作者结构、服务读者群体、打造有中国特色的中文科技期刊等议题,进行深入交流和讨论,在肯定取得成绩、直言存在问题的同时,提出后续发展指导建议。该刊已成立首届青年编委会,由 29 名青年学者组成,旨在提升活性、提高效率、增强创新潜力。该刊编辑部将以青年编委会议的胜利召开为契机,加强国际学者联系,持续推进国际编委引进工作。该刊有着客观公正、学术水平高、效率高的审稿团队,有着日益完善的审稿队伍遴选、培训、退出机制,同时也在尝试群审稿①等多种创新审稿模式的探索,并积极组织优秀审稿专家评选活动。

(三)"三库"建设助力编辑人才培养

一流期刊需要有一流的品牌战略来引领,这就需要实施一流的组稿约稿策略、一流的媒体传播计划、一流的专家团队支撑,以及一流的工作创新模式等。这一切都需要由一流的编辑来驱动。一流编辑必须拥有一定的专业知识,熟识一定的学者,掌握一定的出版方向和报道节奏,换句话说,一流编辑自身要建有丰富的知识库、高质的学者库和精准的跟踪库,这就是"三库"。在媒体融合背景下的编辑成长模式核心就是搞好"三库"建设,"三库"具体含义如下:

1. 知识库

内容包括编辑负责领域(或栏目)的整体构成(子学科及其内在逻辑)、国内外现状及自身的差距、发展脉络,以及当前的热点与问题,特别是一些痛点、难点、短板和被卡脖子的技术等;另外还包括期刊出版方面的知识。

2. 学者库

主要指编辑负责领域(或栏目)的相关学者,以及期刊学者。扩充该库时,特别要注意从重要机构、重要项目、重要文章中寻找该领域的前沿学者及有潜力的青年学者,从中通过审稿、网上交流、会议接触及专程拜访落实能够依靠的学者入库;另外还包括期刊出版方面的学者,特别注意兼职国外一流期刊编委的学者。

3. 跟踪库

选定编辑负责领域(或栏目)的权威期刊或权威栏目作为跟踪对象,通过持续研读,发现

---

① 郭伟. 群审稿:一种专家主动审稿模式的探索[J]. 编辑学报,2018,30(3):222-226.

其领先的关键或亟待弥补的不足，从中找到自己的行动方向与突破点。

目前，媒体融合办刊是创建一流期刊的路径之一，编辑人才建设是重中之重。近年来，为创建一流科技期刊，该刊探索了期刊品牌的重塑工作，踏上了转型变革之路。期刊转型，最终体现在编辑的转型上，编辑部打破传统的编辑培育模式，提出并实践了基于"三库"（即知识库、学者库和跟踪库）建设的编辑自驱动培育模式。基于融合办刊的框架和实践，提炼出一流编辑的责任工作；通过激活编辑个体，在实践中培育创新意识，对"三库"建设的编辑自驱动模式进行了尝试。

"三库"建设是长期的过程，需要隔一段时间提交"三库"建设的小结，并相互探讨。该刊在编辑人才培育方面进行创新，加强编辑的"三库"建设来驱动个人素质的提升，同时鼓励编辑参加科研和创作，向编研型编辑转型。编辑的知识库、学者库和跟踪库并不是独立存在的，其逻辑关系非常清晰。编辑的成长离不开这三个库，用知识库充实自己、提高自己的专业水平，要将这些知识变成自己的客观存在，这是编辑能与学者交流、合作的必备条件，是扩充学者库、精准定位和跟踪其他一流期刊（或栏目）的基础。学者库是编辑的"主观智库"，是编辑的咨询场、合作场、高质量稿件源，是创新栏目成功的核心原因，是编辑获取高端知识的依托，特别是那些兼职国外一流期刊编委的学者，更为重要。跟踪库是知识和专家的重要来源，是专业前沿的驻地，是编辑眼睛的方向。在该模式下，编辑根据自己具体的学科方向，按照其目标建立并更新知识库、学者库和跟踪库，从而实现定制的、自我驱动式的快速成长。编辑发表的论著可以体现期刊项目研究的进展、办刊实践与创新、人才建设状况等多个层面，是考核期刊整体水平的重要内容之一。据统计，自2017年以来，该刊编辑共发表论文20余篇。

编辑要在一流期刊下稳定生存，必须从圈养型向策划型、学者型转型，使自己成长为一流编辑。转型的首要问题就是编辑的激活，这种激活是"三库"建设的前奏曲，编辑只有激活之后才有更高的积极性和主动性，从而顺利做好"三库"建设。基于"三库"建设的编辑自驱动培育模式是在期刊品牌战略框架下编辑进行创新工作的实践中形成的，是已经落地应用的方法，在《中国机械工程》转型实践过程中，编辑在学科知识、组稿约稿、媒体传播计划、工作模式创新等方面有显著的变化。该培育模式具有一定的可复制性，可供其他期刊参考。

（四）大力推进期刊转型，积极探索新媒体深度融合办刊模式

《中国机械工程》提出了新媒体发展及期刊转型思路：立足机械工程领域，以报道科技成果为核心，以国家重大工程为主线，以提升学术影响力为目标，通过探索"与学术传播的融合转型""与人的融合转型"和"与期刊管理的融合转型"，实现精准传播、精准服务、精准引导的功能，打造并完善具有特色的"网站＋公众号＋社群"的新媒体融合转型平台，并将融合转型工作渗透到办刊的各项工作中，实现融合办刊，以提高期刊在我国机械工程领域的影响，做科技期刊新媒体融合转型的示范。新媒体深度融合是《中国机械工程》转型的主攻方向，相应的转型是保障融合成功地向深处推进的重要战略；转型和融合是一体的，它们将渗透到《中国机械工程》的各项工作中，在期刊的出版模式、学术传播、人才培育、示范引领等方面积极实施探索。

1. 探索传播模式

该刊充分探索了新媒体深度融合下的科技期刊学术传播模式,突出主动传播、精准传播、创新传播的传播特色,并用于学术活动中,在信息传播方面的主要工作如下:

(1)确立信息传播目标

该刊致力于推进期刊与学术传播的融合转型,形成主动传播、精准传播、创新传播的特色。多年来,该刊"中央厨房"利用数字化和网络新技术,"制造"出论文的多维度产品,并以机械工程大行业为背景,创建期刊新媒体自主传播和"《中国机械工程》+"委托或合作的综合模式,形成了具有特色的学术传播方阵[①],并在工作实践中不断完善。

(2)创新信息传播方式

学术传播主要分为自主传播和委托(或合作)传播两种。自主传播的载体主要表现为自身的信息化平台,如网站、网刊、微信公众号、专业社群等,加强这些平台的建设是现在和今后的持续工作。自主传播是一种全免费的开放方式。委托(或合作)传播方式主要是该刊委托第三方或与其合作进行学术传播的方式,目前的合作对象包括中国知网、万方数据、重庆维普、超星公司、博看网等。

(3)加强信息传播载体及基础设施建设

该刊致力于打造并完善具有特色的"网站+公众号+社群"的新媒体融合平台。该刊拥有独立的网站(含服务器)、企业邮箱等,网站中融合了电子网刊,并提供论文免费下载服务。微信公众平台一直承担着学术传播的重任,在机械工程领域读者中具有一定影响力,目前关注用户数超 3.3 万,常读用户比例稳定在 6%(约 1900 人)。"社群"是该刊重点打造学术的精准传播、精准服务平台,也成了与"人"融合的重要平台。目前,该刊建立及参与的社群包括编委群、专辑群、审稿群、作者群、机械工程细分专业的各种交流群、相关学术会议群、读书群、项目工作群等共 100 个左右,编辑在其中均有不同的角色、责任和义务。

(4)优化信息传播产品

该刊在数字产品的创新方面进行了尝试。如自主制造了多维度产品,如网刊免费 PDF 论文(OA 系统)、微信平台推送的数据包、针对定制功能的论文包(E-mail Alert 推送包等),以及通过对该刊论文解构重组再造而定制的虚拟专辑/专栏/论文等;合理利用一些委托(或合作)产品,如"《中国机械工程》+中国知网"等的论文包、"《中国机械工程》+超星公司"的流媒体产品等,全方位地为机械工程领域的广大读者服务。

(5)重视学术会议的传播

近年来,该刊一直探索媒体融合下的增值办会模式,通过线上/线下的传播通道来主办/协办学术会议,效果显著。如"2018 服务型制造与创新论坛"采用"线下会议+线上图文直播"形式,参与传播的社群有 20 个;该刊"机械人学堂"自成立以来共开展了 5 次线上直播活动,获得广泛好评。

---

① 陈勇,郭伟. 媒体融合背景下科技期刊学术传播方阵的构建与探索[J]. 编辑学报,2019,31(2):138-140。

2.做好期刊服务

在融合办刊的实践中,该刊实行"精准服务""主动服务""创新服务",服务对象包含学术界、企业界、社会大众和期刊界等。

（1）服务学术界

这是该刊的一个工作重点。一直以来,该刊深入高校、科研一线调研并挖掘重大工程成果。如该刊每年发布国家自然科学基金委员会工程与材料科学部机械学科年度综述专稿,深受读者欢迎;2018年出版"绿色制造"专辑,同期主办同主题的中国机械工程学会年会青年论坛,为与会代表搭建了知识升级和学者之间/校企之间深度交流的服务平台。

（2）服务企业界

企业是科技落地的主战场之一,该刊不仅致力于推动企业科技进步,还直接或间接地为企业创造经济效益。如2021年出版的"新型轨道交通专辑",其中《市域铁路智慧站台门系统关键技术》部分作者获湖北省科技进步一等奖、宁波市科技进步一等奖,所属项目实现5641万元的经济效益,智慧站台门系统在武汉、杭州、宁波、温州、上海等城市得到应用。

（3）服务社会

近年来,该刊每年在纸质刊物上刊发至少3期的公益广告,如在2020年第8、9期连续刊发了节约能源公益宣传广告;在2020年第11、12、13期连续刊发了全国科技工作者日和中国科协第十次全国代表大会的公益宣传广告。在公众号上不定期发布科普方面的信息,以及科技需求信息,如发布潍坊"科创中国"试点城市建设企业技术人才需求信息,帮助企业与科研人员牵线搭桥;在高考报名阶段,推出国家机械学科专题介绍,为莘莘学子提供报考指南。

（4）服务期刊界

该刊毫无保留地将办刊经验与同行交流,以达到共同进步的目的,为创建一流期刊服务。如参与策划2020湖北省科协重点学术活动项目——2020年湖北省推进世界一流科技期刊建设前沿高端论坛;参与策划2023年湖北省科技期刊编辑学会中文及英文科技期刊建设高端论坛,副主编郭伟在会议上做了题为《一流期刊需要一流编辑——基于"三库"建设的编辑自驱动培育模式探索》的报告;2020年、2021年在中国高校科技期刊研究会第24次、第25次年会上,新媒体部主任陈勇做了专题报告,等等。

（五）结语

未来,《中国机械工程》将继续探索新媒体深度融合办刊模式,力争在提升稿源质量、加强与国际出版平台合作、双语出版、梳理学术传播方阵、创新同行评议模式、策划高质量学术会议、加强编辑队伍创新培养、做好科普及公益宣传报道等方面加以改进和提高,紧紧围绕"四个面向",在中国机械工程学会的指导和编委会的引领下,在读者、作者和编者的协同支持下,努力将期刊建设成为中国机械工程领域重大学术进展发布平台、最新学术信息交流平台和重大机械科技成果传播平台,有力支撑我国机械工程领域科技创新和技术进步,谱写新时代期刊发展新篇章。

七、推进出版转型升级 打造全流程数字出版——以《中国舰船研究》为例[①]

(一)引言

全流程数字出版最早由北京北大方正电子有限公司的赵冰等[1]提出。赵冰2009年在《构建全流程数字出版平台》一文中认为,数字出版涉及内容资源的数字化和资源加工、内容资源管理平台的建设、数字产品生成和管理、产品发布和服务平台建设等多个环节,全流程数字出版是通过内容制作平台、资源加工平台、内容资源管理平台、多渠道发布平台等几个环节,构建出版社数字出版系统整体框架。

最初全流程数字出版的理念,主要是图书出版商针对图书管理的全流程数字出版。如今,经过十几年发展,全流程数字出版理念逐渐被期刊采纳,并逐步完善。期刊全流程数字出版是指利用数字化为核心的信息技术手段,实现期刊稿件从投审稿到编辑加工,再到出版发行、推广的整个数字出版流程的系统化解决方案。全流程数字出版是通过内容制作、资源加工、内容资源管理、多渠道发布等几个环节,构建数字出版系统的整体框架。伴随数字技术进步,全流程数字出版具有传统出版及普通数字出版所不具备的明显优势,不仅传播高效、范围广、表现形态多样,且不受办公场所及阅读场所限制,编辑可一站式完成出版过程中的所有流程,因而,全流程数字出版成为科技期刊出版数字化转型升级的最优选择[2]。

(二)科技期刊全流程数字出版现状及存在的问题

1. 全流程数字出版的现状

全流程数字出版借用数字技术对传统的出版产业链进行更新、颠覆,对数字出版产业运作强调了"全流程"的要求。国内外大型出版商或出版平台均积极开展数字出版服务。如国外爱思唯尔、施普林格·自然、威立等科技期刊出版集团,通过战略性收购将许多数字服务平台纳入旗下,为建构全流程数字出版提供了必要的技术基础。同时这些出版集团还通过构建集成的解决方案与决策工具、建立基于"智能内容"的新型数字解决方案等措施[3],将数字学术服务提升至战略重点的高度。

随着我国数字研发技术和专业研发队伍的日趋成熟,我国已经逐步具备自主搭建科技期刊全流程数字出版平台的能力。特别是2019年8月中国科学技术协会、中宣部等部委联合印发《关于深化改革培育世界一流科技期刊的意见》,在加快培育世界一流科技期刊的建设中,明确了实现科技期刊数字化转型的目标和建设数字化知识服务出版平台的任务,为我国科技期刊数字出版的快速发展带来新的机遇。国内以北大方正公司为代表的科技期刊服务商及以科学出版社为代表的出版集团也在不断尝试全流程数字出版服务,例如,北大方正

---

① 撰稿人:胡文莉,喻菁。

推出的鸿云学术出版,为学术期刊提供了一体化出版服务平台,以其自身的学术大数据以及先进算法优势,集科研选题、稿件采集、同行评议、多人协同编校、多渠道同步出版等核心能力于一体;中国知网的腾云协同采编系统面向期刊采、编、审、校、发全流程业务提供了一种综合性服务平台,嵌入知网的优势工具如学术不端检测、参考文献审校工具为编辑部提供研究趋势分析、学者画像、智能审稿人推荐、自动预排版、智能校对、网络首发等一站式服务;仁和汇智公司的 XML 一体化融合出版平台,为编辑部提供数字出版、数字发布与数字传播的一体化整体解决方案,基于人工智能和大数据,以 XML 为数据流交互主线,分别从论文在线生产、呈现、交互、知识服务化等多个层次带动期刊服务能力与传播影响力的提升;科学出版社建立了以 SciEngine(SE)平台为支撑的期刊全流程数字出版与国际传播服务,以提供的知识服务类型为依据,按照全流程数字出版的不同阶段,分为了撰写与审稿服务、生产出版服务、发布与传播服务、学术提升服务和学术推广服务。随着全流程数字出版技术的迅速发展,尤其是近几年,传统的期刊数据服务商也加入全流程数字出版的行列,会极大冲击仅做部分阶段数字化的服务商,如玛格泰克、三才等仅支持投审稿平台的服务商。

我国期刊大多为单刊发展,或仅依托小型学科出版专业的学术期刊,存在小、散、弱的办刊困境,许多编辑部在数字化出版的道路上趋向于依靠成熟的期刊服务商进行数字化出版。

2. 全流程数字出版中存在的问题

(1)不同编辑部对全流程数字出版技术的接受度参差不齐,导致不同期刊的数字化程度差异较大

目前,部分编辑部对数字出版技术接受度不高,大部分编辑部仅实现了投审稿流程的数字化,有的编辑部只有 1～2 个流程实现了数字化,甚至还有传统的编辑部还在使用邮件投稿的方式,导致期刊在出版、传播等全流程数字出版中的质量和效率不高。

(2)绝大多数的数字出版是分阶段的数字出版而非全流程的数字出版

基于历史原因,大部分期刊编辑部根据自身的发展需要,在不同的时期逐步实现数字化的转型,以至于形成了在出版流程的各个阶段,使用不同系统或平台的现状。通常出版流程被切分为投审稿、内容加工出版、推广传播三个阶段。有的编辑部虽然在全部阶段均实现了数字化,但在不同的出版阶段采用的是不同服务商提供的出版系统,离全流程的数字出版还有很大的距离。

(3)推广传播的手段同质化严重

由于传统的编辑部没有数字出版部门,大部分都是由期刊编辑兼职进行的期刊数据的数字化,因此通常采用的是"纸媒＋网络平台＋新媒体"三者并行的同质化内容的传播。编辑部通过各种渠道发布与纸刊内容相同的学术信息,没有区分不同传播平台的特点,未发挥出不同媒体平台的优势形成传播合力。

（4）经费投入较大

大部分编辑部仅采用数字化投审稿平台，编辑出版多半是编辑部自行完成，没有额外的费用，仅需多年前采购平台的一次性投入，后期维护经费较低。如转为全流程数字出版平台，则需重新采购，且会新增排版、校对等每年需要支出的费用，办刊成本显著增加。

（三）《中国舰船研究》全流程数字化出版实践

1. 创新利用"互联网+"，构建期刊数字化出版

《中国舰船研究》编辑部隶属于中国舰船研究设计中心，该刊为由科研院所主办的学术期刊，编辑部（含主编、副主编等）仅 10 人，编辑人员 6 人，没有专设的数字出版部门，属于典型的小型编辑部。

《中国舰船研究》深知科技期刊促进行业发展，归根结底是要汇聚行业发展的最新成果，促进行业细分板块的深耕、交叉领域的拓展；聚集行业的顶尖智慧人群，增进交流、促进探讨、建立合作，举办能够共同推进和引领行业发展的编委会、研讨会、创新论坛、培训、讲座等。只不过这些传统的纸质形式、线下模式在科技的发展中逐渐转变为网络化、视频化、直播化。但是核心还是充分利用好数字化手段，做好科技信息的知识萃取，传播到需要的人，用他们喜闻乐见的方式，促进更加充分的交互、交流，通过更广、更深的协作，来更大幅度地促进科技创新。因此，科技期刊全流程数字出版势在必行。

2. 期刊数字化出版具体措施

近十年，《中国舰船研究》从数字化需求最迫切的阶段入手，逐渐在不同出版阶段布局数字化系统。目前，期刊的全流程数字出版包括投审稿系统、生产出版系统、论文发布系统、学术推广系统（图 8-21）。编辑部在各个出版阶段做了一些尝试和数字出版的应用，大致能将全部阶段的流程数字化，但是还未做到全流程数据统一基座。其中，投审稿系统包括自动排版、智能同行评议、相似度检测等；生产出版系统包括论文的出版管理及在线排版系统，一般包括稿件管理、在线排版、辅助校对、作者编辑交互等；论文发布系统主要包括网站搭建与论文发布、各数据库发布、中英文论文的翻译发布等；学术传播推广系统包括官网传播、新媒体传播、精准推送等。

图 8-21　全流程数字出版

（1）投审稿系统

按照出版流程，首先是投审稿系统的数字化。目前主流的投审稿平台均可以满足编辑部收稿、审稿和组稿的需求。期刊作者投稿后能快速通过网络了解稿件最新状态信息及所在审稿流程，评审专家只需要远程登录填写盲审意见，提交即可便捷完成审稿操作。投审稿平台基本都具备短信、邮件接口，方便外部通知发放，在后端进行严格的分级权限控制。稿件评审中具备完善的流程控制，确保稿件按照预设流程完成审批，能够有效提高期刊审批稿件、联系作者等办公的效率。近两年一些具有互联网思维的公司开始介入投审稿系统的开发，使其具有审稿专家智能推荐、智能排版、相关论文推荐、一键关联稿件生产系统等功能。

（2）生产出版系统

传统的期刊出版一般采用离线的生产排版方式，在编辑部或者排版公司进行稿件的排版及返修。对于数字出版来说，稿件在线加工生产系统可以负责稿件管理及出版的一切工作，无纸化操作，并不受地域的限制。数字出版改变传统的印刷厂排版的生产模式为互联网在线排版的生产模式，在稿件编辑的初始阶段就做好方便互联网传播的 XML 格式，可以实现编辑即上网的功能。此外，可将编辑部的微信服务号嵌入生产系统中，实现编辑与作者的在线对话。后续基于该论文的一切服务均可通过服务号推送给作者，提供稿件编辑排版状态、该论文被引情况等信息。同时，作者可在平台中对论文进行在线修改，由编辑审核，多人协同完成稿件的编辑工作，省去了邮件发送的麻烦，便于控制稿件的版本问题。未来，基于期刊和用户数据，还可开发出更多的功能，例如相关论文的推荐，论文被下载等数据的反馈等。

（3）论文发布系统

论文发布系统主要包括网站的搭建与论文发布、各数据库的发布、中英文论文的翻译发布等。稿件经过编辑定稿后，编辑需将定稿文件发往各个数据库以及期刊官网。不同的数据库需要的文件格式不同，国内数据库一般只用提交排版文件或者 PDF 文件，国外数据库则需要提供满足其特定要求的 XML 排版的结构化数据。期刊官网除提供论文的检索和阅读以外，通常还包括行业动态、编辑部动态、投审稿系统的接口等，并且可后台监控论文在网络上的各项数据（包括下载、引用等），做出动态的排行榜，供读者和编辑部使用。对于需要提高国际影响力的期刊来说，发布平台还需发布英文版的论文摘要或者全文，并针对不同的用户提供不同版本的下载需求。

（4）学术传播推广系统

学术传播推广的主要目的是让读者尽快获取对其科研有用的知识，并且尽量减少被打扰的概率。因此，有效且精准的传播是学术推广最主要的手段。学术传播推广服务系统主要包括微信订阅号推送、微信直播传播以及邮件精准推送等新媒体传播途径。微信订阅号以编辑部为主导，发布行业动态或优秀论文，是一种主观推送。学术直播则是通过一种更为生动且互动性强的方式来进行知识的传递。视频号的竞争非常激烈，如果只是将论文通过截图加介绍的方式制作成小视频，内容枯燥，很难在众多设计精良的娱乐小视频中杀出重围，因此，《中国舰船研究》开通微信视频号后，并未参与小视频的厮杀，而是通过视频号进行在线学术报告的直播,利用期刊擅长的形式,吸引更多用户的关注。邮箱精准推送可以按照论文的关键词与用户的属性进行精准匹配,更加适合论文的传播,并且也减少了广告盲推的垃圾邮件。得益于近年来期刊数字出版的发展,使得期刊数据能够大量碎片化,才能提取到论文的关键词、主要内容、作者单位、研究方向和通信方式,从而将大量期刊论文数据进行清洗和整理,进行精准传播。

3.期刊数字化出版成效

经过全流程数字出版流程的改造,创刊不到 10 年,期刊便成功成为中文核心、CSCD 等来源期刊,陆续被 Scopus、DOAJ、JST China 等国际知名数据库收录,入选中国科学技术协会期刊高质量分级目录 T1 级,获湖北省科技期刊楚天卓越行动计划——重点期刊立项资助。

编辑部自 2012 年开始迈入数字化的门槛,启用了投审稿系统,2013 年开始运营微信公众号做新媒体传播,3 年左右突破一万粉丝,截至目前,微信公众号的粉丝数已突破 3.5 万人。由于期刊影响因子反映的数据会滞后几年,可以很明显地看出,自从期刊开始引入新媒体传播后,影响因子有较大的提升。期刊影响因子自 2016 年起连续位列《中国学术期刊影响因子年报》Q1 区,自 2018 年至今已位列船舶核心期刊第一名,水路运输学科第二名;中文核心期刊要目总览学科排名第三,连续入选《科技期刊世界影响力指数(WJCI)报告》,世界排名学科第八。期刊各项综合指标保持上升趋势。

全流程的数字化出版本质上是做好以科研人员为本的服务。编辑部并非内容的直接生产者,只有做好以科研人员为本的服务,才能促进作者和读者去开展科研创新,从而产出优质、高质量的内容,形成良性循环。

在作者服务方面,《中国舰船研究》官方网站为作者提供了投稿、审稿、最新录用、优先出版、全文下载等论文出版全周期服务。微信服务号为作者提供一对一的稿件录用、编辑排版状态、被引情况的自动推送服务。数字化出版还改变了传统的印刷厂排版生产模式,升级为互联网在线排版,实现了编辑即上网的在线出版。经过数字化升级改造,投审稿平台累计用户 1 万余人,审稿专家 1000 余人,年审稿 800 余人次。官网年点击量 65 万余次,机构访问量 11.5 万次。

在读者服务方面,通过微信订阅号为读者提供行业的前沿动态、论文推荐、虚拟专题、小编讲堂、新刊通知、最新录用、科普知识等栏目,保持每周 5 次的高频推送,关注人数已超过 3.5 万,推文年阅读量近 50 万次,用户黏性高。另外,化疫情困难为转机,开通视频号直播在线学术研讨会,实现单场参会人次 5000 人的新突破,通过视频直播和推流,建立线上交流平台,聚焦船舶行业热点技术方向,2022 年已成功举办了"无人系统技术""舰船发展趋势"等 5 场在线作者分享会,主动牵引船舶行业科技创新。直播线上参会收获万余次点赞,播放量逾万次。小视频回放播放量也突破 2 万次,直播加二次视频传播的形式开拓了新的学术交流方式,还可为公众号带来激增的关注人数,直播引流的效应逐渐显现,每场直播可为公众号成功引流关注人数超 200 人,为普通日关注人数的 5~10 倍。

（四）结语

目前,编辑部基本能将论文出版的全部流程数字化,但是还未做到全流程数据统一基座。各部分工作均是在不同的平台上完成,数据无法在线流转。未来,全流程的数字化出版应包括从论文的投审稿到编辑出版,再到网站传播或将数据一键发送到数据库的一站式出版服务,结合人工智能技术,解放生产力,应对信息化、网络化时代的挑战。我们将努力推进出版转型升级,打造以科研人员为本的全流程数字化出版,助力世界一流科技期刊的实现。

主要参考文献

［1］赵冰 . 构建全流程数字出版平台［J］. 出版参考,2009(31):15.

［2］何玉娟 . 全流程数字出版提升科技期刊品牌传播力［J］. 出版参考,2022(2):75-77.

［3］RELX. Annual report and financial statements 2018［EB/OL］.［2023-07-23］. https://www. relx. com/～/media/Files/R/RELX-Group/documents/reports/annual-reports/2018-annual-re port. pdf.

八、私域:《特种铸造及有色合金》的融合发展之路^①

伴随着信息技术的快速革新,科技期刊也面临着许多机遇和挑战,新的技术带来了新的传播手段,从而使科技期刊发展呈现多元化趋势。新媒体发展伊始,一部分期刊积极拥抱新媒体,充分发挥媒体融合的优势,同时也享受了部分红利;也有一部分期刊在面对新的技术和新的传播方式时,犹豫不前,错失良机。经过几年发展,大多数科技期刊已经坚定拥抱新技术,发展新媒体,但具体到如何选择新媒体平台,以及实现路径和效果等还没有确定答案,本文试图从《特种铸造及有色合金》在新媒体发展过程中所做的工作进行梳理,以期找出一条适合科技期刊的新媒体发展之路,为科技期刊扩大影响,更好地服务科技生产提供借鉴。

(一)现状:科技期刊传播困境

1. 失去垄断优势

《关于深化改革 培育世界一流科技期刊的意见》中提到,科技期刊要传承人类文明,荟萃科学发现,引领科技发展,这体现了科技期刊的使命和愿景。《科学技术期刊管理办法》中明确指出,科技类刊物的出版必须要明确标注主办单位以及主管部门,一方面通过政策倾斜对科技类刊物进行保护,另一方面确保期刊内容的学术价值。但随着信息技术的不断成熟,尤其是移动互联网的发展,电子化、碎片化阅读逐渐盛行并有推而广之的趋势,得益于其新颖的阅读方式以及丰富的内容,新兴媒体迅速被群众所接受,而科技刊物所保有的垄断局面也不复存在。

以《特种铸造及有色合金》为例,在移动互联网之前,科学技术的传播主要是以期刊发布为主,但随着移动互联网的出现,纸刊的宣传效果大幅降低,新兴媒体的传播速度和广度远超纸刊。

2. 发行量大幅缩水

在垄断局面打破后,期刊发行量大幅下降。2021年,全国共发行期刊20.1亿册(以期刊总印数进行统计),较十年前下降了近40%,而且还在以近似相同的速度下降;科技期刊的情况更不容乐观,2020年发行0.43亿册,较5年前下降了超过70%,降低速度大致按幂次分布。对行业内的科技期刊进行调查后发现,大多数期刊年发行量在2万册以下,甚至有些年发行量在1万册以内,发行量超过6万册的期刊更是寥寥无几。

以《特种铸造及有色合金》为例,期刊发行量在2005年左右达到最高峰,每年发行8～10万册,目前发行量已不足高峰期的一半。纸刊发行量下降带来的影响主要是广告刊登数量急剧减少。

当然,在电子化的时代,不能仅仅用纸刊的发行量来反映科技期刊的传播范围,只是,纸刊发行量下降的同时,科技期刊是否已经做好了迎接的准备,是否已经找到了更理想的传播路径,这是值得思考的。

---

① 撰稿人:栗万仲,江姗。

3.人员结构"老"化

编辑是科技期刊建设的核心力量,是科技期刊发展的生力军。同时,传统期刊编辑在成就一本科技期刊的同时是否具有新媒体传播的思维方式和操作技巧,科技期刊的人员结构和知识结构是否需要调整,以满足新形势下的传播需求,都是科技期刊从业人员需要面对的。当然,这里说的"老"并非年龄层面的,而是知识结构和思维习惯层面的。

(二)发展思路:构建私域生态环境

随着移动互联网的发展和传播格局的变化,媒体行业的"去中心化"现象越来越突出,用户注意力的转移速度超出了很多人的想象。如何稳固用户群体,提升内容的影响力以及变现力,成为很多媒体转型的关键。

对于传统媒体来说,期刊受众主要是金属材料类的高校老师和学生以及企业技术人员和管理人员,行业受众狭窄,并且他们的需求仅仅局限于学习和工作的某些方面,泛化、笼统的公域化运营模式很难真正触及其核心需求,在这种背景下,私域流量的运营成为传统媒体转型的一个突破口。

上海交通大学薛可认为:"私域流量是指基于信任和利益而建立起来的封闭性流量池。它是一种自主控制、免费推广、重复利用、直接触达用户的渠道方式,是互联网营销的重要工具。"私域与公域最大的区别就是将公域营销中传播主体与受众之间的弱关系转化为强关系,其关键就是让受众对期刊产生依赖,构建传播闭环,实现媒体信息传播的高效且可持续。在实现路径上,本刊的思路是以期刊内容为本,借助微信、头条、抖音、B站、邮件等公域性质的媒介将优质内容输出,触及行业相关的受众,继而将公域流量进行积累和沉淀,再通过社群运营将私域用户池的老用户稳固下来并且达成社交裂变,进而带来源源不断的增量用户,最后将用户价值转化为期刊的影响力,不断循环。此外,通过不断对用户进行垂直化细分,可以进一步提升内容分发的精准度及互动率。由此,科技期刊通过社群重新建构自己的核心用户群体,进而提升传播力、影响力,这是传统媒体最为看重的效果。

(三)发展策略:打造传播闭环,增强受众黏性

图8-22为期刊私域营销模式,主要包括信息输出、人员聚合、粉丝留存、受众反哺信息再输出等几个阶段。

1.信息输出

期刊作为传统媒体,经过几十年的积累,不乏内容资源、作者资源、专家资源,在新媒体时代,如何将这些资源进行整合并且有效传播是传统媒体转型的关键所在。期刊近年来不断研究新生媒介的特性,整合自身资源,融合图文、视频、直播等传播形式,多样化信息输出,满足不同受众在不同场景下的信息接收习惯,具体表现如下。

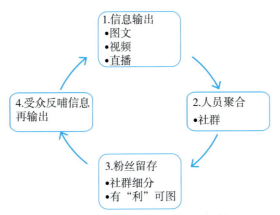

图8-22 《特种铸造及有色合金》私域营销模式

（1）图文形式传递期刊内容

图文传播的优势在于深入阅读，这也恰好符合科技期刊的内容特点。期刊选择微信公众号和今日头条两个平台，将杂志文章、国内外专利、行业动态、市场信息、人才信息等受众喜闻乐见的内容每天在固定的时间段发布出来，不断加深受众对媒介的印象和依赖。

（2）短视频科普行业知识

短视频具有短小、碎片化的特点，在叙述事件、传达观点方面具有特殊优势，受众在观看、点赞、评论视频的同时，容易促成熟人裂变式传播，也更加契合现代人追求"短、平、快"生活方式的特点。期刊主要选择微信视频号为短视频的传播平台，微信视频号能与微信公众号相互打通，并且能够与微信好友进行很好的联结，是私域营销不可或缺的重要工具。

借助于微信视频号，期刊主要将行业内的热点话题、有趣的知识做成科普小视频，另外，还将企业专访、专家授课片段进行二次剪辑，投放到视频号上。

除了微信视频号，期刊还入驻B站、抖音等年轻人日常活跃的平台，并且将晦涩难懂的铸造知识转化成更加生活化、娱乐化、轻快化的形式，以便贴近这些平台的属性。

（3）专家直播精准聚集粉丝

直播因其具有互动性、真实性、高效、高性价比的特点而成为当下营销的重要手段。期刊从2022年4月开辟"大咖来啦"公益直播，每月3场直播，邀请3位教授级别专家围绕同一主题连续进行公益直播，直播流程分为确定话题—邀约专家—宣传预热—正式直播—"播后"服务。

经过一年的直播工作，"大咖来啦"栏目的运作已经日渐成熟，2023年，期刊又开辟"压铸新视界""青稞讲堂""小论文、大思想"三个直播栏目，新的直播栏目分别在不同的账号和平台，目的是快速起号，更加精准地服务受众。

2. 人员聚合

私域营销离不开社群，粉丝通过社群找到自己的归属，期刊也通过社群可以更加精准地与受众进行沟通，重构自己的核心用户群体，打造属于自己的私域流量池。

以上列举的信息输出方式都是为了给私域流量池引流，像滚雪球一样，一步步将受众聚合，扩大圈层。比如，在微信公众号文章中附上进群二维码，在直播期间建立相应直播交流群，在宣传预热阶段和正式直播中不断提醒和引导观众进群交流。

除了进群引流，社群日常维护也是不可忽视的工作，期刊在每个社群安排专门的管理员，设置群规则，并且不定期抛出话题和干货文章提高社群活跃度。

3. 粉丝留存

（1）让粉丝找到自己的归属感

所谓归属感就是将自身置于"同类"中，大家有一样的目标，一样的喜好，通过以下途径可以让粉丝找到归属感。

①传播内容细分。

传播内容细分主要体现在信息输出环节，没有哪个粉丝会对所有的内容感兴趣，因此，在信息输出时，期刊有意将内容分门别类，将同类信息形成合集。此外，期刊为形成前端影响力，针对学科发展的前沿趋势和热点方向，邀约业内高学术水平研究人员撰写和发表高质量尖端前沿热点研究性学术论文和综述，形成特邀专题栏目。专题不仅有助于提升期刊稿件质量，也能够提升期刊的关注度，聚集同领域的学者和技术人员。

②传播媒介细分。

媒介也是让受众形成聚集效应的重要工具。除了主号"特种铸造"以外，还根据受众市场情况开设新的账号"压铸界"和"青稞讲堂"。"压铸界"是针对近年来"一体化压铸"热点而特别设立，随着粉丝读者对压铸信息需求越来越多，单独设立一个传播窗口能够更有效地找到目标受众。"青稞讲堂"定位为金属材料青年科学家，将传播目标进一步聚焦于青年群体。会议也是期刊一个重要的传播媒介，会议筹备期间可以不断聚集相关粉丝群体，会议期间进行线下集中交流研讨，从而建立密切的联系。

③受众群体细分。

根据行业特点以及受众研究领域的不同，期刊将所有粉丝分为 3 个类别，并根据学科归入相应的行业群、作者群或专家群等。受众根据自己的需求主动进入相应社群，找到与自身领域相同的伙伴，相互探讨技术问题、寻找合作。

（2）让每位粉丝有"利"可图

粉丝留存的另一个关键就是能让粉丝有获得感。作为一个传统媒体，为了给粉丝提供更大的价值，期刊的做法主要是形成"线上传播＋线下交流"的模式。线上的信息传播主要是不断提供技术资讯，专家咨询、公益课程、供应商名录、福利诱导（虚拟专辑、精美礼品）等，线下通过举办会议的形式为业内人士提供认识专家、商品或服务展示的机会。

4. 受众反哺信息再输出

从信息输出到人员聚合，再到粉丝存留，形成一个完整的传播路径，在这个过程中积淀下来的粉丝才是平台的核心受众群体，他们也是平台私域流量池的基础。但是流量池的壮大还需要不断周而复始,通过上个阶段传播积攒的受众群不仅为接下来的传播提供保底流量,也是今后营销形成裂变效应的关键。

以期刊"大咖来啦"直播项目为例,不少老粉丝提前预约直播,这部分群体就是直播观众的保底数据,同时,他们也会将直播间分享到朋友圈、好友群,带动身边同事、好友进入直播间,直播裂变由此达成。

(四)初见成效 未来可期

1. 新媒体平台粉丝用户快速增长

期刊从 2021 年 9 月开始发布第一条短视频,2022 年 4 月开启第一场直播,到目前为止,新媒体运营时间不长,但是效果显著,无论是粉丝数量、变现能力还是社会效益方面,都有了肉眼可见的突破。

除了"压铸界"青稞讲堂是 2022 年新开账号之外,其他账号,如"特种铸造"公众号、视频号、今日头条、抖音、B 站、社群等粉丝都是成倍增长,由此可见,私域营销对于粉丝增长的效果是显著的。

2. 新媒体平台经济效益初显

通过在新媒体方面的不断努力,期刊新媒体平台已经具备承接广告推广的能力,目前开辟的付费服务主要有微信公众号软文、banner、直播间冠名和赞助、网站头部 banner、电子期刊封面和内页广告、虚拟专辑封面和嵌入式广告等,其中"特种铸造"公众号头部、中部、尾部 banner 广告位已经满员,随着新媒体的发展,今后在广告推广方面也将开辟更大的空间。

基于前期会议的积累和新媒体带来的影响力,近两年本刊杂志主办的会议期间均设置现场展示,且供不应求,这对于科技期刊发展来说也是一笔不小的收入,可以辅助科技期刊更好地服务行业发展,同时会议参加人数和活跃性也在快速增加。

除了广告、会议收入外,对于科技期刊来说,内容付费也是从私域流量变现的可能途径。内容付费在纸刊时代已经有一定基础,比如纸刊发行,新媒体时代可以从更多途径去实现:①电子刊付费阅读,这是最基础的一种内容付费,相当于纸刊发行的电子化;②做虚拟专刊/专辑,把同类内容打包整合,做到精准传播;③做行业技术分析报告,这对于企业的吸引力非常大,当然难度也很大,需要对这个行业有较深入的理解和较多的市场接触;④线上/线下培训,可以充分利用编委的智力资源和私域流量的用户基础,既可以针对学生岗前培训,也可以针对企业需要提供行业基础知识和操作技能的培训;⑤技术咨询和定向辅导,就某一个问题或某一种产品进行咨询,一般在线上可以解决,部分困难较大的可以线下解决,或者形成横向课题;对于新投资的企业或新开发的产品,可以邀约专家有针对性地进行辅导,和技术咨询不同的是,定向辅导会更全面,也更深入,一般需要进行线下辅导。

在新媒体平台和私域流量的加持下,科技期刊可以更好地实现社会效益。科技期刊社会效益的实现很大程度上基于其科技论文的发表与传播,私域流量下,可以充分发挥科技期刊的传播优势,科技论文能够以更新颖的形式更快的传播来实现其社会效益。

（五）结语

私域是科技期刊实现整合发展的路径之一，也是目前期刊新媒体发展的主要策略，采用私域流量的做法让传统科技期刊能快速和已有专家、作者、读者、观众产生紧密联系。但是私域并不是唯一做法，同时在具体执行过程中仍有问题亟待解决：①粉丝快速增长的同时，需要工作人员付出较多的时间进行维护；②新媒体发布需要大量优质内容，如果仅仅依靠期刊上发表的文章，尚不足以维持；③直播工作中专家的邀约是一项很有挑战的工作，以编委为主的专家团队是否能满足预设的频次进行直播的要求很有挑战；④新媒体发展初期并不能形成传播优势，需要持续投入。但是既然选择了走私域流量的道路，那就坚定地走下去，相信在注意力短缺的时代，私域是目前科技期刊走出困境、迈向更广大市场的有效途径，前途一定是光明的。

九、为把《华中农业大学学报》办成一流期刊殚精竭力[①] ——杨锦莲编审从业三十三年心得体会

按语：杨锦莲，博士，编审，华中农业大学技术英才（A岗）。《华中农业大学学报》执行主编，《养殖与饲料》副主编。从事期刊编辑工作33年。荣获教育部科技司、农业农村部科教司"优秀工作者""湖北省优秀主编""中国农业期刊领军人物""中国农业期刊行业劳动模范""中国农业期刊卓越编辑"，湖北省科技期刊编辑学会"先进工作者标兵"等称号，先后获得各级各类奖项40多项。从"铅与火"到"光与电"再到"网与云"，30多年来，她潜心办刊，守正创新，拥抱时代之变，勇立学术出版业态变革潮头；她始终专注期刊质量，以特色发展破解学报各阶段难题，以精品意识打造精品期刊，全方位提升期刊影响；她甘做人梯，甘为他人做嫁衣裳，助青年学者攀登，提携数代编辑成长，育团队促融合发展。华中农业大学期刊中心是名副其实的一流刊社，杨锦莲编审是实至名归的一流主编，以下是她个人33年编辑生涯的口述事迹，请大家品阅，希望能对大家的个人成长和期刊工作有所启发。

在编辑普遍被主办单位边缘化、不受重视的环境下，作为20世纪80年代的硕士生和21世纪初的博士生，在面临诸多职业选择的境况下，一辈子从事着不被人看好的期刊编辑工作，常常不被他人甚至包括自己所理解，我也常常问自己，到底为了什么？其实，在期刊界，像我这样的编辑很多，很多人比我做得更好，下面仅作为期刊编辑代表，从3个方面分享个人与期刊发展共成长的经历、观察和体会。

（一）一生专做一件事

这一件事主要是指我的职业。自1987年硕士毕业，除了两年的锻炼外，无论职称、职务如何变迁，我从未离开编辑工作岗位。其实编辑职业并非我的首选，1987年硕士毕业后，我响应号召参加了由国家科学技术委员会组织的扶贫开发工作，1990年回校时上交的一份科技开发总结报告被当时分管科研的副校长（也是学报的主管校长）看到了，他找到我，邀请我去学报编辑部工作，因为当时学报编辑部主任即将退休，分管校长也觉得我适合做编辑。当时，我对学报编辑工作一无所知，我的硕士论文整理成文章后，经导师无数次认真修改，投稿《中国麻业科学》后，编辑一字未改就发表了。因为对编辑工作不了解，也就不太愿意去，分管校长做了我很长时间的思想工作我才答应。后来才知道，当时期刊界具有研究生学历的编辑非常少。

虽说从事编辑工作是在毫无准备的情况下被安排的，但我还是全身心地投入工作中，再也没有动摇过。工作期间有多次脱离编辑岗位的机会，记忆最深的两次，一次是2004年我博士毕业，由于我本科和硕士是理科，博士是农业经济管理，导师特别希望我这样具有文理双料背景的人加入他的团队，当时我已经是学报副主编，职责所在，我无法放下学报；另一次

[①] 撰稿人：杨锦莲。

就是 2005 年我评上正高职称后，当时的植物科学技术学院新批了区域经济本科专业，刚好需要一个有文理背景的正高级职称的人，领导希望我能去挑这个担子，考虑再三，还是难以割舍那份刻骨铭心的编辑情怀。岁月不言，不知不觉就在学报编辑岗位工作了 30 多年，先后经历了 5 位主编、5 位领导，还经历了从铅字排版印刷，到激光照排，再到如今媒体融合和开放获取等不同业态的变革，从负责一个刊，到负责多个刊，虽说没啥突出业绩，但也是尽职尽责、问心无愧了。

（二）一生做好一件事

做好一件事是我的目标，我在编辑岗位工作 30 余年，付出了一生中最多的时间和心血，主要工作就是办刊和带队伍。

入职编辑以来，我一直就在自然科学学报工作，从编辑做到执行主编，不夸张地说，学报就如同自己的孩子，倾注了我大量心血。在编辑团队的共同努力下，学报一直位居 CSCD 核心期刊、中文核心期刊且同类期刊综合排名前列，获得各级各类奖励 40 多项，其中包括国家科技部、教育部和新闻出版署三部委联合颁发的"国优期刊二等奖"。

2009 年，我被学校任命为分管期刊编辑业务的期刊社副社长，由只负责自然科学学报到负责 3 个期刊。鉴于当时所有的部属农业高校和湖北省高校的社科学报都是 CSSCI 刊（简称 C 刊），而我们的社科学报还只是一个排名居中的普刊，我主动提出冲击 C 刊，这在当时几乎是个遥不可及的梦想，因为我们离目标差距太大。冲击 C 刊提上学校议事日程后，我与陈浩社长一起，约名人稿件和交叉学科稿件，穷尽一切方法开拓优质稿源，创建期刊特色，还在知网首创三农电子刊。客观地说，社科学报冲击 C 刊的那几年是我编辑生涯中最忙碌、最具挑战的人生经历，"5＋2""白＋黑"是常态，功夫不负有心人，在全体编辑的共同努力下，2010 年后，社科学报排名实现跨越式提升，在 600 多种人文社科期刊中，由 2009 年的第 180位跃升到 2013 年的第 14 位，于 2014 年进入 C 刊扩展版（C 刊当时 3 年一评，其规则是进核心版前必先进一轮扩展版），2017 年成功进入 C 刊核心版，2018 年入选中文核心期刊。社科学报进入双核，有力促进了学校的学科发展，被评为当年学校的十大新闻之一。

一流期刊需要一流的编辑队伍，编辑工作中，采取传帮带方式指导青年编辑掌握编辑技能和方法，倡导"爱国、创新、奉献、工匠"4 种精神，要求编辑练就"脑力、眼力、脚力、笔力"4 种能力和掌握"勤、细、亲、公、术"5 字要诀，并带领年轻编辑开展课题研究，指导他们撰写论文。编辑团队获得先进集体称号 7 次、先进个人称号 40 多人次，开展课题研究 8 项，撰写论文 40 多篇。

许多专家教授和研究生将他们撰写的第一篇学术论文都投向学报。累计指导初次投稿作者 2000 多名，在校内外给研究生做科技论文写作讲座，累计达 3000 多人次。

（三）如何做好一件事

期刊编辑做好任何事都离不开领导重视、团队合作、同行和家人的支持。感谢母校华中农业大学,不仅把我从一名本科生培养成了博士生,还给我提供了成就一番事业的工作岗位,让我得以在编辑领域不断精进深耕!感谢包括湖北省科技期刊编辑学会在内的各单位各级领导长期以来对我的关心与支持!回望33年,期刊界前辈们的关怀、同仁们同事们及历任领导的帮扶和鼓励,使我坚定信心、满怀激情、义无反顾、一步一个脚印走到今天,心中感激之情无以言表!特别要感谢一直跟着我坚守岗位、兢兢业业、默默奉献、不断进取的编辑团队,还有一直支持我的家人!有他们,是我的幸运!

当然,一件事情的成功,个体因素也很重要。

1.当好一名乐业者,快快乐乐做编辑

我一直在想,到底是什么让我像个螺丝钉一样一直铆在编辑岗位上30多年?是坚持吗?是热爱吗?是情怀吗?抑或都有?那它从何而来?为什么能长期坚持,为什么无限热爱,为什么情怀满满?那是因为快乐。看了从业33年来的每张照片,张张是笑脸,张张是从心底流淌出来的笑容,这就是答案。我做编辑很快乐,也快乐地做着编辑,平常用不着咬紧牙关坚持,也毫无怨言,时间久了自然而然地就与学报就难舍难分了,并且享受着学报工作带给我的一切,比如压力、挑战、朋友、成绩、荣誉,等等,都会让我快乐,快乐地工作,快乐地生活,快乐地享受如期而来的每一天。

做编辑要乐业,这里我要和年轻编辑分享一下做编辑保持快乐的体会。

做快乐编辑,心态很重要。

一要平和。无论是出于什么原因,主动或者被动选择了做编辑,先接受它,开心面对,最后就会慢慢爱上它。生活可以忙碌、疲惫,但心态一定要平和,从容不迫,这样才会快乐。

二要乐观。任何事物都存在两面性,要看好的一面,比如关于综合期刊,很多人觉得不如专业期刊,但我觉得它有利于做好交叉学科,再比如关于SCI导向导致优势学科稿件外流,我就把重点放在新兴学科和交叉学科上,这样做起来得心应手,效果也好,人就会快乐。

三要积极。工作中遇到的不一定都是贵人,怎么办?不要怨天尤人,要把心思放在努力做好本职工作和自我提升上,让贵人来找你。我的经历也非一帆风顺,熟悉我的人都知道,曾经有一段时间工作环境不尽如人意,我就一边努力工作,无论是编辑的量还是质都超过他人,一边考博士,还学方正书版排版,同时加强学习,不断总结编辑经验、提高业务素质,2001—2004年4年时间以第一作者或独著身份发表论文12篇,其中权威期刊3篇,2009年,我们学校的副书记去我们单位调研,了解了我的情况,惊讶地问:"杨老师,你是博士啊?还是正高啊?还得了这么多奖啊!"其实我也没什么奢望,就是在充实自己的过程中去接近一个个目标并实现它,这让我其乐无穷。

做快乐编辑,态度很重要。

一要认真。期刊编辑工作是个良心活,尤其是我们这些事业单位的期刊编辑,背靠大树,单从经济上来说,做与不做、做好与做坏真没啥区别。真正要做好期刊还是很辛苦,很费

脑筋的，经常有朋友跟我交流，说很纠结，到底是认真还是躺平，我总是鼓励朋友认真做，付出就有回报，重要的是人在付出的过程中会收获快乐。

二要真诚。人与人之间能够相互吸引、欣赏，靠的不是容颜、金钱与能力，而是你传递给对方的温暖和踏实，以及那一份发自肺腑的真诚，真诚才能交到朋友，才能约到高质量稿，人就会快乐。

三要专注。心心在一艺，其艺必工，心心在一职，其职必举，做成一件事的最短路径是聚焦，越专注，越少杂念，越快乐。

四要行动。所有激励的话，配上实际行动才有意义。所有的方法和措施，配上行动才有效果，迟疑不决时，不妨先迈出一小步，不纠结了，人就会快乐。

2. 当好一颗螺丝钉，潜心专情做编辑

做编辑要能静得下来，像颗螺丝钉那样铆在那儿。根据工作需要，我从负责一个期刊，到 2 个，在社科学报冲击 C 刊期间甚至是 3 个期刊的审校，编辑出版几乎是零容错职业，期刊社几个期刊稿件的入口关和出口关都需要我来把，每年承担着 1000 多篇稿件的高强度审稿和校稿任务，工作中潜心专注，严把稿件学术质量和编辑质量关，审稿做到快、准、严，改稿做到齐、清、定，以精品意识统领精审精编精校，呈献学报精品。

3. 当好一只领头羊，求新强特做编辑

做编辑要不断创新。作为一本期刊的主编，时刻要根据形势调整办刊方向、办刊思路和办刊措施。30 多年的办刊经历，就是一个不断的"思变、求异、强特、创优"的过程。始终坚持把主要精力放在创建期刊特色和提高期刊影响上。

2000 年以前是中文科技期刊的高光时刻。SCI 导向弱，中文期刊地位高，学报的办刊策略是强化优势学科，这期间学报的特色栏目与优势学科匹配，学报首发了大量优势学科原创性重大成果，如植物科学的油菜波里马细胞质雄性不育、动物科学的湖北白猪等国家重大成果。从 2000 年起，针对由 SCI 导向造成的优势学科稿源大量外流现象，学报重新校准定位，聚焦资源与环境、农业工程、食品科技等新兴和交叉学科，不断加大其发文比例，有力助推环境科学、工程学进入全球排名前 1％。2020 年以后，面对各级利好政策不断出台，中文期刊迎来了发展机遇的大好时机。学报的办刊策略是服务优势学科、新兴学科和交叉学科，服务国家战略和产业需求。重点是聚焦产业体系，围绕国家战略重大需求组织专题。2021—2022 年 3 共组约近 30 个专题，有力助推了绿色农业、智慧农业和高效农业的发展。

年轻的编辑可能未能感受到技术的变化对编辑出版工作的影响，我从业初期，学报出版用的铅字印刷，中国的铅字印刷有很大的难度，就是汉字太多，不像英文只有 26 个字母，所以西方人说，中国的键盘打不出汉字。印刷厂先要高温铸出一粒粒的铅字，放在架子上，再由拣字工一粒粒挑拣需要的铅字，做出清样，对样张进行校对是非常麻烦和费力的，如果要增删几个字，后面所有的铅字就一个个都要往后或往前移动位置，就像是碰倒了多米诺骨牌中的一块,拣字工会因此又忙活好几天。正因为如此麻烦,练就了我们认真负责的工作态度,修改稿件争取一次到位。后来的激光照排和胶版印刷使铅字印刷和铅字工人写入了历史,大大提高了工作效率,改变了工作方式,这要感谢我们的"当代毕昇"——王选院士,是他让我们的出版告别了铅与火的时代。我们的编辑出版工作也在不断地适应着技术变革和出版业态变化,目前学报除纸刊外,还通过网络首发、OA 出版、电子期刊、微信公众号、学术交流群、邮件精准推送、短视频、视频直播等途径全方位多层次加快加深内容传播。

4. 当好一位全能手,三头六臂做编辑

做编辑要与时俱进,努力做全能型编辑。从单纯编辑稿件到全域服务,做"能做策划、能约稿件、能编稿件、能做推广、能办活动"的五能编辑,既能静,也能动。这些年来,我也是一路学习,一路实践,争取不掉队。

通过策划和约稿吸纳和组约优质稿件。

一是通过立足校内的优势学科,凝练办刊方向,创建特色栏目聚集优质稿源。1994 年起开始分设栏目,重点培育"作物遗传改良与栽培"和"植物保护"两个特色栏目。2010 年后,根据学科变化,立足新兴学科和交叉学科,重点培植"资源与环境"特色栏目。

二是通过专集和专题约稿吸纳优质稿源。专题约稿主要从两个方面着手,即面向国家战略需求和面向产业体系全产业链,近 3 年来,个人策划了 3 个专辑和 20 多个专题。通过召开作者见面会、深入学院和团队以及专题约稿会等方式邀约包括张启发院士在内的 100 多位教授的稿件。

面对新的出版业态,我在工作中主动求变,2010 年,开始使用在线投稿系统、采用学术不端检测系统及二维码技术。2020 年试水小视频、视频直播等方式对内容进行深度传播。全方位多层次加快加深内容传播,以扩大专题文章和专家的影响力。

同时,还为作者提供个性化服务,每期封面都根据专题内容定制,封二是主持人团队介绍,专题开篇附主持人语,以提高专家和团队的显示度。

探索将专题文章转化为智库成果。由 2021 年第 3 期"长江经济带绿色农业"专题成果形成的咨政信息被省政协和九三学社中央委员会采用。

作为 20 世纪 80 年代的一名研究生,我当编辑并非是为了生活而别无选择,而是真心地敬畏这份职业,真正的以"为人作嫁"为乐、以"成人之美"为己任。日复一日,将自己的劳动融入作者的作品之中,也深深地影响和感染着周围的人。儿子专门写了篇作文"妈妈的笔";作者多称我"幕后英雄";团队编辑们也默默地付出,努力成为优秀编辑集体的一员。李政道说:"越往前走,技术就精神化。"借蓝皮书一角,向所有淡泊名利、无私奉献的编辑同仁致敬!

第九章 一流科技期刊建设规划
——湖北省培育一流科技期刊的目标设计、目录编制及发展策略

为加快湖北省一流科技期刊建设，编写组在问卷调查、面对面访谈和数据分析的基础上，充分结合湖北省科技期刊的发展现状，对湖北省世界一流科技期刊建设目标进行分层设计，并在科学研制出分层培育期刊目录的基础上提出未来发展策略及建议。

一、目标设计

结合国家层面的世界一流科技期刊建设目标、要求和湖北省科技期刊发展实际，现将湖北省建设世界一流科技期刊的具体目标分步设计如下。

到 2025 年，从整体上进一步推动湖北省由科技期刊大省向强省目标迈进。做精 1~2 种基础前沿科技类期刊，助推其进入世界一流期刊行列，增强其对基础科学和前沿技术的引领能力；做强 5 种以上科技期刊成为国家一流，力争 15 种以上科技期刊充分发挥其服务湖北省科技和经济发展的功能；争取建成 1 个国内一流的科技期刊集群，提升湖北省科技期刊的影响力和竞争力。

到 2035 年，实现湖北省科技期刊强省目标。培育 5 种以上科技期刊进入世界一流期刊行列，做强 20 余种科技期刊成为国家一流，力争 30 余种科技期刊在服务地方科技进步与经济发展方面取得明显成效；争取 1 个期刊出版集团具有较强的国际竞争力，助力中国成为全球科技中心，并为构建全球科技思想库、技术库和人才库及国家制定科技创新战略提供数据支撑。

二、一流科技期刊内涵与培育目录

培育世界一流科技期刊，目的是服务创新型国家建设，维护国家信息安全，提升我国科技文化国际交流话语权及科技硬实力与文化软实力。湖北具有培育世界一流科技期刊的比较优势与巨大潜能，为了发掘其优势和潜能，应在明确世界、国家、省一流科技期刊内涵的前提下，科学编制一流科技期刊培育目录，以便有关管理部门分类指导、分期建设，如期实现上述设计目标。

1. 面向世界一流优先培育期刊

世界一流科技期刊主要考察期刊的国际影响力和创新引领作用,其内涵为:引领全球基础理论创新、技术创新与应用以及产业行业发展方向,发表相关原始创新成果,且能够迅速传播并得到领域同行广泛认同,具有可持续发展能力;主要学术影响力指标应位居国际范围所在学科的前 10% 以内。基于上述特征,制定本层级的培育期刊筛选标准(具备下述条件之一):①入选 SCIE;②入选 Scopus 数据库且近两年 CiteScore 值位于学科 Q1 分区;③近两年持续入选 WJCI 且位于学科 Q1 分区;④入选中国科技期刊卓越行动计划(2019—2023 年)的领军期刊、重点期刊资助项目或湖北省科技期刊楚天卓越行动计划(2021—2025 年)领军期刊资助项目。基于上述标准,建议优先培育期刊见表 9-1。

2. 面向国家一流重点培育期刊

国家一流科技期刊的内涵为:发表具有重要创新意义或重大工程关键技术的研究成果且在全国范围内得到广泛认可;主要学术影响力指标稳居国内所在学科前 10% 或国际所在学科前 50% 以内,或在相关行业领域极具影响力,对行业发展具有显著性引领作用。基于上述特征,制定本层级的培育期刊筛选标准(具备下述条件之一):①入选 EI 数据库;②入选 Scopus 且近两年的 CiteScore 值位于学科 Q2 或 Q3 分区;③近两年持续入选 WJCI 且学科分区位于 Q2 或 Q3 分区;④入选中国科技期刊卓越行动计划(2019—2023 年)的梯队期刊、高起点新刊资助项目或湖北省期刊楚天卓越行动计划(2021—2025 年)重点期刊资助项目;⑤具有一定规模,创造了良好的社会效益和经济效益,在本学科或行业领域有较大的引领作用。基于上述标准,建议重点培育期刊见表 9-2。

3. 面向省一流梯队培育期刊

湖北一流科技期刊的内涵为:发表原始创新性学术研究成果或具有较大推广价值的技术成果;主要学术影响力指标位于国内所在学科前 25% 或国际所在学科前 75% 以内,或在相关行业领域具有较大影响力,对行业发展具有一定引领作用。基于上述特征,制定本层级筛选标准(具备下述条件之一):①近两年连续入选《中国学术期刊影响因子年报》学科前 50%;②近两年持续入选 WJCI 科技期刊目录或 Scopus 科技期刊目录;③有一定的社会效益和经济效益,在本学科领域或行业具有一定引领作用;④入选湖北省科技期刊楚天卓越行动计划(2021—2025 年)梯队期刊资助项目。基于上述标准,建议梯队培育期刊见表 9-3。

三、发展策略

科技期刊的发展与其主办机构或所属区域的学科发展水平息息相关。湖北省高校林立,国家级研究机构或平台众多,科研成果丰硕,在地球科学、微生物学、植物学与动物学、光学、计算机科学以及医学和药学等方面具有明显的学科优势。因此,需紧抓机遇,以培育一流科技期刊为抓手,深化体制改革,加强顶层设计、科学布局,发挥人才、学科、资源等优势,切实促进湖北省科技期刊整体能力提升。

1. 加强顶层设计,统筹中英文期刊协调发展

加大对优势学科已有英文科技期刊的扶持力度,鼓励新兴交叉学科与战略前沿领域创办英文新刊,如 *Magnetic Resonance Letters* 等;增强中文期刊对湖北省科技、经济、社会发展的服务力度,争创具有地方优势的国家一流科技期刊,推动具有中国特色的中文期刊通过多语种出版向国际传播,提升我国科技文化软实力。

2. 科学布局资助体系,多层级支持一流期刊培育

建立科学持续的政策管理、监督和引导服务系统;建立符合办刊实际的政策经费资助标准;资助有发展潜力但面临资金困难的科技期刊;确保资助政策的长期性和稳定性。

3. 发挥人才优势,提升湖北省科技期刊质量

设立期刊领域的人才培养专项基金,培养或引进高水平的专业化、职业化的出版领军人才;完善科学家办刊机制,真正让一线科研人员能积极参与办刊;学习 *Science*、*Nature* 等世界一流科技期刊经验,让科技期刊紧跟科技发展趋势,及时呈现最新的科研成果;提升本地科技期刊在科技评价和人才评价中的地位,给予将高水平论文首发在湖北省科技期刊的作者精神和物质奖励,大力提升湖北省期刊的学术影响力。

4. 发挥期刊规模优势,助推科技期刊集群化建设

以重点高校、科研院所、医疗机构、传媒集团等期刊主办机构为基础,助推期刊集群化建设,并逐步向集团化方向迈进;借力新兴技术,鼓励有条件的信息技术企业积极参与科技期刊的数字化建设,促进期刊融合发展。

5. 深化体制机制改革,推动期刊产学研深度融合

实现政府引导与社会资本的有机结合,增强湖北省科技期刊市场的活力,推动产业界、学术界深度融合;探索"学会＋企业""高校＋企业""科研机构＋企业"等多种协同办刊形式,逐步加大科技期刊的市场化程度。

科技期刊切入口小,但涉及面大,对我国建设世界科技强国意义重大。湖北省若能将"自然资源＋科教资源＋人才资源"优势转化为推动科技期刊整体发展并服务湖北省科技经济建设的动力,同时构建适于科技期刊发展的创新机制,将会有力推动湖北省科技期刊整体能力提升,加快实现湖北期刊强省目标,为我国建设世界科技强国贡献湖北力量。

相关期刊名录见表 9-1 至表 9-3。

表 9-1 湖北省世界一流科技期刊建议培育目录

刊名	入选依据
Journal of Rock Mechanics and Geotechnical Engineering	SCIE，CiteScore Q1（2021，2022），中国科协卓越行动计划-领军期刊
Geo-spatial Information Science	SCIE，CiteScore Q1（2021，2022），湖北省科协楚天卓越行动计划-领军期刊
Journal of Earth Science	SCIE，CiteScore Q1（2021，2022），中国科协卓越行动计划-重点期刊
Acta Mathematica Scientia	SCIE，WJCI Q1（2020，2021）
Acta Mechanica Solida Sinica	SCIE
Current Medical Science	SCIE
Journal of Innovative Optical Health Sciences	SCIE
Journal of Wuhan University of Technology（Materials Science）	SCIE
Virologica Sinica	SCIE
地球科学	WJCI Q1（2020，2021）
高电压技术	WJCI Q1（2020，2021）
岩石力学与工程学报	WJCI Q1（2020，2021），湖北省楚天卓越行动计划-领军期刊
岩土力学	WJCI Q1（2020，2021）
中国机械工程	湖北省科协楚天卓越行动计划-领军期刊

表 9-2 湖北省国家一流科技期刊建议培育目录

刊名	入选依据
华中科技大学学报（自然科学版）	EI；WJCI-2020（Q1）和 WJCI-2021（Q2）；中国科协卓越计划-梯队期刊
武汉大学学报（信息科学版）	EI；WJCI-2020（Q2）和 WJCI-2021（Q2）；CiteScore-2021（Q3）和 CiteScore-2022（Q2）；中国科协卓越计划-梯队期刊；湖北省科协楚天卓越行动计划-重点期刊
桥梁建设	EI；WJCI-2020（Q2）和 WJCI-2021（Q2）；CiteScore-2021（Q3）和 CiteScore-2022（Q2）
Geodesy and Geodynamics	EI；WJCI-2020（Q3）和 WJCI-2021（Q3）；CiteScore-2021（Q2）和 CiteScore-2022（Q2）；中国科协卓越计划-梯队期刊
爆破	WJCI-2020（Q1）和 WJCI-2021（Q2）

续表

刊名	入选依据
中国舰船研究	WJCI-2020（Q2）和 WJCI-2021（Q2）；湖北省科协楚天卓越行动计划-重点期刊
地质科技通报	WJCI-2020（Q2）和 WJCI-2021（Q2）
武汉大学学报（工学版）	WJCI-2020（Q2）和 WJCI-2021（Q2）
中国医院药学杂志	WJCI-2020（Q2）和 WJCI-2021（Q2）
人民长江	WJCI-2020（Q2）和 WJCI-2021（Q2）；湖北省科协楚天卓越行动计划－重点期刊
护理学杂志	WJCI-2020（Q2）和 WJCI-2021（Q2）
华中农业大学学报	WJCI-2020（Q2）和 WJCI-2021（Q2）
长江科学院院报	WJCI-2020（Q2）和 WJCI-2021（Q3）
长江流域资源与环境	WJCI-2020（Q3）和 WJCI-2021（Q3）
特种铸造及有色合金	WJCI-2020（Q3）和 WJCI-2021（Q3）
武汉大学学报（理学版）	WJCI-2020（Q3）和 WJCI-2021（Q2）
交通信息与安全	WJCI-2020（Q3）和 WJCI-2021（Q3）
中南民族大学学报（自然科学版）	WJCI-2020（Q3）和 WJCI-2021（Q3）
大地测量与地球动力学	WJCI-2020（Q3）和 WJCI-2021（Q3）
安全与环境工程	WJCI-2020（Q3）和 WJCI-2021（Q3）
中国油料作物学报	WJCI-2020（Q3）和 WJCI-2021（Q3）
节水灌溉	WJCI-2020（Q3）和 WJCI-2021（Q3）
中国农村水利水电	WJCI-2020（Q3）和 WJCI-2021（Q3）
分析科学学报	WJCI-2020（Q3）和 WJCI-2021（Q3）
医药导报	WJCI-2020（Q3）和 WJCI-2021（Q3）
石油机械	WJCI-2020（Q3）和 WJCI-2021（Q3）
水电能源科学	WJCI-2020（Q3）和 WJCI-2021（Q3）
华中师范大学学报（自然科学版）	WJCI-2020（Q3）和 WJCI-2021（Q3）
Wuhan Unversity Journal of Natural Sciences	CiteScore-2021（Q3）和 CiteScore-2022（Q3）
Oil Crop Science	CiteScore-2022（Q3）；未入选世界一流科技期刊培育目录的英文期刊
Magnetic Resonance Letters	高起点新刊资助-2019
Water Biology and Security	高起点新刊资助-2022
Interdisciplinary Materials	高起点新刊资助-2022
Animal Diseases	高起点新刊资助-2022
Oncology and Translational Medicine	未入选世界一流科技期刊培育目录的英文期刊
科技进步与对策	行业有较大影响力

续表

刊名	入选依据
武汉体育学院学报	行业有较大影响力
长江蔬菜	行业有较大影响力
材料保护	行业有较大影响力

表 9-3 　　　　　　　　　　　湖北省省一流科技期刊建议培育目录

刊名	入选依据
植物科学学报	WJCI-2020（Q3）和 WJCI-2021（Q4）
水生态学杂志	WJCI-2020（Q3）和 WJCI-2021（Q4）
船海工程	WJCI-2020（Q3）和 WJCI-2021（Q4）
中华实验外科杂志	WJCI-2020（Q3）和 WJCI-2021（Q4）
淡水渔业	WJCI-2020（Q3）和 WJCI-2021（Q4）
临床耳鼻咽喉头颈外科杂志	WJCI-2020（Q4）和 WJCI-2021（Q4）；CiteScore-2021（Q4）和 CiteScore-2022（Q4）
固体力学学报	WJCI-2020（Q4）和 WJCI-2021（Q4）；CiteScore-2021（Q4）和 CiteScore-2022（Q4）
肿瘤防治研究	WJCI-2020（Q4）和 WJCI-2021（Q4）；CiteScore-2021（Q4）和 CiteScore-2022（Q4）
水生生物学报	WJCI-2020（Q4）和 WJCI-2021（Q4）；CiteScore-2021（Q4）和 CiteScore-2022（Q4）
中华小儿外科杂志	WJCI-2020（Q4）和 WJCI-2021（Q4）；CiteScore-2021（Q4）和 CiteScore-2022（Q4）
医学与社会	WJCI-2020（Q4）和 WJCI-2021（Q3）
数学物理学报	WJCI-2020（Q4）和 WJCI-2021（Q3）
测绘地理信息	WJCI-2020（Q4）和 WJCI-2021（Q4）
土木工程与管理学报	WJCI-2020（Q4）和 WJCI-2021（Q4）
口腔医学研究	WJCI-2020（Q4）和 WJCI-2021（Q4）
中华物理医学与康复杂志	WJCI-2020（Q4）和 WJCI-2021（Q4）
时珍国医国药	WJCI-2020（Q4）和 WJCI-2021（Q4）
听力学及言语疾病杂志	WJCI-2020（Q4）和 WJCI-2021（Q4）
中国组织化学与细胞化学杂志	WJCI-2020（Q4）和 WJCI-2021（Q4）
环境科学与技术	WJCI-2020（Q4）和 WJCI-2021（Q4）
放射学实践	WJCI-2020（Q4）和 WJCI-2021（Q4）
中华器官移植杂志	WJCI-2020（Q4）和 WJCI-2021（Q4）
应用数学	WJCI-2020（Q4）和 WJCI-2021（Q4）

续表

刊名	入选依据
波谱学杂志	WJCI-2020（Q4）和 WJCI-2021（Q4）
临床心血管病杂志	WJCI-2020（Q4）和 WJCI-2021（Q4）
武汉理工大学学报	CiteScore-2021（Q4）和 CiteScore-2022（Q4）
武汉大学学报（医学版）	CiteScore-2021（Q4）和 CiteScore-2022（Q4）
武汉理工大学学报（交通科学与工程版）	CiteScore-2021（Q4）和 CiteScore-2022（Q4）
世界桥梁	CNKI-国内 CI-2020（Q1）和 CNKI-国内 CI-2021（Q1）
化学与生物工程	CNKI-国内 CI-2020（Q1）和 CNKI-国内 CI-2021（Q1）
医学分子生物学杂志	CNKI-国内 CI-2020（Q1）和 CNKI-国内 CI-2021（Q1）
长江大学学报（自科版）	CNKI-国内 CI-2020（Q1）和 CNKI-国内 CI-2021（Q1）
临床放射学杂志	CNKI-国内 CI-2020（Q1）和 CNKI-国内 CI-2021（Q1）
炼钢	CNKI-国内 CI-2020（Q1）和 CNKI-国内 CI-2021（Q1）
中国康复	CNKI-国内 CI-2020（Q1）和 CNKI-国内 CI-2021（Q1）
公共卫生与预防医学	CNKI-国内 CI-2020（Q1）和 CNKI-国内 CI-2021（Q1）
中国药师	CNKI-国内 CI-2020（Q1）和 CNKI-国内 CI-2021（Q2）
湖北大学学报（自然科学版）	CNKI-国内 CI-2020（Q2）和 CNKI-国内 CI-2021（Q2）
中国社会医学杂志	CNKI-国内 CI-2020（Q2）和 CNKI-国内 CI-2021（Q2）
湖北农业科学	CNKI-国内 CI-2020（Q2）和 CNKI-国内 CI-2021（Q2）；湖北省科协楚天卓越行动计划-梯队期刊
舰船电子工程	CNKI-国内 CI-2020（Q2）和 CNKI-国内 CI-2021（Q2）
暴雨灾害	CNKI-国内 CI-2020（Q2）和 CNKI-国内 CI-2021（Q2）
工业安全与环保	CNKI-国内 CI-2020（Q2）和 CNKI-国内 CI-2021（Q2）
生物资源	CNKI-国内 CI-2020（Q2）和 CNKI-国内 CI-2021（Q2）
湖北民族大学学报（自然科学版）	CNKI-国内 CI-2020（Q2）和 CNKI-国内 CI-2021（Q2）
水利水电快报	CNKI-国内 CI-2020（Q2）和 CNKI-国内 CI-2021（Q2）
华中科技大学学报（医学版）	CNKI-国内 CI-2020（Q2）和 CNKI-国内 CI-2021（Q2）
临床外科杂志	CNKI-国内 CI-2020（Q2）和 CNKI-国内 CI-2021（Q2）
华中建筑	CNKI-国内 CI-2020（Q2）和 CNKI-国内 CI-2021（Q2）
计算机与数字工程	CNKI-国内 CI-2020（Q2）和 CNKI-国内 CI-2021（Q2）
临床口腔医学杂志	CNKI-国内 CI-2020（Q2）和 CNKI-国内 CI-2021（Q2）
三峡大学学报（自然科学版）	CNKI-国内 CI-2020（Q2）和 CNKI-国内 CI-2021（Q2）
数学杂志	CNKI-国内 CI-2020（Q2）和 CNKI-国内 CI-2021（Q2）
土工基础	CNKI-国内 CI-2020（Q2）和 CNKI-国内 CI-2021（Q2）
中国中医骨伤科杂志	CNKI-国内 CI-2020（Q2）和 CNKI-国内 CI-2021（Q2）
新建筑	CNKI-国内 CI-2020（Q2）和 CNKI-国内 CI-2021（Q2）

续表

刊名	入选依据
亚太传统医药	CNKI-国内 CI-2020（Q2）和 CNKI-国内 CI-2021（Q2）
江汉大学学报（自然科学版）	CNKI-国内 CI-2020（Q2）和 CNKI-国内 CI-2021（Q2）
特殊钢	CNKI-国内 CI-2020（Q2）和 CNKI-国内 CI-2021（Q2）
卒中与神经疾病	CNKI-国内 CI-2020（Q2）和 CNKI-国内 CI-2021（Q2）
武汉科技大学学报	CNKI-国内 CI-2020（Q2）和 CNKI-国内 CI-2021（Q2）
中国中西医结合消化杂志	CNKI-国内 CI-2020（Q2）和 CNKI-国内 CI-2021（Q2）

附　录

　　按照《湖北省科技期刊发展蓝皮书》的研制惯例，编写委员会在每一版的编写前都尽可能地梳理和汇总湖北省主办的所有发表科技论文的期刊名单及其基本信息（仅统计期刊属地管理地域为湖北省的期刊），具体见湖北省科技期刊名录（2023 版），即附录一，考虑到科技期刊是以发表科技论文为主的期刊，所以本版蓝皮书将近两年（2021—2022 年）期刊公开发表科技论文数量占比超过该刊近两年公开发表论文总量 50% 的期刊定义为科技期刊，如第 1 至 211 号期刊即为本版蓝皮书定义的公开出版（具有 CN 号）的科技期刊。此外，第 212 至 230 号的期刊为近两年公开发表科技论文数量占比低于该刊近两年所发表论文总量 50% 的期刊，一并列出，以感谢它们在发表科技论文成果中所付出的努力，但不另作为本版相关统计数据的期刊源。第 231 至 236 号期刊为近年来湖北省内高校及科研院所主办且暂未获得 CN 号的高起点英文科技期刊（部分期刊已经入选中国科技期刊卓越行动计划（2019—2023 年）高起点新刊资助项目），它们是湖北省英文科技期刊的新兴力量，在此也一并列出，期待它们后续的精彩表现。最后，需要说明的是，近些年在国家和地方各级部门的正确引导下，办刊工作十分活跃，期刊创办、变更等相关信息变化频繁，即便在本版蓝皮书出版之前编写委员会已再三核查修正，也难免出现部分发表科技论文的期刊或未被收录其中，抑或信息标注未更新，还请大家及时提供宝贵信息，以使后续工作做得更加完善，在此一并表示感谢。

　　此外，附录二、三中分别列出中国科技期刊卓越行动计划（2019—2023 年）湖北省入围期刊名单和湖北省科技期刊楚天卓越行动计划（2021—2025 年）入围期刊名单，以激励各刊继续努力，再创佳绩！

附录一　湖北省科技期刊名录（2023 版）

序号	期刊中文名称	CN 号	ISSN 号	语种	刊期	主管单位	第一主办单位
1	安全与环境工程	42-1638/X	1671-1556	中文	双月刊	教育部	中国地质大学（武汉）
2	巴楚医学	42-1899/R	2096-6113	中文	季刊	湖北省教育厅	三峡大学
3	暴雨灾害	42-1771/P	1004-9045	中文	双月刊	湖北省气象局	中国气象局武汉暴雨研究所
4	爆破	42-1164/TJ	1001-487X	中文	季刊	教育部	武汉理工大学
5	表面工程与再制造	42-1870/TG	1672-3732	中文	双月刊	武汉市科学技术协会	武汉材料保护研究所有限公司
6	波谱学杂志	42-1180/O4	1000-4556	中文	季刊	中国科学院	中国科学院精密测量科学与技术创新研究院
7	材料保护	42-1215/TB	1001-1560	中文	月刊	中国机械工业联合会	武汉材料保护研究所有限公司
8	测绘地理信息	42-1840/P	2095-6045	中文	双月刊	教育部	武汉大学
9	城市勘测	42-1309/TU	1672-8262	中文	双月刊	住房和城乡建设部	中国城市规划协会
10	船电技术	42-1267/U	1003-4862	中文	月刊	中国船舶重工集团有限公司	武汉船用电力推进装置研究所
11	船海工程	42-1645/U	1671-7953	中文	双月刊	湖北省科学技术协会	武汉造船工程学会
12	大地测量与地球动力学	42-1655/P	1671-5942	中文	月刊	中国地震局	中国地震局地震研究所
13	淡水渔业	42-1138/S	1000-6907	中文	双月刊	中国水产科学研究院长江水产研究所	中国水产科学研究院长江水产研究所

续表

序号	期刊中文名称	CN 号	ISSN 号	语种	刊期	主管单位	第一主办单位
14	地理空间信息	42-1692/P	1672-4623	中文	月刊	湖北省自然资源厅	湖北省测绘地理信息学会
15	地球科学	42-1874/P	1000-2383	中文	月刊	教育部	中国地质大学（武汉）
16	地质科技通报	42-1904/P	2096-8523	中文	双月刊	教育部	中国地质大学（武汉）
17	电工钢	42-1903/TF	2096-7101	中文	双月刊	宝山钢铁股份有限公司	武汉钢铁有限公司
18	放射学实践	42-1208/R	1000-0313	中文	月刊	教育部	华中科技大学同济医学院
19	分析科学学报	42-1338/O	1006-6144	中文	双月刊	教育部	武汉大学
20	腹部外科	42-1252/R	1003-5591	中文	双月刊	武汉市卫生健康委员会	中华医学会武汉分会
21	港口装卸	42-1116/U	1000-8969	中文	双月刊	教育部	武汉理工大学
22	高电压技术	42-1239/TM	1003-6520	中文	月刊	国家电网有限公司	国家高电压计量站
23	工程地球物理学报	42-1694/TV	1672-7940	中文	双月刊	水利部	长江勘测规划设计研究院
24	工业安全与环保	42-1640/X	1001-425X	中文	月刊	中钢集团武汉安全环保研究院有限公司	中钢集团武汉安全环保研究院有限公司
25	公共卫生与预防医学	42-1734/R	1006-2483	中文	双月刊	湖北省卫生健康委员会	湖北省预防医学会
26	骨科	42-1799/R	1674-8573	中文	双月刊	湖北省卫生健康委员会	华中科技大学同济医学院附属同济医院
27	固体力学学报	42-1250/O3	0254-7805	中文	双月刊	中国科学技术协会	中国力学学会
28	光通信研究	42-1266/TN	1005-8788	中文	双月刊	中国信息通信科技集团有限公司	武汉邮电科学研究院有限公司

续表

序号	期刊中文名称	CN 号	ISSN 号	语种	刊期	主管单位	第一主办单位
29	光学与光电技术	42-1696/O3	1672-3392	中文	双月刊	湖北省科学技术协会	华中光电技术研究所湖北省光学学会
30	海军工程大学学报	42-1106/E	1009-3486	中文	双月刊	海军工程大学	海军工程大学教研保障中心
31	湖北大学学报（自然科学版）	42-1212/N	1000-2375	中文	双月刊	湖北省教育厅	湖北大学
32	湖北电力	42-1378/TM	1006-3986	中文	双月刊	湖北省电力公司	湖北省电力公司电力试验研究院
33	湖北工业大学学报	42-1752/Z	1003-4684	中文	双月刊	湖北省教育厅	湖北工业大学
34	湖北科技学院学报（医学版）	42-1839/R	2095-4646	中文	双月刊	湖北省教育厅	湖北科技学院
35	湖北理工学院学报	42-1832/Z	2095-4565	中文	双月刊	湖北省教育厅	湖北理工学院
36	湖北林业科技	42-1175/S	1004-3020	中文	双月刊	湖北省林业局	湖北省林业科学研究院
37	湖北民族大学学报（医学版）	42-1906/R	2096-7578	中文	季刊	湖北省教育厅	湖北民族大学
38	湖北民族大学学报（自然科学版）	42-1908/N	2096-7594	中文	季刊	湖北省教育厅	湖北民族大学
39	湖北农业科学	42-1255/S	0439-8114	中文	月刊	湖北省农业科学院	湖北省农业科学院
40	湖北汽车工业学院学报	42-1448/TH	1008-5483	中文	季刊	湖北省教育厅	湖北汽车工业学院
41	湖北师范大学学报（自然科学版）	42-1891/N	2096-3149	中文	季刊	湖北省教育厅	湖北师范大学
42	湖北体育科技	42-1177/G8	1003-983X	中文	月刊	湖北省体育局	湖北省体育科学研究所
43	湖北医药学院学报	42-1815/R	2096-708X	中文	双月刊	湖北省教育厅	湖北医药学院

序号	期刊中文名称	CN 号	ISSN 号	语种	刊期	主管单位	第一主办单位
44	湖北植保	42-1306/S	1005-6114	中文	双月刊	湖北省农业农村厅	湖北省植物保护总站
45	湖北中医药大学学报	42-1844/R	1008-987X	中文	双月刊	湖北省教育厅	湖北中医药大学
46	湖北中医杂志	42-1189/R	1000-0704	中文	月刊	湖北省教育厅	湖北中医药大学
47	护理学杂志	42-1154/R	1001-4152	中文	半月刊	教育部	华中科技大学同济医学院
48	花木盆景	42-1014/s	1004-7212	中文	半月刊	湖北省林业厅	湖北省绿化委员会
49	华南地质	42-1913/P	2097-0013	中文	季刊	中国地质调查局	中国地质调查局武汉地质调查中心
50	华中建筑	42-1228/TU	1003-739X	中文	月刊	湖北省国有资产监督管理委员会	中南建筑设计院股份有限公司
51	华中科技大学学报（医学版）	42-1678/R	1672-0741	中文	双月刊	教育部	华中科技大学
52	华中科技大学学报（自然科学版）	42-1658/N	1671-4512	中文	月刊	教育部	华中科技大学
53	华中农业大学学报	42-1181/S	1000-2421	中文	双月刊	华中农业大学	华中农业大学
54	华中师范大学学报（自然科学版）	42-1178/N	1000-1190	中文	双月刊	教育部	华中师范大学
55	化肥设计	42-1424/TQ	1004-8901	中文	双月刊	中国化学工程集团有限公司	中国五环工程有限公司
56	化学与生物工程	42-1710/TQ	1672-5425	中文	月刊	湖北省教育厅	武汉工程大学
57	环境科学与技术	42-1245/X	1003-6504	中文	月刊	湖北省生态环境厅	湖北省环境科学研究院

序号	期刊中文名称	CN 号	ISSN 号	语种	刊期	主管单位	第一主办单位
58	计算机与数字工程	42-1372/TP	1672-9722	中文	月刊	中国船舶重工集团公司	中国船舶重工集团有限公司第七〇九研究所
59	建材世界	42-1783/TU	1674-6066	中文	双月刊	教育部	武汉理工大学
60	建筑热能通风空调	42-1439/TV	1003-0344	中文	月刊	中国建筑学会	中国科学技术协会
61	舰船电子工程	42-1427/U	1672-9730	中文	月刊	中国船舶重工集团公司	中国船舶重工集团有限公司第七〇九研究所
62	江汉大学学报（自然科学版）	42-1737/N	1673-0143	中文	双月刊	湖北省教育厅	江汉大学
63	江汉石油职工大学学报	42-1582/TE	1009-301X	中文	双月刊	中国石化集团江汉石油管理局	中国石化集团江汉石油管理局职工大学
64	交通科技	42-1611/U	1671-7570	中文	双月刊	教育部	武汉理工大学
65	交通信息与安全	42-1781/U	1674-4861	中文	双月刊	教育部	武汉理工大学
66	胶体与聚合物	42-1570/TQ	1009-1815	中文	季刊	湖北省教育厅	湖北大学
67	节水灌溉	42-1420/TV	1007-4929	中文	月刊	水利部	中国灌溉排水发展中心
68	科技进步与对策	42-1224/G3	1001-7348	中文	半月刊	湖北省科技厅	湖北省科学技术信息研究所
69	空军预警研究学报	42-1930/E	2097-180X	中文	双月刊	空军预警学院	空军预警学院教研保障中心
70	口腔医学研究	42-1682/R	1671-7651	中文	月刊	武汉大学	武汉大学口腔医学院
71	联勤军事医学	42-1931/R	2097-2148	中文	月刊	郑州联勤保障中心	中部战区总医院
72	炼钢	42-1265/TF	1002-1043	中文	双月刊	宝山钢铁股份有限公司	武汉钢铁有限公司

序号	期刊中文名称	CN 号	ISSN 号	语种	刊期	主管单位	第一主办单位
73	炼铁	42-1156/TF	1001-1471	中文	双月刊	中冶南方工程技术有限公司	中冶南方工程技术有限公司
74	粮食与饲料工业	42-1176/TS	1003-6202	中文	月刊，下半年改双月刊	中粮工程科技股份有限公司	国粮武汉科学研究设计院有限公司
75	临床耳鼻咽喉头颈外科杂志	42-1764/R	2096-7993	中文	月刊	教育部	华中科技大学同济医学院附属协和医院
76	临床放射学杂志	42-1187/R	1001-9324	中文	月刊	黄石市卫生健康委员会	黄石市医学科技情报所
77	临床急诊杂志	42-1607/R	1009-5918	中文	月刊	教育部	华中科技大学同济医学院附属协和医院
78	临床口腔医学杂志	42-1182/R	1003-1634	中文	月刊	教育部	华中科技大学同济医学院附属同济医院
79	临床泌尿外科杂志	42-1131/R	1001-1420	中文	月刊	教育部	华中科技大学同济医学院附属协和医院、同济医院
80	临床内科杂志	42-1139/R	1001-9057	中文	月刊	湖北省卫生健康委员会	湖北省医学会
81	临床肾脏病杂志	42-1637/R	1671-2390	中文	月刊	湖北省科学技术协会	中华医学会武汉分会和湖北省微循环学会
82	临床外科杂志	42-1334/R	1005-6483	中文	月刊	湖北省卫生健康委员会	湖北省医学会
83	临床消化病杂志	42-1315/R	1005-541X	中文	双月刊	教育部	华中科技大学同济医学院
84	临床心血管病杂志	42-1130/R	1001-1439	中文	月刊	教育部	华中科技大学同济医学院附属协和医院

序号	期刊中文名称	CN 号	ISSN 号	语种	刊期	主管单位	第一主办单位
85	临床血液学杂志	42-1284/R	1004-2806	中文	月刊	教育部	华中科技大学同济医学院附属协和医院
86	绿色科技	42-1808/S	1674-9944	中文	半月刊	湖北省林业厅	花木盆景杂志社
87	内科急危重症杂志	42-1394/R	1007-1024	中文	双月刊	教育部	华中科技大学同济医学院
88	农村电工	42-1404/TM	1006-8910	中文	月刊	中国电力传媒集团有限公司	中电传媒(武汉)有限公司
89	农业产业化	42-1897/S	2096-4889	中文	月刊	湖北省农业科学院	湖北省农业科学院
90	汽车科技	42-1323/U	1005-2550	中文	双月刊	东风汽车集团有限公司	东风汽车集团有限公司
91	汽车之旅	42-1615/U	1009-5772	中文	月刊	东风汽车集团有限公司	东风汽车集团有限公司
92	桥梁建设	42-1191/U	1003-4722	中文	双月刊	中国铁路工程总公司	中铁大桥局集团有限公司
93	人民长江	42-1202/TV	1001-4179	中文	月刊	水利部	水利部长江水利委员会
94	肉类工业	42-1134/TS	1008-5467	中文	月刊	武汉肉类联合企业集团公司	全国肉类工业科技情报中心站
95	软件导刊	42-1671/TP	1672-7800	中文	半月刊	湖北省科技厅	湖北省科技信息研究院
96	三峡大学学报（自然科学版）	42-1735/TV	1672-948X	中文	双月刊	湖北省教育厅	三峡大学
97	神经损伤与功能重建	42-1759/R	1001-117X	中文	月刊	教育部	华中科技大学同济医学院
98	生物骨科材料与临床研究	42-1715/R	1672-5972	中文	双月刊	湖北省药品监督管理局	湖北省医疗器械协会
99	生物资源	42-1886/Q	2096-3491	中文	双月刊	教育部	武汉大学

序号	期刊中文名称	CN 号	ISSN 号	语种	刊期	主管单位	第一主办单位
100	石油机械	42-1246/TE	1001-4578	中文	月刊	中国石油天然气集团有限公司	中石油江汉机械研究所有限公司
101	时代汽车	42-1738/TH	1672-9668	中文	半月刊	湖北时代汽车有限公司	湖北时代汽车有限公司
102	时珍国医国药	42-1436/R	1008-0805	中文	月刊	黄石市卫健委	时珍国医国药杂志社
103	世界桥梁	42-1681/U	1671-7767	中文	双月刊	中国铁路工程总公司	中铁大桥局集团有限公司
104	数理医药学杂志	42-1303/R	1004-4337	中文	月刊	湖北省教育厅	武汉大学中国工业与应用数学学会医药数学专业委员会
105	数学通讯	42-1152/O1	0488-7395	中文	半月刊	教育部	华中师范大学湖北省数学学会武汉数学学会
106	数学物理学报	42-1226/O	1003-3998	中文	双月刊	中国科学院	中国科学院精密测量科学与技术创新研究院
107	数学杂志	42-1163/O1	0255-7797	中文	双月刊	教育部	武汉大学
108	数字海洋与水下攻防	42-1901/TJ	2096-5753	中文	双月刊	中国船舶重工集团有限公司	中国船舶重工集团有限公司第七一〇研究所
109	数字农业与智能农机	42-1920/S	2097-065X	中文	月刊	湖北省农机局	湖北省农业机械工程研究设计院
110	数字制造科学	42-1693/TP	1672-3236	中文	季刊	教育部	武汉理工大学
111	水电能源科学	42-1231/TK	1000-7709	中文	月刊	教育部	中国水力发电工程学会华中科技大学
112	水电与新能源	42-1800/TV	1671-3354	中文	月刊	湖北省科学技术协会	湖北省水力发电工程学会
113	水利水电快报	42-1142/TV	1006-0081	中文	月刊	水利部	水利部长江水利委员会

序号	期刊中文名称	CN 号	ISSN 号	语种	刊期	主管单位	第一主办单位
114	水生生物学报	42-1230/Q	1000-3207	中文	月刊	中国科学院	中国科学院水生生物研究所
115	水生态学杂志	42-1785/X	1674-3075	中文	双月刊	水利部	水利部中国科学院水工程生态研究所
116	特别健康	42-1852/R	2095-6851	中文	旬刊	湖北日报传媒集团	湖北日报楚天传媒(集团)有限责任公司
117	特殊钢	42-1243/TF	1003-8620	中文	双月刊	大冶特殊钢有限公司	大冶特殊钢有限公司
118	特种设备安全技术	42-1733/TK	1674-1390	中文	双月刊	湖北省市场监督管理局	湖北特种设备检验检测研究院
119	特种铸造及有色合金	42-1148/TG	1001-2249	中文	月刊	中国科学技术协会	中国机械工程学会铸造分会
120	体育教育学刊	42-1922/G8	2097-1028	中文	月刊	湖北省教育厅	武汉体育学院
121	听力学及言语疾病杂志	42-1391/R	1006-7299	中文	双月刊	教育部	武汉大学人民医院
122	通信电源技术	42-1380/TN	1009-3664	中文	半月刊	中国普天信息产业股份有限公司	武汉普天电源有限公司
123	土工基础	42-1151/TU	1004-3152	中文	双月刊	湖北省科学技术协会	湖北省土木建筑学会
124	土木工程与管理学报	42-1816/TU	2095-0985	中文	双月刊	教育部	华中科技大学
125	微循环学杂志	42-1321/R	1005-1740	中文	季刊	教育部	武汉大学人民医院
126	武汉船舶职业技术学院学报	42-1670/Z	1671-8100	中文	季刊	湖北省教育厅	武汉船舶职业技术学院
127	武汉大学学报(工学版)	42-1675/T	1671-8844	中文	月刊	教育部	武汉大学
128	武汉大学学报(理学版)	42-1674/N	1671-8836	中文	双月刊	教育部	武汉大学

序号	期刊中文名称	CN 号	ISSN 号	语种	刊期	主管单位	第一主办单位
129	武汉大学学报（信息科学版）	42-1676/TN	1671-8860	中文	月刊	教育部	武汉大学
130	武汉大学学报（医学版）	42-1677/R	1671-8852	中文	双月刊	教育部	武汉大学
131	武汉纺织大学学报	42-1818/Z	2095-414X	中文	双月刊	湖北省教育厅	武汉纺织大学
132	武汉工程大学学报	42-1779/TQ	1674-2869	中文	双月刊	湖北省教育厅	武汉工程大学
133	武汉工程职业技术学院学报	42-1652/Z	1671-3524	中文	季刊	武汉钢铁（集团）公司	武汉工程职业技术学院
134	武汉交通职业学院学报	42-1746/U	1672-9846	中文	季刊	湖北省教育厅	武汉交通职业学院
135	武汉科技大学学报	42-1608/N	1674-3644	中文	双月刊	武汉科技大学	武汉科技大学
136	武汉理工大学学报	42-1657/N	1671-4431	中文	月刊	教育部	武汉理工大学
137	武汉理工大学学报（交通科学与工程版）	42-1824/U	2095-3844	中文	双月刊	教育部	武汉理工大学
138	武汉理工大学学报（信息与管理工程版）	42-1825/TP	2095-3852	中文	双月刊	教育部	武汉理工大学
139	武汉轻工大学学报	42-1856/T	2095-7386	中文	双月刊	湖北省教育厅	武汉轻工大学
140	武汉体育学院学报	42-1105/G8	1000-520X	中文	双月刊	湖北省教育厅	武汉体育学院
141	物流技术	42-1307/TB	1005-152X	中文	月刊	湖北物资流通技术研究所	中国物资流通学会物流技术经济委员会
142	现代工程科技	42-1926/TB	1671-9948	中文	月刊	长江出版传媒股份有限公司	湖北科学技术出版社有限公司

序号	期刊中文名称	CN 号	ISSN 号	语种	刊期	主管单位	第一主办单位
143	现代泌尿生殖肿瘤杂志	42-1790/R	1674-4624	中文	双月刊	教育部	华中科技大学
144	新建筑	42-1155/TU	1000-3959	中文	双月刊	华中科技大学	华中科技大学
145	亚太传统医药	42-1727/R	1673-2197	中文	月刊	湖北省科学技术厅	湖北省科技信息研究院
146	岩石力学与工程学报	42-1397/O3	1000-6915	中文	月刊	中国科学技术协会	中国岩石力学与工程学会
147	岩土力学	42-1199/O3	1000-7598	中文	月刊	中国科学院	中国科学院武汉岩土力学研究所
148	养殖与饲料	42-1648/S	1671-427X	中文	月刊	教育部	华中农业大学
149	药物流行病学杂志	42-1333/R	1005-0698	中文	月刊	湖北省食品药品监督管理局	湖北省药品监督检验研究院
150	医学分子生物学杂志	42-1720/R	1672-8009	中文	双月刊	教育部	华中科技大学
151	医学新知	42-1220/R	1004-5511	中文	双月刊	中国农工民主党湖北省委员会	武汉大学中南医院和中国农工民主党湖北省委医药卫生工作委员会
152	医学与社会	42-1387/R	1006-5563	中文	月刊	教育部	华中科技大学同济医学院
153	医药导报	42-1293/R	1004-0781	中文	月刊	湖北省药品监督管理局	华中科技大学同济医学院附属同济医院
154	应用数学	42-1184/O1	1001-9847	中文	季刊	教育部	华中科技大学
155	渔业致富指南	42-1433/F	1008-2840	中文	半月刊	农业部渔业局	湖北省水产科学研究所
156	粘接	42-1183/TQ	1001-5922	中文	月刊	襄阳市科学技术局	湖北省襄阳市胶粘技术研究所
157	长江大学学报（自然科学版）	42-1741/N	1673-1409	中文	月刊	湖北省教育厅	长江大学

序号	期刊中文名称	CN 号	ISSN 号	语种	刊期	主管单位	第一主办单位
158	长江工程职业技术学院学报	42-1745/TV	1673-0496	中文	季刊	湖北省教育厅	长江工程职业技术学院
159	长江科学院院报	42-1171/TV	1001-5485	中文	月刊	水利部发展研究中心	长江科学院
160	长江流域资源与环境	42-1320/X	1004-8227	中文	月刊	中国科学院	中国科学院资源环境科学与技术局
161	长江蔬菜	42-1172/S	1001-3547	中文	半月刊	武汉市农业农村局	长江蔬菜杂志社
162	长江信息通信	42-1914/TN	2096-9759	中文	月刊	湖北通信服务公司	湖北通信服务公司
163	植物科学学报	42-1817/Q	2095-0837	中文	双月刊	中国科学院	中国科学院武汉植物园
164	中国机械工程	42-1294/TH	1004-132X	中文	半月刊	中国科学技术协会	中国机械工程学会
165	中国舰船研究	42-1755/TJ	1673-3185	中文	双月刊	中国船舶重工集团有限公司	中国舰船研究设计中心
166	中国康复	42-1251/R	1001-2001	中文	月刊	教育部和中国残疾人联合会	华中科技大学同济医学院和中国残疾人康复协会
167	中国临床护理	42-1787/R	1674-3768	中文	月刊	国家卫生健康委员会	中国医师协会
168	中国农村水利水电	42-1419/TV	1007-2284	中文	月刊	水利部	中国灌溉排水发展中心
169	中国三峡	42-1786/TV	1006-6349	中文	月刊	中国长江三峡集团有限公司	长江三峡集团传媒有限公司
170	中国社会医学杂志	42-1758/R	1673-5625	中文	双月刊	教育部	华中科技大学同济医学院
171	中国水运	42-1395/U	1006-7973	中文	旬刊	交通运输部	长江航务管理局

序号	期刊中文名称	CN 号	ISSN 号	语种	刊期	主管单位	第一主办单位
172	中国心脏起搏与心电生理杂志	42-1421/R	1007-2659	中文	双月刊	中国科学技术协会	中国生物医学工程学会
173	中国药师	42-1626/R	1008-049X	中文	月刊	国家食品药品监督管理总局	国家食品药品监督管理总局高级研修学院
174	中国医院药学杂志	42-1204/R	1001-5213	中文	半月刊	中国科学技术协会	中国药学会
175	中国油料作物学报	42-1429/S	1007-9084	中文	双月刊	中国农业科学院油料作物研究所	中国农业科学院油料作物研究所
176	中国中西医结合消化杂志	42-1612/R	1671-038X	中文	月刊	教育部	华中科技大学同济医学院
177	中国中医骨伤科杂志	42-1340/R	1005-0205	中文	月刊	中国科学技术协会	中华中医药学会
178	中国组织化学与细胞化学杂志	42-1300/Q	1004-1850	中文	双月刊	中国科学技术协会	中国解剖学会
179	中华建设	42-1732/TU	1673-2316	中文	旬刊	住房和城乡建设部	住房和城乡建设部政策研究中心
180	中华器官移植杂志	42-1203/R	0254-1785	中文	月刊	中国科学技术协会	中华医学会
181	中华实验外科杂志	42-1213/R	1001-9030	中文	月刊	中国科学技术协会	中华医学会
182	中华物理医学与康复杂志	42-1666/R	0254-1424	中文	月刊	中国科学技术协会	中华医学会
183	中华小儿外科杂志	42-1158/R	0253-3006	中文	月刊	中国科学技术协会	中华医学会
184	中南民族大学学报(自然科学版)	42-1705/N	1672-4321	中文	季刊	国家民族事务委员会	中南民族大学

序号	期刊中文名称	CN 号	ISSN 号	语种	刊期	主管单位	第一主办单位
185	中南农业科技	42-1927/S	2097-2083	中文	月刊	湖北省农业科学院	湖北省农业科学院农业经济技术研究所
186	中外女性健康研究	42-1869/R	2096-0417	中文	半月刊	教育部	武汉大学
187	中西医结合肝病杂志	42-1322/R	1005-0264	中文	双月刊	湖北省教育厅	湖北中医药大学
188	中西医结合研究	42-1789/R	1674-4616	中文	双月刊	教育部	华中科技大学
189	中小学实验与装备	42-1685/N	1673-6869	中文	双月刊	湖北省教育厅	湖北省教育考试院
190	中学数学	42-1167/O1	1002-7572	中文	半月刊	湖北省教育厅	湖北大学
191	肿瘤防治研究	42-1241/R	1000-8578	中文	月刊	国家卫生健康委员会	湖北省卫生健康委员会
192	蛛形学报	42-1376/Q	1005-9628	中文	半年刊	湖北省教育厅	湖北大学
193	专用汽车	42-1292/U	1004-0226	中文	月刊	汉阳专用汽车研究所	汉阳专用汽车研究所
194	装备维修技术	42-1335/U	1005-2917	中文	双月刊	东风汽车集团有限公司	东风汽车集团有限公司
195	资源环境与工程	42-1736/P	1671-1211	中文	季刊	湖北省地质局	湖北省地质调查院
196	卒中与神经疾病	42-1402/R	1007-0478	中文	双月刊	教育部	武汉大学人民医院
197	宝石和宝石学杂志(中英文)	42-1909/TS	2096-9120	中英文	双月刊	教育部	中国地质大学(武汉)
198	创新光学健康科学杂志（英文）	42-1910/R	1793-5458	英文	双月刊	教育部	华中科技大学
199	磁共振快报(英文)	42-1917/O4	2772-5162	英文	季刊	中国科学院	中国科学院精密测量科学与技术创新研究院

序号	期刊中文名称	CN号	ISSN号	语种	刊期	主管单位	第一主办单位
200	大地测量与地球动力学(英文版)	42-1806/P	1674-9847	英文	双月刊	中国地震局	中国地震局地震研究所
201	当代医学科学(英文版)	42-1898/R	2096-5230	英文	双月刊	教育部	华中科技大学
202	地球科学学刊(英文版)	42-1788/P	1674-487X	英文	双月刊	教育部	中国地质大学(武汉)
203	固体力学学报(英文版)	42-1121/O3	0894-9166	英文	双月刊	中国科学技术协会	中国力学学会
204	数学物理学报(英文版)	42-1227/O	0252-9602	英文	双月刊	中国科学院	中国科学院精密测量科学与技术创新研究院
205	武汉大学学报(自然科学英文版)	42-1405/N	1007-1202	英文	双月刊	教育部	武汉大学
206	武汉理工大学学报-材料科学版(英文)	42-1680/TB	1000-2413	英文	双月刊	教育部	武汉理工大学
207	岩石力学与岩土工程学报(英文版)	42-1801/O3	1674-7755	英文	月刊	中国科学院	中国科学院武汉岩土力学研究所
208	中国病毒学(英文)	42-1760/Q	1674-0769	英文	双月刊	中国科学院	中国科学院武汉病毒研究所
209	中国油料作物学报(英文版)	42-1861/S	2096-2428	英文	季刊	中国农业科学院油料作物研究所	中国农业科学院油料作物研究所
210	肿瘤学与转化医学(英文)	42-1865/R	2095-9621	英文	双月刊	教育部	华中科技大学同济医学院
211	地球空间信息科学学报(英文)	42-1610/P	1009-5020	英语	季刊	教育部	武汉大学
212	纺织工程学报*	42-1826/TS	2095－4131	中文	双月刊	湖北省教育厅	武汉纺织大学

续表

序号	期刊中文名称	CN 号	ISSN 号	语种	刊期	主管单位	第一主办单位
213	葛洲坝集团年鉴*	42-1598/TU	1008-4606	中文	年刊	中国葛洲坝集团有限公司	中国葛洲坝集团有限公司
214	汉江师范学院学报*	42-1892/G4	2096-3734	中文	双月刊	湖北省教育厅	汉江师范学院
215	湖北工程学院学报*	42-1836/Z	2095-4824	中文	双月刊	湖北省教育厅	湖北工程学院
216	湖北工业职业技术学院学报*	42-1857/G4	2095-8153	中文	双月刊	湖北省教育厅	湖北工业职业技术学院
217	湖北应急管理*	42-1905/X	2096-7233	中文	月刊	长江出版传媒股份有限公司	湖北长江报刊传媒（集团）有限公司
218	湖北职业技术学院学报*	42-1742/Z	1671-8178	中文	季刊	湖北省教育厅	湖北职业技术学院
219	黄冈师范学院学报*	42-1275/G4	2096-7020	中文	双月刊	湖北省教育厅	黄冈师范学院
220	黄冈职业技术学院学报*	42-1656/Z	1672-1047	中文	双月刊	湖北省教育厅	黄冈职业技术学院
221	荆楚理工学院学报*	42-1798/G4	1008-4657	中文	双月刊	湖北省教育厅	荆楚理工学院
222	科技创业月刊*	42-1665/T	1672-2272	中文	月刊	湖北省科学技术厅	湖北省科技信息研究院
223	科教导刊*	42-1795/N	1674-6813	中文	旬刊	湖北省科学技术协会	湖北省科学技术协会
224	农村经济与科技*	42－1374/S	1007-7103	中文	半月刊	湖北省农业科学院	湖北省农业科学院农村经济与科技杂志社
225	武汉冶金管理干部学院学报*	42-1580/TF	1009-1890	中文	季刊	武钢集团有限公司	武汉冶金管理干部学院
226	武汉职业技术学院学报*	42-1669/Z	1671-931X	中文	双月刊	湖北省教育厅	武汉职业技术学院
227	物流工程与管理*	42-1791/TS	1674-4993	中文	月刊	全国商品养护科技情报中心站	中国仓储协会全国商品养护科技情报中心站

续表

序号	期刊中文名称	CN 号	ISSN 号	语种	刊期	主管单位	第一主办单位
228	襄阳职业技术学院学报*	42-1849/Z	2095-6584	中文	双月刊	湖北省教育厅	襄阳职业技术学院
229	长江年鉴*	42-1386/TV	1006-3706	中文	年刊	水利部	水利部长江水利委员会
230	中国三峡建设年鉴*	42－1597/TV	1007-7650	中文	年刊	中国长江三峡集团有限公司	长江三峡集团传媒有限公司
231	动物疾病（英文）**	暂无	2731-0442	英文	季刊	教育部	华中农业大学
232	交叉学科材料（英文）**	暂无	2767-441X	英文	季刊	教育部	武汉理工大学
233	水生生物与安全（英文）**	暂无	2772-7351	英文	双月刊	中国科学院	中国科学院水生生物研究所
234	细胞洞察（英文）**	暂无	2772-8927	英文	双月刊	教育部	武汉大学
235	园艺进展（英文）**	暂无	2948-1104	英文	季刊	教育部	华中农业大学
236	作物与环境（英文）**	暂无	2773-126X	英文	季刊	教育部	华中农业大学

注：*表示近两年年发表科技论文数量占比低于全年发表论文总数的50%的期刊，**表示由湖北省高校及科研院所主办且暂未获得CN号的英文科技期刊；每一类均按照中文、中英文和英文的顺序排序，且每一语种中按照期刊中文名称汉语拼音字母先后顺序排序。

附录二　中国科技期刊卓越行动计划（2019—2023 年）湖北省入围期刊名单

序号	项目类别	期刊中文名称	入围年份
1	领军期刊	岩石力学与岩土工程学报（英文版）	2019
2	重点期刊	地球科学学刊（英文版）	2019
3	梯队期刊	当代医学科学（英文版）	2019
4		地球空间信息科学学报（英文版）	2019
5		大地测量与地球动力学（英文版）	2019
6		数学物理学报（英文版）	2019
7		武汉大学学报（信息科学版）	2019
8		华中科技大学学报（自然科学版）	2019
9		高电压技术	2019
10		岩石力学与工程学报	2019
11		岩土力学	2019
12	高起点新刊	磁共振快报（英文）	2019
13		动物疾病（英文）	2022
14		水生生物与安全（英文）	2022
15		交叉学科材料（英文）	2022

注：数据统计截止时间为 2023 年 8 月 31 日。

附录三　湖北省科技期刊楚天卓越行动计划(2021—2025 年)入围期刊名单

序号	项目类别	期刊中文名称
1	领军期刊	地球空间信息科学学报(英文版)
2		中国机械工程
3		岩石力学与工程学报
4	重点期刊	当代医学科学(英文版)
5		高电压技术
6		数学物理学报(英文版)
7		地球科学
8		岩土力学
9		中国舰船研究
10		武汉大学学报(信息科学版)
11		人民长江
12	梯队期刊	地球科学学刊(英文版)
13		中国医院药学杂志
14		医药导报
15		长江科学院院报
16		武汉大学学报(工学版)
17		地质科学通报
18		湖北农业科学
19		交通信息与安全
20		爆破
21		特种铸造及有色合金